가족과 통치

가족과 통치
인구는 어떻게 정치의 문제가 되었나

초판 1쇄 발행 / 2018년 8월 16일
초판 3쇄 발행 / 2022년 11월 8일

지은이 / 조은주
펴낸이 / 강일우
책임편집 / 정편집실·이하림
조판 / 신혜원
펴낸곳 / (주)창비
등록 / 1986년 8월 5일 제85호
주소 / 10881 경기도 파주시 회동길 184
전화 / 031-955-3333
팩시밀리 / 영업 031-955-3399 편집 031-955-3400
홈페이지 / www.changbi.com
전자우편 / human@changbi.com

가족과 통치

조은주 지음

인구는 어떻게 정치의 문제가 되었나

창비

1

2015년에 눈에 띄는 핑크색으로 새로 단장한 서울 시내 지하철의 임산부 배려석에는 "내일의 주인공을 위한 자리입니다"라는 문구가 큼지막하게 표시되었다. 임산부석이 만들어진 이유가 저출산 때문이라는 건 누구나 쉽게 짐작할 만한 일이다. 저출산으로 인해 2500년 혹은 2750년에 민족이 소멸하고 대한민국이 사라진다는 예측을 삼성경제연구소나 국회입법조사처 같은 내로라하는 기관들이 발표하는 나라에서 낮은 출산율이 불러일으키는 위기감은 국가주의적인 공포와 어렵지 않게 연결된다. 그리하여 임산부를 배려하겠다는 명목으로 만든 지하철 좌석조차 정작 임산부가 아닌, 민족국가의 소멸을 막아줄 배 속의 태아를 위한 자리가 되는 것이다.

2016년 말 정부가 발표한 '대한민국 출산지도'에서는 가임기 여성 수에 따라 각 지방자치체에 순위가 매겨졌다. 가임기 여성이 많을수록 해당 지자체에 더욱 진한 핑크색이 칠해졌다. 물론 이 출산지도 사이트는 빗발치는 항의로 인해 곧바로 문을 닫았다. 이와 같은 항의를 예상하지 못했다는 사실이야말로 비극일 것이다. 2017년에는 혼인율이 낮은 고학력·고소득 여성들이 '하향선택결혼'을 하게 만드는 문화적 콘텐츠를

개발하고 혼인연령을 낮추기 위해 휴학이나 연수, 학위, 자격증에 채용상 불이익을 주는 방안이 국책연구기관의 연구 결과에 따른 저출산 대책으로 제안되었다.

출산율에 대한 맹목적이면서도 안이한 태도는 이처럼 농담에 가까운 촌극을 만들어내고 있다. 이로부터 우리는 저출산 담론을 둘러싼 문제적 지형을 일별해볼 수 있다. 그러나 이런 우스꽝스러운 일들이 사태의 핵심은 아닐 것이다. 출산율과 가임기 여성의 인구학적 분포, 초혼연령, 혼인율 등은 이미 이 사회의 지속가능성을 논의할 때 가장 심각하게 다루어지는 요소가 되었다. 우리는 연령별 인구구성비와 부양비 문제를 떠나서 사회보장을 논의하기 불가능한 시대에 살고 있다. 저 괴이한 소극들이 빗발치는 항의와 조소를 일으키는 반면, 저출산 문제를 해결하기 위해 효과적인 정책이 필요하다는 데 사람들은 쉽게 의견을 모은다. 저출산의 위기 담론에 기대서 성평등 정책이나 청년 정책을 요구하는 목소리도 높다.

문제는 합리적 통치의 요청이나 위기 담론의 승인 자체가 아니라 그것과 비판 사이의 차이에 대한 망각에 있다. 이를테면 한국사회가 2000년 '고령화사회'에 진입한 지 17년 만에 전세계에서 가장 빠른 속도로 '고령사회'가 되었다는 것은 의문의 여지없는 사실로 받아들여진다. 그리하여 고령사회의 위험이 강조되고 정부의 효과적인 대응이 요구된다. 하지만 '고령화사회' '고령사회' 등은 사회를 특정한 방식으로 읽어내는 인식의 격자(grid)를 전제한다. 15세부터 64세를 생산가능인구로, 65세 이상을 생산활동에 참여하지 않은 채 부양되는 존재로 분류하는 기준선 없이는 성립되지 않는 개념이다. 고령사회의 위험을 운위할수록 이 인식의 격자에 대한 비판은 무망해지고 그 정당성에 대한 승인은 계속해서 갱신된다.

'인구는 어떻게 정치의 문제가 되었나'라는 이 책의 부제는 자칫 오해를 불러일으킬지 모른다. 인구는 시민이나 민족과 마찬가지로 특유한 역사적 맥락에서 등장했다. 무엇보다도 인구는 자본주의경제의 확산과 떨어질 수 없는 개념이다. 또한 국가권력의 근대적 재편과 직접적인 연관을 맺으며 부상했다. 나아가 인구는 개개의 삶이 아니라 유기체적 전체의 질을 중요시하는 우생학과 쉽게 결합하는 개념이다. 즉 인구는 애초부터 정치의 문제였다. 그럼에도 인구 개념의 가장 흥미로운 특징은 그것이 정치와 무관한 객관적 지식과 사실의 차원으로 여겨진다는 점에 있다. 저출산이 불러일으키는 위기감과 고령사회의 불안이 정치적 문제로 인식되지 않는 이유가 여기에 있다.

그러나 세계 최저수준이라는 출산율은 철학자 진태원의 말을 빌리면 '실존적 계급투쟁'의 시대, 개인의 실존 자체가 계급투쟁의 장이 되는 시대가 빚어낸 초상이다. 그럼에도 현재의 저출산 담론이 불러일으키는 탈정치의 정치, 반(反)정치의 정치는 집합적 삶의 현재적 조건을 대면하는 대신 저출산이나 고령사회가 가져온다는 미래사회의 위험에 경도되게 만든다. 그러나 저출산은 문제 자체 혹은 문제의 원인이 아니라 증상이며 결과다. 현재의 인구 담론은 문제의 원인을 저출산으로 치환하며, 지금 여기를 살아가는 동시대 사람들의 곤궁을 국가주의의 차원으로 수렴시킨다. 그 한복판에 이 시대의 가족이 자리하고 있다. 가족은 이 시대 최대의 격전지이자 각축장이 되었다.

2

이 책의 출발은 2000년대 초반으로 거슬러 올라간다. 저출산에 관한 논의가 막 시작되던 무렵이었다. 저출산이 문제화되는 방식에 주목하면서 나는 이에 관한 박사학위논문을 쓰기 위해 관련 문헌과 자료를 수집하고 해외의 사례를 살펴보았다. 나의 관심은 노동시장의 유연화나 노동시간, 금융화, 임금 정체, 그리고 이 모두와 결합한 1인 생계부양자 모델의 해체 등의 역사적 변동과 재생산이 맺는 관계, 재생산의 정치에 관한 것이었다. 생산이 정치적 주제이듯 재생산 역시 응당 정치적 주제다. 그리고 생산의 정치는 재생산의 정치와 불가분 결합한다. 울리히 베크와 엘리자베트 베크-게른샤임이 가족을 산업자본주의의 중핵으로 본 것도 그런 연유에서다.

그러나 저출산과 재생산의 정치에 관심을 기울일수록 이를 좀더 역사적 차원에서 접근해야 할 필요를 절감하게 되었다. 어떤 문제가 정치적·사회적 구성물임을 밝히는 가장 중요한 출발점은 그것을 역사화하는 것이다. 공교롭게도 그즈음 인구와 통치성의 문제를 전면적으로 다룬 미셸 푸꼬의 생전 강연록이 영어로 출간되었다. 그리하여 나의 관심은 인구의 문제가 통치의 지평에 진입하고 가족이 통치의 도구로 전환되는 역사적 과정으로 확장되게 되었다. 저출산에 관심을 가지고 시작한 연구가 한국의 가족계획사업으로 거슬러 올라가게 된 연유다. 1960년대와 1970년대를 살펴볼수록 그 시대에 대한 논의가 더욱 본격적으로 필요하다는 생각은 강렬해졌다.

이렇게 해서 나는 가족계획사업을 다루는 박사학위논문을 쓰게 되었다. 1960년대와 1970년대는 군사쿠데타와 유신체제의 시대이면서 동시에 역설적이게도 권력이 근대적 형태로 변모한 시기였다. 이 시기에 본격적으로 전개된 자본주의 산업화는 가족의 근대적 재편, 새로운 삶의 양식과 결합했다. 권력을 주체의 외곽에서 작동하는 것으로 보는 자유주의적 권력관에 대한 푸꼬의 비판처럼, 권력은 주체의 경계에서 멈추는 것이 아니라 주체를 관통했다. 근대적 전업주부와 임금노동자가 창출되었고, 해방과 종속의 동시적 과정이 일어났으며, 평범한 개인들의 삶을 특정한 양태로 정상화(normalization)하는 기술이 발전했다. 인구에 대한 지식이 구축되었고, 국가의 통치화가 전개되었다.

한국의 1960년대와 1970년대는 우리 시대의 강력한 윤리적 토대이자 정치적 이상인 공리주의가 뿌리내리기 시작한 시점이기도 하다. 인구에 대한 관심과 공리주의는 분리되기 어렵다. 공리주의는 자본주의와 자유민주주의의 사상적 기초이자 푸꼬가 가장 끈질기게 비판한 대상 중 하나이기도 했다. 그는 한 인터뷰에서 벤담이 루소의 보완물이었다고 말한 적이 있다. 공화주의적 열망이 공리주의에 의해 보완되었다는 그의 언급은 근대 정치의 중요한 문제를 환기시킨다. 인구에 대한 관심은 인민주권의 이상을 보충하면서 동시에 제한한다. 이 책에서는 공리주의의 문제를 본격적으로 다루지 않았지만, 공리주의에 대한 사회학적 비판, 특히 반실재론적 정치사회학의 지평에서 공리주의를 비판하는 작업을 이후의 긴 과제로 기약해본다.

3

이 책은 필자의 박사학위논문에 바탕하고 있다. 학위논문을 쓰는 동안 연세대학교 사회학과 대학원에서 BK21 장학금을, 연세대학교 국학연구원에서 HK 장학금을, 하버드옌칭연구소(Harvard-Yenching Institute)에서 펠로우십을 지원받았다. 박사후 연구과정에서 한국연구재단의 한국사회과학연구지원사업(SSK), 록펠러아카이브센터(Rockerfeller Archive Center)의 연구비 지원을 받았다. 록펠러아카이브센터는 이 책에 실린 여러 장의 사진을 제공해주기도 했다. 이 책의 일부는 『경제와사회』『한국사회학』『현상과인식』『사회와역사』『한국과학사학회지』『섹슈얼리티』(Sexualities) 등의 학술지에 논문으로 발표된 바 있다. 그러나 각각의 논문은 책 전체의 맥락에 맞게 재구성되었다.

이 책이 출판되기까지 도움을 주신 많은 분들께 감사드린다. 지도교수였던 김동노 선생님은 이론을 취하는 엄정한 태도와 학문적 엄격함을 훈련시켜주셨다. 김현미 선생님은 이 책의 출판을 주선해주시고 연구자가 가져야 할 열정과 윤리적 감수성을 늘 환기해주셨다. 신광영 선생님은 통계에 대한 지식사회학적 접근의 필요성을 조언해주시고 사회학자가 책을 쓰는 것의 의미를 각별히 강조해주셨다. 원재연 선생님은 논문의 주제를 가다듬던 시점부터 세심한 조언으로 격려를 보내주셨다. 백영경 선생님은 내가 가진 문제의식을 가장 깊이 이해해주셨을 뿐 아니라 이 책의 내용과 방향에 중요한 조언을 건네주셨다.

박사후 연구과정 내내 연세대학교 경제학과 홍훈 교수님이 보내주신 지지와 격려에도 감사드린다. 캠브리지에서 인연을 맺은 김상현 선생님은 나의 문제의식을 과학기술학(Science and Technology Studies)의 지평으로 확장시키는 데 중요한 계기를 만들어주셨다. 이 책의 내용은 비판사회학회와 한국여성학회, 한국사회학회, 한국사회사학회, 미국사회학회, 미국동부사회학회, 북미아시아학회(Association for Asian Studies) 등 여러 학회와 학술대회에서 발표된 바 있다. 그때마다 토론자를 비롯한 많은 분들이 질문과 논평, 비판을 통해 이 책의 주장과 내용을 한층 발전시켜주셨다.

박사과정 내내 유쾌한 벗이자 동료인 정승화와의 대화는 큰 즐거움이자 자극이 되었다. 여러 해에 걸쳐 통치성과 국가형성, 젠더와 가족에 관한 세미나를 함께한 최정혜, 이지연, 이경환, 임해원은 진지하고도 정겨운 토론으로 문제의식을 다듬는 데 도움을 주었다. 특히 이 책의 초고를 읽고 세심하게 의견을 보내준 이경환에게 각별한 고마움을 전한다. 여러 학기에 걸쳐 수업조교와 연구조교로 일해주고 이 책의 참고문헌 정리를 도와준 이지원에게도 감사를 전한다. 직접적인 도움이 아닐지라도 이 책을 쓰는 데 큰 바탕이 된 앞선 연구자들의 연구에 감사드린다.

더딘 작업의 속도를 오래 참고 기다려주신 창비의 황혜숙, 이하림, 김유경 선생님, 그리고 책의 모양을 갖춰 세상에 나오기까지 그 협업의 과정에서 수고해주신 분들께 감사드린다. 마지막으로 덧붙이자면, 번역은 그 어떤 작업보다도 고되고 지루한 과정이며 그 시간을 견뎌준 역자에 의해 우리는 훨씬 더 많은 글을 편히 읽을 기회를 얻는다. 이 책에서 인용한 책들 중 국역본이 나오기 전에 이미 원서나 영역본을 읽은 경우가 많았는데, 원서와 영역본을 인용할 때는 최대한 국역본의 해당 페이지를 찾아 병기했다. 때로 국역본과는 다른 번역어를 선택하게 된 경우들이 있었지만 책의 맥락에서 번역어의 선택에 관한 개인적 의견을 반영했을 뿐 역자의 작업을 결코 폄훼하는 것이 아님을 밝히고 싶다.

이 책을 쓰는 동안 사람의 인생사가 늘 그러하듯 많은 일들이 지나갔다. 지나간 것은 지나간 대로 그 나름의 의미가 있었다. 기쁜 날과 슬픈 날을 함께해준 이들에게, 일일이 이름을 적는 대신 그저 말로 다 못할 감사를 여기 전한다. 이 책의 출판을 더디게도 만들었으나 결국 가능하게 만들어준, 일상의 노동을 나누는 식구(食口)들의 오랜 인내와 지지에 애틋한 감사를 보낸다. 시인 김수영의 말처럼 나의 사랑이 계속해서 낡아가길, 복사씨와 살구씨가 단단해지는 이유를 자꾸만 깨달아가길 빈다. 식민지시기에 태어나 전쟁을 겪고 저 박정희 시대에 나를 낳아 길러준, 한 인간이 감당하기에 너무 많은 일들을 온몸으로 겪으며 살아낸 어머니와 이제는 세상에 없는 아버지에게, 그 세대의 고단했을 삶 위에, 깊은 존경을 담아 이 책을 바친다.

2018년 7월

조은주

차례

기구명(가나다 순)

가족계획 국내기술자문단(In-Country Technical Assistance Mission, ICTAM)

가족계획국제원조기구(Family Planning Int'l Assistance, FPIA)

국제가족계획연맹(International Planned Parenthood Federation, IPPF)

국제가족보건(Family Health International, FHI)

국제개발연구센터(Int'l Development Research Center, IDRC)

국제노동기구(International Labor Office, ILO)

국제불임시술연맹(Int'l Project/Association for Voluntary Sterilization Inc., IPAVS)

국제출산력연구사업(Int'l Fertility Research Program, IFRP)

국제통계연구소 세계출산력조사(World Fertility Survey/Int'l Statistical Institute, WFS/ISI)

동서문화센터(East-West Center, EWC)

록펠러재단(Rockfeller Foundation)

미국 대외원조처(International Cooperation Administration, ICA)

미국 식품의약국(Food and Drug Administration, FDA)

미국가정경제협회(American Home Economics Association, AHEA)

미국가족계획협회(Planned Parenthood Federation of America, PPFA)

미국국제개발처(United States Agency for International Development, USAID)

미국대외원조기관(United State Operations Mission, USOM)

미국출산조절연맹(American Birth Control League, ABCL)

미국출산조절연합(Birth Control Federation of America)

브러시재단(Brush Foundation)

세계교회선교회(Church World Service)

세계보건기구(World Health Organization, WHO)

세계식량계획(World Food Programme, WFP)

세계은행(World Bank, IBRD)

스미소니언 학제간 교류사업(Interdiciplinary Communication Program/Smithonian Institute, ICP/SI)

스웨덴국제개발처(Swedish International Development Authority, SIDA)

아시아재단(Asia Foundation)

옥스팜재단(Oxfam Foundation)

유엔기술원조처(United Nations Technical Assistance Board, UNTAB)

유엔민사원조처(United Nations Civil Assistance Committee, UNCAC)

유엔아동기금(United Nations Children's Fund, UNICEF)

유엔인구기금(United Nations Population Fund, UNFPA)

유엔인구활동기금(United Nations Fund for Population Activities, UNFPA)

유엔한국재건단(United Nations Korean Reconstruction Agency, UNKRA)

인구적용연구국제위원회(Int'l Committee on Applied Research in Population, ICARP

인구협회(Population Council, PC)

일본가족계획국제협력기구(Japanese Organization for Int'l Cooperation in Family Planning, JOICFP)

주한 통계고문단(Statistical Advisory Group)

패스파인더재단(Pathfinder Fund)

포드재단(Ford Foundation)

일러두기

1. 외국 인명은 국립국어원 외래어 표기법에 따르되, 경음 등 일부는 현지 발음에 가깝게 우리말로 표기하고, 굳어진 경우에는 관용을 존중하였다.
2. 인용문에서, 현행 표기법에 맞지 않는 경우가 있어도 고치지 않고 그대로 두었고, 인용자가 보충한 것은 [ ]로 표시하였다.

1장

가족,
통치의 모델에서
통치의 도구로

"왕은 군림하되, 통치하지 않는다."

— 아돌프 티에르 Adolphe Thiers [1]

"정치적 사유와 분석에서 우리는 아직 왕의 목을 자르지 않았다."

— 미셸 푸꼬 Michel Foucault [2]

죽게 하는 권력과 살게 하는 권력

1961년 10월 18일, 군사쿠데타가 일어난 그해 가을이었다. 국가재건최고회의 의장 박정희(朴正熙)는 기자회견을 열어 인구의 조절을 위하여 "가족계획이라는 새로운 국민운동안을 검토, 작성 중에 있다"고 발표한다. 이 기자회견에서 박정희는 "정부가 경제부흥에 아무리 애쓰더라도 인구의 무궤도한 팽창은 경제계획의 성공을 곤란케 만들 것"임을 강조하면서, 그럼에도 불구하고 강제성을 띤 산아제한의 입법을 추진하지는 않겠다고 밝힌다. "이 계획은 입법으로써 단행할 것이 아니라 국민운동을 통한 계몽으로써" 추진하겠다고 천명한 것이다.[3] 그로부터 채 한달이 지나지 않은 11월 13일, 국가재건최고회의는 제69차 상임위원회에서 제1차 경제개발 5개년계획의 일부로 '가족계획사업'을 정식 결의한다.[4] 12월 6일에는 국가재건최고회의 의장 박정희 명의로 가족계획을 국가시책으로 채택한다는 담화문이 발표되었고, 이와 동시에 피임약제와 기구의 수입 및 국내생산 금지가 모두 해제되었다.

박정희의 기자회견에서 간결하고도 현저하게 드러나는 바는 '입법'과 '계몽' 사이의 대비다. 입법이 아닌 계몽을 통해 인구를 조절하겠다는 박정희의 발표는 흥미롭게도 근대 이후 분기(分岐)하기 시작한 권력의 두 지평을 절묘하게 환기시킨다. 미셸 푸꼬(Michel Foucault)는 이에 관해 다음과 같이 서술한 바 있다.

법은 무장하지 않을 수 없으며, 그 무기는 전형적으로 죽음이다. 법을 위반하는 자에 대해 법은 적어도 최후의 수단으로 그 절대적 위협을 사용한다. 법은 언제나 칼을 나타낸다. 그러나 삶을 책임지는 것을 과업으로 삼는 권력은 지속적인 조절과 교정의 메커니즘을 필요로 한다. 그것은 더이상 주권의 장에 죽음을 도입하는 문제가 아니며, 살아 있는 사람을 가치와 효용(utility)의 영역에 배분하는 문제다. 이 권력은 죽임의 광채 속에서 자신을 드러내기보다는 자격을 부여하고 측정하고 평가하고 위계를 생산해내야 한다. 주권자의 적과 유순한 백성을 구분할 필요가 없이 표준(norm)[5]의 주위에 분포를 산출해내는 것이다.[6]

푸꼬의 이 글에서 '법'은 무엇을 가리킬까? 여기서 법은 법을 위반하거나 저항하는 자를 궁극적으로는 죽임을 통해 징벌하는 권력을 의미한다. 이는 군주의 권력에서 명시적으로 드러나는바, 살고 싶어하는 자도 죽게 만드는 권력, 죽임으로써 강력하게 현현하는 군주의 권력이다. 타자의 의사에 반(反)해 자신의 의지를 실현시킬 가능성을 뜻하는 권력의 고전적 정의가 여기에 자리한다. 이 고전적 형태의 권력을 푸꼬는 주권권력(sovereign power)이라고 불렀다.[7] 그런데 이와 정반대로 살게 만드는 권력, 삶의 영역에 개입하는 새로운 형태의 권력이 18세기 서구에서 등장하기 시작한다. 삶에 초점을 두는 이 권력은 가치와 효용을 배분하고 증진하며, 계량하고 측정하고 평가한다. 이 새로운 양상의 권력이 출현했다고 해서 법이나 칼로 상징되는 저 오랜 권력이 완전히 사라지는 것은 아니다. 다만 "법이 약화되거나 사법제도가 사라지는 것은 아니지만, 법은 점점 더 규범(norm)으로 작동하게 되고, 사법제도는 조절을 주요한 기능으로 하는 기구들(의료, 행정 등)의 연속체에 점점 더 통합된다."[8]

푸꼬는 여러 저작에 걸쳐 이 새로운 형태의 권력을 탐구하는 데 천착했다. 『감시와 처벌』에서 "왜 18세기에서 19세기에 이르는 시기에 신체형이 급격히 소멸했는가?"라는 질문과 함께 제기한 규율권력(disciplinary power)은 근대 권력의 이 새로운 양식을 좇기 위해 고안된 개념이었다. 규율권력의 핵심은 파놉티콘(panopticon)이라는 건축학적 은유를 통해 기술되는 감시의 시선과 체계가 아니라, 그 효과이자 결과로서 만들어지는 개인의 정상화(normalization)에 있다.[9] 『성의 역사 I』에서는 건강과 위생, 출생률, 수명 등에 개입하는 일련의 지식과 제도를 통해 전체로서의 인구를 향하는 새로운 권력의 양상을 생권력(bio-power)으로 명명했다.[10] 저작으로 발표된 것은 아니지만 꼴레주드프랑스(Collège de France) 강연에서 푸꼬가 언급한 통치성(governmentality) 개념 역시 이 새로운 권력 형태의 역사적 궤적과 효과를 포착하기 위한 것이었다.[11]

고전적 형태의 권력과는 상이한 속성을 가진 이 새로운 권력의 출현은 자본주의의 확산 및 근대국가의 확립이라는 역사적 변화와 긴밀히 연결돼 있었다. 산업자본주의가 가동되기 위해서는 먼저 노동력 자체가 구성되어야 한다. 생활시간이 노동을 중심으로 재편되어야 하고, 이를 위해 특정한 습성(habit)이 형성되어야 하며, 개인들은 생산의 순환에 종속되어야 하며 시공간 역시 제도적으로 조직되어야 한다.[12] 특히 자본주의의 발전은 개인의 육체가 생산체제로 편입되는 것을 필요로 할 뿐 아니라, 동시에 인구현상이 경제과정에 맞추어지는 것을 조건으로 해서만 보장될 수 있었다.[13] 다시 말해 개인들은 개별 수준에서 노동자로 규율되는 동시에 전체로서 —즉 노동력으로, 인구로— 존재해야 한다. 이렇게 보자면 푸꼬가 말한 근대 권력의 새로운 양상은 개별화의 차원에서 규율권력, 전체화의 수준에서 생권력으로 이해해볼 수 있다. 통치성이란 개별화하면서 전체화하는 근대 권력의 이와 같은 성격을 국가 수준에서 포착하기 위한 것이다.

그림 1 권력의 삼각형

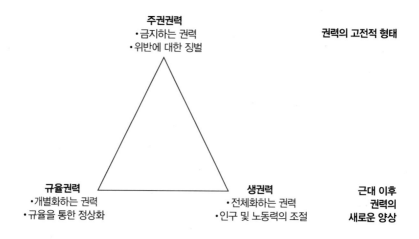

주권권력
• 금지하는 권력
• 위반에 대한 징벌

권력의 고전적 형태

규율권력
• 개별화하는 권력
• 규율을 통한 정상화

생권력
• 전체화하는 권력
• 인구 및 노동력의 조절

근대 이후 권력의 새로운 양상

요컨대 한편에는 법과 죽음과 칼의 권력, 폭력과 억압, 강제의 무기를 가진 권력이 있다. 그리고 다른 한편에 삶, 조절과 교정, 가치와 유용성, 배분과 생산의 권력이 있다. 이제 우리가 주목해서 볼 것은, 앞의 권력이 백성(subjects)이나 인민(people), 시민(citizens)을 상정한다면, 후자의 권력이 관심을 기울이는 대상은 인구, 즉 부(wealth)의 원천이자 노동력이며 성장 및 자원과 밀접한 연관을 가진, 특정한 현상과 독특한 변수를 가진 인구라는 점이다.[14] 다음 장에서 살펴보겠지만 인구는 18세기 이전까지는 존재하지 않았던 개념이다. 18세기에 이르러 절대군주의 의지나 명령이 아니라 인구가 사회를 구성한다는 인식이 등장하게 되었고, 인구라는 새로운 개념은 근대 정치의 핵심 요소인 시민과는 상이한 차원의 정치적 사유를 이끌어냈다. 공교롭게도 인구의 조절과 가족계획에 관한 박정희의 기자회견은 근대의 정치적 사유를 관통해왔던 이 이질적인 갈래를 상기시킨다.

인구가 권력의 새로운 과녁으로 등장함에 따라 통치의 목적은 인구의 안정과 안녕, 복지, 그 역량과 생산성의 최적화를 이루어내는 것이 되었다.[15] 그리고 이와 함께 가족의 위상에 중요한 변화가 일어난다. 이전까지 가부장이 지배하는 가족은 군주의 지배가 향하는 대상이었고, 가부장제는 가족과 국가에서 공통적으로 나타나는 지배의 유형이었다. 즉 가족은 통치의 주체이자 통치의 대상이었으며, 좋은 통치의 이상적 모델이었다. 그러나 인구의 부상과 함께 가족은 통치를 위한 도구로 변환된다. 가족은 이제 통치가 개입하는 지점이자 지식의 대상으로서 새로운 의미를 획득하게 된다.[16] 우리가 알고 있는 가족은 그 결과물이다. 이 책은 우리가 아는 '그 가족'을 탄생시키고 구성해낸 역사적 힘들을 추적한다. 통치성은 바로 그 역사적 힘들이 작동하고 경합하는 양상과 효과, 정치적 성격을 탐구하기 위해 유용한 개념이다.

근대 정치의 두 계열

통치성은 1970년대 후반 푸꼬의 꼴레주드프랑스 강연 내용을 담은 강의록이 영미권에서 공간(公刊)된 2000년대 후반부터 본격적으로 논의되기 시작한 개념이다.[17] 푸꼬 자신의 저술은 아니었지만 뒤늦게 출판되어 세상에 알려진 이 강의록은 통상적으로 국가에 관한 설명을 결여하고 있다고 평가되던 푸꼬의 논의를 효과적이고 급진적인 국가 분석의 이론적 자원으로 단숨에 부상시키는 기점이 되었다. 푸꼬는 당시의 강연에서 18세기 서구에서 일어난 정치적 합리성의 전환 문제를 다루었으며, 이 새로운 정치적 합리성의 맥락에서 20세기 자유주의의 문제를 탐구하였다.[18] 통치성이란 18세기부터 이루어진 이 정치적 합리성의 전환을 설명하기 위해, 특히 "국가와 인구의 문제를 다루기 위해서" 푸꼬가 고안한 용어다.[19]

역사적으로 특정해 보자면 통치성은 18세기에 서구에서 등장한 특유의 정치적 합리성을 일컫는다. 푸꼬는 18세기 서구의 자유주의 통치성이 형성된 독특한 경로를 밝히기 위해 고대 히브리적 기원까지 거슬러 올라가 그 역사적 궤적을 추적한다.[20] 그러나 통치성은 유럽의 특수한 역사적·지역적 맥락에만 한정되는 것이 아니며, 18세기 이후 여러 지역에서 다양한 역사적 조건들과 결합하며 전개되었다. 앤서니 기든스(Anthony Giddens)는 "근대 이전의 국가에서 전형적으로 나타나는 지배의 유형은 **통치**라고 할 수 없다. 전통 국가는 이러한 의미의 **통치**는 행하지 않았다"[21]고 서술한 바 있는데, 근대국가 이전까지는 "통치하지 않음으로써 통치되는(governed largely by not governing)"[22] 상태에 있었다는 것이다. 통치(government)가 근대 정체(polity)의 '정부'를 가리키는 단어가 된 것은 이런 맥락에서 의미심장하다. 이렇게 보자면 19~20세기에 걸쳐 전세계적으로 근대국가가 수립되고 근대적 통치가 확산되는 과정에서 비서구의 여러 지역에서 유럽적 통치성의 형성과는 다른 역사적 과정이 전개되었음은 당연하다. 통치성이라는 용어를 고

안함으로써 푸꼬가 강조하고자 했던 근대 정치의 새로운 성격은 19세기와 20세기를 거치며 유럽 이외의 세계로 점차 확산되어갔다.

통치성이란 18세기 서구라는 특정한 시간적·공간적 맥락을 넘어 '통치'라고 부를 수 있는 권력의 새로운 유형과 그 속성을 지칭하는 개념으로, "주권이나 규율 같은 다른 권력 유형보다 통치를 우위로 유도해간 경향", 특히 "인구를 주된 목표로, 정치경제학을 주된 지식의 형태로 삼으며, 안전장치를 주된 기술적 도구로 이용하는 제도, 절차, 분석, 고찰, 계측, 전술의 앙상블"을 의미한다.[23] 18세기에 발전하기 시작한 이 통치가 그 대상으로 삼은 것은 인민이나 시민이 아니라 인구였다. 이는 인민주권의 이상에 근거해 시민적 권리와 국민국가를 사유했던 흐름과는 이질적인 계열을 낳았다. 이런 점에서 통치성의 등장과 전개는 근대 정치를 두 계열로 분기시켰다고 할 수 있다.

근대 정치의 두 계열을 표 1에서처럼 계열 I과 계열 II로 나누어 칭해보자. 계몽된 근대성의 약속과 인민주권에 대한 보편적 열망은 프랑스혁명이라는 상징을 통해 18세기 이래 여러가지 방식으로 기념되고 신성화되었다. 근대국가의 정당성은 인민주권과 시민적 권리에 정초하는 것으로 인식되었고, 따라서 근대 이후 모든 정치권력은 ─ 군사정권이나 독재권력을 비롯한 가장 비민주적인 체제조차 ─ 그 정당성을 신성한 권리나 왕조의 승계, 정복의 권리가 아닌 인민의 의지를 앞세워 주장하게 되었다.[24] 이것이 계열 I의 정치적 사유, 지배-시민-주권의 사유라고 할 수 있다.

그러나 구체적이고 일상적인 행정적 권력은 이와 상이한 차원에서 작동한다. 실업정책이나 고용정책, 보육제도, 의료보험에 대한 불만과 비판이 향하는 곳은 지배의 정당성의 차원이 아니다. 정책수요를 예측하고 효과적인 제도를 수립하고 효율적으로 정책을 수행하는 것, 즉 지

표 1 근대 정치의 두 계열

	권력의 양식	정치적 집합성	권력의 기반	동의의 근거	저항의 위치	사회	권력 작동의 구도
계열 I	지배	시민	주권	(지배의) 정당성	권력의 실행에 외재적	지형학적 범주	양자구도
계열 II	통치	인구	안전	(통치의) 합리성	권력의 실행에 내재적	구성적 범주	연속적이고 성층화된 위계

배의 정당성과는 다른 차원에서 통치의 합리성이 중요하게 대두된다. 통치의 합리성은 인구의 안전(security)과 안녕(well-being)을 확보하고 복지를 제공하기 위한 권력의 실행이 얼마나 합리적이고 효율적으로 작동되는가의 문제다. 이것이 바로 계열 II의 사유, 통치-인구-안전의 사유다. 여기서 인구는 사회계약에 의해 구성되고 창조된 시민과는 이질적인 개념으로, 정책과 제도는 물론 일상적인 정치적 동원과 행정 영역에서 합리적으로 조작 가능한 도구와 범주들을 가용하게 만든다.[25]

저항의 의미는 근대 정치의 이 두 계열에서 완전히 다른 맥락에 놓인다. 계열 I에서 저항은 강력한 위상을 가진다. 정당성을 결여한 정치권력은 저항을 통해 부정될 수 있으며, 따라서 저항이란 권력의 근원적 정당성을 의문시하고 부정하는 핵심적인 기제가 된다. 반면 계열 II에서 저항은 그와 같은 영웅적인 주체의 형태를 취하지 못한다. 방역당국의 격리 조치를 위반하는 감염의심자의 행위나 정부의 보육정책에 반발해 집단휴업을 결의하는 민간 어린이집의 집합행동은 정치권력의 정당성에 대한 주권자의 저항과는 사뭇 다른 것이다. 통치-인구-안전의 계열에서 저항은 통치의 프로그램을 실패하게 만드는 부정적 외재성이라기보다 통치의 구성적 일부를 이룬다. 통치의 작동은 이같은 일상적 균열과 모순의 연속으로 점철되어 나타나며, 저항을 내재하며 계속해서 갱

신되는 과정이다.[26]

계열 I에서 사회는 국가 대 사회라는 지형학적(topographical) 범주로 인식된다. 이 지형학적 인식에서 사회는 주권자인 시민들이 국가의 자의적 지배에 대항해 인민주권의 이상을 실현하는 규범적·윤리적 영역이자 실체다. 반면 계열 II에서 사회는 지속적으로 구성되는 범주이며, 사회의 실증적 내용은 사회를 '보이게(visible)' 만들고 그것을 객관화하는 실천 및 기술, 장치와 분리될 수 없다.[27] 계열 I에서 권력은 권력의 실행자와 그 대상, 또는 지배하는 자와 지배받는 자의 양자 구도에서 인식되지만, 계열 II에서 권력은 연속적이고 성층화된 위계 위에서 작동한다.

이 책이 다루는 가족계획과 관련해서 보자면, 출산율을 통제하고자 하는 국제적인 사설재단의 인구전문가들과 빈곤한 비서구 국가의 농민 표적집단(target groups) 사이는 텅 빈 진공의 공간이 아니다. 국제적인 사업 기획자로부터 행정담당자, 해당 국가의 관료, 의사, 간호사, 산파, 보건담당 직원, 사업 감독관, 사업차량의 운전기사와 계몽원, 시술 보조자에 이르기까지 수많은 행위자들이 위계를 이루며 성층화한 형태로 그 사이에 존재한다.[28] 국가와 사회는 서로 구별되는 실체라고 할 수 없으며, 사회는 윤리적 범주라기보다 국제적인 통계전문가, 보건당국의 정책, 각 지역 계몽원의 실천에 의한 구성물로 등장한다. 결국 통치의 과정은 이러한 다층적인 실천의 연속을 통해 작동하는 것이다.

가족, 인구, 통치

맑스(Karl Marx)는 인간의 해방이란 실제의 개별적인 인간과 추상적 시민이 통합될 때에만 가능하다고 주장했다. 근대의 정치적 해방은 유태인이거나 가게 주인이거나 일용직 노동자이거나 토지소유자인 살아 있는 생생한 개인들을 그의 종교나 재산, 직업으로부터 분리시켜 추상적 시민으로 만들었다. 인간은 실제의 세계에서 구체성을 가진 세속적 존재로 살아가고 있음에도 불구하고 국가와 관련해서는 상상적 주권의 상상적 일원이 된다. 그러나 출생이나 신분, 교육, 직업상의 차이를 비정치적 차이라고 선언한다고 해서 이 차이가 사라지는 것은 결코 아니다. 이것이 정치적 해방의 모순이다.[29] 근대의 정치적 해방이 약속한 "고결한 정치적 상상"에 내재된 이같은 모순은 결국 살아 있는 생생한 개인들을 포착하기 위한 "통치성의 일상적인 행정적 실제"의 차원을 필요로 한다.[30] 이렇게 보면 앞에서 언급한 계열 I과 계열 II는 단지 서로 이질적인 차원들이 아니라 근대 정치의 상호의존적인 두 계열이다.

가족이 통치성과 만나는 지점 역시 바로 여기다. 아이를 낳고 기르고 피임약을 먹고 낙태하고 사산하는, 그 **구체적** 삶에 대한 근대 정치의 관심이 자리하는 곳은 인민주권의 차원이 아니다. 태어나고 죽고 병드는, 결혼하고 시장에 가고 학교에 가고 병원에 가는 그 평범하고 세속적인 생생한 삶들은 출산율과 사망률, 혼인율과 가계수지 통계, 취학률과 유병률로 집계되면서 통치성의 차원에서 공적 영역에 진입한다. 이런 점에서 통치성은 반실재론적(anti-realist) 정치사회학의 중요한 차원을 구성한다. 통치성에 관한 연구는 국가에 관한 형이상학적 추론을 특권화하는 대신 일상적으로 이루어지는 국가권력의 작동과 그 실천에 대한 접근을 가능하게 만든다.[31]

통치성의 전개와 함께 나타난 가족과 통치 사이의 역사적 전환을 프랑스의 사회학자 자끄 동즐로(Jaques Donzelot)는 '가족의 통치(government of families)'에서 '가족을 통한 통치(government through the family)'로의 전환이라고 서술한 바 있다.[32] 앙시앵레짐(ancien régime)에서 가족은 통치의 주체이자 대상이었다. 개인들은 가장을 통해서 가족 외부의 공동체에 연결되었으며, 그런 점에서 가족은 최소의 정치조직이었다. 가장은 세금, 징병, 노동을 공급할 의무를 지닌 존재이자 가족구성원들에 대해 절대적인 책임과 권한을 가졌다. 동시에 가족에 속하지 않은 사람들은 공적 질서에 속하지 않는 존재였다. 그러나 18세기부터 빈민이 급증하고 가족구성원을 가족 안에서 통제하는 것이 점점 더 어려워지게 되면서 통치의 주체이자 대상으로서 가족의 위상은 급격히 해체되기 시작했다.

여기서 중요한 것이 인구라는 문제의 출현이다. 이전까지 가족은 통치의 모델이자 국가의 모델이었고, 통치술은 가족이라는 모델을 기초로 해서만 상상될 수 있었다. 그러나 통치의 대상으로 인구가 부상하면서 가족의 위상에는 중대한 전환이 일어난다. 사망률이나 질병의 발생 정도를 비롯해 인구현상에 내재된 고유한 규칙성이 차츰 발견되면서 인구란 그 자체로 경제적 효과를 가질 뿐 아니라 고유한 현상을 수량화할 수 있게 만든다는 점이 인식되기 시작했다. 이전까지 경제(economy)라는 말의 의미는 가족의 관리를 뜻했지만, 이제 통계학의 발전은 인구현상과 그에 내재된 특정한 경제적 효과가 가족으로 환원되지 않는다는 점을 보여주게 된다. 따라서 도덕적이고 종교적인 주제처럼 잔존하는 몇몇 주제들과 관련해서가 아니라면, **통치 모델로서의 가족은 소멸하게 된다.**

가족은 이제 인구 내부의 한 요소이자 인구 통치의 근본적인 중계지(fundamental relay)가 된다. 1973~78년 푸꼬 강연 시리즈의 핵심 주제가 실은 가족이었다는 주장은 이런 맥락에서 제기되는 것이다.[33] 18세기 중반부터 가족은 출생과 사망, 혼인은 물론 백신 접종 같은 공중위생 등과 관련한 활동에서 중요한 도구로 등장하게 되는데, 이것은 가족이 통치의 모델에서 통치의 도구(instrument)로 바뀌는 근본적인 전환이었다. 가족은 이제 **좋은 통치의 공상적인 모델**이 아닌 인구의 통치를 위한 특권적인 도구가 된다. 무엇보다 가족은 인구현상과 관련해서 — 가령 인구변동이나 출산율, 소비 등에 관해 무언가를 얻고자 할 때 — 반드시 활용해야 하는 요소가 되었다. 그뿐만 아니라 정상과 비정상, 수용 가능성과 불가능성에 관한 판단에 있어 가족은 절대적으로 필수적인 제도가 되었다. 교육, 노동과 생산성, 병역, 건강, 준법의 의무 역시 우선적으로 모두 가족을 통해 규율되고 관리되게 되었다.[34]

1960~70년대 한국의 가족과 국가

1960년대 초 한국의 합계출산율은 6.3 정도로 알려져 있다.[35] 이 숫자는 1963년 경제기획원의 전국 경제활동인구조사 표본조사구를 활용하여 사후적으로 나온 추정치로, 한국에서 최초로 집계된 합계출산율이다. 이로부터 우리는 두가지의 사실을 알 수 있다. 하나는 당시의 평범한 여성들이 대체로 예닐곱명의 아이를 낳고 기르며 살았다는 것이다. 다른 하나는 전국적으로 출산율을 파악하는 문제가 비로소 이 시기에 이르러 중요한 일이자 동시에 가능한 일이 되었다는 점이다.

출산하는 자녀의 수를 집계하고 파악하는 국가의 행위는 이 시기에 시작된 가족계획사업과 불가분의 관계에 있다. 가족계획사업은 1961년 군부쿠데타 후 제1차 경제개발 5개년계획의 일환으로 채택되어 국가시책으로 전개되었다. 1980년대 후반 실질적으로 종료되기까지 25년간 가족계획사업의 진행과정은 한국 자본주의 산업화의 한 궤적이기도 했다. 가족계획사업은 아이를 적게 낳는 것이야말로 경제발전과 국가의 미래, 그리고 개인의 삶에 걸쳐 중대한 의미를 갖는 것임을 각인시켰다. 그뿐만 아니라 한국의 가족계획사업은 한국의 산업화만큼이나 전세계적으로 주목받는 성공 사례로 기록되었다.

가족계획사업이 전개되는 동안 합계출산율은 지속적으로 하락했고, 1983년에는 2.06을 기록해 인구대체수준 아래로 떨어지기 시작했다.[36] 출산율의 이같은 추이는 가족계획사업의 성과를 보여주는 구체적인 지표로 언급되어왔으며, 한국의 가족계획은 공식적인 문헌들뿐 아니라 국제기구의 담당자들이 작성한 비공식 자료들에서도 "유례가 없는" "전세계에서 가장 성공적"인 사례로 평가되었다.[37] 물론 한국에서 나타난 급격한 합계출산율의 감소를 가족계획사업의 독립적 효과로만 해석할 수 없으며, 산아제한과 출산력 변동 사이의 관계는 학문적으로나 경험적으로 논쟁적인 주제에 속한다. 그러나 가족계획사업을 통해 이루어진 피임술의 보급이 한국의 출산율에 미친 효과에 대해서는 부인하기 어렵다.[38]

이 책은 1960~70년대 한국의 가족계획사업을 다루고 있다. 그러나 이 책의 관심은 가족계획사업에 대한 평가, 또는 그 추진 배경이나 성과의 요인을 규명하는 데 있지 않다. 이 책에서 내가 주목하고자 하는 것은 가족계획사업이 인구 통치를 체계화하는 본격적인 장이었다는 점, 그 과정에서 가족이 완전히 새로운 정치적 성격을 부여받게 되었다는 점이다. 가족계획사업에 관한 여러 연구들은 여성의 몸에 대한 폭력적 개입, 재생산에 대한 국가권력의 통제, 가족의 동원, 여성의 행위자성 등 다양한 차원에서 가족계획사업에 접근하고 이에 대한 이해의 지평을 확장시켜왔다.[39] 그러나 가족계획을 인구 개념의 정치적 차원에서 접근해온 연구는 거의 없었다.[40] 결혼하고 아이를 낳고 기르며 저축하고 소비하는 구체적이고 생생한 세속의 삶들이 '통치'되어야 할 '인구'

사진 1 가족계획사업 홍보 조형물 1964년 5월 가족계획의 달 홍보 조형물이다. 아래 사진에
서 조형물 하단에 보이는 광고 '아나보라'는 독일 셰링사가 1961년 유럽 최초로 발매한 먹는 피
임약으로, 1963년 국내 판매가 시작되었다. 그러나 먹는 피임약이 가족계획사업을 통해 본격
적으로 보급된 것은 1968년부터였다. 관련 내용은 3장 참조.

로 정치적 장에 도입된 것은 바로 박정희 정권 시기였다. 이 시기에 전개된 가족계획사업은 이전과는 그 성격을 달리하는 정치권력의 새로운 양상을 드러낸다.

박정희 시대가 오직 쿠데타와 계엄령, 유신과 고문으로만 이루어져 있었을 뿐이라면, 그 시대는 현재와는 이질적인 과거의 한 시기로 이야기될 수 있을지 모른다. 혹은 정당성을 결여한 지배, 억압적이고 폭력적인 정치권력을 논할 때에만 소환되는 시대가 될 것이다. 그러나 그 시대는 평범한 개인들의 삶을 정상화(normalizing)하고 삶에 초점을 두는 권력기술을 발전시켰다는 점에서 우리 시대의 한 기원을 이룬다. 가족계획사업은 인구통계를 수립하고 보건체계를 구축하는 과정과 결합하면서 인구에 대한 지식을 축적하고 통치와 과학의 새로운 관계를 창출해냈다. 또한 서구와의 격차를 수치로 인식하고 시대착오를 타파함으로써 서구의 현재성을 획득해내려는 문명화 프로젝트이기도 했다. 가족계획사업을 통한 피임술의 보급은 근대적 출산조절을 실천함으로써 재생산과 분리된 성을 향유하는 여성의 주체화 과정이었다.

1960~70년대의 가족계획사업은 표면적으로 보자면 2000년대 후반부터 부상한 현재의 인구위기 담론 및 출산장려 정책과 정반대의 방향을 가리키는 것처럼 보인다. 그러나 삶을 책임지고 가치와 효용의 영역에 삶을 배분하는 권력, 평가하고 측정하며 정상성과 위계를 생산해내는 권력이라는 점에서 박정희 시대의 인구정책과 이 시대의 저출산 대책은 인구를 향한 통치의 역사적 계보를 이으며 상통한다. 이 책은 가족계획사업을 통해 이 새로운 권력, 공리주의(utilitarianism)[41]의 정치적 실천이 한국의 가족을 어떻게 구성해내고 관통했는가를 추적하기 위한 것이다.

2장

인구의 부상

인간 정신의 가장 고상한 노력, 문명사회를 야만상태와 구별해주는 모든 것은 결국 재산과 결혼에 관한 법률, 그리고 겉보기에는 좁아 보이지만 각 개인이 더 나은 삶을 위해 노력하도록 만드는 원동력인 인간의 이기심에 힘입은 바 크다.

— 토머스 맬서스Thomas R. Malthus[1]

우글거리는 아시아인들이 수십년 내에 2~3배로 늘어날 가능성은 (…) 많은 관찰자들에게 프랑켄슈타인의 끔찍함(appalling)으로 나타나고 있다.

— 킹즐리 데이비스Kingsley Davis[2]

국제노동기구 전문위원의 충고

4·19혁명이 일어나기 5개월 전, 1959년 11월 중순의 어느날이었다. 연세대학교 의과대학 위생학교실의 양재모(梁在謨) 교수는 당시 보건사회부 차관이었던 세브란스 의학전문학교 출신의 선배 이병학(李丙學)의 연락을 받고 그를 찾아간다. 이병학은 양재모가 사회보장제도, 특히 의료보장 분야에 관심을 가지고 공부하고 있다는 이야기를 들었다며, 세계보건기구(World Health Organization, WHO)와 유엔기술원조처(United Nations Technical Assistance Board, UNTAB)[3]의 기금(fellowship)을 지원받아 유럽의 사회보장제도를 둘러보고 연구해보지 않겠느냐고 제안한다. 같은 해 3월에 양재모는 보건사회부가 14명의 '전문가들'을 초청한 자리에 참석해 건강보험제도의 실시에 관해 논의한 바 있다.[4] 이병학의 요청은 세계보건기구와 유엔기술원조처가 지원하는 3개월간의 유럽 일정을 마친 후 건강보험제도에 관한 보고서를 정부에 제출해달라는 것이었다.

첫 일정으로 예정되어 있는 방문지는 세계보건기구 본부가 위치한 스위스 제네바였다. 그러나 당시 한국에는 스위스 공관이 없어 비자를 발급받을 수 없었다. 1960년 1월 3일, 양재모는 스위스대사관이 있는 일본 토오꾜오(東京)로 출발해 비자를 받은 후 1월 5일 제네바에 도착했다. 도착한 이튿날 만난 세계보건기구 본부의 책임자는 스위스, 서독, 영국, 노르웨이, 핀란드, 덴마크 등 유럽 6개국과 대만의 방문일정을 안내했다. 이어 양재모는 첫번째 공식 방문기관인 국제노동기구(International Labour Organization, ILO) 본부를 찾았다.

그런데 여기서 만난 국제노동기구 전문위원은 양재모에게 뜻밖의 충고를 건넨다. 임금노동자가 전체의 절반 수준이 될 때까지는 국가 차원의 의료보험제도를 도입하지 말아야 한다는 것이다. 그는 임금노동자의 수가 늘어나기 전에 의료보험제도를 도입하면 반드시 실패할 것이라고 경고했다. 그리고 "정부가 사회보장 시스템보다는 가족계획사업이 훨씬 더 시급하다는 것을 깨달아야" 한다고 덧붙였다. 건강보험제도를 살펴보기 위해 유럽에 방문한 양재모에게 이것은 예기치 못한 조언이었다.

스위스에 이어 서독을 방문해 농촌지역을 돌아보면서 양재모는 국제노동기구 전문위원의 말대로 건강보험이나 의료보장 시스템보다 더 시급하고 중요한 것이 가족계획이라고 생각하게 되었다. 다음 방문지로 예정되어 있던 영국에서 4주일을 체류하는 동안 그는 가족계획이 건강보험을 비롯한 사회보장 시스템의 전제조건이라는 생각을 더욱 강하게 가지게 되었고, 영국의 담당자에게 가족계획 관련 기관을 방문하고 싶다고 요청하여 국제가족계획연맹(International Planned Parenthood Federation, IPPF) 본부와 영국가족계획협회(United Kingdom Family Planning Association), 런던가족계획클리닉 등 예정에 없던 가족계획 관련 기관들을 찾아갔다. 그리고 방명록에 자신의 이름과 직함, 주소를 남겼다.[5]

양재모는 이듬해인 1961년 4월 1일에 창립한 대한가족계획협회 초대 이사장으로, 대한가족계획협회 설립을 주도하고 한국 가족계획사업의 역사에서 핵심적인 역할을 하게 되는 인물이다. 그가 가족계획에 관심을 가지게 된 계기를 담은 이 이야기는 몇가지 흥미롭고 중요한 사실들을 환기시킨다. 첫째, 사회보장 시스템의 전제조건으로 임금노동자 형성을 지목하는 맥락에서 가족계획의 필요성이 제기되고 있다는 점이다. 즉 가족계획이 근대적 의미의 노동력 및 그 복지와 불가결하게 얽혀 있다는 것을 시사한다. 둘째, 이 짧은 일화에 담긴 세계보건기구, 유엔 기술원조처, 국제노동기구, 국제가족계획연맹 등 여러 국제기구의 이름은 가족계획사업이 출발 이전부터 직간접적으로 국제기구의 실천과 관련되어 있었음을 드러낸다. 제3세계 인구에 대한 서구 국가들의 관심은 당시 여러 국제기구의 활동에 폭넓게 스며들어 있었고, 가족계획사업은 그와 같은 국제적 흐름과 밀접하게 연결되어 있었다. 셋째, 한국의 가족계획사업을 주도하게 되는 집단이 의사들이었다는 점이다. 가족계획은 전세계적으로 인구에 대한 의학적 개입을 수반하는 것이었으나, 한국의 경우 의사들의 역할이 핵심적이었다. 이에 대해서는 5장에서 좀 더 상세하게 다룰 것이다.

인구의 출현

인구는 사회적·역사적 조건과 무관하게 존재하는 객관적 사실에 관련된 것으로 생각되기 쉽다. 하지만 적어도 18세기까지 인구는 존재하지 않는 개념이었다. 물론 구약성서의 「민수기」(民數記, Book of Numbers)에서 보듯이 백성들(subjects)의 수를 세는 것은 고대사회에서도 이미 중요한 문제였지만, 이때 계수(計數)의 대상은 전쟁에 나가거나 부역에 동원할 성인 남자였다. 나이 및 성별과 무관하게 영토 내에 존재하는 모든 사람의 수를 세고자 하는 관심은 근대국가 이후 생겨난 새로운 역사적 현상이었다. 18세기를 거치면서 서구에서 부상한 인구 개념은 근대국가 체제에서 사회를 이해하고 상상하는 특정한 방식과 결합된 것이었다.

현재 우리가 사용하는 인구 개념은 '많은 사람(populousness)',[6] 사회적 신체(social body) 또는 집합적 신체(collective body), 고유의 리듬과 규칙성을 가진 통계적 구성물로서의 인구 등 역사적으로 서로 다른 의미의 차원을 함축하면서 변화해온 결과물이다. 처음 인구라는 단어가 사용된 것은 18세기 중반으로, 영어권에서 데이비드 흄(David Hume)이 1751년에 처음 이 단어를 사용했으며, 프랑스어로는 18세기 말부터 사용된 것으로 알려져 있다. 그 이전까지는 사람의 수가 늘어나거나 감소하는 것을 가리키는 'populating' 'depopulation' 같은 단어만이 존재하고 있었다. 처음 등장하던 당시 인구(population)는 인구감소(depopulation)의 반대 의미로, 전염병이나 전쟁, 식량난 같은 재앙 후 사람들이 사라진 영토에 다시 사람들이 채워지는 것을 뜻하는 명사로 사용되었다. 이처럼 18세기에 처음 등장한 인구 개념은 현재의 용법과는 차이가 있었다.[7]

사람이 많다는 것은 중상주의에서 국력 및 국부의 근간으로 여겨졌다. '많은 사람'은 농업과 수공업을 위한 일손이 되며, 경쟁을 통해 임금을 떨어뜨린다. 각국이 많은 사람을 가져야 하고, 그들 전체가 노동에 종사해야 하며, 그들에게 지급되는 임금이 가능한 한 낮아야 한다는 것이 중상주의의 시각이었다. 이를 위해서는 많은 곡물이 있어야 하며, 그 곡물은 저렴해야 한다. 곡물이 저렴하면 임금을 최대한 낮출 수 있고, 이는 상품의 원가를 하락시켜 국외에 상품을 최대한 판매하게 만든다는 것이다.[8] 중상주의의 세계는 많은 노동을 하고 많은 물건을 제작할 많은 일손을 필요로 했다.

중상주의 시대에 사람이 많다는 것은 이처럼 절대군주의 권력의 상징이자 부의 지표였음에도,[9] '많은 사람'을 통해 풍족해지는 것은 그 사람들 자신이 아니라 국가였다. 16세기 말에서 17세기 초에 이르는 국가이성(raison d'État)에 관한 논의들에서도 행복해야 하고 번영해야 하며 부유해져야 하는 것은 사람들이 아닌 국가였다. 이것이 중상주의 정치의 근본적 특징이었다. 국가이성의 이론가들은 부와 그 순환, 통상의 균형에 대해 이야기했지만 그들의 논의에는 경제적 차원에서의 인구 개념이 부재했다.[10]

18세기에 등장한 중농주의와 고전경제학은 인구 개념을 '많은 사람'이라는 개념과 단절시키기 시작했다. 중농주의자들은 식량난을 피하고 싶다면 곡물의 가치를 제대로 지불해야 한다고 주장했으며, 임금이 너무 낮아지지 않도록 하기 위해 ─ 그럼으로써 사람들이 노동에 관심을 갖고 또 소비를 통해 상품의 가격을 유지하도록 하기 위해 ─ 인구가 지나치게 많아서는 안 된다고 보았다. 중농주의에 이르러 인구는 절대적인 가치가 아닌 상대적인 가치를 갖는 것으로 인식되기 시작했다. 주어진 영토 위에 최적의 사람들의 수가 있어야 하는데, 그 바람직한 인구의 적정 수란 자원, 가능한 노동, 가격을 유지하기 위해 필요충분한 소비에 따라 ─ 즉 경제에 따라 ─ 가변적인 것으로 사고되기 시작했다.[11]

인구란 이와 같이 자본주의의 등장 및 고전경제학의 출현과 밀접하게 결합된 개념이었다. 인구에 대한 논의를 본격적으로 제기한 토머스 맬서스(Thomas R. Malthus)가 고전경제학자이자 최초의 경제학 교수였다는 점은 시사적이다. 그의 『인구론』(*An Essay on the Principle of*

Population)은 1798년 초판을 익명으로 출간해야 했을 만큼 당대에 논쟁적인 저작이었다. 1826년까지 6번의 개정을 거치는 동안 맬서스는 당시의 영향력 있는 사상 및 제도를 격렬히 비판했다.[12] 맬서스가 비판했던 대상은 두가지로 요약된다.

첫째, 프랑스대혁명이 가져온 역사의 진보에 대한 관념과 계몽주의의 이상이다. 맬서스는 윌리엄 고드윈(William Godwin)과 꽁도르세(Marquis de Condorcet)로 대표되는 당대의 저명한 계몽주의자들을 정면 비판하면서 사회의 진보에 대한 낙관적 믿음과 대결했다.[13] 그는 사회가 계몽주의자들이 사유하는 것과 같은 방식으로 변화하지 않는다고 믿었다. 즉 인구는 사회가 일종의 역사법칙적 전개에 따라 진보하며 변화한다는 인식을 비판하는 개념적 도구가 되었다.

둘째, 맬서스는 인구현상에 대한 인위적 개입에 반대했다. 『인구론』은 구빈법(救貧法)을 정면으로 비판하는 저작이었다. 맬서스는 당시 확산되고 있던 빈곤 문제가 경제체제나 정치적·구조적 문제에 의해 발생하는 것이 아니라 인구 자체의 내재적 동인에 의해 일어나는 것이라고 보았다. 구빈법은 빈곤을 완화시키기 위한 외재적 개입으로서 사태를 더욱 악화시킬 것이며, 인구의 파동을 가져오는 내재적 요인으로서 인간의 성욕과 생존본능, 그리고 생존을 위한 취식(取食) 수단의 한계 등에 주목해야 하며 이것이야말로 사회에 대한 인식의 핵심이 되어야 한다고 주장했다.

이와 같이 인구는 '많은 사람'이라는 개념과의 단절 위에서 단순히 많은 수가 아닌 **적정한 수**에 대한 주장을 함축하며 발전한 개념이다. 따라서 인구의 수는 이제 단지 양적인 차원에 국한되는 것이 아니라 그 '적정성'을 통해 인구의 질(quality)을 결정하는 요소가 된다.[14] 또한 인구의 수는 맬서스에게서 나타나는 것처럼 현재 속에서 미래를 상상하

게 만드는, 즉 사회에 대한 상상에 시간성의 차원을 기입하는 기제가 되었다.[15]

인구의 자연성과 사회의 실증적 발견

18세기 이전까지 인구는 존재하지 않는 개념이었고, 영토 안에 존재하는 사람의 수에 관한 관심은 실증성(positivity)이나 일반성의 차원과는 무관했다. 국가의 통치가 인구를 상대하고 관리하며, 구체적 분석과 과학적 지식을 통해 통치기예를 발전시키는 실천이 된 것은 18세기 이후였다. 인구는 백성이나 시민과 같이 복종시키거나 규율해야 할 대상이 아니라 그 내재적 '본성(nature)'[16]을 잘 파악하고 숙고하여 통치해야 할 대상으로 등장했다는 점에서 근대국가의 속성과 밀접하게 연관된다. 이를 가리켜 푸꼬는 인구의 부상이 권력기술(techniques of power)의 장에 자연을 (재)도입하는 계기였다고 말한다.[17]

원래 적절한 통치는 신이 주관하는 자연적 질서의 일부를 구성하는 것으로 여겨졌다. 16세기 말에서 17세기 초 국가이성에 관한 논의는 이 우주론적 신학의 세계에서 국가라는 영역을 분리해냄으로써 통치에 대한 관념을 자연성(naturalness)과 단절시켰다. 자연적 질서, 우주론적 신학의 세계와 분리된 합리성의 영역으로서 국가에 관한 논의는 이런 점에서 일종의 이단적 사유였고, 17세기 초의 정치(사상)가들은 통치의 내재적 '이성'에 관한 탐구를 통해 이 이단을 이끌었다. 이로부터 약 한 세기 후 국가이성에 관한 이러한 사유에 새로운 이단으로 다시 등장한 것이 바로 경제학자들이었다.[18]

18세기의 중농주의자들과 정치경제학자들은 자연적 질서와의 단절을 통해 등장한 통치의 관념에 자연성의 차원을 다시금 기입했다. 물론 이때 제기된 자연성은 중세와 르네상스 시대의 자연성처럼 세계의 본성이라는 의미가 아니다. 통치의 장에 새롭게 도입된 자연성이란 인간들 사이의 관계에 존재하는 특수한 자연성, 즉 인간들이 함께 살거나 같이 있거나 노동하거나 생산하거나 교환하거나 하는 과정에 존재하는 자연성을 뜻한다.[19] 인구는 바로 그 자연성을 포착하는 개념으로, 다음과 같은 세가지 특징을 가진다.

첫째, 인구는 단순히 영토 내에 거주하는 개인들의 총합이 아니라 "일련의 변수들에 의존하여 주어지는 것(datum)"[20]으로 존재한다. 다시 말해 인구는 제도와 관습, 법률, 경제적 조건이나 자연환경 등 여러 변수에 따라 변화한다. 따라서 인구는 주권자(sovereign) 앞에 투명하게 인식되는 고정된 실체가 될 수 없으며, 주권자의 명령이나 법으로 변화시킬 수 없는 자연적 현상이다. 이처럼 자연적 현상으로 존재하는 인구는 그 변동의 요인(agents)과 기술(techniques)에 접근하기 위한 끊임없는 계산과 성찰, 분석을 필요로 한다.[21] 인구란 주권자의 명령이 아닌 '변수들'에 의해 변화하므로, 예컨대 출산율이나 사망률, 자살률, 이주의 규모와 형태, 경제활동참가율이나 실업률, 인구분포나 진학률 등을 측정하고 그 요인을 탐색하며 이를 적정한 수준으로 변형시키기 위한 기술을 작동시키는 것이 통치의 주된 내용이 된다.

둘째, 인구를 구성하는 것은 결코 정확히 예측할 수 없는, 서로 완전히 다른 개인들이다. 이처럼 무수히 다른 개인들의 '욕구'는 인구의 변동을 가져오는 단 하나의 행위의 원인이다. 따라서 인구의 관리는 이 '욕구'를 금지하거나 제어하는 것이 아니라 정확히 인식하는 것을 관건으로 하며, 이러한 사유는 특히 공리주의(utilitarianism) 철학의 모태가 되었다. 루소(Jean-Jacques Rousseau)나 홉스(Thomas Hobbes) 같은 자연법 이론가들에게 있어 군주는 어느 누구의 욕구에 대해서든 '안 된다'고 할 수 있는 자였고, 따라서 이 금지나 억압, 제한을 어떻게 정당화할 것인가가 중요한 문제였다. 그러나 18세기부터 개인들은 욕구에 따라 행위하며 그것이 인구를 변화시키는 유일한 동인(mainspring)이라는 인식이 등장하면서, 통치에 있어 중요한 문제는 이 욕구를 어떤 방식으로 장려하고 고무할 것인지로 뒤바뀐다. 또한 인구는 수많은 개인들로 구성되지만 동일하게 욕구를 통해 움직이기 때문에 하나의 전체처럼 다룰 수 있게 되었다.[22]

셋째, 이와 같이 인구는 어떤 초월적인 체계의 작동이나 주권자의 개입이 불가능하며 개인들의 욕구에 기초해서 변화하므로 정확히 예측하기 힘들며 가변적이다. 그러나 이 가변성은 흥미롭게도 규칙성을 가진다. 개인의 자유의지에 따르는 사회현상이나 도덕 및 풍속에 대한 통계에서 놀라운 규칙성이 발견된다는 점은 19세기 초부터 사회에 관한 실증적 지식의 수집을 통해 인식되기 시작했다.[23] 인구는 여러 현상의 항상성(constancy) 속에서 파악되는 것으로 간주되었고, 사회에 대한 인식은 인구현상의 규칙성과 항상성을 발견하고 파악해내는 작업이 되었다. 규칙에는 물론 언제나 예측할 수 없는 우연이나 가능성(chance)의 요소가 존재하지만, 이를 부정하는 것이 아니라 다스림(taming)으로써 포괄해내는 설명이 중요해지게 된 것이다.[24]

요컨대 인구의 변동은 강제적이고 외재적인 힘이 아니라 인구현상 자체에 내재된 동인에 의해 이루어진다. 인구의 이와 같은 자연성은 권력과 지식, 통치와 과학 사이의 특수한 관계를 출현시켰다. 근대국가의 정치적 관심이 인구를 향하게 되었다는 것은 인구의 자연성을 파악하여 예측하고 이를 조정하여 변형시킬 수 있는 기술에 대한 의지가 국가의 실천을 관통하게 되었음을 뜻한다. 출산율과 사망률, 유병률, 이혼과 영아사망의 통계 등이 지역과 관습, 정부 정책, 접종, 고용상태 같은 변수들에 따라 어떻게 달라지는지를 파악하여 이를 조정하는 것이 국가의 중요한 일이 되었다. 이처럼 인구를 움직이는 변수를 탐구하고 개인의 욕구를 파악하며 인구현상에 내재된 규칙성을 밝혀내려는 의지, 인구의 자연성을 실증적으로 포착하고 설명해내기 위한 지적 실천 및 과학적 분석에 대한 요구는 어떤 법칙의 결과로서가 아니라 실증적으로 사회를 발견해내고자 하는 사유를 가져왔다.[25] 인구는 사회를 객관화하는 지적 실천을 통해 사회가 객관적 성격을 가지는 것으로 인식하도록 이끌었다.[26]

인구 개념은 따라서 사회에 대한 '과학적' 실천과 분리되기 어렵다. 인구가 정치의 영역이 아닌 지식의 문제로 받아들여지는 것[27]은 이 때문이다. 모든 개인을 성별과 신분, 연령, 질병이나 장애와 무관하게 등가적인 존재로 세우는 것은 인구 개념의 등장이 가져온 현상이었다. 그뿐만 아니라 이 등가적 개인을 인구의 범주로 모두 포괄하여 출생과 사망, 혼인에서 나타나는 규칙성을 발견하고 그 요인을 분석하는 작업이 발전하게 되었다.[28]

이처럼 인구는 자본주의경제의 확산, 근대국가의 확립과 긴밀히 결합하여 부상했을 뿐 아니라 지식의 새로운 질서, 개입의 새로운 대상, 주체성(subjectivity)의 새로운 유형, 새로운 국가형태를 창조해냈다.[29] 특히 20세기에 들어서면서 인구문제에 있어 과학이 더욱더 중심적인 위치를 차지하게 되었고, 인구를 둘러싼 새로운 과학은 한층 발전하게 되었다. 인구의 관리를 둘러싼 모든 정책적 시도들은 당면한 문제에 대한 '과학적' 해결책으로 서술되었다.[30]

제3세계, 인구학적 타자

18세기에 등장해 서구의 권력기술에 거대한 혁신을 가져온 인구 개념은 20세기 들어 서구가 비서구 세계를 인식하는 과정에서 핵심적인 개념이 되었다. 20세기 전반 양차 세계대전을 거치며 많은 나라들이 과거 식민지배로부터 해방되어 국민국가를 수립했고, '제3세계(Third World)'라는 용어는 바로 이들 신흥독립국들에 대한 인구학적 묘사로 등장하게 되었다. 인구학자이자 1945년에 설립된 유엔(UN)인구위원회의 프랑스 대표였던 알프레드 쏘비(Alfred Sauvy)는 1952년에 발표한 논문[31]에서 인류가 서방 자본주의와 공산주의 블록, 그리고 "1914년의 우리의[서구의] 사망률"과 "18세기의 우리의[서구의] 출생률"을 가진 제3세계로 나뉘어 있다고 서술했다. 이 제3세계의 사람들은 제1세계나 제2세계와는 완전히 '다른 우주'에 살고 있는 것으로 기술되었다.[32]

제3세계는 출발부터 일종의 "인구학적 타자(the demographic Other)"로 등장했다.[33] 제3세계의 과잉인구와 빈곤이 공산화로 이어질지 모른다는 불안은 제3세계 인구를 줄이기 위한 서구 국가들의 원조를 자극했다. 냉전체제하에서 미국의 주도로 경제적·정치적·군사적으로 통합된 '자유세계'가 구축되는 동안 제3세계의 인구성장은 서구 세계에 대한 잠재적 위협으로 인식되었다. 결국 이 새로운 세계의 타자성에 대한 불안은 '제3세계'를 '제1세계'와 유사하게 변형시켜내고자 하는 의지로 이어지면서 "재생산의 서구화(reproductive Westernization)"라는 정치적 프로젝트를 출현시켰다.[34]

재생산의 서구화는 2차대전 이후부터 1960년대 중반까지 미국을 위시한 서구 각국의 정부와 여러 사설재단, 국제기구의 주도로 강력하게 추진되었다. 20세기 초·중반에 만들어진 록펠러재단(Rockefeller

Foundation), 포드재단(Ford Foundation) 등 여러 사설재단들 역시 국제적인 인구문제에 지대한 관심을 가졌다. 1920년대를 전후하여 출현한 인구학은 정부와 이들 사설재단, 여러 국제기구의 적극적인 지원을 통해 급속히 성장했다. 1940년대 후반부터는 미국이 후원하는 인구학 연구들이 팽창하기 시작했고, 1945년에는 유엔인구위원회가 설치되었다. 유엔 및 유엔 관련기관, 국제적인 가족계획조직의 활동이 활발히 전개되었고, 개발도상국의 근대화 및 발전 프로그램과 결합해 인구문제를 해결하기 위한 가족계획사업이 강력히 권고되었다.[35]

1952년 인구협회(Population Council, PC)와 국제가족계획연맹 설립은 이러한 국제적·정치적 맥락 위에서 이루어졌다. 이 두 기관은 한국을 비롯한 제3세계의 산아제한을 위한 정책수립과 실행에 광범위하게 영향을 미쳤으며 가장 핵심적인 재정지원처가 되었다. 인구협회는 록펠러 3세 주도하에 설립되어 포드재단과 록펠러재단, 미국정부, 특히 미국국제개발처(U.S. Agency for International Development, USAID)의 지원을 받았다. 국제가족계획연맹(IPPF)은 1914년 미국출산조절연맹(American Birth Control League, ABCL), 1938년 미국출산조절연합(Birth Control Federation of America), 1942년 미국가족계획협회(Planned Parenthood Federation of America, PPFA)를 거쳐 설립된 국제 가족계획기구로, 여성 출산조절운동의 선구자라 할 수 있는 마거릿 쌩어(Margaret Sanger)가 공동의장을 맡았으며 각국 정부와 유엔인구활동기금(United Nations Fund for Population Activities, UNFPA)[36]으로부터 재정지원을 받았다.

제3세계 인구에 대한 이러한 국제적 움직임은 19세기 말부터 존재했던 세가지 이질적인 흐름들이 수렴된 결과였다. 첫째, 마거릿 쌩어나 마리 스톱스(Marie Stopes) 등 여성들이 주도한 출산조절운동, 둘째, 신맬서스주의자들의 산아제한론, 셋째, 우생학[37] 운동이 그것이다. 맬서스주의는 19세기 이래 인구통제와 출산조절운동의 중요한 기원이 되었으며, 특히 2차대전 이후 신맬서스주의자들이 경제발전에 있어 인구의 중요성을 주장하면서 부흥했다. 신맬서스주의는 1920년대에 이미 우생학과 결합했고, 여기에 출산조절 주창자들의 동맹이 더해지면서 신맬서스주의적 국제인구운동이 급격히 팽창했다.[38]

　이러한 움직임은 냉전시기 미국의 이해와 결합되면서 미국이 주도하는 흐름으로 수렴되었다. 제3세계 인구에 대한 개입은 냉전시기 국제정치의 장에서 서구의 이해를 관철시키는 도구가 되었고, 미국은 이러한 국제적 흐름의 진원지였다.[39] 산아제한에 대한 압력은 제3세계에 대한 경제적 원조와 직접적으로 결합되었고, 미국정부는 제3세계 인구를 통제하기 위한 국제적인 운동을 주도하면서 다른 서구 국가들의 참여를 이끌어내는 한편 유엔인구활동기금을 통해 추가 자원을 보냄으로써 유엔의 활동을 자극하고 유엔의 영향력을 동원했다. 1969년에 설립된 유엔인구활동기금은 140개국이 넘는 곳에 대해 직접적인 지원을 할 뿐만 아니라 국제가족계획연맹 등의 기구를 통해 간접적인 지원을 하는 등 가장 중요한 지원기관의 하나가 되었다.[40]

　결국 세계 대부분의 제3세계 개발도상국들은 산아제한을 채택하게 되었고, 국제기구와 서구 정부기구로부터 막대한 양의 자금이 출산율을 낮추기 위한 목적으로 이들 제3세계 국가에 흘러들어갔다.[41] 1990년까지 세계적으로 가족계획사업을 위해 지원된 액수는 10억 달러에 달하는 것으로 추산되고 있다.[42]

　이같은 흐름이 가장 압도적인 영향을 발휘한 지역은 특히 아시아였다. 일본이 1940년대 미군정기에 산아제한을 시작한 후 1951년 인도, 1959년 파키스탄이 각각 가족계획사업을 국가시책으로 채택하였고, 이어 한국과 대만이 1960년대 초 경제개발계획의 일환으로 가족계획사업을 국책화하게 된다.[43] 인구협회 설립의 직접적 계기 역시 아시아와 연관되어 있었다. 1948년에 록펠러 3세가 록펠러재단 관계자들과 프린스턴대학교 인구연구소(Office of Population Research)의 저명한 인구학자 프랭크 노트스틴(Frank W. Notestein), 아이린 테유버(Irene B. Taeuber) 등이 '극동아시아'의 인구 및 공중보건 실태를 파악하도록 하는 방문조사를 지원하였고, 이들이 3개월에 걸쳐 일본, 한국, 중국, 대만, 인도네시아, 필리핀 등 아시아 각국을 방문하여 그 조사결과를 보고한 것이 록펠러 3세의 인구협회 설립으로 이어졌다.

제3세계 인구를 둘러싼 이러한 역사적 궤적은 '인구학적 타자'로서 제3세계의 부상이 일종의 변형된 식민주의, 서구 국가들에 의한 이른바 '문명화의 임무(civilizing mission)'와 결합된 것이었음을 드러낸다. 알프레드 쏘비의 논문에서 제3세계의 출현은 정치적인 것이 아니라 인구학적인 것으로 묘사되었으며, 특히 제3세계가 근대화의 두 경로 사이에서 스스로 선택할 수 있을 만큼 성숙해질 때까지 이들을 돌보고 먹여 살리는 것이 필요하다고 이야기되었다.[44] 제3세계 인구에 대한 개입은 이처럼 근원적인 서구중심성 위에서 전개되었으며, 출산력의 변화를 인구학적으로 설명하는 시도들 역시 근대화이론의 탈역사적이고 유럽중심적이며 탈정치적인 가정들을 유지하고 있었다.[45]

이른바 '자유세계' 진영으로부터 제3세계의 산아제한 프로그램이 개발된 역사적 과정은 일견 역설적이다. 산아제한의 기본적인 시각과 자유주의의 이념이 부조화할 것으로 여겨지기 때문이다. 그러나 자유세계의 지도자들은 사실상 인구조절을 위해 "이주와 불임(sterilization)을 이용한 선구자"들이었다. 19세기 후반 미국은 자유국가의 시민으로 부적합하다고 간주되는 자들을 배척하기 위해 이민자를 조사하고 분류하는 관료적 절차와 법적 판례를 발전시켰으며,[46] 우생학자들이 열등하다고 간주한 이들에 대해 강제적 불임시술을 실행했다.[47] 국민국가 내부의 '인구학적 타자'들에 대한 이같은 일종의 식민주의적 인식은 전후 국제질서 아래에서 제3세계로 확장되어갔다. 그리고 앞으로 (특히 5장에서 본격적으로) 살펴보게 되듯이, 제3세계에서 전개된 가족계획사업은 이러한 서구중심적 시선을 경유하여 자신의 내부를 응시함으로써 서구의 시선을 내면화하는 과정을 수반하는 것이었다.

정치적 상상과 인구: 한국의 가족계획

한국에서 인구에 관한 관심이 본격적으로 부상하기 시작한 것은 일제 식민지시기였다.[48] 이 시기의 관심은 앞서 살펴본 '많은 사람'에 대한 관심에 가까운 것으로, 인구를 민족/국가의 근본으로 보고 인구의 증강을 민족/국가의 힘과 연결시키는 관념이 총독부와 조선인 실력양성론 모두에서 유사하게 대두되기 시작했다. 1910년대 대표적 실력양성론자이자 교육자였던 현상윤(玄相允)은 1917년 『학지광(學之光)』에 발표한 글에서 "근일(近日)에 와서는 모든 학자가 다같이 인구증식의 필요를 시인(是認)하기로 이치되어, 모든 나라가 증가되는 것을 좋다할 뿐아니라 한걸음 더 나가 이를 할 수만 있으면 인력으로라도 증가케 하려고 애를 쓰는 중"이며 "인구가 늘면 곧 나라의 힘이 느는 것이요, 인구가 줄면 곧 나라의 힘이 그만치 주는 것이니, 나라에는 사람이 주재(主宰)요, 사람에는 수효가 제일임은 현대생활의 특징"이라고 말한다. 이것은 일본인이 발행한 잡지 『반도시론(半島時論)』에 같은 해 실린, "인구는 국가의 근본이요 물산(物産)은 인구의 이용후생(利用厚生) 하는 근본이니, 인구의 증식함은 국가의 행복이요 생산의 유족(裕足)함은 인구의 행복됨은 동서고금(東西古今)의 관감(觀感)한 사실"이라는 사설과 거의 흡사하게 들린다.[49]

일제는 식민지배 초기부터 조선 인구를 증가시키는 데 관심을 가졌고, 1919년에 조선총독에 취임한 사이또오 마꼬또(齋藤實)는 이후 그의 8년간의 업적에서 조선인의 인구증가율을 높였다는 점을 내세우면서, 옛날 한국은 위생상태가 불량해서 사망률이 높았는데 이제는 평년의 인구 증가수가 특수 사정이 발생하지 않는 한 약 13~14만명 내외라고 강조하기도 했다.[50] 1920년대 산아제한론이 등장하면서 1930년대 초반부터 각 신문과 잡지를 통해 빈곤의 완화, 자녀의 양육 및 교육, 우생학적 입장, 모성보호, 여성의 능력 발휘 등을 근거로 산아제한론이 제창되기 시작했지만, 산아제한에 대한 조선 내부에서의 반대 입장 역시 상당했다.[51]

더욱이 1931년 일제의 만주침략을 즈음하여 1930년 12월 공포되고 다음해 1월에 시행된 '유해피임기구 취체법'을 시작으로 산아제한운동 및 공개적인 피임지식의 보급활동은 불가능하게 되었다. 1937년 중일전쟁의 발발 이후 본격적인 전시상황에 돌입하면서 일제에 있어 병참기지인 식민지 조선의 인구증식은 더욱 관건이 되었다. 총독부는 1940년부터 매년 다자녀가정을 표창했으며,[52] 1941년에는 식민지 인적자원에 관한 업무를 담당하는 후생국(厚生局)을 신설했고, 『인구정책확립요강(人口政策確立要綱)』을 작성하여 전시 인구정책의 기본방향을 제시하고 이에 맞춰 인구증가와 자질 증강을 위한 방안들을 수립했다.[53]

식민지시기 인구를 둘러싼 이같은 흐름은 정치공동체에 대한 사유와 상상에 있어 인구를 경유하는 인식이 이 시기부터 대두되었음을 보여준다. 초기의 관심은 서구 중상주의 시대의 사유와 같이 '많은 사람'을 정치공동체의 힘과 부강의 원천으로 여기는 양상을 보였지만, 점차 사회적 신체로서 인구의 질에 대한 관심이 부상했다. 인구의 질에 대한 인식에 이르면 인구의 수는 단순히 많고 적음의 차원 자체로 문제시되지 않는다. 1920년대에 등장해서 1930년대부터 본격화된 우생학적 관점은 이를 명시적으로 드러내는데,[54] 조선우생협회의 주요인사이자 의사였던 이갑수(李甲秀)가 1933년에 "어느 나라 어느 민족을 물론하고 그 나라 그 민족의 성쇠흥망이 그 나라의 인구가 증가되고 감소되는 데 있지 아니하고 우생학적으로 보아서 우량한 국민의 증감에 있다"고 주장한 것에서 그 단적인 예를 볼 수 있다.[55]

이처럼 정치공동체에 대한 상상이 인구와 결합하여 나타나기 시작한 것은 일제 식민지시기였고, 인구에 대한 근대적 앎이 추구되기 시작한 것 역시 이 시기였다.[56] 그러나 1960~70년대를 거치면서 인구는 이전과는 전혀 다른 차원에서 정치공동체에 대한 상상과 본격적으로 결합하기 시작한다. 1960~70년대에 인구는 식민지시기 총독부나 민족주의 지식인들이 꿈꾸었던, 그리고 이승만(李承晚) 정권 시기까지 이어졌던 '사람이 많다는 것(populousness)'의 관념을 넘어서고, 또한 집합적 신체나 사회적 신체의 차원을 넘어선다. 인구는 이제 그 고유한 리듬과 규칙성을 정확히 파악해서 적절한 수준으로 조절되어야 하는, 통치의 핵심적 차원으로 새롭게 인식되기 시작한다.

가족계획사업은 인구에 대한 이 새로운 인식이 전개된 본격적 계기였다. 한국의 가족계획사업은 냉전체제하에서 앞에서 살펴본 국제적 맥락의 직접적인 영향을 받았고, 표 2에서 보는 것처럼 인구 및 가족계획 관련기구와 원조기관, 사설재단, 전문기구에 이르기까지 다양한 기관과 단체의 지원을 받았다. 가족계획사업은 "개발을 위한 외국 원조와 지원을 끌어들이는 파이프 역할"[57]을 수행했다고 평가될 정도로 광범위

표 2 한국 가족계획사업을 지원한 해외 및 국제기관

	기관명	60년대	70년대	80년대
1	국제가족계획연맹(International Planned Parenthood Federation: IPPF)	○	○	○
2	인구협회(Population Council: PC)	○	○	○
3	미국국제개발처(United States Agency for International Development: USAID)	○	○	
4	스웨덴국제개발처(Swedish International Development Authority: SIDA)	○	○	
5	패스파인더재단(Pathfinder Fund)	○	○	
6	아시아재단(Asia Foundation)	○	○	
7	브러시재단(Brush Foundation)	○		
8	옥스팜재단(Oxfam Foundation)	○	○	
9	록펠러재단(Rockfeller Foundation)		○	○
10	포드재단(Ford Foundation)		○	○
11	유엔인구기금(United Nations Population Fund: UNFPA)		○	○
12	유엔아동기금(United Nations Children's Fund: UNICEF)		○	
13	세계보건기구(World Health Organization: WHO)		○	○
14	국제노동기구(International Labor Office: ILO)		○	
15	세계은행(World Bank: IBRD)			○
16	세계식량계획(World Food Programme: WFP)		○	
17	가족계획국제원조기구(Family Planning Int'l Assistance: FPIA)		○	
18	일본가족계획국제협력기구(Japanese Organization for Int'l Cooperation in Family Planning: JOICFP)		○	○
19	인구적용연구국제위원회(Int'l Committee on Applied Research in Population: ICARP)		○	
20	스미소니언 학제간 교류사업(Interdiciplinary Communication Program/ Smithonian Institute: ICP/SI)		○	
21	국제개발연구센터(Int'l Development Research Center: IDRC)		○	○
22	국제출산력연구사업(Int'l Fertility Research Program: IFRP)		○	
23	국제통계연구소 세계출산력조사(World Fertility Survey/Int'l Statistical Institute: WFS/ISI)		○	
24	국제가족보건(Family Health International: FHI)			○
25	미국가정경제협회(American Home Economics Association: AHEA)		○	
26	국제불임시술연맹(Int'l Project/Association for Voluntary Sterilization Inc.: IPAVS)		○	○
27	세계교회선교회(Church World Service)		○	

출처: 한국보건사회연구원 편 『인구정책30년』, 한국보건사회연구원 1991, 312~13면에서 재구성.

한 서구 원조와 직접 연관되어 있었다.

3장에서 구체적으로 살펴보겠지만 국제가족계획연맹은 1960년 10월 조지 캐드버리(George W. Cadbury)를 특별사절로 한국에 보내 가족계획기구의 설립을 강력하게 권고하고 자금지원을 약속함으로써 대한가족계획협회가 설립되는 직접적인 계기를 마련했다. 국제가족계획연맹은 대한가족계획협회 설립 후 직원 인건비와 관리운영비 등을 지원하는 핵심적인 재정지원처가 되었다. 인구협회는 1961년 11월 당시 아시아 지역 책임자인 마셜 밸푸어(Marshall C. Balfour)를 한국에 파견하여 가족계획사업 추진상황을 검토하고, 4장에서 다룰 농촌과 도시 지역에 대한 최초의 시범연구사업을 거쳐 장기적인 대규모 연구사업을 지속적으로 지원했다. 인구협회는 재정원조뿐 아니라 인구협회 한국사무소를 운영하고 기술고문관을 상주하도록 하는 등 가족계획사업 운영에 밀접히 관여했다.[58]

미국국제개발처는 1952년부터 한국의 전후(戰後) 의학교육 및 연구를 지원하기 시작했다. 미국국제개발처의 원조는 1973년 2월 23일에 미 하원 외교위원회가 닉슨 행정부에 대해 재정을 낭비하고 있다고 지적할 정도였다.[59] 그밖에도 1957년에 설립된 패스파인더재단(Pathfinder Fund), 1953년에 설립된 아시아재단, 유엔인구활동기금(UNFPA) 등 수많은 기관이 한국 가족계획사업을 지원했다.[60] 1974년에 한국이 이제 가족계획의 모범국가가 되었으니 외국의 도움이 필요치 않으므로 모든 것을 국내에서 자체적으로 추진해보자는 취지로 '가족계획 국내기술자문단(In-Country Technical Assistance Mission, ICTAM)'을 만들었을 만큼 한국의 가족계획사업은 역설적으로 국제원조에 전적으로 의존하고 있었다.[61]

그러나 여기서 중요한 것은 앞서 살펴본 제3세계의 과잉인구에 대한 서구의 불안과 개입이 결코 무매개적으로 관철되는 것이 아니라는 점이다. 서구의 압력이 제3세계 국가 내부에서 전개되는 과정은 정치공동체에 대한 특정한 상상과 사유를 통해 매개되었다. 제3세계의 산아제한을 위한 다양한 국제기구와 여러 기관들의 실천은 가족계획사업을 국가시책으로 채택한 박정희 정권에 이르러 비로소 시작된 것이 아니다. 3장에서 살펴보겠지만 근대적 출산조절과 가족계획을 위한 민간 계몽활동은 식민지시기부터 이루어지고 있었으며, 1950년대 중반부터는 특히 서구의 원조기구와 사설재단들의 영향 아래에서 미국 유학을 마친 엘리트, 그중에서도 의사 출신의 보건관료들을 중심으로 국가 차원의 가족계획을 추진해야 한다는 주장이 여러차례 제기된 바 있다.[62]

그러나 이같은 주장과 건의는 받아들여지지 않았다.[63] 심지어 자녀를 많이 출산한 어머니에 대한 표창이 식민지시기에 이어 이승만 정권하에서도 계속되었다.[64] 이승만이 "인구가 너무 많다는 것은 나라의 살림살이를 위해서도 안 되는, 수치로운 일"이며 가족계획에 대하여 "나도 대찬성"이라고 밝혔던 것은 그가 제3세계 인구에 대한 서구의 시각을 인식하고 있었음을 드러내준다. 그러나 이승만은 머지않아 "남북이 하나로 되어 총선거를 실시해야" 하기 때문에 "그때까지 인구가 줄어서는 안" 된다고 보았다.[65]

이것은 이승만이 가졌던 인구에 대한 관점이 그가 상상했던 정치공동체와 분리 불가능한 것이었음을 보여준다. 1948년에 단독정부가 수립되기는 했으나 대한민국은 하나의 완결된 정체(polity)로 사고되고 있지 못했으며, 남북의 통일과 뒤이은 총선거는 이승만에게 줄곧 "임박한 현실"이었다. 그가 상정한 정치공동체는 남북이 통일된 하나의 정체였다. 반면 군사쿠데타 후 집권한 박정희 정권하에서 통일에 대한 남한의 입장은 완전히 전환된다. 대한민국은 유일한 국가이자 완결된 정체였고, 남한은 이제 통일 후의 총선거가 아니라 경제개발과 근대화를 통해 북한을 압도해야 한다고 여겨졌다. 바로 이 지점에서 인구의 수적 우세는 그 정치적 가치를 상실하게 되었다.[66]

물론 이같은 전환은 일시에 이루어지지 않았으며, 인구를 둘러싼 상이한 인식은 1960년대 초까지도 각축하고 경합했다. 특히 가족계획사업의 국책화가 추진되자, 군사적·경제적 이유에서 가족계획에 반대하는 주장이 나왔다. 1961년에 가족계획사업을 국책사업으로 의결한 국가재건최고회의 내부에서도, 전쟁이 다시 발발하면 더 많은 인력이 필요하며 특히 남한 군대가 한반도 전역을 점령하기 위해서는 더 많은 인구가 필요하다는 이유에서 가족계획에 반대하는 견해가 있었다.[67] 또한 연소자 인구의 사망률 감소로 인해 나타나는 인구증가는 경제발전의 원동력이 되는 노동력인구의 증가를 의미하는 것이므로, 생산적인 노동력의 증가라는 관점에서 산아제한에 반대해야 한다는 논의도 있었다.[68]

그러나 대한민국에 대한 군사적 위협의 가능성이나 경제발전의 잠재적 장애물에 대한 이같은 우려는, 대한민국을 잠정적이고 과도기적인 단계로 간주하고 곧 도래할 통일이나 총선거를 대비하여 인구조절을 반대한 이전의 시각과는 완전히 다른 성격을 가지는 것이었다. 그뿐만 아니라 종교적 이유에서 가족계획에 부정적이었던 가톨릭교회를 유일한 예외로 하자면, 1961년 이후 가족계획사업이 국가시책으로 전개됨에 따라 이에 반대하는 입장은 자취를 감추게 되었다. 인구에 대한 사유는 이처럼 정치공동체의 상상 및 실천과 직접적으로 연관되는 것이었다. 이제 인구는 대한민국의 경제개발과 근대화를 성취하기 위해 필요한 본격적인 통치의 대상으로 새롭게 부상하게 되었다.

3장

가족계획사업

사는 길 고달파도 마음을 환하게
아무리 어려워도 앞날을 위해
우리는 가꾸리라 행복의 나무
한개씩 삼년마다 열매가 여는

열리면 무엇이나 열매가 되랴
다듬고 가르쳐서 길러내야지
하늘의 삼태성은 삼남매지만
영원히 빛나리라 찬란하게도

— 박목월 작사 「가족계획의 노래」[1]

어느 면서기의 기록

1963년 봄의 일이다. 면서기로 갓 부임한 25세의 송운영은 충북 보은 군 회남면사무소에서 가족계획 업무를 담당하고 있었다. 면 단위에는 가족계획을 전담하는 지도원이 없었기 때문에 다른 읍면사무소와 마찬가지로 사회담당 직원인 송운영이 가족계획 업무를 함께 맡아보아야 했다. 군에서 가족계획 관련 상황을 확인하러 올 때마다 송운영은 서랍에 그대로 쌓아두고 있는 피임약제를 숨기기 위해 쩔쩔매곤 했다. 사무실에는 숨길 곳이 마땅치 않아, 피임약제를 하숙집으로 들고 갔다가 다시 들고 오기를 반복했다. "성교 전에 둘째 손가락과 셋째 손가락 사이에 피임약제를 끼우고 자궁 깊숙이 삽입한 후에 성교를 하라고 계몽"한다는 게 "정말 낯이 뜨거워 못할 일"이었던 것이다.

어느날 송운영은 담당 부락인 송포리로 출장을 나갔다. 송포리로 가는 길은 자전거도 다니지 못하는 길이라 6km의 길을 오직 걸어서만 갈 수 있었다. 그 길을 걸어 용무를 본 후 석양이 질 무렵 돌아오는 길이었다. 강변의 백사장 모랫길을 걷고 있던 그에게 "송 서기님, 저 좀 보세요" 하는 소리가 들렸다. 뒤를 돌아보니 누군가 다급하게 뛰어오고 있었다. 볕에 그을린 구릿빛 얼굴에 짧은 머리카락이 뻣뻣하게 보이는 촌부(村婦)였다. 자세히 보니 송포 마을에서 생활이 어려운 정씨의 부인이었다. 송운영은 춘궁기에 구호 양곡을 부탁하는 것이리라 생각하고는 내심 난처한 마음으로 무슨 일인지 물었다. 그러나 정작 송운영을 불러 세운 그 아낙네는 "말하기가 퍽 부끄러운지 수줍어하면서 젖가슴이 드러난 저고리 섶을 싸잡"고는 귀밑을 붉히고 땅을 내려다보면서 한참을 망설였다.

가까스로 "저, 면사무소에 애기 못 낳게 하는 약이 있지요"라고 묻는 그에게 "예, 있지요. 필요하신가요?" 하고 물으니 그는 아예 돌아서버린 채 고개를 숙이고 겨우 말을 이었다. "그 약이 면사무소에 있다는 말을 듣고서 사무실 앞까지 몇번이나 갔다가 부끄러워서 차마 못 들어가고 그냥 왔어요." 다음 출장 때 가져다드리겠다고 말하는 송운영에게 "아무에게도 이야기하지 마세요"라고 말하는 뒷모습은 가련해 보이기까지 했다. "핏기 없는 종아리는 뼈만 남은 듯이 가늘고 땀에 절은 동정 위로 보이는 목은 마치 만화에 나오는 갈비씨의 그림과 같이 가냘"펐다. 그는 "대단히 미안해요. 안녕히 가세요"라고 말하고는 "뒤도 돌아다보지 않고" 모랫길을 타박타박 걸어갔다.

송운영은 하숙집으로 돌아와 "송포 아낙네가 부탁하던 '애기 못 낳게 하는 약제'를 각봉투에 주워넣"고는 그다음 출장길에 들고 갔다. 마을 입구에 들어서니 출장 오기를 기다리기나 했는지 그 아낙네가 물동이를 이고서 종종걸음으로 나왔다. 약제를 건네자 약봉지를 앞치마 속으로 감추면서 물을 긷지도 않고 돌아서려고 했다. 사용법에 대해 이야기할 틈도 없이 돌아서려는 그에게 송운영이 사용법을 잘 보고 사용하라고 말하니, 그는 "염려 마시요" 하면서 황급히 마을 쪽으로 사라졌다. 송운영은 내심 다행스럽게 여겼다. 만약 사용법을 직접 설명해야 했다면 "장가도 가지 않은 처지에 또 여자끼리라면 몰라도 남의 부인에게 성교 전에 약제인 질정을 질강 속에 깊숙이 삽입하고서 성교를 하시요. 그것도 수태 위험기인 멘스가 끝나고 10일이 지난 날부터 8일간만 사용하시요" 등의 소리를 해야 했을 것이다. 송운영은 "약을 넘겨주고 나니 앓던 이를 뺀 것처럼 홀가분한 기분이었다."

그러나 그는 문맹이어서 사용법을 읽을 수가 없었다. 송운영이 그 사실을 알게 된 것은 그해 여름이었다. 장티푸스가 대규모로 발병하면서 마을마다 출입금지령이 내려졌고, 면사무소의 직원들은 다른 사무는 제쳐두고 "날마다 약통을 메고 다니면서 소독, 예방주사, 정로소독"에 나섰다. 그래도 환자가 기하급수적으로 늘어났고, 결국 '기동방역대'라는 여자 방역원들이 파견되었다. 이들은 부락을 돌아다니면서 가족계획 계몽활동을 겸하면서 방역사업을 하였는데, 송포리에 방역을 나갔다가 그날 밤 송포리 부인들을 모아놓고 가족계획 계몽활동을 하게 되었다. 그런데 어느 부인이 이들의 말을 못 믿겠다면서 "송 서기가 주는 약을 먹었어도 아이를 또 임신했다"고 하더라는 것이다. "그놈의 약만 먹으면 속이 메식메식하고 느긋느긋해서 두 갑만 먹고 남았다고 하면서 약을 팽개"쳤다고 했다. 그러나 그것은 먹는 약이 아니라 '질내살정제'[2]였다.[3]

가족계획사업이 국책사업으로 채택되고 채 2년이 지나지 않은 1963년, 충청북도 보은군 회남면에서 일어난 이 일화는 그로부터 6년 후 대한가족계획협회가 발행하는 월간지 『가정의 벗』 1969년 8월호에 '가족계획을 잘못 지도했던 얘기'라는 제목의 독자 수기 입선작으로 실렸다. 남루한 치마저고리 차림의 문맹 여성과 면사무소 서기가 된 젊은 남성 사이의 이 일화는 1960년대 초에 시작된 한국의 가족계획사업이 마주하고 있었던 문제들에 대해 말해준다. 자전거도 오가지 못하는 어느 시골 마을에서 벌어진 이 우스우면서도 결코 우스울 수 없는 해프닝 속에는 젠더와 섹슈얼리티, 문맹과 계몽, 테크놀로지와 국가, 전근대와 근대성 같은 중요한 주제들이 기이하게 뒤얽혀 있다. 이 기이한 뒤얽힘 은 가족계획사업을 접근하는 데 있어 결코 놓쳐서는 안 될 중요한 사실 들을 우리에게 환기시킨다.

첫째, 가족계획사업은 제3세계 인구통제를 위한 서구로부터의 대규 모 자금 지원과 막대한 기술원조, 그리고 군사정권 아래에서 정부가 추 진한 국책사업으로만 이해될 수 없다. 특히 가족계획사업의 '대상'이었 던 평범한 여성이 마주한 상대는 추상적인 국가가 아니라 갓 부임한 젊 은 면서기, 장티푸스 방역을 하러 온 기동방역대의 방역원, 가족계획 홍 보물 차트를 들고 집을 찾아온 양장 차림의 가족계획 계몽원, 피임시술 을 하러 차를 몰고 마을을 찾아온 이동시술반의 보건요원이었다. 가족 계획사업을 제3세계 산아제한에 대한 서구의 압력이나 전국적으로 시 행된 국책사업의 차원에서 위로부터 조망하는(top down) 접근은 물론 중요하고 또한 필요한 것이지만, 그와 같은 접근의 한계 역시 명확하다.

앞서 1장에서 언급했던 것처럼 제3세계의 산아제한을 기획한 국제적 인 사설재단과 산아제한의 표적집단(target groups)인 한국 농촌의 가 난한 여성 사이는 그냥 비어 있는 것이 아니다. 가족계획사업은 미국의 인구전문가와 국제적인 사업기획자, 한국정부의 관료와 대한가족계획 사업의 임원, 피임술을 시술하는 의사와 간호사, 이동시술반의 운전기 사와 가족계획 계몽원, 보건소 직원과 면서기, 가족계획어머니회의 회 원들로부터 대학을 졸업한 도시의 주부와 농촌의 궁핍한 여성에 이르 기까지 다층적인 위계와 구체적 실천들이 작동하는 장이었다. 그러므 로 평범한 사람들의 경험으로부터 출발하는 아래로부터의(bottom up) 시각에 더해 사업이 전개되는 구체적 과정의 안과 밖을 계속해서 뒤집

어 보는(inside out) 접근을 통해 가족계획사업을 이해하는 것이 필요하다.[4]

둘째, 그러므로 가족계획사업은 정부 고위관료가 난관절제술이나 자궁내장치(Intra-Uterine Device, IUD) 같은 구체적인 피임술의 목표치를 설정하는 행위로부터 피임의 공적 언급을 불경하고 부도덕한 것으로 간주하는 촌로(村老)의 호령에 이르기까지 각축하는 여러 힘들과 관계들이 무수히 경합하는 장으로 이해될 수 있다. 결국 가족계획사업이 전개되는 과정에서 어떤 구체적 실천(practice)이 각축했는가를 상기하는 것이 필요하다. 특히 여기서 중요한 것은 이 과정이 결코 일사불란하게 이루어지지 않았으며, 거창한 것이 아니라 차라리 일상적이며 사소한 저항들로 점철되어 있었다는 점이다.

가족계획사업이 전개되는 동안 25세의 젊은 면서기 남성은 사업용으로 면사무소에 배포된 피임약제를 쌓아두기만 하고 이를 상급기관에 들키지 않기 위해 전전긍긍했으며, 피임약제의 사용방법을 설명해야 하는 민망한 상황이 생길까봐 노심초사했다. 글을 읽을 줄 모르는 빈한한 농촌 여성은 피임약을 구하기 위해 면사무소 문 앞까지 찾아갔다 돌아오기를 거듭했으며, 가까스로 받아 든 피임약의 사용방법을 남자 면서기에게 차마 묻지 못해 결국 질내살정제를 두갑이나 먹고 말았다. 장티푸스 방역원 여성들은 차가 다니지 않는 농촌부락을 돌아다니면서 낮이면 방역활동을 하고 밤이면 촌부들을 모아 가족계획 홍보활동을 했고, 면서기에게서 받은 피임약을 잘못 사용해 다시 임신한 여성의 거센 비난에 직면해야 했다.

가족계획사업은 가족구조와 재생산 행위의 차원들을 급격히 변화시킨 역사적 계기였지만, 그 과정은 모순과 모호함, 균열과 충돌의 연속이었다. 1장에서 살펴본 것처럼 이같은 모순적인 접합과 일상적인 저항,

모호함의 차원들은 저항의 문제를 다른 방식으로 사유하도록 이끈다. 지배와 주권, 시민 같은 정치적 어휘들의 계열 안에서 저항은 권력의 정당성을 근원적으로 부정하게 만드는 외재성으로 존재하지만, 통치와 안전, 인구의 계열 안에서 저항은 사소하고 일상적이며 끊임없이 지속되는, 그리하여 균열을 만들지만 그 자체를 통치의 일부로 통합시키는 내재적인 힘으로 작용하게 된다.

셋째, 가족계획사업에 대한 접근은 가족계획사업의 '대상'이자 '표적집단'이었던 당시 평범한 여성들의 구체적 삶을 끊임없이 상기할 것을 요구한다. 가족계획사업은 추상적인 여성을 향한 것이 아니었다. 이를테면 가족계획사업은 장티푸스가 발병하면 자전거로도 갈 수 없는 마을에 '출입금지령'이 내려지던 시대, 춘궁기에는 구호 양곡에 의지해 살던 궁핍한 농촌의 문맹 여성들의 삶을 향하고 있었다. 그리고 가족계획사업은 이 빈한한 촌부를 바라보는 젊은 면서기 남성의 시선과 결합된 것이었다.

근대국가 관료제의 말단에서 25세의 이 면서기는 구릿빛 얼굴에 뻣뻣하고 짧은 머리카락을 가진, 핏기 없이 뼈만 남은 종아리에 만화에 나오는 갈비씨처럼 목이 가냘픈, "땀에 절은 동정"에 "젖가슴이 드러난 저고리"를 입은 이 빈궁한 여성을 보며 가련함을 느낀다. 이 시선은 행정력과 의료기술을 동원하여 여성의 성을 통제하는 폭력성과 강제력의 차원으로 완전히 환원되는 것이 아니다. 그것은 권위를 실행하고 지배를 관철시켜 복종을 얻어내려는 의지와는 이질적이면서도 서로 뒤얽혀 있는, 삶에 안전과 안녕을 부여하고자 하는 의지를 나타낸다.

이 장에서 우리는 한국의 가족계획사업을 개관한다. 가족계획사업 이전 근대적 출산조절에 관한 인식과 방법을 보급하기 위해 전개되었던 활동을 배경과 전사(前史)로 간략히 다룬 후, 대한가족계획협회가 설립되고 가족계획사업이 국책사업으로 채택되는 과정을 살펴볼 것이다. 그리고 전국적으로 피임술이 보급된 과정을 다루면서 특히 대한가족계획협회가 전국적으로 조직한 가족계획어머니회에 주목할 것이다. 이 장의 내용은 가족계획사업의 공식적인 사업사(事業史)와 연관되어 있지만, 가족계획사업이 전개된 구체적 과정을 안팎으로 뒤집어 보면서 다층적으로 접근하고, 그 과정에서 일어나는 구체적 실천의 작동에 주목하며, 가족계획사업이 시행된 시대와 가족계획사업이 다루고 있었던 삶의 구체성에 천착하는 것을 그 출발점이자 중요한 전제로 삼는다.

근대적 출산조절

역사적으로 출산조절[5]은 거의 모든 사회에서 광범위하게 이루어져왔으며, 시대적 조건과 사회적 맥락에 따라 출산 및 재생산 행위를 통제하기 위한 시도는 개인이나 집단 차원에서 다양한 형태로 꾸준히 존재해왔다.[6] 특히 여성들 스스로에 의한 출산조절은 다양하고 광범위하게 이루어져왔다. 물론 기술적 차원에서 보자면 선사시대 이래로 1870년대까지 출산조절에 있어 의미 있는 진보란 전무(全無)했다.[7] 그러나 근대적 형태의 출산조절이 기술적으로 가능하지 않았던 산업사회 이전의 시대에도 피임과 낙태는 물론 영유아의 살해나 기아(棄兒) 등의 형태로 출산과 재생산을 둘러싼 다기한 실천이 이루어지고 있었다. 예를 들어 여러 문화권에서 나타나는 영유아기 성별 사망률의 확연한 차이는 성별에 대한 선호가 이러한 실천의 중요한 한 계기로 작동했음을 우회적으로 드러낸다.[8]

일제하 식민지시기 소작 빈농층의 삶에 대한 연구는 낙태나 영아살해, 기아 같은 일들이 당시 조선 농민들 사이에서 얼마나 광범위하게 일어났는지 보여주고 있다.[9] 여성들은 한약재나 간장, 엿기름을 먹기도 하고 무거운 것을 들거나 힘든 일을 하기도 했으며 심지어 높은 데서 뛰어내리는 등의 자기학대를 통해 낙태를 시도했다.[10] 이처럼 출산조절은 오래전부터 여러 형태로 이루어져왔으며 그 지지자들은 대부분 여성이었다.

그러나 근대적 출산조절을 보급하기 위한 조직적 실천이 여러 나라에서 광범위한 영향을 미친 것은 20세기 이후였고,[11] 한국에서 근대적 출산조절을 장려하고 보급하기 위한 활동이 시작된 것은 일제 식민지 시기였던 1920년대부터였다. 이로부터 해방 이후까지 인천의 태화사업관, 원주 기독교병원, 대전 기독교사회관 등지를 중심으로 주로 외국인 선교사들에 의해 근대적 피임법을 보급하려는 시도가 선교활동과 결합하여 존재했다.[12] 선교사들에 의해 이루어진 피임법 보급활동은 공식적인 가족계획 사업사(事業史)를 통해 가족계획사업의 직접적인 출발점으로 서술되고 있다.[13] 그러나 이러한 피임법 보급활동은 당시의 상황에서 잘 받아들여지지 않았고 실질적인 성과를 거두지 못했다.[14]

1950년대부터는 국내 민간단체 및 대학을 중심으로 하는 가족계획 활동이 시작되었다. 1957년에는 전북 군산의 농촌위생연구소에서 한국 농촌에 가족계획을 보급하고자 시도하였다.[15] 1958년에는 서울대학교 부속병원 산부인과가 미국 유니테리언 봉사회(Unitarian Service Committee)의 물자 원조를 받아 서울대학교 사회사업과와 협조하여 가족계획 상담소를 설치하고 운영했다. 1958년 3월 17일에 발족한 대한 어머니회는 미국 미시간대학교 사회학 박사 출신 고황경(高凰京)이 주도하여 조직한 단체로, 서울 종로 기독교 태화사회관 내에 모성보건상담실을 개설하고 공릉동(서울시 노원구)과 북교리(전남 장흥군)에 출장소를

마련하여 산아제한을 홍보하고 상담 및 가족계획 계몽교육을 전개하기 시작했다.[16]

가족계획사업과 관련하여 이와 같은 여러 활동들에 대해 다음과 같은 두가지를 지적할 수 있다. 첫째, 가족계획사업이 시작되기 이전 근대적 출산조절을 보급하기 위한 이러한 활동들이 모두 직간접적으로 서구의 압력과 영향, 지원하에서 이루어지고 있었다는 점이다. 서구에서 파견한 선교사는 물론 여러 지역에서 국지적으로 전개된 가족계획 보급 활동은 모두 해외기관의 원조로 이루어졌다. 대한어머니회를 주도한 고황경 역시 제3세계 인구에 대한 서구의 논의로부터 직접적인 영향을 받았다.[17]

둘째, 가족계획사업은 선교사 및 민간기구에 의해 이루어진 이러한 활동과의 결정적 단절이었다는 점이다. 가족계획사업에 이르러 출산조절의 문제는 미시적·국지적·산발적 실천들과 단절하면서 인구라는 새로운 관념, 국가의 통치라는 차원과 결합하기 시작하였다.[18] 특히 가족계획사업은 경제개발 5개년계획의 일환으로 추진되었다는 점에서 근대적 출산조절을 보급하기 위한 이전의 활동과 완전히 다른 차원에 놓이게 된다.

대한가족계획협회

양재모가 건강보험제도에 관한 정부보고서를 작성하기 위한 3개월간의 유럽 방문에서 돌아온 후 6개월 만인 1960년 10월, 국제가족계획연맹(IPPF) 총회 의장인 조지 캐드버리(George W. Cadbury)[19]가 국제가족계획연맹 회장의 특별사절로 서울을 방문한다. 캐드버리는 양재모가 영국에서 국제가족계획연맹 방문 당시 남겼던 방명록의 기록과 이종진(李宗珍)이라는 의사의 연락처를 가지고 한국을 찾았다. 이종진은 국립의료원장과 보건사회부 의정국장을 지낸 보건관료로, 세계보건기구(WHO)의 지원으로 1952년부터 존스홉킨스대학교 대학원에서 공중보건학과 모자보건학을 전공했다. 귀국하면서 그는 국제가족계획연맹 뉴스레터를 신청해 귀국 후 한국에서 계속 구독하고 있었다. 이 뉴스레터 주소록을 통해 캐드버리는 한국 방문을 앞두고 이종진에게 방한 예정에 관한 편지를 보내둔 터였다. 그러나 이종진은 공직에서 사퇴한 후 개업 중이었고, 캐드버리의 편지를 보건사회부로 전달해 처리하도록 요청했다. 보건사회부 보건과장으로 재직 중이던 윤석우(尹錫宇)는 양재모의 세브란스 동기였고, 캐드버리에게 소개할 만한 사람으로 마침 양재모를 생각하여 만남을 주선하게 되었다.

이렇게 해서 캐드버리와 만나게 된 양재모는 가족계획사업에 관심 있는 사람들의 회합을 준비해달라는 부탁을 받게 되었다. 그리하여 보건사회부 관계자를 포함한 20여명이 YMCA 강당에 모였다. 이 자리에서 캐드버리는 인구문제와 가족계획사업의 필요성에 관해 이야기한다. 그리고 가족계획사업을 적극적으로 추진하기 위해 민간단체를 설립할 것을 권유한다. 양재모에게는 가족계획협회를 설립하면 국제가족계획연맹에서 연간 3천 달러의 운영자금을 적어도 3년간 지원하겠다고 약속했다.

이를 계기로 하여 가족계획협회 설립을 위한 창립준비모임이 본격적으로 진행되기 시작했다. 대한적십자사 사무총장 김학묵(金學默), 서울대학교의과대학 산부인과 신한수(申漢秀), 서울대학교 사회사업학과 하상락(河相洛), 연세대학교 산부인과 황태식(黃泰植), 유승헌(劉承憲), 보건사회부 보건과장 윤석우 등이 매주 대한적십자사 사무총장실에 모여

협회 창립을 준비했다. 그리고 설립 논의가 시작된 지 채 반년이 지나지 않은 1961년 3월 15일 발기인대회를 거쳐 1961년 4월 1일 대한적십자사 회의실에서 45명이 참석한 가운데 대한가족계획협회 창립총회를 열었다. 초대 이사장에는 양재모, 회장에는 전 보건사회부 장관 나용균(羅容均), 부회장으로는 대한어머니회 회장 고황경이 선임되었다. 이날 총회는 대한가족계획협회의 정관과 함께 양재모가 작성한 아래의 설립취지서를 만장일치로 채택했다.[20]

　가족계획운동이 지향하는 바는 대체로 불임증 부부에 대하여는 임신을 도모하며, 임신 가능한 부부에 대하여는 그 수태와 터울을 조절함으로써 도의적으로나 모성의 건강을 위해서나 좋지 못한 인공임신중절을 피하고 원치 않는 수태를 미연에 방지할 뿐 아니라 태어난 자녀에 대하여는 그 생명을 존중하고 잘 양육하게 함으로써 적절한 가족 수 유지와 명랑하고 윤택한 가정생활을 이룩하고 나아가서는 국민생활의 질적 향상을 도모함에 있다.

　따라서 가족계획은 인간 생명을 그 수태된 때부터 존중하려는 도의운동이요, 육체적으로나 정신적으로 모자의 건강을 위하려는 공중보건운동이요, 국민경제 수준을 향상하여 현실생활에 대한 보람을 느끼게 하려는 문화운동이다.

　우리나라는 협소한 경지면적에 비하여 인구는 이미 지나치게 조밀한 상태에 있는지라 증가일로에 있는 우리 인구를 이 이상 더 방치하여서는 여하한 국민경제 성장률로도 우리 겨레의 생활수준을 향상하고 복지사회를 이룩할 수 없으며 조직적인 가족계획운동이 전국적으로 전개되기를 갈망하는 공론이 자자한 지 이미 오래다.

　그러나 가족계획운동의 특성은 인생의 심오에 속하는 성(性)에 관련하는 문제이고 보니 정부나 타인으로부터 강압될 것이 아니고 국민 개개인의 자각에 의지하는 수밖에 없으니 이것을 위하여는 식자(識者)의 정신적 및 기술적 지도가 무엇보다도 필요하다.

그래서 이 일에 뜻을 같이하는 개인이나 단체의 힘을 모아서 사단법인 대한가족계획협회를 설립하여 대외적으로는 국제가족계획연맹에 입회 제휴하고 국내적으로는 여망에 부응하는 성과를 거두고자 노력하려는 바이다.[21]

대한가족계획협회 설립취지서는 가족계획과 관련해 세가지 사실을 환기시킨다. 첫째, 가족계획은 자녀의 생명을 존중하고 잘 양육한다는 '도의'의 차원, 모자의 육체적·정신적 건강을 위한 '공중보건'의 차원, 그리고 적절한 가족의 수를 통해 명랑하고 윤택한 가정생활을 이룩함으로써 국민생활의 질적 향상을 도모하는 '문화'의 차원에서 하나의 '운동'으로 정의되고 있다. 특히 주목해볼 만한 부분은, '불임'부부의 임신에 대한 언급에서 보듯이 가족계획의 취지가 '산아제한'의 차원을 넘어서는 것임을 밝히고 있다는 점이다. 둘째, 이 설립취지서는 가족계획의 국가주의적(nationalist) 성격을 분명하게 드러낸다. 우리나라는 협소한 경지면적에 비해 인구는 지나치게 조밀한 상태에 있으며 인구증가를 방치해서는 아무리 국민경제가 성장한다고 해도 복지사회를 이룩할 수 없다는 것이다. 셋째, 가족계획은 강압에 의해서는 이루어질 수 없는 "국민 개개인의 자각"의 문제로, 특히 이를 위해서 "식자(識者)의 정신적 및 기술적 지도가 무엇보다도 필요하다"고 강조함으로써 지식인층의 지도와 계몽의 중요성을 강조하고 있다.

대한가족계획협회는 설립과 거의 동시에 국내에서는 물론 국제적으로도 한국의 가족계획사업을 대표하는 지위를 획득하게 된다. 대한가족계획협회는 설립 일주일 만인 1961년 4월 8일자로 국제가족계획연맹에 가입을 신청한 뒤 같은 해 6월 30일자로 가입 승인을 받게 되었다.[22] 그러나 설립한 지 한달여 만에 5·16군사쿠데타가 일어나면서, 단체 해산 포고령에 따라 다른 모든 단체들과 마찬가지로 대한가족계획협회 역시 해산되었다. 이것을 『가협30년사』는 창립 직후에 맞이한 "시련"으로 기록하고 있지만,[23] 쿠데타로 인한 강제 해산 중에도 대한가족계획협회의 "비공식적인 업무는 계속"되고 있었다.[24]

보건사회부 보건과장 윤석우는 쿠데타 이후 새로 임명된 장관 및 차관, 국장급 간부들에게 인구 및 가족계획사업의 중요성과 시의성을 설명하고 민간단체의 필요성을 이야기하기 위해 많은 노력을 기울였으며, 보건원장으로 재직 중이던 윤유선(尹裕善) 역시 보건사회부 장관과 차관에게 대한가족계획협회 재건의 필요성을 특별히 강조했다.[25] 그 결과 쿠데타 직후부터 전개되기 시작한 '재건국민운동'에 가족계획이 포함되었고, 쿠데타로 인한 강제해산 후 약 4개월이 지난 9월 23일에는 국립보건원에서 설립위원 23인의 회합으로 대한가족계획협회의 창립총회가 다시 열렸으며, 10월 7일에는 사단법인 인가를 받았다.[26]

군사쿠데타는 가족계획사업에 뜻하지 않은 '절호의 기회'[27]를 가져다주었다. 쿠데타 이후 헌법의 기능이 정지되고 행정과 입법, 사법의 기능을 군부가 장악한 후 국가재건최고회의에서 각 분야별로 위원회를 구성했는데, 이중 기획위원회 위원으로 있던 보건사회부 관료 손정선(孫正璿)이 보건 분야에 대한 자문을 구하던 중 양재모를 기획위원회 위원으로 아예 포함시키게 되었다. 국가재건최고회의는 의료계 원로들을 기획위원으로 위촉했지만 너무 연로하여 실무를 맡을 수 없었던 까닭에 양재모를 위원으로 위촉하게 된 것이다.[28] 국가재건최고회의의 기획위원이 된 양재모는 쿠데타가 일어난 지 1개월 뒤인 1961년 6월 16일

'인구성장 억제를 위한 가족계획사업 전개건의서'를 작성해서 기획위원회 이름으로 국가재건최고회의 의장 앞으로 제출하였다. 3일 후 최고회의 문교사회분과위원장이 이를 보건사회부 장관에게 이첩하면서 필요한 행정조치를 물었다.

이 문서를 접한 보건사회부는 당시 방역국장이던 방숙(方塾)과 보건과장 윤석우 주관으로 협의회를 거쳐 '가족계획추진에 관한 건'을 7월 3일자로 각의(閣議)에 제출, 이틀 후 각의에서 이를 원안대로 의결하고 최고회의에 건의키로 결정한다. 이후 시국문제로 인해 공식적인 결정이 지연되는 동안 보건사회부에서는 10월 26일 '가족계획사업 추진에 관한 좌담회'를 여는 등 꾸준히 사업을 준비했다.[29] 결국 1961년 11월 13일, 이른바 '혁명정부'의 최고통치기관인 국가재건최고회의는 제69차 상임위원회에서 가족계획사업을 제1차 경제개발 5개년계획의 일환으로 추진할 것을 정식으로 결의한다.[30]

그런데 1961년 가족계획사업이 국가시책으로 채택되던 당시 보건사회부에는 해당 사업을 담당할 수 있는 부서가 존재하지 않았다.[31] 1962년 2월, 제1차 경제개발 5개년계획을 수립하는 과정에서 보건사회부 장관의 자문기구로 가족계획심의위원회가 설치되어 제반 정책을 검토하고 협조하는 업무를 맡기는 했지만, 1963년 6월 1일에 내규 제3호로 모자보건반(母子保健班)이 설치되기 전까지 가족계획사업의 기획, 예산지원, 사업행정 및 관리기능 업무를 담당하는 부서는 정부부처에 존재하지 않는 상태였다. 1963년 말 모자보건과(母子保健課)가 설치될 때까지 정부는 모든 실무를 대한가족계획협회에 사실상 위임하고 있었다.[32]

대한가족계획협회는 사업의 출발 당시부터 이후 사업기간 내내 외원(外援) 확보 및 계몽사업을 주도하였고, 요원 훈련과 홍보를 전담하였으며, 외국 원조기관의 주 협력 대상이 되었다. 특히 정부와 긴밀한 협조

관계를 구축하고 있었다는 점에서 가족계획사업을 실질적으로 주도한 조직이었다. 정부는 대한가족계획협회의 이사장과 이사 등 주요 인사들에게 "가족계획사업에 공이 큰 유공자"로 국민포장을 수여하고, 국무총리 및 보건사회부 장관 표창을 수여하며 격려하기도 했다.[33]

한국의 가족계획사업에서 대한가족계획협회의 역할이 이처럼 결정적인 것이기는 했지만, 가족계획사업이 인구조절이라는 목표를 위해 국가기구를 총동원하여 전국가적으로 전개된 국책사업이었다는 점은 분명하다. 앞서 언급한 바와 같이 1963년 보건사회부에 가족계획사업을 전담하기 위한 기구로 모자보건반이 만들어진 후 같은 해 12월에 모자보건과로 승격되었고, 가족계획계(係)가 함께 신설되어 가족계획사업을 전담하게 되었다. 1964년 6월에는 전국의 모든 시·도 보건과에 가족계획계가 설치되었다. 1963년 9월 10일에 내각수반지시각서 제18호가 시달되어 보건사회부와 경제기획원, 문교부, 공보부, 국방부, 상공부, 내무부, 재무부, 체신부, 법무부 등 모든 정부부처가 가족계획사업을 총괄적으로 지원할 것은 물론, 한달 후인 10월 10일까지 필요한 조치와 방안을 제출할 것이 지시되었다.[34]

이에 따라 보건사회부는 '국가가족계획사업 10개년 계획안'을 작성하여 제출했는데, 이 문서는 인구증가율을 제2차 5개년계획이 끝나는 시점인 1971년까지 2.9%에서 2.0%로 감소시키는 것을 목표로 했다.[35] 가족계획사업의 계획안과 목표치는 표 3에서 보듯이 경제개발계획의 각 단계별로 5개년계획을 수립하고 해마다 구체적인 목표치를 설정하는 방식으로 이루어졌다. 경제개발계획의 일부로서 가족계획사업은 그 구체적 목표를 달성하기 위해 정부의 각 부처와 지방정부, 행정조직을 총동원하여 전개되었다.

가족계획사업은 1961년 국책화 이후 약 20여년간 피임술의 보급, 홍

표 3 장기계획에 의한 가족계획사업 목표(1962~1981)

| | 제1차 10개년계획 (1962~1971)[1] | | 제3차 5개년계획 (1972~1976) | | | | | 제4차 5개년계획 (1977~1981) | | | | |
	당초계획	수정계획	1972	1973	1974	1975	1976	1977	1978	1979	1980	1981
인구학적 목표												
1) 인구증가율 목표(%)	2.0	2.0	2.2	2.1	1.9	1.7	1.5	1.61	1.60	1.58	1.58	1.61
2) 출생률 목표(%)	27.5	26.8	31	29	27	25	23	23.9	23.7	23.7	23.7	23.9
3) 사업 전 출생 수(1,000)[2]	-	-	1,445	1,475	1,505	1,531	1,552	1,923	2,007	2,090	2,175	2,259
4) 목표 출생 수(1,000)	-	-	1,042	996	945	889	831	879	893	912	937	958
5) 출생억제 목표(1,000)[(4)-3)]	-	-	403	479	560	642	721	1,044	1,114	1,178	1,238	1,301
6) 사회여건 및 초혼연령 변동에 따른 출생억제 수(1,000)	-	-	161	192	224	257	288	564	553	614	662	712
7) 피임 및 인공유산에 의한 출생억제 수(1,000)	-	-	242	287	336	385	433	480	561	564	576	589
피임방법별 보급 목표(명)												
1) 자궁내장치(1,000)	1,800	2,338	300	400	400	400	400	419	480	481	486	492
2) 먹는 피임약(월1,000)	-	350	225	250	290	320	340	479	544	540	540	541
3) 난관수술(1,000)	-	-	23	30	40	50	60	172	194	189	184	180
4) 정관수술(1,000)	150	198	150	200	250	250	250	100	115	113	111	110
5) 콘돔(월1,000)	150	150	-	-	-	-	250	253	287	285	285	286
6) 기타(1,000)	550	414	-	-	-	-	-	513	583	579	579	580
피임실천율 목표(%)	45	45.2	-	-	-	-	40	44.0	43.9	50.1	50.1	52.3

주: (1) 제1차 10개년계획은 사업 초기에 준비되었고, 구체적인 안은 1966년에 작성되어 있은 1·2차 5개년계획이 종합되었음.
(2) 사업 전 출생 수는 가족계획사업이 없었을 경우를 뜻함(즉 1960년의 출생 수가 적용되었음.
출처: 공세권·박인화·권희완 『한국 가족계획사업: 1961~1980』, 가족계획연구원 1981, 99면.

보와 계몽활동, 제도 및 법률의 정비, 조사연구 등 다양한 영역에 걸쳐 콘돔의 보급부터 모자보건법의 제정, 표어 공모에서 각종 연구소의 설립에 이르기까지 임신과 출산 및 양육을 둘러싼 일체의 것들을 사업의 영역으로 포괄하면서 시행되었다. 물론 그중 가장 핵심적인 것은 피임술의 보급이었다.

피임술의 보급

가족계획사업을 통한 피임술 보급은 여러 차원의 기술(technology)을 필요로 한다. 활용 가능한 피임법이 기술적으로 개발되어 있어야 하고, 이를 시술하고 보급할 전문 인력이 양성되어 있어야 하며, 구체적 대상에 구체적 피임술을 보급할 수 있도록 하는 행정장치의 기술적 발전이 결합되어야 한다. 한국에서 가족계획사업을 통해 보급된 피임술은 주기법, 질내살정제나 콘돔 등의 재래식 피임법, 정관절제술, 리페스 루프 등의 자궁내장치, 먹는 피임약, 미니랩(minilap)·복강경 같은 여성불임술 등이 있었다. 중요한 것은 첫째, 여기 열거한 피임술은 가족계획사업이 보급할 피임방법의 가용한 선택지로 사전에 병렬적으로 존재하고 있었던 것이 아니라 가족계획사업의 진행과정에서 개발·도입되고 임상연구나 훈련을 거쳐 채택되고 우선순위가 조정되었다는 점이다. 둘째, 각각의 피임술은 서로 다른 성격의 인력, 서로 다른 종류의 행정장치 등 피임술을 보급하기 위한 이질적인 기술을 필요로 했다는 점이다.

가족계획사업이 보급한 피임술은 시기마다 변화가 있었다. 정관절제술이 처음 시작된 1962년 이전까지는 콘돔, 성관계 직전에 여성의 질내

표 4 가족계획사업의 피임술 보급 추이

연도	피임술	비고
1962	정관절제술 시작	
1962	자궁내장치 시술 임상연구 시작	인구협회, 패스파인더재단 지원
1964	자궁내장치 시술 가족계획사업으로 채택	
1966	먹는 피임약 임상연구 시작	인구협회 지원
1968	먹는 피임약 대량 보급	인구협회, 스웨덴국제개발처 지원
1973	여성불임술(미니랩, 복강경) 도입	미국불임협회 지원으로 수술법 도입
1974	여성불임술 전국 보급 불임시술협회 결성	국제불임시술연맹 지원

에 삽입하여 물리적으로 정자를 차단하는 다이어프램(diaphragm), 3장의 첫머리의 일화에 등장한 발포성 정제 형태의 질내살정제나 젤리 형태의 살정제, 여성의 생리주기에 따른 주기법('오기노'식 주기법)[36] 등이 보급되고 권장되었다. 콘돔이나 다이어프램, 질내살정제 등은 성관계가 이루어질 때마다 준비해서 사용해야 피임효과가 생기는 피임법이고, 피임술을 보급하는 과정에서 불가피하게 성관계 장면과 남녀의 성기를 구체적으로 묘사해야 하는 문제 등이 있었기 때문에 적극적으로 보급되지 못했다.

가족계획사업이 본격적으로 피임술을 보급하기 시작한 것은 표 4에서 보듯이 정관절제술이 시작된 1962년이었다. 대한가족계획협회는 정관절제술을 보급하기 위해 이를 시술할 인력을 확보할 수 있도록 시술 훈련을 정기적으로 실시했다. 정관절제술은 1962년 224명의 시술의사에 의해 시작되었으며, 이후 시술자의 수는 1962년 3,413명에서 이듬해 19,866명으로 증가한 이래 1977년 53,781명까지 늘어나게 되는데, 이는 시술의사의 증가와 함께 나타난 현상이었다.[37]

정관절제술이 보급되기 시작한 1962년에는 자궁내장치인 리페스루프의 임상연구가 시작되었다. 1962년 12월에 인구협회(PC)와 패스파인더재단이 연구비를 지원하여 서울대학교 의과대학 산부인과 교수인 신한수와 연세대학교 의과대학 산부인과 교수 황태식의 연구진에 의해 임상연구가 시작되었고, 다음해부터 시범연구기관으로 지정된 종합병원에서 시술이 시작되었다. 1964년 1월에 22개의 시술지정기관이 선정되면서 리페스루프는 가족계획사업의 주력 피임법으로 채택되었다.[38]

하지만 자궁내장치의 보급은 심각한 문제를 가지고 있었다. 가족계획사업에 대한 비판적 논의들이 특히 문제시하는 것이 바로 이 자궁내장치의 무리한 보급이다. 당시 가족계획사업이 보급한 자궁내장치인 리페스루프는 미국에서 막 개발된 것으로, 가족계획사업 초기였던 한국 및 대만의 임상연구를 토대로 1964년 미국 식품의약국(Food and Drug Administration, FDA)의 승인이 내려진 후 미국 여성에 대한 시술이 시작되었다.[39] 즉 제3세계 여성들의 몸이 거대한 임상실험의 장으로 활용되었다고 볼 수 있다. 그럼에도 자궁내장치는 시술방법이 다른 피임술에 비해 간편하고 시술비가 저렴하며, 성관계가 이루어질 때마다 동기화되어야 하는 재래식 피임법과 달리 피임효과가 상당 기간 지속된다는 이유에서 적극적으로 채택되었다. 한국에서 자궁내장치는 텔레비전 방송을 통해 홍보될 정도로 주력하는 피임방법이었고, 이는 세계적으로 전례가 없는 일로 국제회의에서도 여러차례 소개될 정도였다.[40]

가족계획사업이 전개된 과정을 살펴보기 위해 자궁내장치의 보급과정에 대해 상세히 들여다볼 필요가 있다. 자궁내장치의 임상연구가 아직 완료되지 않은 시점에서 중간보고서에 근거해 리페스루프를 한국 여성들에게 1964년부터 보급한다는 결정이 내려지면서, 당시 보건사회부 보건국장이었던 김택일(金澤一)은 1964년 가족계획사업 활동에 2만건의 자궁내장치 시술사업비를 예산에 편성하여 결재를 올린다. 이를 검토한 당시 보건사회부 장관 정희섭(鄭熙燮)은 목표를 애초의 열배가 넘는 30만건으로 올리라고 지시한다. 보건국장이 아직 시범사업이 완결되지 않은데다 시술 첫해부터 사업목표를 과도하게 잡는 것은 무리라는 견해를 밝히자 정희섭 장관은 대로하였고, 결국 1964년의 자궁내장치 시술은 10만건이 넘게 이루어졌다. 이를 위해 인구협회가 공급한 리페스루프 2만개 외의 분량은 국내에서 자체 조달해야 했다. 리페스루프는 미국에서도 갓 개발되는 중이었기 때문에 규격을 소개하는 문헌을 입수해 긴급하게 국내생산을 통해 겨우 조달될 수 있었다. 2년 후에는 경제기획원 차관 김학렬(金鶴烈)이 30만건으로 책정되어 있는 1966년도 시술 목표를 100만건으로 올리라고 지시함에 따라 우여곡절 끝에 다른 피임술의 사업비를 줄여 그림 2에서 보듯이 역대 최고 건수인 391,687건을 시술하기도 했다.[41]

자궁내장치 시술이 이와 같이 무리하게 추진된 결과 부작용 문제가 제기되고 중도 탈락률이 높아지면서, 이를 보완하기 위한 방법으로 경구용 피임제(먹는 피임약)가 검토되기 시작했다. 1966년 10월부터 인구협회의 지원으로 서울대학교 보건대학원과 연세대학교 의과대학, 경북대학교 의과대학에서 경구용 피임제의 임상연구가 시작되었고, 인구협회는 1967년 7월 인구학자 존 로스(John A. Ross)를 파견하여 경구용 피임제 보급에 대한 연구를 지원하기도 했다. 대한가족계획협회 의사 분과위원회는 각종 외국제 먹는 피임약의 효능을 검토하고 정부에 수입을 권유했으며, 이러한 과정을 거쳐 1968년 6월부터 스웨덴국제개발처(Swedish International Development Authority, SIDA)의 지원으로 130만 사이클(보급단위로서 1사이클은 한 여성이 평균 한달 동안 복용할 수 있는 피임

그림 2 피임술 보급실적(1962~1989)

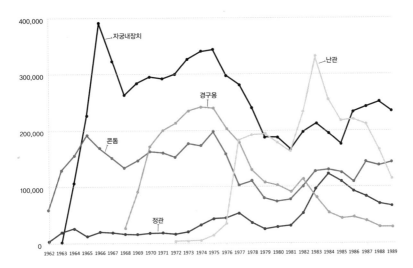

* 콘돔, 경구용은 월평균 수치를 나타냄.
자료: 보건사회부, 각 연도별 가족보건사업실적보고(월보).
출처: 한국보건사회연구원 편『인구정책30년』, 한국보건사회연구원 1991, 117면.

약의 총량)의 약제를 확보하여 대량 보급하기로 결정했다.[42]

경구용 피임제는 1회 시술을 통해 수년에 걸쳐 장기적인 피임효과를 내는 자궁내장치와는 완전히 다른 차원의 피임법이다. 경구용 피임제는 매일 1정씩 복용함으로써 피임의 효과를 유지시키는 것으로, 이 피임법을 이용하는 여성들은 반드시 규칙적인 피임약 복용의 습관을 들여야 했다. 하지만 경구용 피임제가 도입되던 1968년 당시 대다수 여성, 특히 농촌 여성에게 있어 날마다 규칙적인 피임약을 복용한다는 것은 근대적 시간체제만큼이나 생소한 것이었다. 농촌지역 여성들은 "왜 귀찮고 잊기도 쉬운데 매일 먹어야 하느냐? 사흘 치씩 먹는다거나 한꺼번에 한달 치를 다 먹으면 될 게 아니냐"고 항의하거나, "한번에 여러 알

을 먹었다가 소태성 출혈로 해서 '유산됐다!' 하고서 야단법석"을 떠는
가 하면, 복용 방법을 그대로 준수해도 월경이 계속 나오자 "유산약으
로 먹기도 하는 일이 비일비재"했다.[43]

그뿐만 아니라 먹는 피임약은 피임약을 중단 없이 복용할 수 있도록
피임약제의 지속적이고 안정적인 공급 체계를 필요로 한다. 그러나 교
통이나 통신수단이 발달하지 않은 당시의 여건에서 전국 각지에 다량
의 피임약제를 안정적으로 보급하는 것 역시 간단한 문제가 아니었다.
이를 해결하기 위해 대한가족계획협회는 먹는 피임약의 정기적인 보
급망 역할을 수행하는 한편 여성들이 피임약의 복용을 잊지 않고 상호
독려하게 만들기 위한 가임여성들의 조직을 추진하였다.[44] 다음 절에서
자세하게 살펴볼 가족계획어머니회는 이와 같은 배경에서 만들어진 전
국적인 가임여성 조직이었다. 가족계획어머니회 조직과 더불어 경구용
피임제는 1970년대부터 자궁내장치 및 남녀 불임술과 함께 가족계획사
업의 주된 피임법으로 자리 잡게 되었다.[45]

1973년에는 여성불임술인 미니랩과 래퍼러스코프(laparoscope, 복강
경 난관불임술)[46]가 도입되어 그 이듬해부터 전국적으로 보급되었다. 미
니랩은 미국불임협회 지원으로 서울대학교 의과대학과 연세대학교 의
과대학에서 수술법을 도입한 후 백여명의 개업의들에게 교육과 훈련을
실시함으로써 1975년부터 전국적으로 보급되기 시작했다. 래퍼러스코
프의 경우 1974년에 고가의 복강경이 60개 수입되면서 종합병원을 비
롯한 산부인과에 보급되기 시작했다. 미니랩과 복강경수술은 모두 영
구피임법으로, 비용이 적게 들고 수술 후 후유증이 적다고 보고되면서
본격적으로 보급되었다.[47] 특히 복강경을 이용한 난관수술법은 가족계
획사업에 대한 종합병원의 참여를 제고하는 계기가 되었다.[48]

피임시술의 확대와 더불어 1974년에는 대한가족계획협회 이사인 서

울대학교 의과대학 비뇨기과 교수 이희영(李熙永)의 주도로 국제불임시술연맹(IPAVS)의 지원을 받아 산부인과와 비뇨기과 의사들을 중심으로 하는 불임시술협회가 발족했다. 불임시술협회는 생식의료에 관한 학술적 논의는 물론 임상 및 시술 사업을 이끌면서 가족계획사업에 적극적으로 참여했다.[49]

가족계획사업이 보급한 피임술의 시기별 변화과정은 앞서 언급한 것처럼 해당 피임술을 시술하고 보급할 수 있는 인력 양성 및 이를 보급하기 위한 행정장치의 기술적 발전과 결합되는 것이었다. 표 3(76면)에서 보았듯이 각 피임방법별 사업목표가 5년 단위로 수립되었고, 앞서 피임술의 전개과정에서 살펴본 것처럼 매년 시술목표와 그에 따른 예산이 책정되었으며, 이같은 목표치에 근거하여 구체적인 실적이 평가되었다. 이처럼 피임술의 보급은 피임방법 자체의 기술적 차원은 물론 이를 보급하기 위한 전방위적인 사업과 결합되었다.

보건사회부는 1962년 3월 1일부터 피임술의 본격적인 보급을 위해 1차로 전국 100개 시·군·구 지역에 설치되어 있는 보건소에 가족계획상담소를 병설하였다. 이와 함께 조산원과 간호원 183명을 60시간씩 훈련하여 전국 시·군 단위 보건소 요원으로 배치하였고, 그 숫자를 이듬해인 1963년에 366명, 1965년에 723명, 1968년에는 988명으로 증원하였다.[50] 1963년까지 군 단위 보건소에서 운영되던 상담실은 이후 읍·면 단위로 확장되었으며, 벽지에 보건소가 증설되었다.

1964년부터는 읍·면 단위로 2~3명씩 '가족계획 계몽원'이 배치되었다. 1964년은 자궁내장치를 전국적으로 보급하기 시작한 해였다. 가족계획 계몽원들은 보건소 조직망을 통해 공급받은 피임약제나 기구를 사용자에게 전달하고 그 실적을 평가받았다. 이들은 각 가정을 "운동화가 다 닳도록 방문하고 권유해서 마치 화장품 장사처럼 깊숙하고 친밀하게 친해놓은 다음 아주 수월하고 자연스럽게" 피임법을 보급했다. "수월하다는 말을 썼지만 그만큼 친해지기까지"는 "눈물겨운 노력"이 있어야 했다.[51] 가족계획 계몽원들은 사진 2, 사진 3에서 보는 것처럼 대체로 젊은 여성으로 이루어져 있었는데, 흥미롭게도 가족계획 계몽원들에 관해 남아 있는 사진자료들은 모두 이들이 양장 차림을 하고 있는 모습을 보여준다. 이들의 양장 복식은 특히 가족계획사업의 주요 '대상'이었던 치마저고리 차림의 농촌 여성들과 확연한 대조를 보인다. 이것은 양장 차림의 교육받은 젊은 여성들로 구성된 가족계획 계몽원이 일종의 근대성의 표상으로서의 효과를 발휘했음을 짐작케 한다.

1964년은 가족계획 계몽원의 배치와 함께 '목표량제도'가 수립된 해이기도 했다. 목표량제도는 가족계획사업의 단계별 계획에 따라 시·도 및 시·군 단위 보건소를 경유하여 가족계획 계몽원에게까지 피임방법별 목표량을 배정하는 제도였다. 목표량제도는 인구목표에 따라 '사업물량'을 환산하여 예산을 확보하고 사업 진도를 평가하는 기준이 되었고, 일선의 가족계획 계몽원들에게 할당된 목표와 실적에 따른 평가는 피임술 보급의 강력한 동기와 유인을 제공했다.[52]

이처럼 1964년은 자궁내장치가 전국적으로 보급되고 가족계획 계몽원이 전국의 읍·면 단위로 배치되는 등 가족계획사업이 본격적으로 체계화되는 중요한 전환점이었다고 할 수 있다. 이렇기 때문에 1964년까지 보건소나 진료소 및 시술기관 내방자를 상대로 콘돔이나 젤리, 다이어프램, 정관절제술 등의 피임서비스를 제공하던 '진료소 중심'의 가족계획사업이 1965년부터 지역이나 가정으로 직접 방문하여 루프(IUD)나 먹는 피임약, 정관절제술, 콘돔 등을 보급하고 시술하는 '요원 중심'의 사업으로 전환되었다고 평가되기도 한다.[53] 4장에서 살펴보게 되겠지만, 이는 1965년에 보건사회부 모자보건과 안에 '가족계획 조사평가

사진 2 가족계획 계몽원 (1964) 　원조받은 가족계획 이동진료차량 앞에 서 있는 가족계획 계몽원들의 모습(위), 가가호호 방문하여 가족계획을 홍보하는 모습(아래 왼쪽), 마을 주민들을 모아 피임법을 설명하는 모습(아래 오른쪽). 1964년부터 읍·면 단위에 2∼3명씩 배치된 가족계획 계몽원은 개인별로 할당된 목표에 따라 피임술을 보급하고 실적을 평가받았다.

사진 3 가족계획 계몽원 (1968)　경기도 용인군 금양장리의 가족계획 계몽원 황금숙(26세)이 양장에 핸드백을 멘 차림으로 가족계획 차트를 들고 있는 모습(위 왼쪽), 담당 지역을 찾아가기 위해 개천을 건너는 가족계획 계몽원의 모습(위 오른쪽), 경기도 양주군 회천면의 가족계획 계몽원 최종례(20세)의 모습(아래). 이들은 원두막이나 가정집을 비롯해 주민들이 모인 곳을 찾아가 가족계획을 홍보하고 피임술을 보급했다. 가족계획 계몽원이 담당 지역을 방문하기 위해 오가야 하는 "하루 왕복 30리 길"은 "정갱이까지 차는 물길"과 "가파른 산길"의 연속이었다.

반'이 만들어지면서 가족계획 관련 조사 및 평가활동이 체계적으로 시행되기 시작한 것과 동시적인 과정이었다.

문제는 시·군 단위 보건소 요원이나 읍·면 단위의 가족계획 계몽원으로도 가족계획사업을 전국적 수준에서 원활하게 실행하는 데 어려움이 있었다는 점이다. 특히 피임시술을 직접 담당해야 하는 의사들이 도시지역의 개인병원을 벗어나려 하지 않았기 때문에, 시술 대상자들을 직접 방문하고 설득하여 보건소나 병원으로 유도하는 것은 가족계획사업의 핵심적인 문제였다고 할 수 있다.[54] 그뿐만 아니라 1960년대 초·중반 한국의 대다수 인구는 농어촌에 거주하고 있었으며, 상당수의 마을이 방문 자체가 어려울 정도로 고립되어 있었다. 따라서 이른바 '농어촌 벽지'에 가족계획을 보급하는 방안이 문제가 되었다.

이를 해결하기 위한 방도로 1964년 9월에 병원시설 및 방송시설, 영사기구의 장비를 갖춘 이동계몽진료 차량을 국제가족계획연맹으로부터 기증받고 아시아재단의 재정 후원과 국고로 운영자금을 충당하여 이동계몽진료반을 조직한다. 이동계몽진료반은 산부인과 전문의 1인, 간호사 1인, 사회사업가 1인, 운전사 1인으로 편성되었으며, 경기도, 충청남북도, 강원도를 순회하며 의료혜택을 받기 힘든 산간벽지 거주민에게 가족계획을 선전하고 정관절제술 및 자궁내장치 시술을 무료로 실시했으며, 현지 개업의들을 위한 시술 실습을 하기도 했다.[55] 1966년에는 보건사회부 장관 정희섭이 "찦차를 가지고 부락을 순방하며 자궁내장치[를] 시술함이 효율적이었다는 [연세대학교 양재모 교수 팀의] 고양 프로젝트 연구결과"를 근거로 각 시·군 보건소마다 차량을 지원하기 위해 국제가족계획연맹, 미국국제개발처(USAID), 인구협회, 스웨덴국제개발처에 지원을 요청하여 200대의 차량을 확보하게 된다.[56]

1968년에는 먹는 피임약의 보급을 계기로 대한가족계획협회가 앞서

사진 4 가족계획용 이동진료차량　1965년 미국대외원조기관(USOM)이 지원한 가족계획 이동진료차량(위), 이동진료차량의 기증식 장면(아래 왼쪽), 1968년 각 보건소에 지원된 신형 차량(아래 오른쪽).

언급했던 가족계획어머니회를 전국적으로 조직하기 시작했다. 가족계획어머니회 조직을 앞두고 전국의 모든 군에 대한가족계획협회의 군 간사가 선발되고 배치되었다. 다음 절에서 상세하게 다루겠지만, 가족계획어머니회는 한국 가족계획사업의 성공을 이끈 핵심적인 요인으로 평가받는다.

가족계획사업이 피임술을 보급하는 과정은 이와 같이 전국적으로 피임술을 보급할 수 있는 행정장치의 망을 구축하고 인력을 훈련시켜 배치하는 한편 기동성을 갖춘 시술반을 조직해 순회하면서 피임시술과 보급사업을 벌이는 활동으로 이루어졌다. 그뿐만 아니라 예비군 조직이나 통·반 조직을 통해 남성이나 도시지역을 표적(target)으로 하는 피임 보급사업이 전개되기도 했다. 예비군 훈련장에서는 각 시·군·구 단위의 가족계획협회 간사와 시·도 지부 전임강사가 실시하는 집중적인 계몽교육이 이루어졌으며,[57] 희망자들을 대상으로 정관절제술을 시술하고 시술을 받은 자에게 예비군 훈련 잔여교육을 면제해주었다. 정관절제술의 상당수가 예비군 훈련을 통해 이루어진 것으로 파악된다. 또한 가족계획사업을 도시지역으로 확대시킨 1970년대 후반에는 통·반장을 통한 도시저소득층 주민의 모자보건 및 가족계획 보급방안이 연구되는 등[58] 가족계획사업의 전 기간에 걸쳐 피임술의 보급률을 높이기 위한 다종다양한 수단들이 모색되고 실행되었다.

그러나 다른 한편 가족계획사업의 핵심이라고 할 수 있는 이같은 피임술의 보급과정은 단지 콘돔을 나누어주거나 자궁내장치를 삽입하고, 먹는 피임약을 보급하며, 정관절제술이나 미니랩, 복강경 등의 여성불임술을 시술하는 과정만으로 이루어지지 않았다. 이 책에서 다루어질 많은 내용들이 피임술의 보급과 결합되어 있던 계몽의 차원, 제도와 법률의 정비, 각종 조사연구 등에 관한 것이다. 그에 앞서 먼저 가족계획

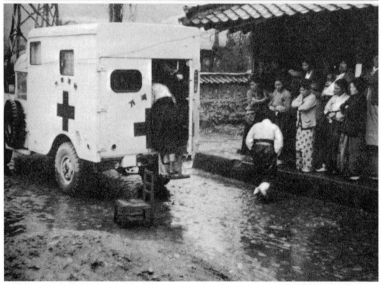

사진 5 이동계몽진료반 (1966) 이동계몽진료반은 의료시설과 교통수단이 발달되지 않은 지역을 차량으로 순회하면서 가족계획을 홍보하고 해당 지역 주민에게 자궁내장치 등을 시술했다.

어머니회를 상세히 들여다보기로 하자.

가족계획어머니회

대한가족계획협회는 한국의 가족계획사업이 성공할 수 있었던 세가지 요인으로 역대 임원들의 끈질긴 노력, 정부당국의 적극적인 뒷받침, 가족계획어머니회의 활약을 공식적으로 지목한다.[59] 대한가족계획협회를 설립과정부터 주도했던 양재모는 "지난 30년 동안에 전개해온 여러가지 프로젝트 중에서 최우수상감을 하나 고르라면 나는 서슴지 않고 '가족계획어머니회 조직'을 뽑겠다"고 술회했다.[60]

1986년부터 1989년까지 대한가족계획협회 부회장을 지낸 강봉수(姜鳳秀)는 가족계획어머니회가 처음 조직된 1968년을 "한국의 부녀개발사업과 가족계획사업 사상 획기적인 해"로 칭한 바 있다.[61] 제2대 재건국민운동본부장에 이어 1967년 5월부터 대한가족계획협회 회장을 지낸 류달영(柳達永)은 인도나 파키스탄, 필리핀 등 외국 인사들이 한국의 가족계획 시찰을 위해 방한할 때마다 성공 요인에 대한 질문을 반드시 하는데, 그때마다 자신은 한결같이 "어머니회 운영이 그 열쇠"라고 답했다고 회고한다.[62]

가족계획어머니회[63]는 1968년에 조직되기 시작하여 1977년 7월 새마을부녀회로 통합될 때까지 약 9년간 지속된 부녀조직으로, 새마을부녀회의 전신(前身)으로 서술될 만큼 새마을부녀회 조직의 근간이 된 것으로 평가된다.[64] 가족계획어머니회는 특정 목적을 위해 체계적으로 설립되고 관리되는 전국적 부녀조직의 효시였다고 할 수 있다.[65] 가족계획어머니회로 대표되는 1960~70년대 지역 여성조직은 오래도록 관제, 관변 여성운동으로 평가받아왔지만, 다른 한편 지역조직을 통한 여성의 적극적인 참여와 동원은 1960~70년대 한국의 개발정책의 성패를 좌우할 정도로 중요한 요소였다고 평가되기도 한다.[66]

가족계획어머니회는 여성들을 지역 수준에서 조직하여 산아제한에 참여시킨 사례로 국제적으로 주목을 받았고, 콜롬비아, 이집트, 방글라데시, 필리핀 등 각국의 유사한 사업을 자극했으며, 특히 농촌 인구가 다수인 나라들에 중요한 선례를 제공한 것으로 평가되었다.[67] 가족계획어머니회의 모범사례를 홍보하는 영화가 국내외에서 상영되었으며, 1987년 9월과 1988년 4월에는 유엔인구기금(United Nations Population Fund, UNFPA)의 예산 지원으로 한국의 가족계획어머니회를 모델로 하는 여성지도자 국제훈련이 실시되기도 했다.[68]

가족계획어머니회는 1968년 6월 1일로 예정된 경구용 피임제의 대규모 보급을 앞두고 만들어진 조직이었다. 앞에서 이미 언급한 바와 같이 먹는 피임약은 개인 차원에서는 매일 1정씩 복용해야 하는 한편 가족계획사업을 추진하는 입장에서는 약제를 안정적으로 대규모로 공급해야 한다는 점에서 다른 피임법과는 대단히 이질적인 피임술이다. 가족계획어머니회는 먹는 피임약의 정기적인 보급망이자 피임약을 복용하는 여성들 사이의 상호 독려의 망이 되는 동시에 가족계획을 홍보하는 장으로 활용하기 위하여 조직되었다.[69]

4장에서 다시 언급될 내용이지만, 먹는 피임약 보급이 결정되자 대한가족계획협회는 가족계획어머니회를 조직하기 위해 인구협회를 통해 초기 조직비용으로 미국국제개발처의 자금을 약 23만 달러가량 지원받았고,[70] 이를 바탕으로 1968년 5월부터 서울과 부산을 제외한 전국 9개 도에서 가족계획어머니회를 조직하기 시작했다.[71]

대한가족계획협회는 가족계획어머니회 조직에 앞서 전국 139개 군에 한명씩 총 139명의 군 간사를 선발하여 2주간의 합숙훈련 후 1968년 5월 각 군으로 배치했고,[72] 전국 읍·면 단위 가족계획 계몽원을 대상으로 가족계획어머니회의 의의와 대민 접근방법에 관한 교육을 실시했다. 이들 군 간사와 가족계획 계몽원을 중심으로 전국의 법정 리·동 단위에 가족계획어머니회 조직사업이 착수되었으며, 조직활동이 시작된 후 약 2개월 반에 걸쳐 전국에 16,868개의 가족계획어머니회가 만들어졌다. 이처럼 단기간 동안 전국의 법정 리·동 단위에 가족계획어머니회가 조직된 것은 일차적으로 경구용 피임제의 보급일이 6월 1일로 예정되어 있었기 때문이다. 인구협회를 통해 지원받은 미국국제개발처의 자금이 먹는 피임약의 보급을 위한 명목이었고 먹는 피임약의 보급 예정일이 1968년 6월 1일이었기 때문에 대한가족계획협회는 이 일정에 맞춰 가족계획어머니회의 조직을 급히 완료하고자 했다. 따라서 실제 초기 단계에서 내실 있는 가족계획어머니회의 수는 적었을 것으로 추정되기도 한다.[73]

그러나 이후에도 가족계획어머니회는 꾸준히 조직되었다. 가족계획어머니회의 조직 현황이 자료마다 조금씩 다르게 집계되고 있기는 하지만 그림 3에서 나타나는 바와 같은 증가세는 공통적으로 확인되며[74] 1977년 새마을부녀회로 강제 통합되기 직전인 1976년에는 전국적으로 대략 27,292개 조직에 749,647명의 회원을 확보하고 있었던 것으로 보고된다.[75] 또한 조직 초기에는 실제로 활발하게 활동하는 가족계획어머니회의 비율이 낮을 것이라는 예측도 있었지만, 가족계획어머니회가 조직된 후 5년이 지난 1973년에 조사된 바에 따르면 표 5에서 보듯이 공식적으로 존재하고 있으나 실제로는 운영되지 않는 가족계획어머니회는 16.7% 정도이며, 실제 운영되고 있는 경우가 83.3%, 이중 활발하게 운영 중인 경우가 33.7% 정도인 것으로 추정되고 있다.[76]

그림 3 가족계획어머니회 조직 현황(1968~1976)

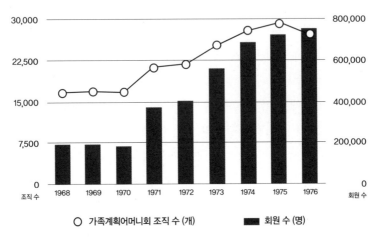

가족계획어머니회가 이처럼 짧은 기간 내에 전국의 법정 리·동 단
위에 조직되고 활발하게 가동될 수 있었던 데는 여러 요소들이 작용
하고 있었다. 농촌공동체에 이미 존재하고 있던 대동회, 농악단, 계, 두
레, 품앗이 같은 토착적인 지역조직의 결속의 망과 협업의 경험은 가족
계획어머니회가 급속히 조직되고 또한 실질적으로 성장할 수 있는 조
건이었다. 가족계획어머니회는 이같은 농촌 마을의 토착적인 여성들
의 모임을 재조직화하는 것이었다. 특히 '계' 활동의 경험은 농촌 여성
들이 리더십을 발휘할 수 있는 독특한 기회를 제공했을 뿐 아니라 농
촌경제와 상업경제 사이의 간극을 연결하는 일종의 중간 다리(middle
rung)[77]의 기능을 가지고 있었는데, 이 공동의 체험, 집합적인 정신, 상
호부조의 경험이 전통적 조직들로부터 학습되어 가족계획어머니회까

표 5 가족계획어머니회 지역 및 활동성에 따른 분포 추계

(단위: 개, %)

도	대한가족계획협회 기록	추정된 실제 수	법정 리당 어머니회 수	활동성 활동적	활동성 보통	활동성 비활동적	활동성 전체
경기	3,483	2,854	1.2	38.4	46.1	15.5	100.0
강원	1,380	1,440	1.0	30.9	52.1	17.0	100.0
충북	1,474	1,663	1.1	35.2	51.6	13.2	100.0
충남	2,485	2,221	0.9	30.7	45.9	23.4	100.0
전북	1,667	2,887	1.8	34.2	51.3	14.5	100.0
전남	3,489	3,338	1.0	32.8	50.4	16.8	100.0
경북	5,575	5,005	1.5	35.1	51.0	13.9	100.0
경남	2,383	2,965	1.2	32.4	48.0	19.6	100.0
제주	160	160	-	-	-	-	-
전체	22,131	22,533		33.7 (7,594)	49.6 (11,176)	16.7 (3,763)	100.0

주: 가족계획어머니회의 활동성은 면장들의 평가에 근거하여 분류한 것임. 제주 지역은 이 조사에서는 제외되었음.
출처: 박형종·정경균·한달선·이시백 『어머니회 연구』, 서울대학교 보건대학원 1974, 12면.

지 전수된 것으로 볼 수 있다.[78]

　그러나 동시에 1950년대부터 이미 근대적인 지역조직을 꾸리려는 시도들이 산발적으로 존재해왔다는 사실에도 주목할 필요가 있다. 1959년부터 농촌진흥청이 주도하는 부녀조직인 생활개선구락부[79]를 포함하여 농사개량구락부, 4H구락부 같은 지역조직들이 시도되고 있었고, 농협에서는 부녀교실을 운영하여 저축운동을 추진하고 있었다.[80] 1961년 군부쿠데타 이후에는 재건국민운동이 제창되면서[81] 재건국민운동본부 안에 부녀부가 설치되기도 했다. 또한 예산 부족으로 한해만 시행되고 사라지기는 했지만 1963년에 보건사회부가 전국 통·반 및 자연부락 단위로 모자보건학습반을 조직해서 운영하기도 했다.[82] 1967년에

는 보건사회부 부녀아동국에서 부녀교실을 조직했으며, 가족계획어머
니회가 조직된 후인 1973년에는 농협이 새마을부녀회를 조직하기도
했다.

그럼에도 불구하고 이같은 시도들은 가족계획어머니회에서 나타난
것 같은 가시적인 효과를 내지는 못했다. 따라서 가족계획어머니회의
성공적인 조직과 운영의 근거를 농촌사회 내에 존재하고 있던 이전의
관계와 경험들로만 논할 수는 없다. 다른 한편 가족계획어머니회가 단
기간에 전국의 각 리·동 단위에 조직될 수 있었던 요인으로 대한가족계
획협회 담당자들의 열의와 추진력, 이전의 부녀조직 운영 경험, 그리고
각 시·도 담당 공무원들의 협조체계 등이 지적되기도 하지만,[83] 이것은
초기의 조직과정에 영향을 미친 요인일 뿐 이후의 활발한 조직 운영에
관한 설명은 아니다. 그렇다면 여타의 근대적 여성지역조직들과 가족
계획어머니회의 차이는 무엇으로 설명될 수 있을까? 왜 다른 지역조직
들과 달리 가족계획어머니회는 1977년 새마을부녀회로 강제 통합되기
이전까지 가시적 성과를 거두며 활발하게 운영될 수 있었을까?

가족계획어머니회를 조직·운영하기 위한 자금으로 사전에 약 23만
달러를 확보하고 있었다는 점은 주목할 만한 것이다. 전국 규모의 조직
을 운영하는 데 있어 초기 자금의 확보는 매우 중요한 요소가 된다. 이
자금을 바탕으로 대한가족계획협회는 가족계획어머니회 회의의 보조
비로 분기별 1회당 한화 1,500원(당시 환율로 미화 5달러)을 지급하였고, 일
부 지역에는 무이자 대부 또는 상금 명목으로 5,000원(미화 18달러)을 제
공하였다.[84] 이것이 다과비 명목의 소액에 불과하여 중요한 요인이 되
지 못했다는 시각도 존재하지만,[85] 1960년대 후반 한국 농촌지역의 여
성조직에 회의비가 지급되었다는 사실은 각별히 주목하고 강조할 만한
점이다. 공식적인 회의비 지급은 각 지역 여성들의 활동에 공적 권위와

정당성을 부여한다는 점에서 획기적인 것이었다. 그러나 해외의 자금 지원은 1년 만에 중단되었기 때문에[86] 가족계획어머니회의 운영 전반에 걸쳐 차별적 효과를 만든 요인으로 꼽기에는 무리가 있다.

그렇다면 가족계획어머니회가 활발하게 운영될 수 있었던 또다른 요소, 가족계획어머니회와 이전의 다른 부녀조직들 사이의 차이는 과연 무엇일까? 4장에서 우리는 권력과 지식, 통치와 과학이 완전히 새로운 방식으로 결합되는 양상을 가족계획어머니회를 통해 보게 될 것이다. 이를 통해 1960~70년대 한국에서 인구에 대한 지식이 수집되고 국가의 통치화(governmentalization)가 전개되는 과정을 구체적으로 살펴보기로 하자.

4장

국가의 통치화

어느 누구도 맑스만큼 공장 감독관들이 수집한 사실들을 열렬히 사용한 사람이 없었다. 그러나 그런 맑스조차 통계 관료기구(statistical bureaucracy)가 국가를 어떻게 바꾸어놓을지는 감지하지 못했다.

— 이언 해킹 Ian Hacking[1]

만일 다수의 사람에게 일어나는 일을 모두 파악할 수 있는, 그리고 우리가 원하는 방식으로 이끌 수 있도록 그들을 에워쌀 수 있는, 그들의 행동과 [인적] 관계, 생활환경 전체를 확인하고 그 어느 것도 우리의 감시에서 벗어나거나 의도에 어긋나지 않도록 할 수 있는 수단이 있다면, 이것은 국가가 여러 주요 목적에 사용할 수 있는 정말 유용하고 효력 있는 도구임에 틀림없다.

— 제러미 벤담 Jeremy Bentham[2]

인구에 관한 지식

1965년 6월, 이집트의 예방의학 교수 세 사람이 한국을 찾았다. 한국의 가족계획사업을 소개하기 위해 외무부는 1963년부터 인구협회(PC)의 지원하에 '도시 가족계획에 관한 시범연구사업'을 주도하고 있었던 서울대학교 의과대학의 권이혁(權彝赫) 교수에게 요청하여 이들을 성동구 보건소로 안내했다. 권이혁은 이집트에서 온 예방의학 교수들에게 성동구에서 진행 중인 도시 가족계획에 관한 시범사업의 내용과 함께 가임 부인을 대상으로 한 가족계획 실적을 소개하였다. 그러자 이집트인 교수가 매우 의아해하면서 대상자의 연령을 어떻게 파악하고 있는지 권이혁에게 물었다. 질문의 의미를 정확히 이해하지 못한 권이혁은 "음력과 양력은 환산표가 있어서 어렵지 않다"고 답했다. 그러자 "그것은 알겠는데 도대체 연령을 어찌 아느냐"는 질문이 재차 이어졌다. 출생신고제도와 호적제도가 있어서 연령은 자연히 파악된다고 답하자 놀라워했다. 이집트에는 그같은 전국적인 제도가 없다는 것이다.[3]

인구에 대한 국가의 개입과 감시, 동원은 국가의 의지만으로는 가능하지 않다. 인구를 조절하고 통제하기 위한 바로 그 목적을 위해서라도 인구를 면밀하게 읽어내는 능력이 필요하다. 가족계획사업이 시작되던 당시 "사업 실시 이전의 현황에 관한 분석자료는 전무"하였고,[4] "전국적인 가족계획 관련 자료는 1960년도 인구센서스 결과에 의한 인구성장률 등 인구분석자료 외에는 거의 전무한 상태"였으며,[5] 인구동태 자료는 거의 신뢰하기 힘든 상태였고 전국 규모의 출산력 조사나 출산력을 추정할 수 있는 자료 역시 없었다.[6] 1960년에 실시된 인구센서스는 가족계획사업이 주장되었던 거의 유일한 근거였다.

다시 말해 1960년대 초 가족계획사업은 인구현황이나 출산 실태에 대한 정보와 지식에 기반해서 전개된 것이 아니었다. 1960년대 초 6.3으로 추정되는 합계출산율 역시 가족계획사업이 시작된 후인 1963년, 전국 경제활동인구조사 표본조사구를 활용한 제1차 전국 가족계획 실태조사를 통해 사후적으로 나온 추정치였다. 이 조사를 통해 기혼부인의 피임 경험이 12%로 처음 파악되었다.[7] 과잉인구에 대한 이 시기의 불안은 통계적 지식에 근거한 것이었다기보다는 오히려 그 반대의 측면이 강했다. 인구과잉에 대한 위기의식은 "높은 출산율에서 기인하는" 것이 아니라 오히려 "출산율을 정확하게 평가할 수 있는 통계자료가 존재하지 않는다는 사실"에서 비롯되고 있었다.[8] 인구조절을 위해 필요한 통계자료의 취약성은 역설적이게도 인구과잉에 대한 불안 담론이 증가하면서 비로소 문제가 된 것이었다.

가족계획사업에 있어 인구현황에 관한 자료와 지식의 중요성은 여러 연구자들이 비판해왔던 목표량제도의 경우를 통해 구체적으로 살펴볼 수 있다.[9] 한국 가족계획사업의 특징적인 제도 중 하나인 목표량제도는 1964년에 도입된 것으로, 매년 각 피임방법별 목표량을 정하여 전국의 각 시·도 단위 및 지역 보건소 단위로 사업목표량을 배정하고 이를 다시 읍·면·동 단위의 가족계획 계몽원별로 할당하는 제도였다. 3장에서 언급했듯이, 이 목표량은 예산을 확보하고 사업의 진도를 평가하는 기준이 되므로 일선 보건소나 가족계획 계몽원에게 매우 중요한 것이었다.

그러나 목표량제도가 도입된 1964년 시점에서 지역별로 피임에 대한 수요를 파악하고 각 피임법에 대한 여성들의 선호와 필요를 파악할 수 있는 자료는 존재하지 않았다. 사업 대상 부인 수를 추정하고 이를 토대로 피임에 대한 수요를 추정할 수 있는 자료는 1960년 인구센서스 자료 외에 전무하였다. 따라서 이 인구센서스 자료를 근거로 목표량제도가 시행되었는데, 1960년 인구센서스 자료는 문제가 많아 실제 가임 부인 수를 제대로 파악하기 어려웠다. 가임 부인 수와 이에 따른 목표량이 불일치해서 지역에 따라 실제 가임 부인 수에 비해 목표량이 과다한 문제가 발생하였고, 그럼에도 주어진 목표량을 달성하기 위해 무리하게 피임술이 보급되었다. 그 결과 피임 중단율과 피임술의 부작용이 극대화되어 문제가 속출하게 되었다.[10]

결국 가족계획사업은 인구현황에 관한 자료와 정보에 근거하여 시행된 것이 아니었으며, 오히려 인구에 관한 지식을 체계적으로 구축하는 과정이 실질적으로 가족계획사업의 핵심적인 차원을 구성하게 되었다고 할 수 있다. 가족계획과 관련된 최초의 본격적인 조사는 1962년에 시작된 '농촌형 가족계획에 관한 시범연구사업'과 곧이어 시작된 '도시형 가족계획에 관한 시범연구사업'이었다. 이 두 연구사업은 가족계획사업의 역사에서 대단히 중요한 의미를 가진다. 5장에서도 자세히 살펴보게 되겠지만, 이 두 연구사업은 인구협회의 마셜 밸푸어의 지원하에 착수된 것으로, 가족계획사업을 위한 기초자료와 지침을 제공했으며 인구협회의 기술원조의 장을 열었다고 평가된다.[11]

'농촌형 가족계획에 관한 시범연구사업'은 1962년 9월부터 2단계에 걸쳐 연세대학교 의과대학의 양재모와 방숙의 주도로 경기도 지역에서

사진 6 가족계획상담소 (1964)　'도시형 가족계획에 관한 시범연구사업'은 서울 성동구의 가족계획상담소를 중심으로 진행되었다. 성동구 제1가족계획상담소(위), 성동구 제3가족계획상담소(아래).

수년간 시행되었으며, 출산과 관계된 일체 사항을 조사하고 여러가지 피임방법의 수락도 및 효과를 조사했다.[12] '도시형 가족계획에 관한 시범연구사업'은 서울대학교 의과대학 교수 권이혁, 사회학과 교수 이만갑(李萬甲)의 주관으로 1964년 2월부터 서울시 성동구 지역에서 이루어졌으며 이후 서울지역 전역으로 확대되었다. 역시 가족계획에 관한 여러가지 계몽방법 간의 효과를 비교하는 한편 피임방법별 효과를 조사했다.[13]

전국적인 수준에서 가족계획과 관련하여 이루어진 최초의 조사는 1964년 4월 경제기획원 조사통계국과 대한가족계획협회의 협력하에 보건사회부가 전국 경제활동인구조사의 표본조사구를 대상으로 실시한 가족계획 전국 실태조사였다.[14] 이를 토대로 1965년에 보건사회부 모자보건과 안에 '가족계획 조사평가반'이 설치되었다. 이 조사평가반은 전국의 가임부부를 모집단으로 표본추출하여 가족계획 실태조사를 하기 시작했으며, 루프 피시술자의 추적 면접조사를 전국적으로 실시하는 등 가족계획사업 관련 제반 조사 및 평가사업을 담당했다.[15]

같은 해인 1965년에 경제기획원 장관의 인가로 사단법인 인구문제연구소가 설립되었다. 순수 인구통계학적 연구를 비롯해 인구현상과 관련된 사회, 경제, 보건의학, 법률, 환경 등의 내용을 포괄하는 『인구문제논집』을 발간했으며, 인구관계 서적의 번역작업, 국내·국제 세미나 개최, 인구현상에 대한 조사활동 및 연구용역사업을 수행했다.[16] 1970년 7월에는 국립가족계획연구소가 국가기관으로 설립되어 보건사회부 모자보건과 조사평가반의 평가사업을 질적으로 강화하는 한편, 대한가족계획협회의 가족계획요원 훈련, 외국 가족계획 실무자의 실습 및 견학, 훈련 업무를 통합했다.[17] 국립가족계획연구소는 곧 민간기구로 재편되어 1971년 7월 1일에 특수법인 가족계획연구원(Korean Institute for

표 6 가족계획 관련 조사 및 연구 기구

연도	기관	비고
1965	가족계획 조사평가반	보건사회부 모자보건과 내에 설치되어 가족계획 실태조사 시작
1965	인구문제연구소	경제기획원 장관의 인가로 사단법인으로 설립됨 『인구문제논집』 발간 및 조사활동, 연구용역사업 수행
1970	국립가족계획연구소	보건사회부 모자보건과 조사평가반의 평가사업을 강화하고 대한가족계획협회의 가족계획 요원 훈련업무, 외국 가족계획 실무자의 실습 및 견학 등에 관한 훈련업무를 통합함
1971	가족계획연구원	국립가족계획연구소가 민간기구로 재편되어 특수법인으로 설립됨
1981	한국인구보건연구원	가족계획연구원과 한국보건개발연구원 통합 1986년 보건사회부 사회보장심의위원회 기능이 합치됨
1989	한국보건사회연구원	한국보건사회연구원으로 개편됨

Family Planning)이 설립되었다.[18] 가족계획연구원은 가족계획사업과 연관된 각종 연구업무를 수행했다. 인구학과 보건학, 실태조사에서 사업평가에 이르기까지 가족계획사업 전반에 걸친 광범위한 조사와 연구를 수행했으며, 인구정보관리센터의 설치 및 운영, 인구정보관리협의회 구성, 국내 인구정보 실태조사 등 인구에 관한 자료와 정보, 지식을 총괄했다. 그후 1981년에는 가족계획연구원이 정부의 연구기관 통폐합 방침에 따라 한국보건개발연구원과 통폐합되어 한국인구보건연구원이 되었으며, 1986년 보건사회부의 사회보장심의위원회 기능이 합치되어 1989년에 한국보건사회연구원으로 전환되었다.[19]

인구에 관한 지식을 구축하는 과정은 이와 같이 가족계획사업을 통해 관련 기구를 공식적으로 제도화하는 과정이었을 뿐만 아니라, 가족계획사업의 일상적인 실행과 작동과정에서의 상세한 실천의 차원을 구성하는 것이기도 했다. 가족계획사업은 사업의 진도와 효과를 측정하고 문제점을 파악하여 개선방안을 수립하기 위해 여러 종류의 자료를 확보하는 과정을 포함했다. 가족계획사업 과정에서 상급기관에 정기적으로 보고해야 하는 통계는 대표적으로 '피임시술요청 및 확인서(쿠폰)'와 '가족계획사업 실적보고서(월보)' 두가지가 있었다.

피임시술 희망자는 보건소장에게 사진 7의 '피임시술 요청 및 확인서(쿠폰)'를 발급받고 시술기관에 이를 제시하여 시술을 받게 되어 있었고, 시술기관은 시술 후 쿠폰과 피임시술 진료기록표의 사본을 첨부하여 보건소장에게 시술비를 청구하였다. 보건소장은 시술기관이 송부한 쿠폰 '을지'를 증빙서류로 보관하고 '갑지'는 한국보건사회연구원에 송부하였으며, 한국보건사회연구원은 쿠폰의 내용을 분석하여 분기별로 보건사회부 장관에게 보고하였다. 쿠폰에 기록되는 항목은 발급일자, 시술 구분, 피시술자 성명, 주민등록 번호, 보험대상자 여부, 배우자 성명, 배우자 주민등록 번호, 부인의 연령, 주소, 근무처, 교육 정도, 결혼연령, 현존 자녀 수, 최종 자녀 출생연월일, 유산경험, 최근 피임방법, 요청한 피임시술 방법, 시술 장소, 병원·의원 주소, 시술 일자, 시술 의사 성명, 발급자 성명 등을 포함하고 있었다.[20]

'가족계획사업 실적보고서'는 읍·면에서 관할 보건소에 보고하는 것으로, 사진 8에서 보는 것처럼 시술기관 지정 현황, 사후 관리기관 수, 가족계획등록, 피임지원사업 현황, 피임보급 현황, 임신 영유아 신고, 모자보건등록 관리 현황, 모자보건 교육, 예방접종 등의 내용을 포괄하는 것이었다. 이와 같이 보건소로 취합된 자료는 해당 보건소에서 집계하여 다시 관할 시·도에 제출하고, 시장 및 도지사는 이를 보건사회부 장관에게 보고하도록 되어 있었다.

1980년까지 사용된 기록서식은 9종에 달했고 이외에도 보건소 단위

〔별지 제22호 서식〕
※ 기재요령 : □안에는 해당번호 또는 숫자를 기입하십시오.

① 제　　호	피임시술요청 및 확인서 (갑, 을)	② 발 급 일 자		
③ 시 술 구 분 □	1. 정부　2. 재시술　3. 영세민　4. 보험　5. 자비			

④ 성　　명		㉑	⑤주민등록 번　호		⑥보 험 대 상	
					본인	배우자
⑦배우자성명			⑧주민등록 번　호		⑨부 인 연 령	만 □ 세
⑩주　소	시　　구　　동　　가　　번지　　호 도　　시(군)　읍(면)　리(　통　　반)					
⑪근 무 처			⑫전화	자택 :　　　직장 :		
⑬교　육 정　도	남 □ 여 □	1. 무학　　2. 국민학교 3. 중학교　4. 고등학교 5. 대학교	⑭결혼 연령	남	만 □ 만 □	세 세
				여		
⑮현존자녀수	남 □　　여 □		⑰유산	인 공	□	회
⑯최 종 자 녀 출생년월일	19　.　　.　　.			경험 자 연	□	회
⑱최근(과거) 피임방법	□	자궁내장치종류 삽 입 년 월 일	0. 없음　1. 콘돔　2. 먹는피임약 3. 월경조절술　4. 루우프(초) 5. 루우프(재)　6. 카파(초)			
⑲요 청 한 피 임시술방법	□	카파(루프)종류 이온만료년월일	7. 카파(재)　8. 난판(복강경 : 링, 소작, 미니랩, 기타) 9. 정관　10. 기타피임			
⑳시 술 장 소	□	1. 병(의)원　2. 종합병원　3. 가협부속의원 4. 보건소 및 모자보건센터　5. 이동시술반　6. 조산소 7. 진료소　8. 군기관　9. 기타				
병 (의) 원 명 및 주소			요 양 기 호			
시 술 일 자	19　년　　월　　일	시술 의사		㉑		
발　급　자	□	1. 보건소장 2. 보건소(지소)요원 3. 가협간사 4. 가협부속의원담당요원 5. 보건진료원 6. 새마을부녀회가족계획부장	발 급 자 성　명		㉑	

위와 같이 확인합니다.
19　년　　월　　일
　　　　　　　　　　　　　　　　보 건 소 장　　　　　　　㉑

02-5(2-1) 일
1985.1.25 통제

150㎜×210㎜
인쇄용지 (2급) 60ℊ/㎡

사진 7 피임시술 요청 및 확인서(쿠폰)

108

기 관 명 :

분류기호 :
보존기관 :
제 목 : 가족보건사업실적보고 (4-1) 19 년 월분

(전화 :)

시행일자 : 19 . . .
발 신 :

㊞ (단위 : 명)

	1. 시술기관기정현황					2	3. 가족계획등록				4. 피 임 지 원 사 업															
	기관수	투우프관	정관	난관	환경조정	상호관리기구	전월잔천제	당월 신규	당월 지혹	당월말잔제	1) 영세민생계비						2) 1 차우보진료							
											생활보호		의료부조		진료연인천		명·의원		보건소등		진료비 (신천)	
											1자녀	2자녀	1자녀	2자녀												
											당월	누제	당월	누제	당월	누제	당월	누제	당월	누제	당월	누제	당월	누제
합계																										

가 족 보 건 사 업 실 적 보 고 (4-2)

	1) 정 관				2) 난 관				3) 자 궁 내 장 치						4) 콘 돔 (갑)			5) 먹는피임약 (에이틀)			6) 질경조정술			7) 무토분난	
	당월	누제																							
	1자녀	2자녀	3이녀상	누제	1자녀	2자녀	3이녀상	누제	당월			누제			당월	누제	재고량	당월	누제	재고량	당월	누제	당월	누제
									1자녀	2자녀	3자녀				1자녀	2자녀	3자녀								

가 족 보 건 사 업 실 적 보 고 (4-3)

(단위 : 명)

시·군·구	6. 임신(영유아)신고				7. 모 자 보 건 등 록								8. 모 자 보 건 관 리			9. 불 만 개 조			10. 모자보건교육			
	1) 임부		2) 영유아		1) 임 부			2) 영 유 아			1) 산전	2) 산후	3) 영유아	월	중		월	누	제			
	신규	누제	신규	누제	신규	누제	최혹	당월말잔제	신규	누제	최혹	당월말잔제	최강관리	건강관리	최강관리	0 1 2 월	시설분만	가정분만	최소제	최명	최명
	증제	증제			0 2 13 우	14 2 28 우	29 2 40 우		1월	2 2 12월	1 2 5세					2 12 5 세					

가 족 보 건 실 적 보 고 (4-4)

·정선 - 상단 (예) : 자비+무토
하단 (무토) : 무토

시·군·구	총지	11. 영 유 아 기 본 예 방 접 종																					
		디 · 피 · 티					폴 리 오					디 피 영 영 말											
월 제 (1)	제 무토	소제 ①+②	기초 ①			추가 ②	실사용량 (㎖)	실제고량 (㎖)	소제 ①+③	기초 ①			추가 ③	실사용량 (도스)	실제고량 (도스)	소제 실적	실사용량 (㎖)	실제고량 (㎖)	총실적	실사용량 (도스)	실제고량 (도스)
			1 차	2 차	3 차	④				1 차	2 차	3 차	④								

사진 8 가족계획사업 실적보고서(월보)

로 자체적으로 개발하여 사용한 서식이 19종에 이르렀다. 일선 요원의 업무에 있어 각종 기록 및 보고서식의 관리에 소요되는 시간이 너무 많다는 점은 불만요인의 하나가 될 정도였다.[21] 가족계획사업은 이와 같이 계수(enumeration)와 자료의 집계 및 이용, 자료에 기반한 평가와 통제 같은 통치성의 새로운 양식(mode)을 발전시키는 중요한 한 계기였다. 가족계획사업은 과학철학자인 이언 해킹(Ian Hacking)이 "활자화된 숫자들의 사태(沙汰)(the avalanche of printed numbers)"라 부르는 현상을 가져왔다.[22] 가족계획사업은 인구에 관한 지식을 확보하고 체계화하여 구축하는 과정이었으며, 인구에 관한 자료의 일상적인 수집과 계산, 기록을 수반했다.

그러나 이와 같은 통치성의 양식이 가족계획사업의 대상자였던 평범한 사람들을 '국가감시 시스템'으로 '포섭'했다고 보기는 어렵다. 그러한 관점은 국가통제를 과장하고 이 과정에서 나타나는 모순과 저항의 공간을 간과하게 만든다. 특히 국가의 '감시'는 자료의 수집 그 자체로 인해 증가하는 것이라고 할 수 없다.[23] 가족계획사업을 통치의 관점에서 접근한다는 것은 단일하고 응집적인 제도로서 인구를 통제하고 감시하고 조작하는 국가를 전제하지 않음을 뜻한다. 인구에 관한 지식을 확보해내는 구체적 과정은 가족계획사업의 핵심에 있었으며, 그 과정이 바로 국가의 새로운 근대적 양식을 구성해내는 효과[24]를 발휘했다고 볼 수 있다.

통치와 과학

가족계획 관련 최초의 본격적인 조사인 '농촌형 가족계획에 관한 시범연구사업'은 1962년부터 2년에 걸친 연구를 통해 출산력과 가족계획에 대한 기초조사를 시행한 후, 1964년부터 1966년 10월까지 2년에 걸쳐 2단계 연구를 재개했다. 2단계 연구에서는 당시 가족계획사업이 주력하고 있던 피임술인 자궁내장치(IUD)를 여러 방법으로 제공함으로써 각각의 수락도와 효과를 분석하였다. 2단계 연구에서 특히 시험적으로 어머니회를 조직하여 운영한 28개 부락이 그렇지 않은 30개 부락들보다 자궁내장치 수락률 및 보유율이 높은 것으로 나타났고, 이러한 연구결과는 1968년에 전국적으로 가족계획어머니회 조직사업을 추진하게 만든 중요한 배경이 되었다.[25]

가족계획어머니회는 준비 단계부터 실행과정의 전 기간에 걸쳐 여러 종류의 조사와 연구사업이 다각도로 실행되었다는 점을 특징으로 하고 있었다. 가족계획어머니회는 '과학적인' 조사작업을 통해 체계적으로 관리한 조직이었다.[26] 3장에서 언급한 바 있듯이 1968년부터 도입된 먹는 피임약은 피임여성 개인이 매일 지속적으로 복용해야 할 뿐 아니라 복용하는 여성에게 안정적으로 공급해야 한다는 점에서 다른 피임술과는 큰 차이가 있었다. 자궁내장치의 부작용 문제가 대두되면서 먹는 피임약의 보급이 결정된 후, 지속적으로 복용을 독려하고 피임약을 안정적으로 공급하기 위해 지역 단위의 조직망이 더욱 중요한 역할을 할 것으로 기대되었다. 이를 위해 가족계획어머니회의 조직이 추진되었다.

당시 대한가족계획협회 이사장이던 양재모는 앞서 언급한 것처럼 '농촌형 가족계획에 관한 시범연구사업' 결과를 바탕으로 1968년 2월에 인구협회로부터 가족계획어머니회 조직을 위한 초기 조직 비용으로 미국국제개발처(USAID)의 자금 약 23만 달러를 지원받게 되었다.[27] 초기 비용을 외원을 통해 확보한 대한가족계획협회는 곧바로 경기도 안성과 충남 아산에서 2개월간 가족계획어머니회 조직을 위한 시범사업을 실시하여, 사업 착수로부터 완료까지 소요되는 시간, 회원 수, 임원 구성, 총회 개최 및 진행, 회의 빈도, 회의 내용, 참여 정도, 적정예산, 지역주민의 호응 등 어머니회의 전반적인 조직과정을 조사했다. 그 결과를 바탕으로 1968년 5월부터 가족계획어머니회의 조직사업이 착수되었다.[28] 조직사업이 본격적으로 시작되는 것과 동시에 연세대학교인구 및가족계획연구소의 시범연구사업이 경기도 일원에서 전개되었다.[29]

1973년에는 가족계획어머니회의 실태와 운영 현황을 파악하기 위한 서울대학교 보건대학원의 전국적인 조사사업이 실시되었다. 이 조사는 가족계획어머니회의 현황을 파악하여 당국의 집계기록을 검증하는 한편 가족계획어머니회의 성과에 영향을 주는 요인을 찾아내기 위한 것이었다. 이를 위해 전국 1,454개 읍·면의 읍·면장들을 대상으로 설문조사를 실시하여 가족계획어머니회의 회장 이름과 주소, 회원 수 등을 새로 집계하였고, 전국 자료를 근거로 표본추출된 전국의 어머니회 회장 450명과 해당 면의 가족계획 계몽원 50명에 대하여 면접조사를 진행하였으며, 표본으로 25개 부락을 선정하여 해당 부락의 49세 이하 유배우 (有配偶) 가임여성 전체를 대상으로 하는 전수 면접조사를 실시하였다.[30]

가족계획어머니회는 왜 이토록 다기(多岐)한 조사의 대상이자 연구의 장(field)이 되었을까? 가족계획어머니회가 만약 산아제한과 인구통제에 대한 국가 감시와 동원의 도구였다면, 가족계획어머니회를 둘러싼 각종 조사와 연구사업들은 왜 이토록 지속적으로 집요하게 이루어진 것일까? 1960년대에 가족계획어머니회를 둘러싼 조사와 분석의 움직임은 인구의 통치를 위해 나타나기 시작한 완전히 새로운 요소의 도입, "완전히 다른 기술"[31]의 등장을 보여준다.

가족계획어머니회는 구상 단계로부터 시작해서 본격적 조직과정, 이후의 운영과 평가에 이르기까지 지속적인 조사 및 연구사업과 결합되었다. '과학적인' 설계와 계획에 의해 조직되었을 뿐 아니라 가족계획 어머니회를 매개로 부부의 생식행위와 임신, 출산, 양육, 이를 둘러싼 지식과 태도, 실천, 의사소통과 관계망 전반이 계측되고 분석되었다. 가족계획어머니회는 계몽 방법에 따라 가족계획 참여도가 어떻게 달라지는지를 조사했다. 가정방문과 집단계몽, 잡지와 팸플릿, 강연, 시청각 기재 등 다양한 방법을 적용해보고, 어머니회를 조직해보고, 남성을 계몽해보기도 하고, 특정한 피임방법의 안전성과 간편성을 홍보하며 권유해보기도 하면서 어떤 방법에 노출된 부인이 피임을 많이 하는지를 다각도로 검토했다.[32] 가족계획어머니회의 조직방법과 운영방식 역시 리더십, 의사소통, 자금지원 등 여러 변수들에 대한 측정과 검토를 통해 구체적으로 선정된 것이었다.

이것은 연령, 자녀 수, 가정방문을 받은 적이 있는지의 여부 등 여러 특성(characteristic)을 가지며 이들 각각의 변수(variable)에 대하여 각기 다른 속성(attribute)을 가지는 사례들로 전국의 여성들을 인식해내는 과정이기도 했다. 피임과 같은 재생산 관련 행위들은 하나의 변수가 되고, 이 변수를 설명하기 위해 연령, 자녀 수, 학력, 남편의 직업, 연간 수입 등이 어떤 속성을 가지고 있는지가 파악되어야 했다. 가족계획사업의 실행성과 효과에 영향을 미치는 서로 다른 차원은 여러 개의 가설들로 분류되고 이 구체적 가설들은 통계적 수단을 통하여 증명해내는 과정을 거치게 되었다.[33]

이처럼 가족계획은 피임술의 보급과 선전 및 홍보활동, 제도와 정책 정비뿐 아니라 출산과 연관된 본격적인 조사 및 분석 작업과 결합되었다. 이 조사와 분석이란 인구현상의 "현황파악은 물론 그 원인을 구명(究明)하고 앞으로의 갈 길을 모색"하기 위해 "과학의 현실 적용, 사업의 과학화를 위한 교량적 접근을 도모"[34]하는 활동이었다. 사람들이 어떻

표 7 가족계획어머니회 관련 연구사업의 예

연구사업명	주관	시기	지역 및 대상	연구 개요
농촌형 가족계획 조사연구 사업 (1단계)	연세대학교 예방의학교실	1962년 9월 ~1964년 9월	경기도 고양군(원당면) 가임주부 1,412명 (대조지역 김포군 김포면 주민 중 가임부 1,739명 대상 비교 연구)	농촌부인의 출산력과 가족계획에 대한 지식 및 태도에 관한 기초조사 •피임지식과 실행도, 비정상 출산과 실패임신 조사 •재래식 피임방법(콘돔과 발포성 정제 등)의 수락도 및 효과에 대한 실험 •자궁내장치(IUD)의 적응성 조사
농촌형 가족계획 조사연구 사업 (2단계)	연세대학교 예방의학교실	1964년 10월 ~1966년 10월	고양군 내 6개면 전체(인구수 76,810명) 가임여성 1,090명(비교지역 김포군 4개면(인구수 48,821명)과 광주군 7개면(인구수 45,702명))	농촌지역에 있어서 자궁내장치 시술의 수락도와 효과 조사 •고양군 보건소에 자궁내장치 시술클리닉을 설치하여 고양군 전체 가임여성 1,090명에게 시술
어머니회 시범사업	대한가족계획협회	1968년 2~4월 (2개월간)	경기도 안성, 충남 아산	가족계획어머니회에 대한 지역주민의 호응, 조직과정, 착수일로부터 완료까지 소요되는 시간, 회원 수, 임원 구성, 총회 개최 및 진행, 회의 빈도, 회의 내용, 참여 정도, 적정예산 등을 조사
시범 연구사업	연세대학교 인구및가족계획연구소	1968년 5월	경기도 일원	행정 리동 단위에 각 1개의 어머니회를 운영하는 A지역과 법정 리·동 단위에 각 1개의 어머니회를 운영하는 B지역, 대조지역으로 어머니회를 운영하지 않는 C지역에 대한 시범연구사업 •지역별 사업통계 분석, 표본조사를 통해 가족계획 관련 지식과 태도, 실천(Knowledge, Attitude and Practice; KAP) 및 출산력 차이를 측정
경기-연세 어머니회 시범 연구사업	연세대학교 인구및가족계획연구소	1969년 10월	경기도 일원	가족계획어머니회의 효과를 측정하기 위한 표본조사

연구사업명	주관	시기	지역 및 대상	연구 개요
어머니회 연구	서울대학교 보건대학원	1973년	1) 전국 읍·면의 읍·면장 2) 전국 2% 표본의 라·동 단위 어머니회 회장과 해당 면 계몽원 3) 표본 선정된 25개 부락의 49세 이하 유배우 가임여성 전체	1) 전국 1,454개 읍·면의 읍·면장들을 대상으로 설문조사 실시 •가족계획어머니회의 회장명과 주소, 회원 수 등을 새로 집계 •가족계획어머니회에 대한 읍·면장의 의견을 확인 2) 전국 자료를 근거로 약 2% 표본을 추출하여 전국의 각 라·동 단위 어머니회 회장 450명과 해당 면 계몽원 50명에 대하여 면접조사 3) 표본으로 선정된 25개 부락의 49세 이하 유배우 가임여성 전체를 대상으로 하는 전수 면접조사

게 임신하고 출산하는지, 어떤 경우에 더 쉽게 피임하고 어떤 경우에 아이를 더 낳고 싶어하거나 덜 낳고 싶어하는지, 피임에 관한 문제를 누구와 왜, 어떻게 의논하는지, 피임의 지식은 어떻게 얻으며 피임을 어떻게 결정해서 어디서 시술받는지, 어떤 방식으로 태아를 낙태하는지와 같은 문제들이 '발견'해내야 하고 실증적으로 파악해야 할 영역이 되었다.

가족계획어머니회를 둘러싼 각종 연구사업들은 통제와 감시, 동원과 양립할 수는 있으되 질적으로 전혀 다른 종류의 관심이 이 시기에 나타나기 시작했음을 보여준다. 1972년에 가족계획 계몽원들을 대상으로 만들어진 가족계획어머니회 운영에 관한 교재는 가족계획 계몽원들이 지역사회의 현황을 파악하는 것이 얼마나 중요한지를 역설하면서, 흥미롭게도 연고지에서 근무하는 계몽원들의 경우 비과학적인 편견을 가지고 있어 "비연고지의 요원보다도 현 실정을 잘못 이해하고 있기 쉽다"고 강조하고 있다.[35] 즉 여기서 말하는 지역사회의 현 실정에 대한 이해란 출신 지역에 대한 사전(事前)적 앎, 주관적 이해와는 완전히 다른 것이다. 그것은 농촌과 도시의 차이를 파악하고, 농촌의 특성을 숙지하며, 같은 농촌에서도 부락별 차이에 대한 지식을 가지고 있는 상태를 지칭한다. 인구수, 교육 정도, 종교, 직업과 생활 정도 등 지역주민의 실태를 객관적으로 파악해야 하며, 가족구조, 부부관계, 문중관계, 가정의 문제점뿐만 아니라 매스미디어와의 접촉 정도 역시 종류별로 알아야 한다. 이를 위해서는 참여관찰이나 설문조사 같은 과학적이고 객관적인 지식의 획득 과정이 필요한 것으로 강조되었다.[36]

요컨대 인구의 조절을 위해 필요한 지식이란 이전의 앎과는 완전히 다른 차원의 것을 의미했다. "현실적으로 검증되지 않은 이론과, 이론적 기반이 없는 조사발견은 다같이 객관적 세계에서의 응용이 어"렵다[37]는 인식이 가족계획어머니회 조직과 운영 전반을 관통했다. 서울대학교 보건대학원이 1973년에 시행한 연구사업은 전국의 가족계획어머니회를 대상으로 하는 본격적인 조사에 앞서 여러 학교와 연구기관에서 조사경험자와 대학원 2년생들로 추천된 24명을 면접요원 후보생으로 선발한 뒤 일주일 동안 가족계획사업과 가족계획어머니회, 집단역학, 생식생리, 피임법, 커뮤니케이션, 확산, 소셔메트리(sociometry) 등에 관한 교육을 진행했다. 그 과정에서의 '이해도'와 '성품'을 평가하여 7명의 후보생을 탈락시킨 후 강원도 춘성군(현재의 춘천군) 북면에 위치한 대학원 기숙사에서 나머지 17명을 다시 일주일간 훈련시켰다. 라포르(rapport)를 어떻게 형성하는지, 응답자의 응답 내용이 어떤 허실과 함정을 가질 수 있는지, 대답의 방향을 유도하는 질문을 어떻게 금할 것인지를 교육시켰으며, 수집한 자료들이 어떻게 처리되는지를 알 수 있도록 하기 위해 에디팅 코딩을 실습시켰다. 조사대상자가 기혼자임을 면접자인 학생들이 익숙하게 받아들일 수 있도록 역할극도 실시했다.

이후 춘성군 북면에서 사전조사와 현지훈련을 겸하는 3일간의 조사를 100세대를 대상으로 실시했다.[38]

위의 과정을 거쳐 조사에 투입된 조사원들은 전국 각지의 면접대상자들을 방문하여 면접했다. 이 조사가 이루어진 시점은 1973년으로, 조사대상 마을은 대부분 버스가 닿지 않는 곳에 있었다. 그 때문에 군 간사의 오토바이를 동원하기도 했고, 도보로 이틀이 걸리는 경우도 부지기수였다. 조사원들은 단 한명의 면접을 위해 산간벽지를 찾아나서야 했다. 이렇게 해서 전국의 가족계획어머니회 현황을 확인하고 450개 어머니회 회장에 대한 표본조사를 실시했으며, 25개 표본마을을 대상으로 유배우 가임여성에 대한 전수조사를 시행했다. 이 과정을 거쳐 수집한 자료가 어느 정도였는지는 "자료의 수집은 매우 흡족하였지만, 현재로서의 문제는 이들을 전체적으로 계수화하고 유형화할 수 있는 자료처리의 방법이 미발전되어 있어서 자료의 분석에서는 행태 종류별 주변인자와의 상관관계만을 처리하는 수밖에 없었다"는 말에서 드러난다.[39] 교통과 통신수단이 발달되지 않은 당시의 조건에서, 이처럼 많은 수고와 비용을 들여 당시의 분석기법으로는 처리할 수조차 없을 정도의 자료를 수집하는 대규모 조사사업을 벌인 이유가 무엇일까?

여기서 드러나는 일종의 의지를 통제나 감시, 동원의 의지로 환원시켜 해석할 수는 없다. 그것은 오히려 일종의 '발견'의 의지에 가까운 것이다. 가족계획어머니회를 둘러싼 여러 연구사업들은 인구의 변동을 가져오는 요인들을 찾아냄으로써 적정한 변동을 이끌어낼 수 있는 기술을 '발견'해내고자 하는 의지를 집약해서 보여준다. 이러한 발견의 의지는 1970년대 당시 자료처리 기술의 미발전을 아쉬워할 만큼 방대한 자료의 수집으로 이어졌다. 자료 ─ 정확히 말해 인구 변동에 관한 통계적 분석을 위해 필요한 데이터 ─ 에 대한 의지는 한국에서

1960~70년대를 거치며 나타나기 시작한 역사적 현상이었다.

가족계획어머니회를 비롯한 가족계획 관련 연구사업들은 인구협회 등 해외기관들의 자금과 기술지원으로부터 직접적인 영향을 받았고, 자금을 지원한 해외기관과 해외의 중요한 독자층을 전제하여 연구의 결과는 대다수 국·영문 또는 영문으로 간행되었다. 가족계획사업에 대한 지원의 일환으로 해외의 원조기관들은 연구진을 발굴하고 해외 유학을 지원하였으며 이같은 지원 속에서 많은 연구자들이 양성되었다. 이렇게 해서 미국에서 박사과정을 밟은 연구자들이 다수 배출되었고, 이들의 연구를 통해 한국의 가족계획에 대한 연구는 해외 연구자들의 관심을 끌면서 기술적으로 더욱 발전하였다.

가령 혁신의 확산(diffusion of innovation)에 관한 연구로 유명한 에버렛 로저스(Everett M. Rogers)는 자신의 저작에서 한국의 가족계획 간행물에 언급된 가족계획어머니회를 사례로 소개한 후 가족계획어머니회에 관한 본격적인 연구들을 연이어 발표하였다.[40] 의사소통 연결망(communication network) 연구를 새로운 연구 패러다임으로 제기한 그의 저작은 가족계획어머니회가 조직된 한국의 24개 표본마을의 1,003명의 유배우 가임여성, 그리고 가족계획어머니회의 성공적인 모델로 잘 알려진 오류리(전북 임실) 여성 69명에 대한 인터뷰를 바탕으로 한 것이었다. 이 저작은 홍사원(洪思媛)의 1976년 하와이대학교 박사학위 논문, 1977년 이시백(李時伯)의 미시간대학교 박사학위 논문 등 한국인들의 연구를 광범위하게 인용하고 있다.[41]

가족계획어머니회를 둘러싼 다양한 형태의 조사 및 분석은 여성의 출산과 피임을 둘러싼 재생산 영역 전반이 어떻게 '과학적' 접근을 통해 분석해야 할 대상이 되는지를 보여준다. 이것은 통치와 과학의 관계를 역사적으로 새롭게 주형해내는 과정이었다. 1960~70년대 당시 의학

분야에서 "기초 연구를 할 때 인구문제를 다루지 않으면 연구비가 잘 나오지 않았"으며 "인구문제에 관련된 주제면 연구비가 무조건 나왔"다는 원로 의사들의 구술에서 확인되는 것처럼[42] 가족계획의 전개과정에서 지식 생산의 실천에 대한 직접적 개입과 압력은 광범위하게 존재하고 있었다. 그러나 그것으로 완전히 환원되지는 않는 새로운 양상이 동시에 발전하기 시작했는데, 이 시기에 등장한 과학의 특징은 국가의 개입이나 영향력과 무관하게 인구에 대한 지식 자체가 학문적으로, 내재적으로, 자발적으로 추구되었다는 점이다. 임신과 출산, 피임에 영향을 미치는 여러 변수들에 대한 탐구는 산아제한이라는 국가주의적 목표를 위한 도구이자 수단이라기보다는 "객관적 세계"[43]에 대한, "왜곡"과 "편견(bias)이 없"는[44] "객관적이고도 정확"한 "과학적" 지식[45]으로서의 위상을 구성해냈다.

통치에 필요한 지식이란 이제 정치철학이나 윤리학, 역사철학과는 다른, 자연과학이나 의학 같은 과학적인 분석으로 인식되었다. 서울대학교 보건대학원의 연구보고서가 피임에 관한 문제를 상의하는 "커뮤니케이션의 유통과정"을 "의사가 fluoroscopic exam[투시검사]에서 chalky liquid[백악질 액체]가 체내에 흐르는 것을 측정하는 것처럼 객관적이고도 정확"하게 진단해야 한다고 밝히고 있는 것은 상징적이다.[46] 이는 경제학이 곧 물리학이며 정치학 역시 물리학이어야 하고, 통치에 필요한 지식은 "있음직한 것과 개연성 사이에서 논쟁하는 '의견의 학문'이 아니"라 "자연의 질서를 사회의 통치에 적용한 것으로서, 가장 확실한 물리학처럼 그 원칙이 항구적이며 증명 가능"한 지식이라고 주장했던 18세기 중농주의자들의 견해와 정확히 일맥상통한다.[47] 이제 사회에 대한 앎의 인식적 권위는 객관적이고도 정확한 과학성에 근거해서만 확보될 수 있는 것으로 사유되게 되었다.

이렇게 하여 과학은 통치술의 내부가 아니라 외부에 존재하는 과학, 통치 자체의 인식에 관한 것이 아니라 "통치술과 정면으로 마주하는 과학"이 되었다. 그 과학은 통치자가 아니더라도 완벽히 창설·확립·발전시킬 수 있으며, 통치가 필요로 하는 것은 다만 그 과학의 귀결과 결과가 된다.[48] 이는 근대 이전 시기 국가이성이 국가(군주)의 의지를 부과하는 것이었던 데 비해 근대 이후에 등장한 정치적 합리성은 인구의 자연성을 보장하고 촉진하는 것이라는 점과 연관된다. 통치의 테크놀로지는 인구의 속성을 정확히 파악하는 과학적 실천, 지식의 구축과 불가분의 관계에 놓이기 시작했다. 이로써 지식은 권력으로부터, 과학은 통치로부터 자율적인 영역을 구축하기 시작하였고, 그럼으로써 오히려 더욱 분리 불가능한 것이 되었다고 할 수 있다.

사회에 대한 지식이 더 많고 더 정확한 통계적 사실(자료)의 수집을 통해 확보되리라는 것은 18세기를 거쳐 19세기 서구에서 본격적으로 전개된 근대의 특유한 사유방식이었다.[49] 인구에 대한 지식은 권력의 직간접적인 개입과 강제, 국가주의적 목표를 위한 도구이자 수단으로 환원되지 않는 과학으로서의 위상을 확보하게 되었으며, 이로써 지식은 권력과 새로운 방식으로 결합하게 되었다.

수와 통치: 가독성의 효과

전근대사회에서 정체(polity)의 역할은 주로 지배계급과 주요 도시 지역 내에서 일어나는 갈등의 관리(governance)에 국한되었다.[50] 전근대국가는 여러 중요한 측면에서 일종의 부분적 맹인이었다. 백성(subjects)과 그들의 부, 토지의 소유 및 산출량, 그들의 소재와 신원에 대해 아는 게 거의 없었다.[51] 인구와 국부(國富)를 읽어내는 능력과 의지에 대한 요구는 역사적으로 새롭게 나타난 현상이었다. 수를 헤아리는 것(enumeration)을 핵심적인 기술로 삼지 않고서는 강력한 국가로 생존할 수 없다는 관념은 18세기 말 무렵 유럽 국가들에 확고하게 뿌리내리게 되었으며,[52] 19세기가 되면서 계수(計數)는 사회를 통제하거나 개혁하는 것과 분리 불가능한 문제가 되었다.[53] 통계(학)의 탄생은 그 직접적인 결과였다.

사회과학자들은 일상적으로 통계를 분석의 수단(means)으로 사용하지만, 그것을 분석의 대상(object)으로 다루는 경우는 드물다.[54] 그러나 통계는 그 자체로 중요한 사회적·역사적 현상이다. 특히 통계체계와 근대국가의 등장은 불가분의 관계를 맺고 있다. 통계(학)(statistics)라는 용어는 독일에서 국가(state)에 관한 사실들의 수집을 의미하기 위해 등장한 것으로, 계량적인 접근과 무관했을 뿐 아니라 방대한 계산과는 오히려 반대되는 입장에 있었다.[55] 1860년대 말에 'statistics' 개념이 소개된 후 일본에서 통계(학)라는 단어가 정착하기 전까지 그 번역어로 정표/정표학(政表學), 경국학(經國學), 국세학(國勢學) 등 여러 어휘가 경합하였던 것도 그같은 까닭에서다.[56] 국가학으로서의 통계학이 17~18세기 유럽의 정치산술(political arithmetic)과 결합하고, 이어 19세기 중엽 프랑스 확률론과 합류하면서 근대 통계학이 탄생하게 되었다.[57]

통계의 등장은 국가의 실제(reality)를 묘사하는 기술적 지식(technical knowledge)이 주권자에게 긴요한 지식으로 대두하였음을 보여준다. 서유럽의 경우 17세기를 거치며 군주에게 필요한 덕목이 변화하기 시작하는데, 푸꼬의 표현을 빌리자면 그것은 "법에 관한 지식(knowledge of the law)"에서 "사물에 관한 지식(knowledge of things)"으로의 전환이었다. 17세기 초까지 주권자(the sovereign)는 근본적으로 지혜롭고 사려 깊을(wise and prudent) 것이 요구되었다. 여기서 '지혜로움'이란 법 — 그 나라의 실정법만이 아니라 만인에게 부여된 자연법, 그리고 신(神)의 법과 명령 — 에 대한 앎을 뜻하며, '사려 깊음'이란 이러한 앎을 언제, 어떤 상황에서 어느 정도로 적용할 것인가의 문제였다. 반면, 17세기부터 이와는 전혀 다른 종류의 앎이 통치자에게 요구되기 시작하는데, 이는 사물(things) 즉 국가의 현실 자체에 대한 지식으로, '국가에 대한 앎'을 어원으로 하는 통계(학)와 연관된다.[58]

식민지배를 경험한 다른 많은 제3세계의 나라들과 마찬가지로, 통계는 식민권력에 의해 근대적 행정체계의 일부로 조선에 도입되기 시작했다.[59] 1909년 '민적법(民籍法)'에 이어 1922년 '조선호적령(朝鮮戶籍令)'이 시행되면서 출생 및 사망, 혼인, 이혼 등 인구동태 통계가 작성되었으며, 1937년에는 '조선 인구동태 조사규칙'이, 1942년에는 '조선기류령(朝鮮寄留令)'이 제정되었다. 최초의 인구센서스 역시 국세조사라는 명칭으로 식민지시기에 시작되었다. 국세조사는 "일대 문명사업"으로 대대적으로 선전되었고, "일본 근대국가가 직접 국민 앞에 임재하여 그들의 삶을 파악하고 있음을 과시하는 장치"로 활용되었다.[60] 통계활동의 이같은 식민지적 조건은 해방과 함께 변화했다. 해방 후 미군정 시기의 통계행정은 건국 초기의 통계행정에 적지 않은 영향을 미쳤다. 미군정은 15세 이상 국민을 국민등록표에 등록시켜 집계하기 시작했고, 해외 귀환동포와 월남동포, 그리고 일본인 귀환자 수에 관한 통계를 작성하기 시작했다.[61] 1948년에 대한민국 정부가 수립되면서 신생국 설계에 필요한 인적자원 파악 등 경제재건을 위한 기본조사의 필요에 따라 1950년 실시 예정이던 센서스를 1년 앞당겨 1949년 5월 1일을 기해 실시했다.[62]

근대적 통계의 '도입'이 식민주의와 결합되어 일본의 조선총독부에 의해 이루어졌다면, 통계의 본격적 '발전'은 2차대전 후 냉전 질서하에서 미국의 원조를 통해 이루어졌다.[63] 1960년대 초까지 "한국 내 통계활동의 수준은 통계조사의 객체도 정립되지 못했던 초보적인 단계나 다름이 없었"[64]고 "[통계활동의] 범위가 극히 제한되어 있으며 그 활동도 미미할 뿐 아니라 일본과 미국의 영향으로 여러 기관에서 산발적으로 수행되면서 체계적인 조정 없이 작성"[65]되고 있었다고 평가되기도 한다. 한국에서 통계의 발전은 1960년대 이전과 이후로 크게 구분된다고 언급될 정도로,[66] 한국의 통계는 1960년대를 거치면서 질적으로 발전했다.

이 시기 통계의 발전을 가져온 통계법 제정을 비롯해 통계의 집중, 통계 조정 및 관리 권한 강화, 각 대학 통계학과 신설 및 통계공무원 훈련 강화, 각종 제도적 개선과 통계조사의 기술적 발전은 주한 통계고문단(Statistical Advisory Group)의 강력한 권고에 따라 이루어진 변화였다. 통계고문단은 미국국제개발처(USAID)의 전신인 미국 대외원조처(International Cooperation Administration, ICA)가 유엔한국재건단(United Nations Korean Reconstruction Agency, UNKRA)의 지원으로 자금을 제공하면서 출발한 기구였다. 미국 대외원조처는 1958년에 미국의 통계자문회사인 서베이스앤드리서치사(Surveys & Research Corporation)와 한국 통계의 개선에 관한 계약을 체결하고 필요한 경비를 지원하기로 하는 한편, 이 회사가 설치·운영하는 통계고문단을 위해 정부의 조직 행정 및 사업활동을 망라하여 협조하도록 하는 계약을 한국정부와 체결했다. 서베이스앤드리서치사는 미국의 사회학자·통계학자이자 고위 통계관료 출신이며 유엔 설립 당시 유엔통계위원회(Statistical Commission) 및 통계처(Statistical Office)를 단독으로 주도하고 초대 의장을 지낸 스튜어트 라이스(Stuart A. Rice)가 공직 은퇴 후 설립한 회사[67]로, 전후 서유럽 여러 정부의 통계 자문을 맡았으며 1958~1963년 더글러스 맥아더(Douglas MacArthur)의 요청으로 일본 미군정하에서 일본의 통계 재건을 담당하기도 했다.[68] 통계고문단은 1958년부터 활동을 시작해 1960년 인구주택국세조사(센서스)의 계획 및 준비과정에 참여하면서 각종 통계개선안을 정부에 제출하고, 1963년까지 한국 통계 전반에 걸쳐 활동하였다.

1960년대 한국에서 본격적으로 나타났던 발전된 통계에 대한 요구는 가족계획사업을 통해 부상한 인구에 대한 관심과 결합되어 있었다. 인구의 관리와 조절을 위해서는 관리하고 조절해야 할 대상으로서의 인구에 대한 앎이 요구된다. 특히 정확한 인구 집계를 위해 가족계획사업은 중요한 의미가 있으며 가족계획사업의 원활한 실행을 위해서도 인구에 대한 정확한 통계가 필요하다. 영아사망률이 높은 사회는 출산율 역시 높게 나타나며, 영아의 생존에 대한 기대가 낮기 때문에 출생신고가 지연되고, 이같은 지연신고는 출생신고의 누락으로 이어져 "인구 동태자료의 질을 떨어뜨"리게 되기 때문이다.[69]

따라서 서베이스앤드리서치사의 대표 스튜어트 라이스는 인구문제연구소 주최의 강연 등을 통해 산아제한이 긴요한 문제임을 역설했고,[70] 인구협회 인사인 마셜 밸푸어, 주한 통계고문단의 벤저민 테핑(Benjamin J. Tepping), 대한가족계획협회의 양재모와 방숙 등과 회합하면서 인구 관련 각종 통계의 표본 설계(sampling design)나 데이터 처리과정 등에 대하여 논했다.[71] 1964년 9월에 내한한 인구협회 회장이자 저명한 인구학자 프랭크 노트스틴(Frank W. Notestein)과 통계학자 프레더릭 스테판(Frederick F. Stephan) 등 인구협회 사절단은 경제기획원 조사통계국을 방문하고 한국정부에 "통계와 인구조절(population control) 계획의 긴밀한 관계가 인구조절 계획의 성공을 위해 대단히 중요"하다는 점을 역설했다.[72]

인구협회는 미국의 저명한 인구학자 및 예방의학 전문가들을 한국에 보내 경제기획원과 보건사회부를 후원하고 한국의 인구현황을 분석했다. 경제기획원의 인구분석 기능을 강화하도록 지원했으며, 인구센서스 자료에 대한 분석사업을 지원했고, 인구동태 신고 자료의 현황을 파악하고 센서스 자료의 신빙성을 검토하며 인구추계를 위한 기본 자료를 정비하는 등 인구통계의 문제점을 보완하고 체계적으로 구축하여 인구현황을 파악하기 위해 꾸준한 지원을 계속했다. 또한 인구분야 연구를 활성화하기 위해 포드재단 및 록펠러재단의 지원을 활용하여 한국인들의 유학을 후원하는 한편[73] 1965년에는 서울대학교에 인구연구소(현 사회발전연구소) 설립을 지원했다.[74]

1963년에 처음으로 합계출산율과 기혼부인의 피임 경험의 추정치를 파악한 제1차 전국 가족계획 실태조사는 경제기획원의 전국 경제활동 인구조사 표본조사구를 활용한 것이었다.[75] 1972년에는 인구협회 및 미국국제개발처의 지원으로 전국의 가족계획사업 인력을 활용하여 인구동태통계 개선을 위한 시범사업이 착수되기도 했다.[76] 1966년에 보건사회부는 "제2차 5개년계획 수행에서 가장 난제인 인구문제에 대한 기본계획을 수립하여" 경제장관회의에 상정하였는데, 이 보고서에서 인구문제와 관련하여 주요 과제로 삼아 요청한 사항이 인구동태통계업무를 독립 통계청으로 강화시킬 것과 인구문제연구소를 국립으로 설치할 것 등이었다.[77]

통계의 발전은 국가의 행정장치 및 그 구체적인 작동과정과 실천의 영역에 광범위한 영향을 미쳤다. 통계는 계산하고 분류하고 기록하는 관료주의적 실천이 국가의 활동 내부에 깊숙이 자리 잡게 했으며, 관료주의적 통치, 국가적 상상력의 영역 속에 수(數)의 관념이 깊이 침투하도록 만들었다.[78] 19세기에 프로이센에서 최초의 독자적인 통계기구

표 8 통계 주무부서의 변천

시기	주무부서 및 소속기관
1945년 8월~1948년 8월	미군정
1948년 8월~1955년 2월	공보처 통계국
1955년 2월~1961년 7월	내무부 통계국
1961년 7월~1991년 1월	경제기획원 조사통계국
1991년 1월~	통계청으로 격상 (현재 기획재정부 소속 외청)

가 출범하던 당시, 국가에 관한 모든 자료의 완전한 수집을 목적으로 하는 기관의 존재란 대단히 이례적인 것이었다. 그러나 정치적으로 중립적이고 불편부당하며 객관적인 성격을 가지는 것으로 간주되는 이같은 정부기구는 이내 근대국가의 행정체계에 주요한 요소로 확산되었다. 통계자료의 출간이 중앙에서 관리되기 시작했고, 다른 모든 부처들의 업무를 묶기 위한 별도의 통계기구가 설립되었다. 수치 자체에만 전념하는 중앙부서의 존재는 특별한 유형의 지식, 새로운 유형의 기술, 계량화된 정보를 수집하고 체계화하고 이해하는 능력을 전제로 한다. 이는 새로운 종류의 작업을 수행할 수 있는 새로운 유형의 관료, 새로운 종류의 권한, 새로운 유형의 권위를 탄생시키는 것이었다.[79]

1961년 5월 경제기획원의 설립 직후인 1961년 7월에 표 8에서 보는 것처럼 내무부 산하의 통계국이 경제기획원으로 이관되었고,[80] 1962년 1월 15일에는 통계에 관한 기본법령인 '통계법'이 법률 제980호로 제정되어 이전까지 각 기관이 분산적으로 수행해온 통계업무를 조정·개선·발전시키기 위한 모든 권한이 경제기획원 장관에게 부여되었다. 이것은 경제기획원 산하의 조사통계국을 통계의 생산만이 아니라 국내의 모든 통계활동을 적극적으로 조정하고 체계화하는 기관으로 만드는 강력한 제도적 장치였다. 1963년 12월에는 조사통계국이 통계의 독립성과 객관성을 확보하기 위하여 경제기획원의 외국(外局)으로 독립하였고,[81] 이후 1991년 1월에 통계청으로 격상되기까지 30년간 통계활동은 경제기획원 산하에서 이루어졌다.

통계의 수집이 만들어낸 관료적 기구들은 정보를 제공하는 기능만을 가지는 것이 아니라 그 자체가 근대 국가권력의 테크놀로지의 일부가 되었다. 통계는 국가의 필수불가결한 일부를 형성하게 되었다.[82] 관료주의적 권력의 작용이 수반하는 상상력 속에서 수는 핵심적 역할을 수행하게 되었다.[83] 앞서 언급한 것처럼 가족계획사업을 포함하는 경제개발계획의 모든 과정에 걸쳐 "활자화된 숫자들의 사태"라 지칭되는 현상이 나타났다.[84] 피임방법, 지역, 연령, 학력, 자녀 수에 따라 여성들의 피임에 관한 통계들이 수집·정리되고 인구의 규모와 변동은 산업별·지역별로 분류되었으며 이에 따라 새로운 목표가 설정되거나 조정되었다.

존재하고 있는 사회적 사실들을 파악하고 집계하는 과정은 곧 사회적 사실들에 특정한 질서를 부여하고 재구성하는 것이었다. 인간과 인간활동에 대한 근대적 범주들이 대부분 숫자 데이터를 수집하는 시도에 의해 만들어졌듯이, 산업이나 직업, 행정구역 등의 통계적 분류가 체계화되고 표준화됨에 따라 직업이나 산업, 공간 등에 대한 관념이 점차 일관성을 획득하기 시작하였다. 19세기 서구에서 통계가 산재하는 수(數)의 수집에서 현상의 일반적 패턴을 발견하는 테크놀로지로 발전해 갔듯이, 연령 분포, 직업, 출산율, 문맹률, 자산소유권, 준법성 등 통계지식의 생산은 국가관료들에게 새로운 방법으로 인구의 특징을 기술하도록 만들어주었다. 통계는 사회에 관한 법칙의 형태, 사회적 사실의 속성을 발견하고 파악하는 과학이 되었고, 그 결과 사회적 법칙은 통계적 형태를 띠게 되었으며, 통계적 사실들이 사회의 패턴을 발견하면서 '사

회적 사실'은 그 속성상 '통계적 사실'이 되었다.[85]

특히 통계와 발전의 결합은 새로운 사유의 스타일(the style of reasoning),[86] 새로운 에토스를 불러일으켰다. 경제개발 5개년계획의 수립과 함께 통계는 경제발전의 전제조건으로 중요하게 인식되기 시작했다. 1962년에 제1차 경제개발 5개년계획이 수정되는 과정에서 애초의 계획이 가진 문제점으로 "통계자료의 미비와 계획작성 기법의 미숙"이 지적되었으며, "경제발전의 추진에 있어 계획과 실정평가 및 통계 간에 불가분의 관계가 있음을 인식하고 통계를 개선 발전시켜 합리적 토대 위에서 개발행정을 수행"해야 한다는 요구, 당시의 통계자료가 신뢰하기 어려운 수준으로 "개발행정"에 장애물이 되고 있다는 인식이 대두되었다.[87]

이는 "통계야말로 나라 문명의 정도를 헤아리는 척도"[88]이며, "모든 국가의 시책은 통계로 이어지고 이러한 통계는 기본통계가 되는 인구조사 없이 이어질 수 없"는 것이라는 인식과 맥을 같이하는 것이다.[89] 한국경제가 날로 발전함에 따라 정부기관이나 민간기업들의 행정이나 경영을 합리화하고 개량화하기 위하여 모든 부문에서 가장 필요한 기본 자료인 인구통계자료의 수요가 격증하고 있음이 강조되었으며,[90] 기획과 통계의 불가분의 관계에 대한 인식, 다시 말해 합리적 개발행정을 위해서는 통계의 개선발전이 필요하다는 인식[91]이 1960년대를 거치면서 부상하였다.

나라가 부강하여지면 자연 노동력도 많이 흡수되어 실업자가 줄게 마련이다. 5개년 경제개발계획에서는 5년 동안에 40.8% 부강해지기 위해서 투자를 증가함에 따라 고용하는 힘도 28%가 불어나도록 되어 있다. (…) 이러한 고용증가는 인구조절을 수반해야 된다. (…)

이전 계획에서는 연간 2.88%(60년도 인구증가율)에서 목표연도에는 연간 2.74%로 차츰차츰 줄여 동기간을 통해서 18.2%의 증가에 그치도록 하였다. (…) 총인구는 5년 동안에 18%가 증가되지만 농업인구만은 불과 5.6% 증가에 그치도록 되어 있다. (…) 2차산업의 고용력 비중이 증가하는 반면 1차산업 즉 농림업은 전체 고용력에 대비한 비율이 줄어드는 결과를 초래한다. 이는 농촌의 유휴인원을 다른 산업 분야에 흡수시키려고 하는 정부방침이 반영된 것으로 볼 수 있다.[92]

제1차 경제개발 5개년계획에 대한 위의 해설 기사에서 보듯이 국부의 증대나 고용의 목표는 인구의 규모와 성장, 산업부문과 지역 간의 분배와 흡수에 대한 전망이나 목표와 함께 일상적으로 숫자화되어 제시되기 시작했다. 인구, 출생, 사망, 질병의 집계가 통치의 표현과 정당화에 본질적인 것이 되면서[93] 사회에 관한 실증적이고 객관적이며 과학적인 지식은 사회를 보이는(visible) 것으로 만드는 중요한 실천이 되었다. 근대국가에 이르러 사회를 읽어내는 문제는 국가 통치술의 핵심 문제가 되었고, 따라서 사회의 가독성(legibility)을 증진시키는 것이야말로 국가의 가장 중요한 과제로 떠오르게 되었다. 제임스 스콧(James C. Scott)에 따르면 영구적 성씨의 창제, 도량형의 표준화, 토지조사와 인구명부의 확립, 언어와 법률의 표준화, 도시계획과 교통의 체계적 조직화 같은 이질적인 과정들이 모두 가독성을 높이기 위하여 일종의 표준적인 기준선(grid)를 만들어내는 작업이었다고 할 수 있다.[94]

이와 같은 가독성의 증진은 이른바 '국가중심적 접근(state-centered approach)'[95]에서 주목해온 국가능력(state capacity)[96]의 차원, 혹은 국가의 하부구조적 권력(infrastructural power)[97]의 차원에서 핵심적인 것이다. 스콧은 국가능력의 출발점이 국가가 사회를 '읽는' 것에 있으며,

사회의 가독성을 증진시키는 것과 함께 가독성을 높이기 위한 단순화(simplification)가 근대국가의 통치술의 핵심 문제이자 가장 중요한 과제였다고 지적한다.[98] 그러나 근대국가에서 정교하게 발전한 통치의 기술을 '가독성'과 '단순화'라는 차원에서만 이해하는 것은 무리다. 특히 이같은 시도가 결국 모두 실패로 돌아간다고 보는 그의 견해는 지나치게 일면적이다.

무엇보다도 스콧은 '사회'를 읽어내기 위해 가독성을 높이고자 하는 '국가'의 의도를 강조한다는 점에서, '국가중심적 접근'의 입장을 취하는 학자들이 공통적으로 보여주는 것처럼 가독성의 부상이라고 이름 붙일 수 있는 현상 자체가 국가형성(state formation)의 효과를 낳는다는 점을 간과하고 있다. 인구를 집계하고 파악하여 인구에 대한 체계적 지식을 획득하는 것은 읽는 주체로서의 '국가'와 읽히는 대상으로서의 '사회'를 분리시켜 구축해낸다. 통계의 부상은 인구를 국가나 가족으로부터 분리된 사회적 삶의 독립된 영역이자 힘이 되도록 만들었고, 이로써 인구는 그 고유의 리듬과 규칙성을 가지며 경제와 국민(nation)에 대해 고유한 효과를 행사하는 실체로 인식되기 시작했다.[99] 이런 맥락에서 볼 때 "존재하지 않던 '사회'를 통계학이 창조"[100]했다는 어느 통계학자의 언급은 절묘한 것이다.

국가형성과 인구

인구를 측정하는 것은 기술적 차원에서 인구의 수를 세는 계수(計數)의 테크놀로지만을 필요로 하는 것이 아니다. 특정한 범주의 인구를 '하나의 공동체'로 상상하고 사유하는 심성(mentality) 혹은 습성

(habit)은 인구 측정의 전제이자 그 효과다. 여기서 '하나의 공동체'란 바로 근대국가이며, 따라서 계수의 장치로서 통계기구 및 통계적 실천은 근대국가의 형성과 불가분의 관계에 있다. 정확한 인구를 측정하고 이를 상상하기 위해서는 신분과 성별, 나이와 관계없이 모든 '국민'을 그가 속한 주소지에서 똑같이 한 사람으로 헤아리는 관념, 인간 개인을 대체 가능한 추상적 노동력으로 파악하는 자본주의경제가 필요하다. 추상적이고 동질적인 국민의 형성을 가로막는 전근대적 사회제도들이 사라져야 하며, 국가가 직접 구성원 개개인의 삶을 포착하고 그것을 전국적 수준에서 통합해야 한다는 관념, 그리고 이를 반영하여 시행하는 중앙집권적 행정체계가 요구된다.[101]

그런 점에서 인구의 측정은 국가형성의 과정과 밀접하게 연관된다. 국가형성은 주어진 영토 내에서 중앙집중적이고 강제력을 행사하며 동시에 헤게모니를 가진 조직이 "창조"되는 일종의 "신화적인 최초의 순간"으로 이해되기도 한다. 그 경우, 이 시원(始原)의 시대를 지난 후 이어지는 모든 활동은 국가형성과 무관한 정책수립의 차원으로 기술된다. 그러나 국가는 단 한번에 형성되지 않으며, 특정 시점에 만들어지거나 완성되지 않는다. 다시 말해 국가형성은 일회적인 사건이 아니라 지속적인 구조적 변동의 과정이라고 할 수 있다.[102] 폭력수단의 독점적 통제, 영토권, 주권, 입헌성, 비인격적 권력, 공적 관료제, 권위와 정당성, 시민권, 징세 등 근대국가의 고유한 속성들[103]과 이를 가능케 하는 제도 및 규칙들은 어느 시원적 시점에 완료되는 것이 아니라 지속적으로 성취되고 형성되는 것이다.

국가의 구조적 특질은 정책의 결정 및 실행과 관련되는 일련의 제도와 규칙 전체와 연관되므로 국가의 바로 그 구조에 영향을 미치는 정책은 국가형성의 지속적 과정의 일부를 이룬다.[104] 정책을 결정하고 시행하는 과정에서 주요 근거가 되는 것이 바로 인구에 대한 통계적 지식이며, 정부 및 관련기구들은 이 지식을 이용해서 행정적 기획의 결과와 진전을 평가하고 자원과 권리를 배분한다. 그러므로 인구에 관한 공식적인 통계지식들은 사회적 삶이 이해되고 통치되는 방식을 주형하는 핵심적인 요소가 된다. 이런 점에서 가족계획사업은 한국 근대화 프로젝트의 핵심이었다.[105]

이는 20세기 중반 식민지로부터 해방된 후 얼마 지나지 않은 동북아시아의 작은 나라에서 쿠데타로 집권한 어느 군부독재 정권의 열망에 지나지 않는 것이 아니라, 발전한 서구 국가들이 과거 근대국가로 재편되는 과정에서 나타나기 시작했던, 그리고 현재까지 점점 더 심화되는 열망과 밀접하게 관련되어 있는 것이다. 1960년대 초 한국은 국가의 통치 조건과 역량, 기반 모두 부재한 상태였으며 "'폭압적 정치의 질식'이라는 규탄도 사치스러운, 국민소득 100달러 수준의 절대빈곤 시대였다."[106] 1960년대 부상한 인구에 대한 관심과 통계적 지식의 구축은 이같은 상황을 급격하게 변화시켰다. 근대의 인구주의가 가지는 의미는 단순히 인구에 대한 관심이 공공담론의 전면에 등장했다거나 이를 위한 실천이 체계화되었다거나 하는 데 있지 않다. 그것은 근원적인 어떤 지적 전환과 결부되어 있었다.[107] 인구에 대한 관심은 필연적으로 인구에 대한 앎의 추구와 결합되면서 통계의 발전과 불가분의 관계를 가진다. 통계의 비약적 발전과 그것을 가능케 한 시대적 조건은 인구의 발견과 부상에 있어 절대적인 요소였다.

특히 이 과정은 결코 하나의 국민국가 단위에서 독자적·독립적으로 진행된 것이 아니었다. 20세기에 들어서면서, 특히 양차 대전 후의 복구 과정과 제3세계 신생독립국들의 대거 등장으로 인해 국제적으로 통계의 중요성이 증대되었다. 초국가적 기구들은 다양한 맥락에서 통계적 지식이 국제적 프로토콜을 준수하는지 평가했다. 결국 국민국가에 속하는 구성원들의 공통의 인식의 격자(grid)는 국민국가 외부에서 만들어지는 근대국가 규범의 확산과 조응하면서 그 동형화(isomorphism)의 압력에 반응하면서 만들어지고 또한 재구성되었다고 할 수 있다.

앞서 언급한 주한 통계고문단은 한국 통계의 개선책에 관한 건의서에서 대한민국이 "현대국가로서 세계의 국가 가족의 일원으로 참여하려고 애쓰고 있"다는 점을 강조하면서 이를 실현하기 위한 통계의 중요성을 역설하였다.[108] 통계가 국가를 구성하는 힘을 해독(解讀)하는 원칙이라고 할 때, 이 통계를 통해 해독되는 것은 자국만이 아니라 다른 국가들의 인구, 군대, 자원, 생산, 통상, 통화 순환이기도 하다. 국가에 관한 국가의 지식(the state's knowledge of the state)으로서 통계는 자국에 관한 지식이면서 또한 다른 국가에 관한 지식이라는 성격을 가지며, 이런 점에서 통계란 자국과 타국에 관한 서로 다른 기술적 집합들(technological assemblages)의 접합점(hinge)이라고 할 수 있다.[109]

이 과정에서 미국을 비롯한 서방의 역할은 매우 핵심적이었으되, 그럼에도 인구조절과 경제개발계획, 통계 발전 전반에 걸쳐 확인되는 이들의 영향력은 단지 외인(外因)의 차원에서 논해질 수 있는 것이 아니다. 서구가 인구를 경유해 인식하는 비서구 세계의 상(象)은 비서구가 스스로를 인식하는 양식과 공명하였으며, 5장에서 살펴볼 것처럼 이러한 문제는 제3세계 국가형성 과정에 긴요하게 내장되어 있었다.

우리의 근대와 현재에 있어 중요한 것은 국가에 의한 사회의 장악(state's takeover of society)이 아니라 국가의 통치화(governmentalization)라는 지적[110]은 근대국가에 대한 접근에 있어 의미하는 바가 크다. '국가에 의한 사회의 장악'은 선재(先在)하는 실체로서 국가와 사회를 상정하지만, 국가 또는 사회를 실재적 실체로 인식하는 것 자체가 역사적 구성물이자 통치화의 효과였다. 국가를 존재론적으로 선행하는 실체로 간주하거나, 명확한 의도를 가진 완결된 합리적 행위자로 상정하는 시각은 '국가 대 사회' '국가 대 사적 영역' '국가 대 개인'이라는 자유주의의 특정한 전제와 공명한다. 그러나 국가와 사회의 경계란 실상 모호하고 가변적이며, 역사적으로 끊임없이 유동하고 해체되며 재구축된다. 국가의 경계는 그 과정에서 발휘되는 일종의 정치적 효과다.[111] 이 책에서 다루어지는 가족계획사업과 관련해보자면 대한가족계획협회는 그 간단한 예가 된다. 시골 촌부에게 그것은 '국가'를 의미했으나 각료들에게 그것은 대체로 '민간'이나 '사회'를 의미했다.

그러므로 '국가의 통치화'란 통치를 일종의 '형성(formation)'으로 보는 것이라고 할 수 있다.[112] 18세기에 처음 등장한 '통치성'의 전개는 국가의 안팎을 규정하고 국가의 생존을 가능케 함으로써 국가를 오늘날과 같은 것으로 만들었다. 통치술의 작동과 함께 무엇이 국가의 능력 안에 있는지, 무엇이 공적인 것인지, 무엇이 그 바깥에 존재하는 것인지 등이 끊임없이 정의되었다. 국가의 통치화는 통치를 주권적 지배로부터 분리시키고, 통치의 합리성과 기술을 발전·확산시키며, 통치의 실천과 합리성이 주권적 지배와 그 도구들을 변형시키고, 정치영역과 비정치영역 사이의 구별을 출현시키는 과정을 거치며 전개되었다.[113] 수와 통치, 권력과 지식, 통치와 과학이 결합하는 과정의 핵심을 이루는 객관성(objectivity)의 추구[114]는 통치화의 과정을 '탈정치화(depoliticization)'[115]하는 효과를 발휘했다. 제3세계의 경우 특히 경제개발을 위한 인구조절이나 통계제도를 광범위하게 포괄하는 발전의 장치(development apparatus)는 발전 프로젝트 자체의 성공이나 실패와 무관하게 관료적 국가기구를 강화하고 확장하며 이 과정을 탈정치화하는 효과를 가져왔다.[116] 국가와 사회의 분리를 인식론적으로 전제하거나 근대국가와 지식의 관계를 동원이나 억압의 차원으로 완전하게 환원시키는 경우 이같은 탈정치의 정치, 반(反)정치의 정치라는 차원에 접근할 수 없다. 1960년대 이래 한국의 권위주의 정권하에서 본격적으로 전개된 국가의 통치화, 통치체계의 합리화는 바로 이 문제에 대한 물음을 우리에게 제기하고 있다.

5장

역사주의와
가족

서양 각국에 있어서 부부(夫婦) 중심의 횡적(橫的)인 평등주의에 반(反)해서 거개의 동양 국가는 효(孝)를 중심으로 하는 부자상하(父子上下) 종적(縱的)인 경향이 많다. (…) 우리나라는 좀더 종적인 사상이 농후한 나라 중의 하나다. (…) 부모와 친세대(親世代)를 대표하는 아들들이 다같이 이해와 노력을 해야지만 낙오된 거리를 단축시킬 수 있을 것이라 믿는다.

— 고황경[1]

짐승의 삶과 인간의 삶

가족계획사업이 시작된 지 10년이 흐른 1972년이었다. 경북대학교 의과대학 예방의학교실 교수 이성관(李性寬)을 포함하여 9명의 교수진으로 구성된 연구팀은 경상북도 2개 군을 대상으로 '농촌에 있어서의 모자보건실태 현황'이라는 이름의 조사를 2월부터 10월 말까지 직접 면담을 통해 진행했다. 조사 결과에 따르면, 분만 경험을 가진 조사대상 여성 2,083명 중 96.3%가 아이를 집에서 출산한 것으로 나타났다. 병원이나 조산원의 도움을 받아 아이를 낳은 여성은 3.7%였다. 탯줄을 자르기 위해 사용한 도구는 낫이 20%, 가위를 소독하지 않고 사용한 경우가 40%였다. 분만 과정에서 신생아를 받기 위해 사용한 물품은 비닐포가 28%, 시멘트포가 21%, 그냥 맨바닥에서 분만한 경우가 15%였다.

조사대상자 2,083명 중 자녀의 사망을 한번 이상 경험한 여성은 20.5%였다. 연구팀은 이 427명의 여성을 학력별로 분류해서 발표했는데, 무학이 30%, 국민학교 졸업이 18%였다. 농촌 여성들이 임신 및 출산 과정에서 의료기관을 이용하지 않는 것은 "경제적인 이유보다는 위생분만의 필요성과 산후 건강을 위한 위생처리에 대한 인식이 부족한 데 기인한 것"으로, "위생계몽이 시급"하다는 지적이 덧붙여졌다. 이 조사 결과는 『동아일보』(1972년 11월 29일)에 「'출산위생' 무관심한 '인습 한국'의 주부들」이라는 기사로 실렸다. 이 기사는 '병원 잘 안 가 영아 사망률 4%나'라는 부제와 함께 "자기 집에서 비위생적인 환경 아래 아이를 낳고 있"어 영아의 사망률이 4%가 넘는다는 조사 결과를 전했다.

이 기사에서 주목할 것은, 집에서 시멘트포에 아이를 낳아 낫으로 탯줄을 자르는 농촌의 출산 현실에 문제를 제기하기 위해 사용한 개념이 '인습(因襲)'이라는 점이다. 병원에서 산전 건강지도를 받고 '위생'적인 환경에서 분만한 후 '산후 건강'을 위한 관리를 받는 것을 마다하는 이유는, 이 기사에 따르면 '경제적인 이유'가 아니라 '위생'에 무관심한 '인습' 때문이다. 이 기사는 연세대학교와 경희대학교 의과대학 예방의학교실이 서울에서 진행한 도시지역 실태조사 결과를 앞의 조사 결과와 비교하며 흥미로운 대조를 보여준다. 기사에 따르면 "도시 주부들조차도 타성에 젖어" "도시지역 아파트 주부 중에서 산전 건강지도를 받는 사람은 1.5%에 불과"한 것으로 나타나 "아직도 많은 [도시] 주부들이 임신과 출산 모체와 태아의 건강관리를 소홀히 넘기고 있다는 놀라운 사실이 밝혀졌다"는 것이다. 여기서 '인습'은 농촌과 의미론적으로 결합되어 있다는 점, 그리고 도시의 주부들이라면 마땅히 그 인습으로부터 벗어나 있을 것으로 기대되고 있음을 어렵지 않게 읽어낼 수 있다.[2]

가족계획사업은 임신과 출산 등 재생산 전반에 걸친 기존의 방식과 습성을 '인습'으로 명명하면서 이것을 타파하지 않고서는 근대적 삶을 성취할 수 없다는 메시지를 지속적으로 생산해냈다. 가족계획사업의 표어, 포스터, 홍보물, 정기간행물 전반에 걸쳐 일관되게 탈피해야 할 '근대 이전'의 인습과 성취해야 할 '근대'의 대비가 나타났다. 근대 이전과 근대의 대비는 후진국 대 선진국, 농촌 대 도시, 폐기해야 할 낡은 전통·인습 대 새로운 시대, 어두움 대 밝음, 미신·비합리 대 과학 등의 다양한 유비(類比)와 결합되었다. 가족계획사업과 연관된 이른바 문화 영화나 대한뉴스 등의 공보 영상에서도 농촌과 도시, 한국의 '후진성'과 서구 '선진국'의 이같은 대비는 일관되게 나타났다.[3] 비서구 사회에서 추진되는 근대화 프로젝트로서 가족계획사업은 이같은 이항대립의 쌍들을 일관되게 내장하고 있었다.

근대 이전의 인습에서 벗어나 근대를 성취해내는 것이 가지는 의미는 1968년 8월에 가족계획어머니회 조직을 계기로 창간된 대한가족계획협회 월간지 『가정의 벗』 창간사에서 극적으로 드러난다. 이 창간사는 제2대 재건국민운동본부장을 지낸 후 1967년부터 대한가족계획협회 5대 회장을 맡았던 류달영이 쓴 것이다. 류달영은 자신이 회장으로 재직하면서 가족계획어머니회를 "전국 소재의 자연부락마다 빠짐없이 조직"했으며 "이 조직을 활성화하기 위해 창간된 것"이 『가정의 벗』이었고, "직접 제호를 쓰고 매달 빠지지 않고 권두언을 썼다"면서 각별한 자부심과 애정을 표시한 바 있다.[4] 이 『가정의 벗』 창간사는 가족계획의 의미나 성격을 극적으로 드러낸다.

우리가 사람인 이상 잘 살아보자는 소원을 버릴 수는 없다. 사람으로서 짐승처럼 살 수는 없다. 사람으로서 벌레처럼 살 수는 없다. 버젓하게, 당당하게, 넉넉하게, 즐겁게, 건강하게 잘 살아보자는 소원을 이룩하기 위해서 우리는 꾸준한 노력을 정성스럽게 계속해가야 한다. 그러나 계획이 없는 노력은 아무리 꾸준히 해가더라도 그것은 헛수고가 되고 말 것이다.

이 세상에서 인간이면서 인간으로서의 대접을 받지 못하는 것보다 더 처량하고 불쌍한 일은 없다. (…) 사람이 사람답게 살자면 인간으로서의 권리를 확실하게 가질 수 있어야 한다.

사람다운 생활, 넉넉한 생활을 하고 사람으로서의 권리를 갖도록 하기 위해서 무엇보다도 먼저 가족계획을 실천해야 한다고 온 세계의 유명한 학자들이 입을 모아 주장하고 있다.[5]

이 글은 우리가 사람인 이상 사람다운 생활을 하면서 사람답게 살기 위해서는 무엇보다도 먼저 가족계획을 실천해야 한다고 말한다. "사람으로서 짐승처럼" 사는 삶, "사람으로서 벌레처럼" 사는 삶을 버리고 "사람으로서의 권리"를 갖고 살기 위해 필요한 핵심적인 것이 바로 가족이다. 이 창간사에서 나타나는 '짐승' 같은 삶과 '인간'다운 삶, '벌레' 같은 삶과 '사람'다운 삶의 대비는 가족계획 담론에서 지속적으로 반복되었다. 짐승과 인간, 벌레와 사람의 대비는 비서구와 서구, 근대 이전과 근대의 대비를 함축한다.

대한가족계획협회가 발행한 성교육서(1971년 간행된 『사랑의 성교육』은 1976년 『나 하나 별 하나』로 재간행됨)는 짐승 같은 삶과 사람다운 삶 사이의 차이를 만들어내는 근원적 장이 가족임을 다시 한번 일깨워준다. 이 책은 인간이 "젖이나 모이만 주면 자라나는 짐승이나 날짐승과는 근본적으로" 달라서 "모이만 먹고 자라는 것이 아니라 그것보다도 더 중요하게 부모의 사랑을 먹고 자라는 동물이며, 그것으로서 인간의 특성을" 가진다고 이야기한다. 즉 인간이 짐승이 아니라 인간으로 살 수 있기 위해서는 부모의 사랑이 필요하며, 이때 부모의 사랑이란 젖만 먹이는 것에 불과한 짐승의 사랑과는 본질적으로 다른 것이다.

그러므로 부모가 많은 자녀를 낳고서도 "그들을 빈틈없이 사랑하고 또 충분한 사랑을 줄 수 있다"고 생각하는 것은 "매우 비과학적"이다. 짐승의 삶과 다른 인간의 삶은 서구의 현대식 가정에서 삶을 구상하고 계획하여 자녀의 출산을 준비하고, 이렇게 낳은 자녀를 충분히 과학적으로 양육하는 데서 드러난다. 이것이 바로 짐승의 사랑과는 다른 인간의, 부모의 사랑이다. 오늘날의 서구 가정이 "아이 셋을 택하지 않고 아이 둘과 자가용 승용차 하나를 선택해서 현대생활"을 하고 있는 이유 역시 여기에 있다.[6]

출산을 조절하지 않고 임신과 출산과 양육 전반의 과정에 계획 없이 대처하는 삶의 방식은 이제 "젖이나 모이만 주면 자라나는 짐승이나 날짐승"의 삶이 되었고, 악덕이자 인습이며, 비과학적이고 전근대적인 것이 되었다. 가족계획사업이 막 시작되던 1962년의 "덮어놓고 낳다보면 거지꼴을 못 면한다"는 가족계획 표어는 이를 단적으로 드러낸다. 이 표어에서 '거지꼴'로 형상화되고 있는 '짐승' 같은 삶, '벌레' 같은 삶에 대한 언설은 가족계획 담론에서 지속적으로 반복되었다. 이때 '짐승처럼' 사는 삶, '벌레처럼' 사는 삶이 가리키는 것은 바로 이전까지 평범한 사람들이 가족을 이루고 아이를 낳고 기르던 무수한 삶의 방식이다.

가족은 이렇게 하여 짐승 같은 삶과 인간다운 삶, 인습과 근대성 사이의 각축이 이루어지는 장으로 위상을 부여받게 되었다. 가족은 이렇듯 제거되어야만 하는 전근대적 습성인 다산(多産)과 전근대적 출산 및 양육 방식을 타파하여 전면적으로 근대성을 성취해내야 하는 시험대가 되었다. 이것은 제국주의 시대 식민국가들에서 나타났던 전통 대 근대의 차원과는 미묘하게 다른 양상을 보여주는 것이다. 이를 살펴보기 위해서 1969년 『가정의 벗』에 실린 대한가족계획협회 경기도지부 지부장의 글을 살펴보자.

'잘되면 내 복이요, 못되면 조상의 탓'이라는 말이 있다. (…) 이러한 사상은 빨리 버려야 할 우리 민족성의 한토막 유산이기도 하지만 얼마나 많은 사람들이 이 사상에서 헤어나지 못하고 있는가를 생각할 때 안타까운 마음마저 갖게 된다. 그러나 잘사는 나라 사람들은 이와 다르다. (…) 우리는 지금 조국 근대화를 부르짖고 있다. 그러나 물질적 근대화는 아무리 하늘을 치솟는다 하여도 마음의 근대화가 없이는 한조각의 뜬구름에 불과하다. 아무리 잡으려 해도 잡혀지지 않는 물거품에 불과하다. 우리는 나쁜 유산을 하루속히 아낌없이 용감하게 버림으로써 정신적인 근대화도 함께 이루어야 하겠다.[7]

이 인용문은 제3세계 민족주의에서 전형적으로 나타나는 '물질'과 '마음', '물질'과 '정신' 사이의 이원론적 구도[8]를 드러낸다. 외적 세계인 물질의 차원에서는 서구의 근대를 받아들이되, 본질적 영역인 마음과 정신의 차원에서는 문화적 정체성의 정수(精髓)를 견지해 민족적 고유성과 독자성을 내적 세계에서 지켜내고자 하는 것이 아시아와 아프리카 반식민(anticolonial) 민족주의의 특징이었다.[9] 그리고 이때 민족적 고유성을 담은 내적 세계, 마음과 정신의 차원이자 본질적 영역으로 부상하게 되는 것이 바로 가족이다.

그런데 위의 인용문에서는 그와 다른 양상을 목격하게 된다. 물질과 마음, 물질과 정신의 이원론 위에 서 있는 것은 동일하지만, '물질적 근대화'가 아무리 하늘을 치솟을 정도로 전개된다 한들 '마음의 근대화'와 '정신적인 근대화' 없이는 아무리 잡으려 해도 잡혀지지 않는 물거품에 불과하다고 이야기된다. 즉 본질적인 영역은 역시 마음과 정신의 차원에 있으되, 이때 마음과 정신의 차원에서 정수는 '민족'적인 것에 있지 않다. 오히려 핵심은 "민족성의 한토막 유산"을 "하루속히 아낌없이 용감하게 버"리는 데 있다.

'마음의 근대화'는 박정희가 말한 '인간개조'의 차원과 일맥상통한다. 박정희는 전통을 "타락한 국민정신의 근원"이자 악(惡)의 유산으로 규정하면서 부정했고,[10] "인간개조 없이는 지금 우리 민족이 지닌 조국 근대화와 민족중흥이라는 새로운 역사 창조를 성공적으로 이룩하기는 어렵다"[11]고 주장했다. 1960년대 이래 다양하게 전개된 이 인간개조[12]의 실천의 맥락에 마음의 근대화, 정신적인 근대화를 위치시킬 수 있다. 가족의 영역에서 임신과 출산을 둘러싼 '인습'은 조국의 근대화를 가로막는 '우리 민족성의 한토막 유산'으로 지목되었다.

1966년에 출간된 『가족계획교본』은 "많은 자녀로 인하여 자신의 생활을 희생하고 자손에까지 빈곤과 무지를 초래케 하여 사회악을 조성시키고 나아가서 사회 전체를 질적으로 저하하는 일이 없도록 가족의 크기를 계획적으로 조절하여야"[13] 한다고 말한다. 여기서 자녀를 많이 낳는 것은 자기 자신은 물론 자손에 이르기까지 빈곤과 무지를 초래할 뿐만 아니라 사회악을 조성하는 행위이자 인구의 과잉을 가져와 사회 전체를 질적으로 저하시키는 행위로 지목되고 있음을 볼 수 있다. 마음의 근대화, 정신적인 근대화를 성취해내야 하는 핵심적인 영역은 바로 가족이며, 자녀를 많이 낳는 것은 앞서 말한 인습, 그리고 하루속히 아낌없이 용감하게 버려야 할 민족성의 한토막 유산으로, 가족의 크기를 계획적으로 조절함으로써 근대를 성취해내는 것이 관건이 된다.

1960~70년대 박정희 정권의 정당성에 의문을 제기하고 비판을 전개했던 매체와 세력의 경우에도 박정희 정권의 가족계획사업에 대한 비판을 사실상 거의 수행하지 않은 것은 가족계획의 이와 같은 근대 담론과 연관지어 이해해볼 수 있다. 정권에 비판적이었던 『사상계』나 『청맥』 같은 매체를 통해서도 유사한 개조의 담론을 어렵지 않게 접할 수 있으며,[14] 『사상계』는 여러차례에 걸쳐 가족계획에 지면을 할애하기도 했다. 가족계획사업의 근대 담론은 정권에 비판적인 세력이나 매체에

의해서도 옹호되었으며, 가족계획사업과 결합된 근대 담론은 국가에 의해 주도되는 것이었으되 단지 '국가에 의해서만' 수행되는 것이 아니었다. 가족계획의 근대 담론은 가족계획사업 시기에 활발하게 창간된 각종 여성지, 대중잡지는 물론 개신교로 대표되는 종교계까지 확장되었다.[15]

앞서 우리가 살펴본 것처럼 인구는 서구가 제3세계를 인식하는 데 있어 중요한 계기였다. 그뿐만 아니라 제3세계가 스스로의 후진성을 인식하고 직시하는 데 있어 핵심적인 개념으로 등장했다. 짐승 같은 삶과 인간다운 삶, 야만과 문명, 미개와 과학, 그리고 비서구와 서구 사이의 격차는 가족계획사업에서 인구의 개념을 경유해 인식되는 것이었다. 이것은 비단 한국에서만이 아니라 과잉인구에 대한 불안과 우려를 내면화한 제3세계 대부분의 나라에서 나타난 현상이었다. 즉 다산의 선호를 일종의 질병처럼 간주하는 이같은 시각은 서구의 비서구 인식에만 고유한 것이 아니었으며, 비서구가 인구 개념을 통해 스스로를 인식하는 방식과 그 양상에 강렬히 투영되었다.[16] 이 과정에서 비서구의 이른바 '전통'은 당장 제거되어야 할 일종의 탈역사적 실체로 간주되었고, 치료받아야 할 질병으로 인식되었다.

1970년부터 록펠러재단과 포드재단의 지원으로 한국행동과학연구소가 '한국인의 가족계획 행동에 관한 심리사회적 연구'를 진행했는데, 서울대 교수인 교육학자 정범모(鄭範模)가 주도한 이 연구는 1960년대까지 세 자녀 낳기를 목표로 삼던 가족계획사업이 1971년부터 '딸 아들 구별 없이 둘 낳기'를 새로운 목표로 삼으면서 두 자녀 낳기 운동으로 전환하는 배경이 되었다. 이 연구가 "한국인에게 뿌리 깊이 박혀 있는 남아존중 심리와 태도가 가족계획 실천에 가장 큰 장애요인으로 작용하고 있다"고 밝히면서 남아선호는 가족계획사업의 가장 큰 장애물로 인식되기 시작했다.

흥미로운 것은 남아선호 현상의 문제를 지적하는 데 그치지 않고 그 현상을 해석하는 부분에 있다. 이 연구는 한국이 남아선호에 있어 인도, 중국과 함께 "세계에서 가장 특출한 국가"라고 지목하였으며, 남아선호는 "유교사상과 밀접한 관련을 갖고 있는 동시에 사생활에까지 크게 영향을 미치고 있어서 가족계획에 있어 암적(癌的)인 장애요인"이 되고 있다고 설명하였다.[17] 이후 1970년대에 걸쳐 가족계획 담론에서 남아선호는 계속해서 유사한 방식으로 비판되었다.

꼭 아들이 있어야 할까? '대(代)' 이을 수 있다는 생각, 또 딸보다도 아들이라야 평생에, 더구나 노경(老境)에 든든하다는 생각 — 이런 남귀여천(男貴女賤)의 사상이 모두 **봉건적·동양적** 고루한 관심임에 틀림없다.[18]

아들이 태어나면 대개의 가정에서는 굉장히 기뻐한다. 할아버지와 할머니는 후대를 이을 놈이 태어났다고 매우 좋아한다. 완고한 **봉건정신**을 벗어나지 못한 탓이다. (…) 이렇게 해서 그 사나이가 자라면 여자를 사람으로 취급하지 않는 오만한 자세를 습득하게 되고 **남존여비**라는 정신 역사의 첫 페이지를 장식하게 된다. 그러면 사회는 남자들의 뜻대로 남자들만의 살기 좋은 그런 **기형적인 사회**로 발전하는 것이다.[19]

남아에 대한 선호는 많은 경우 그것이 생겨나고 지속되는 맥락으로부터 이탈해 동양적인 고루함으로, 완고한 봉건정신으로, 유교사상과 밀접한 암적인 장애요인으로, 기형적인 사회를 낳고 있는 요인으로 묘사되었다. 이와 같이 남아선호의 문제는 당장 제거되어야 할 일종의 탈역사적 실체인 '전통'이나 '인습'으로 형상화됨으로써, 오히려 전근대 농업경제에서 남아가 선호되었던 맥락이나 그 효과에 대한 구체적 비판을 일종의 고정된 실체로서 전통을 비판하는 것으로 대체하는 결과를 가져왔다.

그러나 가령 연달아 딸을 낳은 농촌 여성이 갓 태어난 신생아 여자아이를 사흘간 젖을 안 주고 대소변과 함께 방치하거나 "엎어놓으면 죽는다고 해서" 엎어놓고 "기저귀 걸레를 입에다 몰아놓어" 영아살해를 기도하는 것[20]을 단순히 유교사상이나 봉건사상, 동양적이고 고루한 전통 때문이라고 서술할 수는 없다. 그같은 설명은 그 여성의 삶을 탈맥락화하고 그 여성이 어떤 사회적 관계와 조건 속에 존재하고 있는지의 문제를 지워버린다. 비서구 사회에서 나타나는 다산의 선호나 아들에 대한 욕구는 봉건주의의 잔재로서가 아니라 농민 가구의 여성과 남성의 사회경제적 삶에서 아이들이 차지하는 역할과 의미, 농촌가족의 토대와 결속의 기반, 남성 중심적인 세대 간 계약 등을 바탕으로 접근할 필요가 있다.[21] 여기서 우리가 주목해야 하는 것은 어떤 고정된 실체로서의 전통이 아니라, 근대의 정치경제를 통해 재활성화되고 재발명되는, 끊임없이 재구축되는 것으로서의 전통이다.

맨바닥에 낳은 아이의 탯줄을 낫으로 자르던 부모들은 점차 사라졌으며, 임신과 출산, 생식과 양육의 모든 과정에서 의료화가 진행되었다. 가족계획사업은 임신 및 출산의 의료화를 수반했다. 시설분만에 관한 통계를 보면 1970년까지도 17.6%에 불과하였던 시설분만 비율이 1985년에는 75.3%로 급증하는 것을 볼 수 있다.[22] 의학은 치료의학에서 예방의학·보건의학으로 발전하면서 점점 더 사람들의 삶에 깊숙이 파고들게 되었다. 가족계획사업은 이처럼 사회 구성원들을 특정한 유형의 근대적 인간, 근대적 개인으로 개조시키는 근대화 프로젝트[23]였다. 가족은 이 근대화의 기획 한가운데 자리하고 있었다.

농민과 노동자

  록펠러 3세의 지원으로 록펠러재단 관계자들과 인구학자들이 1948년 9월에서 12월까지 아시아 각국을 방문하여 공중보건과 인구 실태를 조사한 후 그 결과를 정리한 보고서는 한국에 관한 내용을 다음과 같은 묘사로 시작한다.

  아시아 북동쪽의 가을 안개, 구름에 덮인 파란 하늘, 흰 줄무늬를 가진 그늘진 흑회색의 산들, 누렇게 익어가는 벼, 이 모두가 한국에서는 농민들의 삶을 이상화하게끔 만든다. 그러나 한국은 음침한 (somber) 땅이다. 나무가 없는 산들은 무너져 맨바위를 드러내고 강들은 토사로 가득 차 있다.[24]

  이 보고서에는 한국에 관련된 사진이 다섯장 실려 있는데, 쟁기 맨 소를 끌고 밭을 가는 상투머리의 농부, 바위가 드러난 산 아래로 펼쳐진 논, 볏짚을 키질하는 농부 가족, 초가지붕의 남루한 농촌 마을, 아이를 업은 치마저고리 차림의 나이 어린 어머니 등 한국의 농촌과 연관된 장면들이다. 제3세계 인구에 대한 관심이 고조되던 시기, 공중보건과 인구문제를 다루는 미국의 연구진은 이처럼 빈궁한 농촌의 풍광을 통해 한국을 재현하고 있었다.
  가족계획사업은 처음부터 농촌과 도시라는 구도를 바탕으로 하고

사진 9 록펠러재단 보고서에 실린 한국의 풍경사진 (1950)

있었다. 1960년대 정부가 보건조직망을 통해 사업조직을 편성하고, 1964년부터 가족계획 이동시술반을 도입하고, 1968년에 가족계획어머니회를 조직하고, 월간지 『가정의 벗』을 발행한 것 등은 모두 농촌지역에 역점을 두고 이루어진 활동이었다. 1968년에 창간된 대한가족계획협회의 월간지 『가정의 벗』의 부제가 창간호부터 1971년 1월호까지 '농촌가정의 근대화를 위한 잡지'였던 것은 이를 단적으로 드러내준다.[25] 가족계획사업이 시작된 지 2년이 갓 지난 1964년 1월 9일자 『경향신문』에 실린 칼럼에서 대한가족계획협회 지도보급부장이자 정신과의사이며 의학박사인 강준상(姜駿相)은 농촌에 대한 가족계획사업의 인식을 다음과 같이 드러내고 있다.

가족계획이란 적당한 수의 자녀를 낳아서 잘 길러 잘살아보자는 데 있는 것이다. 그러나 대부분의 농촌과 빈한한 층에서는 숫제 잘살아 보아야겠다는 의욕이 없다. 잘사는 것을 구경한 바 없는 그들은 백년 전의 할아버지와 할머니들이 살던 그 초가와 그 생활방법에서 벗어나보 려는 생각이 없고 자식이란 낳아두면 저 먹을 것을 타고나는 것이라 고 믿고 있는 점이다.[26]

여기서 농촌과 빈한한 층은 백년 전의 초가와 생활방법에서 벗어나 보겠다는 생각이 없는 할아버지와 할머니들의 세계로 표상되고 있다. '백년 전'의 '그 초가와 그 생활방법'이라는 묘사는 농촌과 도시의 공간 적 거리를 근대 이전과 근대의 문명적 격차, 시간적 거리로 전환시키는 장치다. 자식이란 낳아두면 저 먹을 것을 타고나는 것이라고 믿고 있는 농촌의 삶은 백년 전의 그 초가에 머물러 있다.

1960년대 명시적으로 농촌지역을 대상으로 하여 시행된 가족계획 사업은 1970년대가 되면서 도시지역으로 확장되기 시작했다.[27] 그러나 1970년대 초부터 도시지역을 대상으로 하는 가족계획의 필요성이 여러 차원에서 논의되기 시작했음에도 불구하고, 1976년 12월에도 정부는 지금까지 농촌 위주로 해온 가족계획사업을 탈피해서 군 지역과 중소 도시, 대도시로 구분하여 차별적인 사업을 전개하겠다고 발표해야 했 다.[28] 또다시 2년 후인 1978년 12월 7일에 가족계획연구원에서 열린 인 구학회 세미나에서 보건사회부 기획관리실장이 "그동안 농촌을 중심 으로 벌여온 가족계획사업이 크게 전략을 수정하지 않으면 안 될 단계 에 놓여 있다"[29]고 다시금 언급해야 할 정도로, 가족계획사업은 사실상 지속적으로 농촌지역을 겨냥한 것이었다.

가족계획사업은 단지 출산율을 낮추는 것이 아니라 '짐승의 삶'을 '인간의 삶'으로 전환시키는 일종의 문명적 전환의 프로젝트였으며, 이

전환은 농촌의 낙후와 저발전을 근원적으로 문제화함으로써 가능한 것이었다. 『가족계획교본』에 따르면 "사람들이 상당한 교육을 받고 근대화된 도시 산업사회에서 살게 되면, 사고방식이나 행동방식이 합리적으로 되어가기 때문에" 가족계획을 자연스럽게 실시하게 된다. 그러나 도시화와 산업화, 교육 수준의 향상과 사고 및 행동의 합리화가 자연스럽게 이루어지기를 기다리기에는 너무 많은 시간이 걸린다. 그렇게 될 때까지 기다릴 수 없기 때문에 한국에서 경제생활이 조속히 향상되고 사회의 근대화가 빨리 이루어지도록 하려면 가족계획사업을 전개해야 한다는 것이다.[30]

농촌의 문제는 단지 농촌만의 문제가 아니라 농촌과 도시를 포함하여 사회 전체의 문제를 야기하는 심각한 요소로 인식되었다. 1977년 10월 7일자 『동아일보』는 "대도시 지식층이 가족계획의 필요성을 인식, 자녀 수를 대폭 줄이고 있는 반면 농어촌과 도시 저소득층은 아직도 '제 먹을 것은 가지고 태어난다'는 종래의 관념에서 벗어나지 못해 가족계획의 성과가 제대로 나타나지 않"는다고 평하면서 "이러한 현상이 그대로 계속될 경우 균형 있는 사회발전을 저해할 우려"를 전한다. 이 기사는 특히 가족계획사업의 실시 이후 도시와 농촌, 고학력자와 저학력자 간 평균 자녀 수의 격차가 점점 벌어지고 있다는 점을 심각한 문제로 제기하고 있다. 세계출산력협회, 경제기획원, 대한가족계획협회가 1977년 8월에 공동으로 조사한 출산력 통계에 따르면 "가임여성 1인당 평균 자녀 수는 3.6명으로 크게 줄어들었으나 지역별로는 서울 등 대도시 2.6명, 농어촌 4.4명으로 1.8명의 격차를 보이는 가운데 학력별로도 대졸 2.3명, 무학 4.8명으로 무려 2.5명의 자녀 수 격차를 보이고 있다"는 것이다.

사진 10 보건사회부의 가족계획 홍보물 1960년대 보건사회부가 제작한 가족계획 홍보물로, 도시 및 농촌의 사진과 함께 가족계획 관련 정보와 서비스가 전국적으로 보급되고 있다는 점을 선전하고 있다.

인구 전문가들은 미국에서도 흑인자녀 수와 백인자녀 수 사이에 격차가 벌어지고 있어 흑인과 하류층에 대해 집중적으로 가족계획사업을 실시하고 있다고 지적, 우리나라도 인구증가율 억제 일변도의 정책을 지양하고 농어촌과 도시하류층에 집중적인 가족계획사업을 벌여야 할 것이라고 말하고 있다.[31]

이 기사는 '인구증가율 억제 일변도의 정책'이 지속될 경우 도시의 고학력자 인구는 계속해서 감소하고 농어촌과 도시하류층의 인구가 상대적으로 늘어남으로써 '균형'이 깨질 것이라는 불안을 직접적으로 드러내고 있다. 여기서 미국의 예를 통해 흑인의 출산율과 백인의 출산율을 비교하는 것 자체가 백인의 인종적 공포를 반영한다. 이같은 우려와 불안, 공포는 한국의 가족계획사업을 농어촌 대 도시, 도시하류층 대 대도시 지식층, 저학력자 대 고학력자의 구도로 접근하는 시각에 그대로 내재되었다.

물론 가족계획사업은 도시지역에서 실행되는 경우에도 특히 빈민층을 사업 대상으로 하는 성격을 뚜렷하게 가지고 있었다. 가족계획사업이 시작된 첫해인 1962년부터 정부는 극빈자를 대상으로 피임약제와 기구를 무상 공급하여 적극적으로 효과를 얻고자 시도하였다.[32] 물론 이것은 생계유지가 어려운 빈민과 저소득층의 생활수준을 고려하고 비용의 부담을 경감시키기 위한 정책으로 풀이될 수 있지만, 여기에는 어떤 식으로든 빈민의 출산율을 통제하기 위한 일종의 우생학적 시각[33]이 결합되어 있었다고 볼 수 있다.

가족계획사업이 농어촌이나 빈민층을 대상으로 전개됨에도 불구하고, 출산율은 도시 중간계급(middle class)을 중심으로 하락하였다. 이것은 영국과 미국을 비롯한 서국 국가들의 경우에도 마찬가지다. 중간계급에서 먼저 출산율이 하락하는 이유는 중간계급 여성들이 노동계급 여성들보다 그들의 결혼관계에서 더 많은 자원과 권위를 갖고 있기 때문이다.[34] 가족계획사업은 가임여성은 물론 초등학생에서 성인 남성에 이르는 전국민을 아우르며 사업의 대상과 범위를 점차 확장해갔지만, 이와 같이 남녀 간, 계급·계층 간, 도시·농촌 간, 학력 간의 균열을 그 자체에 내재하고 있었다.

무엇보다도 가족계획사업이 농촌과 도시라는 공간적 구분, 농촌인구와 도시인구의 구분을 전제로 하고 있었다는 점, 그리고 농촌이 가족계획사업의 집중적인 대상지역이 되었다는 점은 가족계획사업을 통해 감소시키고자 했던 인구가 농촌인구였음을 드러내준다. 1962년 1월에 발표된 제1차 경제개발 5개년계획은 연간 인구증가율을 2.74%까지 감소시켜 5년간 총인구의 증가율이 18.2%에 그치는 것을 목표로 수립하면서, 농업인구의 증가율은 5.6%를 목표치로 설정하였다. 즉 농촌인구의 비중을 낮추고 2차산업의 고용인구 비중을 높이고자 한 것이다.[35] 다시 말해 농촌인구는 그 자체가 질적인 개선과 개량 이전에 다른 산업 분야로 흡수되고 감소되어야 하는, 결국 지양되어야 할 범주였다.

가족계획사업은 1960~70년대 한국 근대화 프로젝트의 핵심으로서 "무기력하고 운명론적인 농민들을 근대적 노동자와 소비자로 변화시키는 것"[36]을 핵심적인 요소로 하고 있었다. 농민들을 임금노동자와 소비자로 전환시키는 가족계획사업의 "유사생물학적인" 성격[37]은 비서구 세계에서 농민들이 처한 모순적인 위치를 그대로 드러내준다. 농민은 가족계획사업의 담론 속에서 비근대와 시골(rural), 미신적으로(nonsecular) 보이는 관계들과 삶의 실천들을 모두 아우르는 하나의 약칭으로 등장하고 있다. 비서구 세계에서 근대성은 결국 농민이 가지는 두 차원 사이의 긴장을 내재하는 것이다. 농민은 한편으로는 교육을 통해 시민이 '되어야 하는' 존재이자, 다른 한편으로는 시민으로 교육되지 못했음에도 이미 시민이 '되어 존재하고 있는' 존재를 표상한다.[38]

다시 말해 비서구 세계에서 농민은 근대 국민국가의 분명한 일부이면서 동시에 그 일부가 되기에는 치명적인 결함을 가진 존재들로 등장한다. 이는 비서구가 스스로를 인식하는 데 있어 비서구에 대한 서구의 인식을 준거로 함과 동시에 이를 자기 자신의 내부로 투사하는 일단(一

端)을 보여준다. 이때 이같은 모순적 인식의 주체는 물론 비서구에 대한 서구의 인식과 공명하며 스스로를 인식하는 주체인 제3세계 내부의 엘리트들이다.

제2의 시야: 의사들

5·16군사쿠데타의 단체 해산 포고령에 따라 대한가족계획협회가 해산된 후인 1961년 늦은 여름 어느날이었다. 양재모는 반도호텔에 체류 중인 마셜 밸푸어라는 미국인의 전화를 받고 그를 만나기 위해 호텔을 방문한다. 밸푸어는 1948년에 록펠러 3세 후원으로 구성된 극동아시아 인구 실태조사팀의 일원으로, 실태조사 후 록펠러 3세가 설립한 인구협회(PC) 아시아 지역 디렉터가 된 인물이었다. 그는 자신을 인구협회의 아시아 지역 담당자라고 소개하면서, 가족계획에 관한 연구를 추진하면 2년간 약 2만 달러의 연구비를 지원하겠다는 인구협회의 제안을 건넨다. 양재모는 밸푸어와 헤어진 뒤 곧바로 연세대학교 의과대학 예방의학교실의 방숙을 만나, 양면 괘지에 경기도 고양군 원당면 농촌주민을 대상으로 하는 '가족계획 시범사업 연구계획서'를 서둘러 작성했다. 이 연구계획서를 들고 이튿날 반도호텔로 밸푸어를 다시 찾아갔다. 밸푸어는 만족해하며 연구 진행을 위한 랜드로버 지프차의 구입비와 운전사의 월급을 예산에 추가한 뒤, 이듬해인 1962년 3월부터 연구를 시작하도록 주선한다.

한국에서 가족계획 관련 연구의 효시가 된 '농촌지역 가족계획에 관한 시범연구사업'은 이렇게 시작되었다.[39] 연구를 본격적으로 시작하기 위해 양재모와 방숙은 밸푸어의 지원으로 인도 콜카타시 외곽의 농촌지역인 싱구르(Singur)에서 진행 중인 시범 프로젝트를 시찰했고, 1962년 7월부터 본격적인 연구사업에 착수했다. 양재모는 세브란스 의학전문학교 재학시절 학생 총대표를 지냈고, 1950년 보건부 방역국 보건과에서 모자보건계장으로 일했으며, 한국전쟁 중에는 유엔민사원조처(United Nations Civil Assistance Committee, UNCAC) 충북지부에서 외국인 동료들과 1년간 일한 의사였다. 사회부 서기관을 거친 그는 한미재단의 장학생으로 1954~55년 미시간대학교 보건대학원에 유학하며 의료사회보장과 조사연구방법, 보건통계학을 공부했다.[40] 방숙은 세브란스 의학전문학교를 거쳐 미군정하에서 23세에 부산검역소장을 지내고, 한국전쟁 당시 27세의 나이로 보건부 예방과장을 거쳐 록펠러재단의 장학금으로 존스홉킨스 보건대학원에 유학을 다녀온 의사였다. 그는 세브란스 흉곽내과, 미국대외원조기관(United State Operations Mission, USOM) 한국지부 보건고문관, 장면 정권하의 보건사회부 방역국장을 거쳐 연세대 예방의학교실에 재직 중이었다.[41]

밸푸어가 양재모를 찾아가 연구프로젝트를 제안하게 된 것은 세브란스를 지원하고 있던 차이나메디컬보드(China Medical Board)[42]의 총재 올리버 매코이(Oliver R. McCoy)의 추천이 있었기 때문이다. 인구협회와 차이나메디컬보드는 모두 록펠러재단에 속해 있었으며, 매코이와 밸푸어는 중국에서 함께 일한 동료로 친분이 있었다. 차이나메디컬보드는 매년 10만 달러를 세브란스에 지원하고 있었고 이 일로 매코이는 매년 두차례씩 세브란스를 방문하고 있었는데, 1961년 봄 한국 방문 후 세브란스의 양재모가 대한가족계획협회를 주도하고 있다는 이야기를 밸푸어에게 전한 것이다.[43]

1962년 가을, 이번에는 서울대학교 의과대학 예방의학교실의 권이혁 교수가 밸푸어의 방문을 받았다. 밸푸어는 인구문제의 중요성을 역설하며, 한국전쟁이 발발한 후 한국을 방문했을 때 이미 인구문제가 가장 시급한 과제가 될 것임을 예견했다는 말을 덧붙였다. 학자들이 연구를 통해 가족계획사업을 적극적으로 지원해야 한다는 밸푸어의 말에 권이혁은 자신의 전공이 역학(epidemiology)이라 인구문제와 거리가 있다고 답하자, 역학이라는 단어 자체가 인구에 관한 학문을 뜻하는 것이라며[44] 학자로서 나라를 돕는 가장 가까운 길이 가족계획 연구를 통한 공헌이라고 강조했다. 이후 두차례의 만남이 이어졌고, 권이혁은 밸푸어의 권유에 따라 '도시지역 가족계획에 관한 시범연구사업'에 착수했다.[45] 밸푸어는 양재모와 방숙이 진행하는 농촌지역 연구사업과 별도로 도시지역 연구사업을 지원하고자 했다. 그 적임자를 물색하던 그에게 양재모와 차이나메디컬보드의 매코이가 권이혁을 추천했다. 차이나메디컬보드와 서울대학교 의과대학은 도서관 건축 지원 건으로 접촉 중이었기 때문에 교류가 있었던 것이다.[46]

1963년 8월부터 1개월간 권이혁은 같은 서울대학교의 사회학과 교수인 이만갑과 함께 연구설계를 위해 인도와 대만, 일본을 차례로 방문했다. 인도에서는 가족계획 시범센터를 시찰했고, 대만에서는 대만성과 미시간대학이 공동으로 실시 중인 연구사업을 살펴보았으며, 일본에서는 인구학자들과 의견을 교환했다. 귀국 후 연구설계에 착수하여 1964년 2월, '도시지역 가족계획에 관한 시범연구사업'이 정식으로 시작되었다.[47] 권이혁은 한국전쟁 당시 미 제9군단 민사원조처 병원장으로 3년간 일한 후, 한미재단의 지원으로 1955년부터 1년간 미네소타 보건대학원에서 공부하고 돌아온 의사였다. 귀국 후 그는 서울대학교 의과대학에서 이른바 '미네소타 프로젝트'[48]의 실무를 진행하고 서울대학교 보건대학원 설치(1959년)를 주도한 바 있다.[49]

밸푸어는 이미 일본과 인도, 파키스탄 등지에서 각종 연구프로젝트를 지원한 경험이 풍부했으며 연구프로젝트에 필요한 재정과 인력의 규모를 정확히 파악하고 관리할 수 있는 인물이었다.[50] 밸푸어는 인구협회의 재정지원 및 기술자문을 주선하는 역할을 하면서 연 2회 이상 방한하여 연구자문을 맡았고, 연구 진행과정에서 미시간대학교 인구학자인 프리드먼(Ronald Freedman), 다케시타(John Y. Takeshita) 등이 수시로 내한해서 자문했다. 계속해서 인구협회의 동아시아 대표 스퍼전 키니(Spurgeon M. Keeny), 주한대표 폴 하트먼(Paul Hartman), 존 로스(John A. Ross), 월터 왓슨(Walter B. Watson), 조지 워스(George C. Worth) 등의 협조와 지원이 지속되었고, 프랭크 노트스틴(Frank W. Notestein)과 더들리 커크(Dudley Kirk)를 비롯한 수많은 저명한 학자들의 조언이 이어졌다.

서울대학교에서 도시지역 가족계획 연구사업을 담당했던 도시인구 연구회는 1972년에 서울대학교 의과대학 인구의학연구소로 발전하였으며, 인구협회의 재정지원으로 1965년에 설립한 서울대학교의 인구연구소는 이듬해 인구발전연구소로 이름을 바꾼 후 1995년 서울대학교 사회발전연구소로 명칭을 바꾸게 된다.[51] 연세대학교 의과대학의 인구 및가족계획연구소 역시 인구협회의 지원으로 설립되었으며, 연세대학교 예방의학교실의 발전과 보건대학원 설치에도 인구협회가 중요한 역할을 했다.[52] 농촌지역 가족계획 연구사업팀의 일원이었던 서울대학교 사회학 석사 출신의 안계춘(安啓春)은 이후 인구협회의 지원으로 시카고대학에서 사회학 박사학위를 받은 후 1970년대 초 연세대학교에 사회학과가 신설되면서 교수로 부임한다. 이처럼 한국에서 의학, 특히 예방의학 및 보건학은 물론 사회과학의 발전에 있어 가족계획사업을 매개로 한 미국의 지원은 중요한 역할을 수행했다. 인구협회는 이후에도 수많은 연구프로젝트를 지원했으며, 한국정부에 자문조사단을 파견해 한국의 인구정책에 직접적으로 관여했다.

앞선 장들에서 여러차례 등장했던 것처럼, 가족계획과 관련한 기본적인 현황이나 실태를 파악하고 가족계획사업의 효과적인 실행방안에 대한 기초적인 논의의 토대를 마련한 것이 바로 앞서 말한 두 시범연구사업이었다. 이 두 시범사업을 주도한 양재모나 권이혁, 대한가족계획협회를 주도한 인물들, 이후에도 가족계획사업에 적극적으로 참여한 인물들은 공통된 요소들을 가지고 있다. 그들은 대개 미군정과 전쟁을 거치면서 일종의 국제적 교류의 경험을 가지게 되었으며, 국제기관의 지원으로 미국 유학을 다녀왔고, 보건관료로 재직한 경험이 있으며, 영어에 능통한 의사들이었다.

가족계획사업은 명시적으로 엘리트가 주도하는 사업이었다. 대한가족계획협회는 그 설립취지서에서 "가족계획운동의 특성은 인생의 심오에 속하는 성(性)에 관련하는 문제이고 보니 정부나 타인으로부터 강압될 것이 아니고 국민 개개인의 자각에 의지하는 수밖에 없으니 이것을 위하여는 식자(識者)의 정신적 및 기술적 지도가 무엇보다도 필요하다"고 밝히고 있다. 대한가족계획협회는 국제가족계획연맹(IPPF)이 정하는 바에 따라 전문분야 임원제를 채택하고 있었고, 가족계획사업의 목적 수행에 충분한 인적 구성을 이루기 위해 모든 임원은 공중보건, 임상의학(산부인과·비뇨기과·소아과), 사회학, 사회사업, 종교, 경제, 인구, 조산학, 간호학 등을 전공하는 저명한 인사로 구성되었고, 지부의 임원 구성도 이에 준하고 있었다.[53]

그런데 여기서 특히 무엇보다 눈에 띄는 것은 의사들의 역할이다. 의사들의 영향력은 기존의 연구들이 지적해왔던 것처럼 가족계획사업이 준비되던 당시부터 절대적인 것이었다. 가족계획사업의 전개과정에서 의사들은 정부 정책에 지속적인 영향을 미쳤다.[54] 대한가족계획협회는 미국에서 유학한 의사들과 보건관료들이 중심이 되어 설립되었고, 풍부한 의료인력과 의료인의 참여는 공식적으로 가족계획사업의 주된 성공요인으로 평가되기도 했다.[55] 그렇다면 가족계획사업은 왜 의사들에 의해 주도되었을까?

첫째, 의사들은 식민지배로부터의 해방과 미군정, 전쟁에 이어 냉전을 거치는 동안 서구의 과학과 언어, 문명과 지식을 경험할 수 있는 대단히 예외적인 집단이었다. 특히 의사들은 2차대전 후 국제원조 체제하에서 국제기구 및 미국을 중심으로 한 원조 지원을 압도적으로 받은 집단이었다. 해방 후 최초의 여권을 만들고 최초의 달러 환율을 정한 것이 의사들이었다는 점은 상징적이다.[56]

가족계획사업을 국책사업으로 전개할 것을 최초로 건의했던 1950년대 중반의 보건관료들 역시 해외기관의 재정지원으로 미국 유학을 다녀온 의사들이었다. 1950년대와 1960년대 초 한국의 상황에서 의사들은 글로벌 행위자(global actor)로 국제 인구정책에 반응할 수 있는 거의 유일한 민족엘리트(national elite) 집단이었다.[57] 즉 의사들은 당시의 국제원조 체제, 특히 미국을 중심으로 제3세계 인구를 통제하고자 하는 새로운 국제질서와 한국이 대면하는 구체적 부면(部面)이자 접점이었던 것이다.

둘째, 가족계획사업이 시작된 1960년대를 전후한 시기에 의사들은 제한적인 양성기관을 통해 배출되는 소수의 고학력 엘리트집단이었다. 일례로 1952년부터 1971년까지 20년 동안 서울대학교에서 학위를 수여한 박사는 총 1,261명이었는데, 이중 80%에 달하는 1,002명이 의학박사였다.[58] 해방과 건국, 전쟁 등의 격변기를 거치는 동안 사회부와 보건부, 보건사회부[59]의 장관 및 차관은 물론 시·도 단위의 보건사회국장까지 보건관료직의 대부분을 의사들이 맡았고,[60] 이들 사이의 밀도 높고 강한 연결망은 정부와 대학, 엘리트의 집단 간 연결망을 중첩시키는 효과를 낳았다.[61] 가령 양재모가 처음 국가공무원이 된 계기는 1950년 당시 학교 선배인 백행인(白行寅)이 보건부의 보건국장을 맡고 있을 때, 그 밑에서 모자보건계장으로 있던 동기생 구연철(具然哲)이 모자보건계에서 일할 것을 제안하면서부터였다. 대한가족계획협회의 기금 마련과 헌장의 기초 등 준비작업에 열정적이던 보건사회부 보건과장 윤석우는 양재모와 세브란스 동기동창이었다. 권이혁이 한국전쟁 당시 유엔민사원조처 병원에서 일하게 된 계기는 당시 민사원조처 보건책임자였던 선배 한범석(韓凡錫)을 길에서 마주친 후 민사원조처에서 일하라는 권유를 받게 되면서였다. 이처럼 정부와 대학을 연결하는 의사들 사이의 강한 연결망은 가족계획사업이 추진되는 과정에서 중요한 영향력을 발휘했으며, 의사들이 가지는 정부와의 협상력에 강력한 요소로 작용했다.

물론 압도적으로 부각된 것은 의사들이었지만 이 엘리트 집단에 속하는 것이 의사만은 아니다.[62] 제3세계 인구문제와 관련, 엘리트를 지원하고 육성하는 일은 미국이 주도하는 다양한 형태의 원조 프로그램을 통해 냉전체제하에서 지속되었고, 한국 가족계획사업의 경우도 마찬가지였다. 1960년대에 인구협회는 29명의 한국인들에게 미국 유학을 지원했고, 경제기획원 통계국 직원 11명이 미국국제개발처(USAID)의 지원을 받아 인도 봄베이에 위치한 유엔인구훈련센터(International Institute of Population Studies)에서 유학했으며, 1969년부터 9명의 한국인들이 미국국제개발처로부터 미국 유학을 지원받았다. 동서문화센터(East-West Center, EWC)는 1968년부터 2년간 인구학을 전공하는 4명의 장학생을 지원했다.[63] 1970년대에는 인구협회와 미국국제개발처 지원으로 당시 가족계획연구원 및 인구문제연구소 연구자들과 보건사회부, 경제기획원 통계국 및 대한가족계획협회의 사업관리자 등 15명

정도가 미국에서 석사 및 박사과정을 이수했다. 가족계획연구원의 연구자들 역시 1980년대 초까지 하와이대학교, 시카고대학교 등에서 경제학, 사회학, 인구학, 통계학 등을 전공하여 석사·박사학위를 받았다.[64]

이처럼 가족계획사업을 주도했거나 이에 참여하고 사업을 통해 양성된 엘리트들이 전적으로 의사들로만 이루어진 것은 아니었다고 할 수 있다.[65] 그럼에도 불구하고 가족계획사업에서 의사들의 역할은 절대적인 것이었다. 의사들은 그들이 가진 전문적 지식과 기술을 통해 가족계획에 참여했을 뿐만 아니라 의사들 사이의 밀도 높은 연결망을 통해 정부와 학교, 연구기관의 자원을 동원하고 확보하면서 가족계획사업을 주도해갔다. 의사들의 영향력은 제2대 재건국민운동본부장을 지냈던 류달영이 1967년 5월 대한가족계획협회 회장직을 맡았을 때 "의사가 아닌 사람이 가협의 회장이 되었다는 사실이 화젯거리가 되어 신문 지상에 오르기도 했"을 정도였다.[66] 1963년에 인구문제연구소 부소장이었던 고석환이 "가족계획사업을 취급하고 있는 분들이 대부분 의학을 공부한 의사들이고 또 그들의 손에 의해서 사업계획이 수립됐"다는 점을 우려하기도 했으며, 가족계획사업에 대한 기술 자문과 원조를 위해 보건사회부의 초청으로 1962년에 한국을 방문한 전문가 그룹의 일원인 의사 존 휘트리지 주니어(John Whitridge Jr.)가 밸푸어에게 한국의 가족계획사업이 의학적 지휘하에 있음을 강하게 느꼈다고 따로 언급할 정도였다.[67]

의사들의 주도권과 압도적인 영향력은 가족계획사업 자체의 성격과 방향에 포괄적인 영향을 미쳤다. 따라서 "5·16 이후 쿠데타 세력에 의해 가족계획사업이 국책화한 후 남성 의사들과 관료들에 의해 전적으로 주도됨으로써, 출산조절이라는 여성적 특수이익을 매개로 하여 자발적인 여성운동이 발전될 가능성이 사라져"버렸다[68]고 비판되기도 한다. 그렇다면 가족계획사업은 왜 의사들에 의해 주도되었을까? 그것은 가족계획사업의 성격과 의미를 어떻게 해석하도록 이끌고 있는가? 이와 같은 질문에 대해 우리는 두가지 차원에서 답해볼 수 있다.

의사들의 적극적인 개입과 주도는 가족계획사업을 통해 전개된 인구의 통치에 있어, 이른바 '통치적 주체성(governmental subjectivity)'[69]이 구축되는 양식을 결정하였다. 첫째, 과학이 마술적 신화(enchanting myth)의 세계에 대한 보편이성의 승리를 상징하는 일종의 메타포로서 제3세계에 등장한 이래 과학은 근대성의 전파에 있어서 핵심적인 요소가 되었다.[70] 특히 이때 의학이 가지는 중요성은 많은 포스트식민(postcolonial)[71] 연구자들에 의해 강조되어왔다. 한국에서 가족계획사업이 의사들에 의해 주도됨으로써 인구의 통치에 일종의 과학의 권위가 부여되었고, 이는 곧 서구의학에 투영된 계몽과 진보의 심상과 결합되었다. 의료지식과 과학의 권위는 생식행위와 같이 이전에는 금기시되던 영역에 대한 개입을 가능하게 만들었으며,[72] 통치의 성격을 의사의 진단과 처방, 진찰과 시술 등 일종의 의료적 과정으로, 인구의 병리적 상태를 치유하고 또한 예방하는 것으로 만들었다.

그런 점에서 가족계획사업은 서구의 근대과학의 경이를 전시하는 장이 되었다고도 할 수 있다. 4장에서 주로 살펴본 것처럼 가족계획사업의 전개과정에서 각종 의료시술과 피임 실천, 정책이 가져오는 효과에 대해 면밀하게 연구되었고, 의사들이 주도한 보건의학, 생식의학, 생리학 등의 과학적 지식과 기술, 과학적 조사와 연구, 임상을 통해 이루어진 실천들은 세심한 개입과 조정, 관리의 양식을 구성하였다.[73] 인구는 사회를 '과학'의 장에서 접근하게 만들고 근대국가의 통치와 테크놀로지를 결합시키는 혁신적인 개념적 도구가 되었다.[74]

둘째, 이와 같이 서구 근대과학의 경이가 전파되는 장으로서 가족계획사업의 성격을 이해할 때, 가족계획사업은 한국을 비롯한 제3세계 국가들이 서구와 대면하는 중요한 계기였으며 서구에서 교육받은 비서구 엘리트들의 주체성과 행위성을 위한 공간이 되었다는 점에 주목해 볼 수 있다. 서구에서 교육받은 인도인 엘리트들이 그 자신 식민화된 존재였으면서도 동시에 스스로를 서벌턴(subaltern)과는 다르게 계몽된 주체로서 정체화하고 있었던 것처럼[75] 가족계획은 한국의 엘리트로 하여금 서구가 제3세계를 바라보는 시선을 재구성하여 내면화하고, 제국주의의 이른바 '문명화의 임무(civilizing mission)'를 변형하고 재창조하여 실천하는, 일종의 유기적 지식인[76]이 되도록 만들었다.[77] 이들은 제3세계에 대한 서구적 응시와도 다르고 미신적인 토착민(natives)의 시각과도 다른 "제2의 시야(second sight)"를 획득한 존재들이 되었다.[78]

앞의 장들에서 살펴본 것처럼 인구의 통치와 연관된 지식과 기술, 자금은 서구의 원조를 통해 제3세계로 흘러들어왔으며, 새로운 테크놀로지와 실천들을 전파할 수 있도록 하기 위해 '문명화의 임무'라는 식민주의적 언어가 재창조되었다.[79] 제3세계에서 과학은 바로 이러한 '문명화'와 직접적으로 연관되어 있었다. 이것은 20세기 중반에 부상한 제3세계의 인구문제가 이들 국가들에서 서구적 응시를 내면화하는 문제와 결합하였음을 암시한다. 이 과정을 적극적으로 매개한 것은 당대에 서구와의 대면을 주선할 수 있는 자원과 능력을 가진, '제2의 시야'를 가진 엘리트 집단이었다. 가족계획사업은 근대 서구과학의 지식과 기술, 권위를 가진 포스트식민 엘리트, 서구와 이미 대면함으로써 계몽된 주체들이 보편이성의 승리를 약속하는 서구의 과학을 가지고 한국의 뒤처진 인습과 낙후된 삶에 개입하여 그것을 문명화하는 과제를 실천하는 장이 되었다. 더욱이 한국의 경우, 비서구 식민주의의 지배[80]로부터 해방된 후 주어진 포스트식민의 맥락과 조건은 서구의 과학으로부터 식민주의의 짐을 덜어내주었고, 이에 대한 포스트식민 엘리트들의 매혹과 경이를 더욱 자유롭게 만들었다고 할 수 있다.

역사주의: 시대착오와 수치의 계몽

1960~70년대 박정희 정권에 저항했던 엘리트들이 정권과의 갈등이나 대립에도 불구하고 민족주의와 개발주의의 담론을 공유하고 있었으며 이들의 근대에 관한 인식이 식민성의 차원을 내장하고 있었다는 점을 여러 연구가 지목해왔다.[81] 박정희는 이전까지의 역사를 "퇴영(退嬰)과 조잡(粗雜)과 침체(沈滯)의 연속사"[82]로 규정하고 우리 농민들은 오랜 세월에 걸쳐 너무나 비참한 생활을 해왔으며 이 비참한 생활은 오늘날 우리의 빈곤의 주체가 되고 있다고 말했다.[83] 이러한 관점은 사실상 당시의 비판적 지식인과 저항 엘리트 집단 역시 광범위하게 공유하는 것이었다. 특히 이같은 인식은 그 정치적 차원이 탈각되기 쉬운 인구의 차원과 더욱 강렬하게 결합했다.[84] 박정희 정권은 경제발전을 통한 조국 근대화라는 '역사적 프로젝트'를 제시하고 이것을 국가의 정당성 원리로 삼았으며,[85] 가족계획사업은 이 역사적 프로젝트의 일부가 되었다. 가족계획사업의 근대화 담론은 여러 지식인들과 엘리트들에 의해 각종 일간신문과 잡지 등에 지속적으로 비중 있게 게재되었다.

대한가족계획협회의 30년간의 역사를 정리한 『가협30년사』는 가족계획사업을 주도했던 여러 인사들의 회고록을 싣고 있는데, 여기 실린 주요 인물들의 회고는 당시의 엘리트들이 가족계획사업을 어떻게 인식하고 있었는가를 잘 보여준다. 1952년에 세계보건기구(WHO) 지원으로 미국 존스홉킨스대학에서 공중보건학을 전공하고 돌아와 보건사회

부 의정국장, 국립중앙의료원 초대 원장 등으로 재직하면서 1950년대
부터 가족계획을 정부에 건의했던 인물이자 대한가족계획협회 2대 이
사장을 지낸 이종진은 경성제대 의학부 출신의 의사였다. 그는 자신이
미국 유학의 경험을 통해 "선진외국과 비교해볼 때 우리나라처럼 못살
아왔고 사람이 많은 나라도 드물"다는 것을 알게 되면서 "인구가 우리
나라처럼 많으면서 못살고 있는 한국의 처지는 늘 가슴 아프게 나의 마
음을 조여들게 만들고만 있었다"고 술회한다. 그는 가족계획사업이 '고
질적인 아들병'을 고치고 가난의 직접적인 원인이었던 '인구의 증가율
을 줄이는 것'이었다고 회상하고 있다.[86]

유엔 등의 지원으로 영국과 미국에 유학하면서 산아제한을 접하고
보건사회부 차관과 대한적십자사 사무총장을 역임한 김학묵은 1950년
대부터 정부에 가족계획을 건의했던 경험을 돌이키면서, "가족계획은
그때나 지금이나 지성인들은 모두 다 찬성인 것이다. 엘리트 지성인들
의 이같은 선견지명(先見之明)과 지론(至論)이 우리나라 가족계획을 성립
시킨 특색이기도 하다"고 밝힌다.[87] 세브란스 출신의 보건관료로 가족
계획사업의 국책화 당시 중요한 역할을 했던 윤석우 역시 "사실 '산아
제한이 시급하다'는 마음은 가협이 창설되기에 앞서, 가난하고 살기 어
려운 이 땅에 사는 사람들이면 그 누구나 한결같이 느끼고 있던 마음이
기도 했다. 이같은 우려와 장래를 내다보는 판별력은 지성인일수록 더
욱 더했"다고 술회한다.[88]

가족계획사업은 이와 같이 인구라는 개념을 경유해 서구의 현재성에
도달하지 못한 인간 이전의 삶을 문제화하고 근대성의 현재적 차원을
성취해내기 위한 것이었다. 여기서 주목해볼 대목은 이 과정에서 '부끄
러움'과 '창피함' 같은 수치의 감정이 중요하게 작동했다는 점이다. 수
치의 감정이 가족계획의 과정에서 얼마나 주요한 요소였는지는 여러

자료들을 통해 확인해볼 수 있다. 1969년 6월호 『가정의 벗』에 실린 글에서 충청남도 연기군의 가족계획 군 간사는 가족계획사업의 긍정적 효과를 논하면서 "이제 많은 어머니들이 콘돔 이야기를 낮 붉히지 않고 꺼낼 수 있게 되었고 기를 능력도 없는 처지에 아이만 많은 것을 부끄러워할 줄 알고 있다"[89]고 적고 있다. 『가정의 벗』 1970년 10월호에 실린 기사에서도 역시 시골 부인들이 과거에는 많이 낳은 것을 부귀다남이라 하여 자랑스럽게 이야기했으나 이제는 "너무 많이 낳아서 창피합니다"라며 대답을 회피하는 사람들이 많아졌다는 것을 가족계획사업의 성과로 꼽고 있다.[90]

이같은 수치(shame)의 감정은 서구의 근대를 보편적 규범으로 수용하는 데 있어, 서구의 비서구 인식을 받아들이고 자기 자신의 타자성을 감내하며 이를 내면화하는 비서구의 자기인식에서 관건적인 요소라고 할 수 있다.[91] '결혼하면 애는 생기는 것'이고 또 '임신하면 애는 낳는 것'으로 받아들이던 삶의 방식[92]은 짐승이나 벌레의 삶과 같은 것이 되었고, 온전히 인간다운 삶으로 탈바꿈하기 위해서 임신과 출산은 자연적인 과정이 아니라 의식적인 과정, 성찰적이고 계획적인 행위의 차원으로 변형되고 전환되어야 했다. 이런 점에서 가족계획사업을 경유한 비서구의 자기인식은 수치의 인식에 기반해 수치를 계몽하는 과정이라고 볼 수 있다. 즉 서구를 규범화함으로써 서구가 인식한 자기 자신의 타자성을 받아들이는 데서 나오는 '수치의 인식'과, 이를 통해 자기 내부의 타자들에게 수치의 감정을 가르치는 '수치의 계몽'이라는 두 차원이 비서구의 자기인식에 내재하게 된다.

여기서 수치란 근대 역사인식의 상징이라 할 수 있을 이른바 '시대착오(anachronism)'의 관념에 근거하는 것이다. 시대착오의 개념은 불균등 발전을 통해 타파되지 않고 남은 '나머지(remnant)'에 대한 인식에 기반하며, 현재성을 결여하고 있는 미신적인 동시대인들을 역사적 시간의 이전 단계로 간주하는 시각과 결합한다.[93] 이는 자아와는 다른 시간, 다른 공간의 지점에 타자를 위치시킴으로써 메울 수 없는 '문명적 격차'를 부여하는 '시공간적 거리두기(allochronic distancing)'[94]의 인식론을 상기시킨다. 타자의 동시대성을 거부하는 이같은 '시공간적 거리두기'의 인식론은 식민주의에 '계몽'과 '문명화'라는 정당성을 부여하였고, 식민주의 권력이 집행될 수 있는 근거를 제공하였다.[95] 이것이 바로 식민주의가 기초하고 있었던 "공간의 시간화",[96] 즉 서로 다른 공간에 존재하는 다양한 사회들을 단선적 시간의 역사경로에 따라 배열하는 관념이다. 이같은 인식론에서 공간적 차이는 이제 시간적 거리, 메워질 수 없는 격차와 이질성으로 상정된다.[97]

디페시 차크라바르티(Dipesh Chakrabarty)는 이같은 인식론을 '역사주의(historicism)'[98]로 명명한다. 그가 말하는 역사주의란 발전이데올로기의 한 형태이자, 근대성과 자본주의가 "유럽에서 먼저, 그러고 나서 다른 지역으로" 전파되면서 시간이 지남에 따라 세계적인 것이 된다는 사고의 구조를 의미한다. 이같은 사고의 구조는 역사적 시간 그 자체를 서구와 비서구 사이에 존재하는 것으로 간주되는 문화적 거리의 척도로 삼으며, 이를 통해 '문명'이라는 사고를 정당화한다. 에른스트 블로흐(Ernst Bloch)가 말하는 '비동시성의 동시성(synchronicity of the non-synchronous)' 역시 유럽에서 먼저 획득된 동시성을 전제한다는 점에서 이같은 역사주의적 인식의 대표적인 한 형태이며, 유럽이 만들어낸 19세기의 특수한 개념적 산물이라 할 수 있다.[99]

서구인에게 비서구가 자신들의 과거로 인식되는 것처럼, 비서구인에게 자신의 현재는 곧 과거가 되고 서구는 비서구의 미래로 인식된다.[100] 이때 자신의 현재를 과거로, 서구를 미래로 인식하는 주체는 바로 비서구의 엘리트들이다. 비서구의 엘리트들은 문명적 위계와 격차를 여러 방식으로 내부화하며, 전근대로부터의 단절과 부정, 폐기, 지양과 조정을 곧 역사의 발전과 진보, 미래의 선취로 의미화하였다. 결국 역사주의의 인식론이 가져다주는 이(異)시간성(heterotemporality)의 차원에서, 이를테면 인도의 포스트식민 연구자들이 서벌턴이라 칭하는 평범한 사람들은 결코 스스로 말할 수 없다.[101] 엘리트들이 이들을 대신해 말하거나(spoken for), 이들에게 말할(spoken to) 뿐이다. 엘리트들의 담론 속에서 이들의 존재는 제거되길 바라는 무지와 암흑의 상(icons)으로 나타나게 된다.[102]

가족계획사업은 이 무지와 암흑의 상을 전면에 내세움으로써 이(異)시간성과 시대착오의 불균등성을 계몽의 담론 및 실천과 강렬히 결합시켰다. 비서구에 대한 서구의 역사주의적 인식이 가지는 식민주의적 요소는 가족계획사업에 여러 형태로 내장되었고, 가족계획사업이 구체적으로 전개되는 과정에서 대한가족계획협회의 임원들, 정부 관계자들, 군 간사와 전국 각지의 가족계획 계몽원들의 인식과 공명하며 가족계획사업을 관통했다. 가족계획사업은 '문명화의 임무'라는 식민주의적 언어의 재창조 위에서 전개되었으며,[103] 이를 통해 당시 한국의 엘리트들에게 일종의 실천과 개입의 공간과 가능성을 열어주었다. 이들은 스스로를 근대적 전환의 행위자로 위치시키면서 이른바 문명화의 임무를 재창조하고 실천하였다.[104]

가족계획 담론에서 농촌과 농민, 그들의 삶의 양식으로서의 전통은 인간 이전, 문명 이전의 단계로 묘사되었으며, 서구와 비서구 사이에 부여된 이(異)시간성의 차원은 가족계획의 비서구 엘리트 담론 속에서 도시와 농촌 사이의 시간적 격차로 투영되었고, 타파되지 않고 남은 나머지에 대한 관념은 역사주의의 인식론과 결합하면서 다산과 전근대적 출산 및 양육 방식을 제거되어야 할 악덕이자 시대착오적 인습으로 형상화했다. 발전이데올로기의 한 형태로서, 동시대인으로부터 동시대성을 제거하고 이들의 존재를 시대착오로 간주하는 이같은 역사주의의 인식론은 서구와 비서구 사이의 메워지지 않는 격차를 전제하고 그 낙오를 만회하기 위한 이른바 문명화의 임무를 내부화하는 것이었다.

"기를 능력도 없는 처지에 아이만 많은" 사람들, "젖이나 모이만 주면 자라나는 짐승이나 날짐승"처럼 아이를 기르던 그 평범한 사람들의 삶은 이렇게 근원적으로 문제화되었고, 가족은 문명화의 실천과 개입이 전개되는 각축장으로 재편되었다. 가족계획사업은 사회 구성원들을 특정한 유형의 근대적 인간, 근대적 개인으로 개조시키는 근대화 프로젝트였으며[105] 특히 과거의 정체(停滯)로부터 탈피하여 조국의 발전을 성취하고자 했던 박정희 시대의 역사주의적 개입이었다.

6장

근대가족 만들기

성적 억압의 가설이 잘 유지되는 이유는 그것을 지지하는 것이 쉽기 때문
이다.
　—미셀 푸꼬[1]

승리한 것은 개인주의가 아니라 바로 가족이다.
　—필리프 아리에스Phillipe Aries[2]

음탕한 부채

1973년 7월 11일자 『조선일보』에는 「가족계획 선전 부채… 너무 음탕」이라는 기사가 실렸다. 이 기사는 "보건사회부와 대한가족계획협회가 둘만 낳아 잘 기르자는 가족계획 계몽 부채를 대량으로 만들어 전국 보건소를 통해 보급하고 있는데 이 부채에 그려진 계몽만화가 음탕하여 집에 갖고 들어갈 수 없"을 정도라고 전하고 있다. 기사에 따르면 '가족계획 계몽 부채'에는 갖가지 종류의 민망한 만화들이 그려져 있었다. "잠옷 바람의 여인이 피임약을 먹고 있는 옆에 이부자리 속의 남자가 기대에 찬 얼굴을 하고 있는" 그림이 있는가 하면, "'신사의 상비품'이라는 콘돔을 들고" 가는 남자가 "여자 생각을 하고" 있는 그림, "똘이 엄마가 좋다는 루프, 나도 넣을래요"라는 여자의 귀엣말에 "헛바닥을 내고 즐겨하는 남자" 그림 등 그 종류도 다양했다. 이 기사는 어른 아이 할 것 없이 여름철에 광범위하게 사용하는 가정용품인 부채가 너무 음탕하여 "성장기 자녀들 앞에 두어둘 수 없을뿐더러 만화를 즐기는 어린이들의 질문에 답변할 길이 없다"고 한탄하고 있다.[3]

국가시책인 가족계획사업이 '음탕'하다는 이유로 비난에 직면하고 있었다는 사실은 일견 의아하게 느껴질 만한 일이다. 더욱이 이 기사가 게재된 1973년 7월은 이른바 시월유신이 시작된 1972년 10월로부터 채 1년이 지나지 않은 시점이었다. 한국 현대사에서 정치·사회적으로 가장 억압적인 시대 중 하나였던 이때 국가가 주도하는 가족계획사업이 섹슈얼리티(sexuality)[4]에 관한 공개적 표현으로 인해 음탕하다고 비난받았다는 것은 언뜻 납득하기 어려운 일로 보인다.

그러나 이것은 단순한 해프닝으로 벌어진 일이 아니었다. 10여년이 흐른 뒤인 1980년대 초·중반의 성교육 관련 서적들을 살펴보면 가족계획을 성적 문란과 직접 연결시켜 논하고 있는 부분이 눈에 띈다. 그 한 예로 1984년에 출판된 청소년 성교육 서적의 경우를 보면, '문란한 성행위'의 가능성이 가족계획의 '역기능'이나 '부작용'으로 해석되면서 우려를 낳고 있음을 알 수 있다.

가족계획과 산아제한이란 식량문제를 염두에 두고 지구상의 인구의 증가를 방지하기 위한 국가정책이요, 세계보건기구의 숙제이라 생각할 때 피임기술이나 임신중절수술도 위의 정책을 수립하는 데 크게 기여하나 역기능 면에 또다른 많은 부작용을 낳고 있다. (…) 성교에는 임신이 수반되고 임신 후에는 출산이 뒤따르는 것이 원칙이어서 미혼의 남녀들은 임신이나 성병이란 두려움 때문에 문란한 성행위를 억제하였으나, 오늘날은 임신이나 출산에 관계없이 쾌락을 위한 성 행동을 하게 되었다는 점이다.[5]

1980년대 초·중반의 성교육 지도서들은 '쾌락을 위한 성 행동'에 대해 상당한 우려를 표하고 있다. 가령 1985년에 출판된 어린이 성교육 지도서는 "금욕적인 입장에서 인간의 성을 억압만 하는 것도 문제"이지만 "흥미 중심으로 성을 유희시키는 것도 또한 큰 문제"[6]라고 서술하고 있다. 이러한 우려를 성에 관한 보수적 입장이나 전통적 태도로 보는 것은 평면적인 해석에 지나지 않는다. 그것은 오히려 통제되지 않는 섹슈얼리티에 대한 일종의 불안을 드러낸다. 통제되지 않는 섹슈얼리티에 대한 불안은 1960~70년대를 거치면서 섹슈얼리티 전반에 걸쳐 일어나기 시작한 어떤 중요한 변화에 대한 반응이었다고 볼 수 있다. 그 변화란 바로 섹슈얼리티와 재생산의 분리다.

기존의 여러 논의들은 재생산과 섹슈얼리티의 분리를 가족계획의 '의도하지 않은 결과'로 다루어왔다. "국가의 가족계획 정책으로 인해 피임도구의 보급과 낙태시술이 일반화되면서 그 의도하지 않은 결과로 재생산(임신·출산)과 성이 분리"되었다거나, 가족계획사업을 통해 강조된 피임과 단산(斷産)이 재생산과 성을 분리시킴으로써 "전혀 의도하지 않은 부산물"로서 "쾌락으로서의 성"을 등장시켰다고 이야기된다.[7] 그러나 이같은 시각과는 달리 가족계획 담론에서 재생산과 분리된 쾌락적 섹슈얼리티는 일관되게 명시적으로 추구되고 있었다.

가족계획의 성 담론

가족계획사업이 전국적으로 보급한 피임술의 목적은 단순하게도 섹슈얼리티를 재생산으로부터 분리시키는 것이다. 섹슈얼리티와 재생산의 분리는 두 차원을 함축한다. 하나는 물론 테크놀로지의 차원이다. 가족계획사업은 피임기술을 광범위하게 다차원적으로 보급시켰다. 콘돔과 살정제 배포, 주기법 교육, 정관절제술 및 자궁내장치(IUD) 시술, 먹는 피임약 보급 및 복강경 시술에 이르기까지 가족계획사업의 피임

보급활동은 앞에서 이미 살펴본 바와 같다. 이를 위해 전국 각 지역의 보건조직을 총동원하고 이동시술반을 조직하여 전국을 순회하면서 대대적으로 자궁내장치를 삽입하고 불임술을 시술하는가 하면 전국의 모든 법정 리·동 단위에 가족계획어머니회를 만들었다.

그러나 피임술의 발달 및 보급은 섹슈얼리티와 재생산의 분리에 있어 필요조건일 뿐 충분조건이 아니다. 섹슈얼리티와 재생산의 분리를 가능케 하는 기술적 차원뿐 아니라, 평범한 사람들이 성행위와 임신 및 출산을 분리시켜 사고하는 태도가 전제될 때 비로소 일상적인 피임이 이루어지게 된다. 따라서 정부와 대한가족계획협회는 출산조절에 대한 사람들의 인식을 바꾸는 동시에 피임의 개념 및 실천을 친숙하게 만들기 위해 노력했다.[8] 그런데 피임이란 기본적으로 "남녀의 성교와 관련된 신체적 과정과 그것을 통제하는 기술"[9]에 관한 것으로, 구체적인 성행위나 성관계와 직접적으로 연관된다.

이것은 어떤 면에서 피임을 보급하는 국책사업으로서 가족계획이 처해 있던 큰 난관이었다고 볼 수 있다. 이를 표현하기 위해 대한가족계획협회 설립취지서에서는 가족계획이란 "인생의 심오에 속하는 성(性)에 관련하는 문제"라고 서술했고, 이후 유사한 구절이 가족계획과 관련된 여러 문헌들에서 계속해서 여러차례 등장했다. 가족계획어머니회를 설명하는 책자에서도 "가족계획이 성과 관련되고, 그 성은 (…) 일조일석에 변화되기 어려우며 시간을 더 요하는 것"이기 때문에 이에 대해 터놓고 이야기할 수 있는 관계망을 만들어야 한다는 것[10]을 가족계획어머니회를 조직한 목적 중 하나로 서술하고 있다.

요컨대 출산조절이 불가피하게 생식행위와 연결된다는 점에서 섹슈얼리티는 "가족계획의 핵심(heart)"[11]에 자리한다고 할 수 있다. 그럼에도 불구하고 가족계획과 섹슈얼리티 사이의 연관은 광범위하게 간과되어왔다.[12] 그렇다면 가족계획은 섹슈얼리티를 과연 어떻게 다루고 있었을까? 섹슈얼리티의 문제는 가족계획에서 어떤 위상을 가지고 있었을까? 가족계획과 섹슈얼리티의 연관에 관한 이같은 질문에 답하기 위해 우리는 무엇보다 가족계획의 성 담론을 면밀히 살펴볼 필요가 있다.

먼저 1961년에 출판된 『성생활과 가족계획』이라는 책을 살펴보자. 1961년은 대한가족계획협회가 설립되고 가족계획사업이 국가시책으로 결정된 해였다. 대한가족계획협회 이사이자 서울대 교수인 하상락의 추천사로 시작하는 이 책은 제목에서 간명하게 드러나듯이 가족계획과 섹슈얼리티의 문제를 직접적으로 다루고 있다. 이 책은 서문에서 "후진국민으로서는 성문제를 결코 등한히 할 수 없는 당면한 과제"라고 밝히면서 성지식이 없으면 피임조절에 난점이 많기 때문에 "가정에 있어서 핵심이 되는 성생활을 합리화시키기 위해서 성교육을 위주"로 하여 책을 집필했다고 밝히고 있다.[13]

이 책은 동양의 중용사상 및 아리스토텔레스(Aristoteles), 프래그머티즘 등 서구 사상을 원용하면서 산아제한과 섹슈얼리티의 문제를 논하는 것으로 시작해 유아기에서 아동기·청년기·성인기의 성을 차례로 다루고, 성행위의 실제를 서술하면서 성행위의 다양한 자세와 방법을 안내하고, 이어서 여러가지 피임방법을 종류별로 소개하고 있다. "성은 인간의 본연지성(本然之性)"에 속하는 것으로, "산아조절은 합리적인 성생활"에서 출발해야 한다는 것이 이 책의 주장이다.[14]

가족계획사업이 본격적으로 전개되기 시작한 1962년에는 가족계획에 관한 종합적인 안내서 성격의 『가족계획』이 출간되었다. 이 책의 저자인 서울대학교 의과대학 교수 이학송(李鶴松)과 이희영은 머리말에서 "우리나라 가족계획운동에 참여하여 지도자 양성과 민간계몽에 종사"하게 된 것이 이 책을 집필하게 된 계기라고 밝히고 있는데, 이 책은

"단시일 내에 절판"되어 이듬해에 증보하여 재판을 발행할 정도로 큰 호응을 받았다.[15]

『가족계획』은 가족계획의 의미와 역사, 각국의 현황, 모자보건 및 불임증과 가족계획의 관계를 살펴보고, 구체적인 피임법을 상세히 소개하고 있다. 특징적인 것은 '순결 교육(성에 관한 교육)'이라는 제목의 제8장이다. '순결 교육'이라는 제목은 성에 관해 보수적인 사회 분위기로 인한 비난의 가능성을 감안해서 붙여진 것으로 보이는데, 괄호 안에 '성에 관한 교육'이라는 말을 병기한 것에서 보듯이 실제 내용은 '순결'과는 전연 무관할 뿐 아니라 유아기부터 성인기까지의 성, 남녀의 성의 생리, 성교의 횟수, 시간, 체위, 자위 등을 망라하여 여러 차원에서 성문제를 다루고 있다.

우리는 성생활을 지나치게 신비하게 생각하고 이에 대한 모든 것을 비밀에 부치려는 경향이 있다. 이와 같은 태도는 냉정하여야 할 과학자에게도 영향을 주어 성에 관한 연구가 활발치 못하여 많은 업적을 쌓지 못하였던 것이다.[16]

이 인용문에서 보듯이 『가족계획』은 성생활을 신비하게 간주하거나 비밀에 부치려는 경향을 문제시하고 있다. 이 책은 성교육이 "설교가 아니고 흥미로서 알 수 있게 명랑한 태도와 과학적인 태도를 취해야 한다"고 역설하면서 한국사회가 "성교에 관한 한, 자유방임주의로 해도 자연적으로 배울 것"이라는 태도를 보여왔으나 그 결과 "부부간에 성의 조화를 가지지 못하여 불행한 결과를 가져오는" 경우가 많았다고 서술하고 있다.[17]

이와 같이 가족계획사업 초기부터 가족계획의 성 담론은 매우 명료

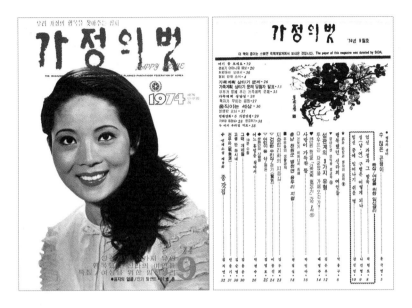

사진 11 『**가정의 벗**』(1974년 9월호) **표지 및 목차**　표지 하단에 '성관계의 3가지 유형', '행복했던 신라의 여인들', '여성을 위한 임신생리' 등 주요 기사 및 특집의 제목을 싣고 있다.

한 양상을 보였다. 성에 대한 억압이나 금기, 통제라기보다는 오히려 정반대로 좀더 자유롭고 개방적인 성의식과 충분한 성지식의 필요성을 주장하면서 성에 대한 보수적 태도를 문제시하는 것이 가족계획 담론의 특징이었다. 이와 같은 입장은 가족계획의 홍보 및 계몽 차원에서 대중적으로 읽히기 위해 출간된 여러 형태의 출판물을 통해 일관되게 개진되었다.

　가족계획사업을 통해 생산된 담론을 살펴보는 데 있어 가장 주목해야 하는 매체는 대한가족계획협회의 기관지인 『가정의 벗』이다. 『가정의 벗』은 1968년 7월 31일자로 전국 법정 리·동 단위에 가족계획어머니회가 조직된 직후인 1968년 8월 5일부터 발행되어 전국에 배포되기 시작한 월간지다.[18] 가족계획사업 초기 농촌지역은 텔레비전이나 신문, 잡지 등 대중매체의 보급률이 낮아 가족계획 관련 홍보나 교육 효과가 미미했고, 피임을 보급하기 위한 활동 역시 어려운 조건이었다.[19] 따라서 대중적인 잡지의 형태로 가족계획을 계몽하기 위한 기관지를 창간한 것이다. 다시 말해 『가정의 벗』은 가족계획을 선전하고 홍보하기 위해 보급한 대중매체였다. 가족계획어머니회의 모든 회원들은 매달 『가정의 벗』을 읽고 회장의 주재하에 그 내용에 대한 토의를 하게 되어 있었다.

『가정의 벗』은 거의 매호에 걸쳐 섹슈얼리티의 문제를 다루었다. 그 형식과 내용은 놀라울 정도로 다양하다. 때로는 의료·전문지식이나 과학적 담론의 형태로, 때로는 청소년 자녀의 성교육을 위한 자료의 형태로, 때로는 애무의 테크닉 등 부부의 성생활을 직접적으로 다루는 방식으로, 혹은 연재소설을 통해, 사진 12와 같은 연재만화를 통해, 독자나 명망가의 경험을 담은 에세이를 통해, 외국의 성 실태를 소개하는 방식을 통해 섹슈얼리티에 관한 공적 담론을 끊임없이 생산했다. 독자의 질문과 전문가의 답변으로 이루어지는 지면에서는 혼외임신, 혼외정사, 불감증, 자위행위, 체위, 부인질환, 인공중절 후유증, 생리불순, 피임 후유증, 피임과 종교 등 다양한 주제가 문답 형식으로 게재되었다.

『가정의 벗』에서 성문제가 어떻게 다루어졌는지 그 구체적 단면을 간단히 살펴보자.

결혼해서 남편과의 성교섭에 만족할 수 없다는 여성 중에는 결혼 전에 오나니를 한 게 원인이 아닐까 하는 질문을 하는 사람이 많습니다. 그러나 (…) 근본적인 것은 역시 남편의 기술입니다.[20]

사진 12 『가정의 벗』(1974년 2월호) 연재만화 「꼭둘여사」

　20대, 즉 혈기왕성하고 정력이 넘쳐흐를 때에는 양(量)으로, 이미 경험을 통한 원숙한 30대에는 질(質)로, 40대에는 간격(間隔)으로 승부해야 하며 20대에는 쾌감으로, 30대에는 전희(前戱)의 길이로, 40대에는 무드와 사랑의 대화로 성행위를 이끌어가야 할 것이라는 말이 있다.[21]

　가을은 남성의 계절이다. 선선해진 공기, 부풀어 오르는 식욕, 하늘이라도 찌를 듯한 성(性)의 욕망 (…) 그러나 피곤한 하루 일과 때문에 마음과 행동은 항시 다르다. 저녁 잠자리에만 들면 몸이 솜덩어리가 되어버리는 남자.[22]

이 인용문들을 통해 드러나듯이 『가정의 벗』은 성적 욕망을 긍정하는 것은 물론 성적 행위의 기술을 강조하고 성행위를 직접적으로 묘사하는 글을 끊임없이 게재했다. 여기서 『가정의 벗』의 성격을 다시 한번 상기해볼 필요가 있다. 『가정의 벗』은 가족계획어머니회를 중심으로 배포된 대한가족계획협회의 공식 기관지로, 가족계획을 계몽하기 위해 기획된 대중잡지였다. 이 월간지는 합리적인 육아, 근대적인 가족관계, 남녀평등을 위한 법 개정 방안, 주부를 위한 회계 지식 등과 함께 노골적인 성 담론을 나란히 게재하고 있었다.

가족계획의 성 담론은 성에 대한 금기나 억압, 통제, 금욕적 태도나 보수적 입장과는 완전히 정반대편에 서 있었다고 해도 과언이 아니다. 가족계획사업의 가장 직접적 목적인 피임의 보급과 관련해서 살펴보아도 섹슈얼리티의 문제가 어떻게 다루어졌는지 쉽게 확인해볼 수 있다. 가령 『가정의 벗』 1969년 6월호에 게재된 「가족계획 100문 100답」은 "우리나라 가족계획사업에 대한 내용을 좀더 알고자 하는 [가족계획] 어머니회 회원들을 위해서 만든 것"으로 가족계획과 관련하여 꼭 알아야 할 기초적인 것을 위주로 엮었으며 어머니회의 회의와 가정생활에 많은 도움이 될 것이라고 적혀 있는데, 이같은 성격상 이 '100문 100답'은 가족계획사업이 일반 여성들에게 전달하고자 하는 가장 기본적이고 핵심적인 내용을 추려 담고 있다고 볼 수 있다. 여기 제시된 100개의 질문과 답변에서 피임방법을 안내하는 항목은 상당한 비중을 차지하고 있는데, 그 구체적 예는 다음과 같다.

〔문 41〕 루우프를 사용하면 성교 시에 남자에게 딱딱한 감각을 주지 않는지요?

〔답〕 루우프가 질 내에 있지 않고 자궁 내에 있으므로 전연 딱딱한

감을 주지 않으며 루우프 끝에 달린 실은 질 속에 나와 있드라도 체온 때문에 연하여지므로 남성은 이것을 전연 느끼지 못합니다.

〔문 78〕 정관절제수술을 왜 권장하고 있는지요?

〔답〕 (…) ③ 수술받은 뒤에는 사정되는 정액에 정자가 나오지 않을 뿐, 성행위나 정력에 하등의 영향이 오지 않는다는 점, ④ 피임효과가 가장 확실하다는 점, ⑤ 정관절제수술은 자연이 준 성감에 지장을 주지 않는 것은 물론 빈번한 성교에도 대단히 편리하다는 점, ⑥ 이 수술은 한번만 하면 되기 때문에 피임법으로서 가격이 싸다는 점, ⑦ 이 수술은 60년 이상의 임상경험으로 의학적인 하등의 해가 없다는 것이 세계적으로 확인된 안전한 것이라는 점입니다.

〔문 81〕 정관수술 후 심신에 미치는 영향은?

〔답〕 수술을 받기 전이나 받은 후의 차이점이라면 사출되는 정액 중에 정자가 없게 된다는 점 이외에 아무것도 없읍니다. 하지만 어느 분은 성감이나 사정량이 줄고 사정시간이 짧아지며 정신불안, 신경통, 두통, 요통, 심지어는 열등감까지도 갖는 수가 있는데 이러한 점들은 거의가 정신적 원인에서 오는 것입니다.

〔문 84〕 콘돔 사용법에 대하여 자세히 알고 싶습니다.

〔답〕 좋은 질문입니다. 콘돔 사용 중 실패하기 쉬운 원인은 바로 완전한 사용법을 알지 못한 데서 생기는 예가 가장 많으니까요. 다음의 요령으로 사용하시면 실패율을 최소한으로 막을 수 있읍니다. ① 정액받이를 뒤집어, ② 정액받이의 공기를 뽑고, ③ 침이나 제리를 음경에 발라서 콘돔을 밀착시킵니다. ④ 질분비액이 없을 때는 삽입으

로 동통이 있고 마찰로 콘돔이 파손되는 수가 있으니 콘돔의 밖에 침이나 제리를 바르는 것이 좋습니다. ⑤ 콘돔은 음경이 완전히 발기한 뒤에 포피(包皮)를 충분히 벗긴 후 씌우도록 하십시요. ⑥ 콘돔은 성교 시작하기 전에 착용하여야 하며 사정이 끝난 후 음경이 작아졌을 때에는 손으로 콘돔을 잡고 함께 빼도록 해야 합니다. 성교 중 콘돔이 파손되었을 때에는 뒷물을 하거나 변소에 갔다 오든지 뛴다든지 하여 정자의 자궁 내 진입을 막아야 합니다. 돌발적인 부부행위에 대비하여 베개 카바의 안쪽에 거꾸로 호주머니를 달아 2~3개 정도는 항상 준비하여 두는 것이 현명한 방법이며 사용 후 처리는 가위로 잘라 땅에 묻도록 하십시요.[23]

가족계획사업이 주력으로 보급한 피임술은 3장에서 살펴본 것처럼 시기별로 주기법이나 질내살정제, 콘돔 등의 재래식 피임법과 정관절제술, 자궁내장치, 먹는 피임약, 미니랩·복강경 등 차이가 있었다. 따라서 피임법에 따라 피임의 실천과 성행위 사이의 연관의 정도에도 차이가 존재했지만, 앞의 인용문에서 보듯이 피임법을 홍보하는 자료들은 성행위의 구체적 장면을 상세하게 묘사하는 한편 피임이 결코 성적 만족을 감소시키지 않는다는 점을 강조하고 있다.

이와 같은 양상은 가족계획사업의 공식 홍보물뿐만 아니라 연관된 다른 매체를 통해서도 나타났다. 가족계획에 적극적으로 참여했던 기독교잡지의 경우를 보자. 『새가정』[24]은 사업 초기인 1963년 1월호에서 '기독교 가정에서의 가족계획'을 안내하면서 다이어프램(diaphragm), 질내살정제, 주기법, 콘돔 등 당시 보급하고 있던 피임법을 일시적 방법과 영구적 방법, 남성용과 여성용으로 나누어 상세하게 소개하고 있다. 다이어프램에 대한 소개에서 "성교 직전에 크림이나 제리를 펫사리 안

과 밖에 잘 발라서 질에 삽입하고 8~10시간 후에 꺼내서 깨끗이 씻어둔
다"고 서술하거나 성교중절법을 설명하면서 "성교 도중에 즉 사정되기
전에 성행위를 중지하는 법인데 피임 목적은 달할는지 모르나 정신적
인 불만으로 노이로제에 걸리기 쉽기 때문에 가장 졸렬한 방법"이라고
안내하는 등 피임법을 설명하고 홍보하는 과정에서 성관계의 장면을
직접적으로 묘사하고 있음을 알 수 있다.[25]

가족계획의 성 담론을 살펴보는 데 있어 중요한 또다른 자료는 가족
계획의 성교육 관련 텍스트이다. 성교육은 성 담론의 가장 공적(public)
이고 공식적인(official) 형태이자 교육 담론으로서의 규범적 성격과 계
몽성을 가지기 때문에 중요한 의미가 있다. 한국에서 성교육 자료가 개
발된 것은 1990년대 이후라고 종종 언급되어왔는데, 그 이전까지는 "유
교적인 정조관념과 보수적인 성 인식이 팽배해 있었기에 성을 공적으
로 담론화하는 것이 긍정적으로 인식되기는 어려운 문화풍토가 성교
육이나 성을 공론화할 수 없도록 만들었"으며, 따라서 "실제로 (…) 성
교육 자료가 개발된 것은 최근 1990년대 이후의 일"이라는 것이다.[26]
1980년대 이전까지 한국에서 성은 공적으로 언급하기에 적절치 않은
주제이자 일종의 금기로 인식되어왔다는 것이 일반적 시각이다.[27]

그러나 실제로는 이미 1960년대 초부터 가족계획사업과 함께 성에
관한 공적 담론이 활발히 생산되었으며 성교육의 필요성에 대한 논의
역시 공개적으로 이루어지고 있었다. 대한가족계획협회의 공식 성교
육 교재인 『사랑의 성교육』이 출판된 것은 1971년으로, 이 책은 1976년
에 제목을 『나 하나 별 하나』로 바꾸어 재간행되었다. 이 성교육 교재
는 1971년부터 1982년까지 대한가족계획협회 이사장을 지낸 의학박사
이종진이 편집인을 맡고 의학박사 및 교수, 목사 등을 망라하는 15인의
집필위원이 참여하여 완성되었다.[28] 『동아일보』는 "이성을 보는 확실

「사랑의 性教育」 出刊

家族協會, 結婚前後문제 力點

이성을 보는 올바른 눈, 이 어 자세히 일러주고있다.

성을 대하는 올바른 태도, 남 그동안 중 고교정도의 청소

녀애정관의 확립을 돕고자 하는 년용대상으로한 성교육지침서는

어머니들을위한 자녀지침서 「사 지난八개월에 걸쳐 「성교육」인

랑의 성교육」이 가족계획협회 간발달연구 소편) 을 비롯하여 이

의 노력으로 나왔다. 구연철 강 제 두권이분성인데 「성교육」 이

춘산 배병두 송상환씨등 십 체계있는 지도자측을위한 학년

청소년지도자 종교인용 각계를 별 연령에맞춘 단계적으로 짰

망라한 十五인이 동원되어 공 다면 가족계획협회 「사랑의 성

동집필한 이책은 그동안 흩어 교육」은 비체계성의지도자 축

져있던 성문제를 항목별로나누 부모또는 연장자에게 교육의 내

일반인의 교육과 계몽을 위해 펴낸책
「사랑의 성교육」의 표지.

사진 13 『사랑의 성교육』 소개 기사(『동아일보』 1971년 9월 4일자)

한 눈, 이성을 대하는 올바른 태도, 남녀 애정관의 확립을 돕고자 하는
어머니들을 위한 자녀지침서 『사랑의 성교육』이 가족계획협회의 노력
으로 나왔다. (…) 각계를 망라한 15인이 동원되어 공동 집필한 이 책은
그동안 흩어져 있던 성문제를 항목별로 나누어 자세히 일러주고 있다.
(…) 가족계획협회 『사랑의 성교육』은 (…) 부모 또는 연장자에게 교육
의 내용을 쉽게 해설해줄 뿐만 아니라 성교육이 필요한 해당 연령층에
부담 없이 읽히어질 수 있도록 설명한 것이 특징"이라고 이 책의 출간
소식을 전하고 있다.[29]

그렇다면 대한가족계획협회가 발행한 성교육 지도서가 성을 어떻게
다루고 있는지 구체적으로 살펴보기로 하자.

이 책 10장 5절 「성교의 4단계」는 "사람의 성교행위는 크게 나누어
서 준비동작, 본행위, 휴식기, 무반응기 등의 4단계"로 구분된다고 하면

188

서 각 단계별 내용을 구체적으로 소개하고 있는데, 그중 첫번째 단계인 '준비동작'에 해당하는 설명의 일부를 인용해보면 다음과 같다.

첫째 준비동작에 있어서는 성욕과 발기가 일어나는 것으로 다음 단계의 자연적 유도동작이 되며 '전희(前戱) 혹은 전기(前技)'가 행하여진다. 즉 심리적 흥분과 성감대의 자극으로 본행위에 들어갈 준비를 완전히 한다. 전기에서는 '푸렌취 키스'는 물론이고, 남자가 유방의 자극을 손으로 하는 경우는 98%, 입으로 하는 경우는 93%가 되고, 또 남자가 여자 성기를 손으로 자극하는 경우는 88%, 입으로 자극하는 경우는 42%가 된다. 반대로 여자가 남자의 성기를 손으로 자극하는 경우는 91%, 입으로 자극하는 경우는 49%가 된다.[30]

'남녀의 성감도'를 다루는 부분에서는 아래 인용문과 같은 설명과 더불어 남녀의 나체 및 생식기를 확대한 그림에 성감대의 위치와 각 부위별 성감대의 강도를 표시하여 싣고 있다.

남녀의 성감대: 소위 성감대(性感帶) 혹은 최음대(催淫帶)라고 하여 접촉으로 성적 자극을 유발하는 데 예민한 부위로서 남자에서는 주로 성기와 입술과 혀에 국한되고 비교적 단순하다. (…) 여자에서는 이것이 복잡하여 피부가 점막으로 이행하는 부위, 피부와 점막이 접촉하는 부위, 점막이 닿히는 부위 등으로 전신에 분산되어 있다.[31]

총 15개의 장으로 구성된 이 책은 성교육에 대한 개관과 성교육의 필요성, 성교육의 방법으로부터 출발해 유년기와 사춘기의 성, 사랑과 연애, 결혼, 남녀의 생리와 성행위, 피임법과 성병, 성도착 등에 이르기까지 여러 내용을 망라하고 있다. 특히 성적 행위를 다루는 부분은 성교의 단계별 과정과 기술, 여러 자세, 자위행위의 방법에 이르기까지 대단히 구체적인 서술을 포함하고 있다.

『사랑의 성교육』처럼 가족계획사업의 공식적인 성교육 교재는 아니더라도 1970년대에 만들어진 성교육 텍스트의 예는 여럿 확인해볼 수 있다. 『사랑의 성교육』이 출판된 해인 1971년 8월에 이화여자대학교 인간발달연구소에서도 『성교육』이라는 중고생 청소년 대상 성교육 지침서를 발간한 바 있다. 1978년에는 대한가족계획협회의 부회장이자 이사였던 피부비뇨기과 전문의 박기하(朴機夏)가 1975년 11월부터 『경향신문』에 게재한 사춘기 성(性)에 관한 칼럼이 『젊은 삶 속에서』라는 단행본으로 묶여 출간되었다. 이 책은 1983년에 재판이 발행되었는데, 서문에서 당시 대한가족계획협회 회장 양재모는 "누구나 쉽게 읽고 이해하기 편하게 쓰여진 문장 속에 성교육을 테마로 한 폭넓은 학문적 접근론을 시도하면서 이를 경험론으로 승화시키고 있다. 성교육은 물론 육아, 정신위생, 여성복지 향상, 가정복지, 인사관리, 기업경영철학, 청소년 문제를 비롯하여 인구 및 가족계획에 이르기까지 광범위한 문제들을 예리한 지적 시각으로 검증하고 해체하고 있다"고 서술하고 있다.[32]

이는 1960년대와 1970년대를 거치면서 성에 관한 공적 논의들이 상당한 정도로 이루어지고 있었음을 보여준다. 성교육의 방향 및 필요성에 관한 토론 역시 공개적으로 이루어졌는데, 1974년 6월에 대한가족계획협회가 개최한 자녀의 성교육에 관한 공개토론회에서는 "은폐적인 성교육은 금물"이며 "남녀평등을 세세히 가르쳐주어야만 한다"는 점이 지적되었다. 이화여대 교육학과 교수 박준희, 숙명여대 아동복지학과 교수 주정일(朱貞一) 등 10명의 전문가가 모인 이 토론회는 "요즘 같은 세상에서는 성을 은폐하기보다는 좀더 과감하게 성문제를 부각시켜 자녀교육에도 응용"해야 하며, 특히 유아 때부터 성교육이 필요하다는 논의가 이어졌다. 무엇보다 부모가 주역이 되어 "성이란 사랑의 구체적 표현"임을 깨닫도록 설명해야 한다는 점이 토론되었다.[33]

『가정의 벗』 1974년 10월호에 실린 아래의 글에서도 성교육은 단지 생리학적 지식을 전달하는 것이 아니라 "성애"나 "성유희"에 대한 지식을 다루는 것이 되어야 하며, 성행위는 "아기를 낳기 위한 전제조건"이 아니라 "최대한의 즐거운 행복감을 얻도록 태초부터 설계"된 것임을 공식적인 성교육을 통해 가르쳐야 한다는 점이 분명하게 주장되고 있다.

솔직히 얘기해서 다 자란 젊은이들은 생리학적인 과정이 어떻다는 설명 따위에는 그렇게 흥미를 가지려고 하지 않는 것이 보통입니다. 정작 그들이 비상한 관심을 모으고 있는 것은 우리가 과거에 위험한 불장난으로 생각했던 성애(性愛)라든가 성유희(性遊戱)에 대한 여러가지 알고 싶어하는 지식들입니다. (…) 장구한 세월을 두고 우리나 우리 아이들은 어떻게 배워왔읍니까. (…) 성(性)은 아기를 낳기 위한 전제조건으로서만 정당하지 그렇지 않고 리크리에이션의 목적으로 한다면 그것은 마치 의사가 환자에게 경고하는 식으로 암만 먹고 싶어도 그 음식 먹는 것은 참아야지 만일 먹으면 배탈이 난다고 일러왔다고 하겠읍니다. 그러나 (…) 사람의 성 행동이란 다른 어느 누구에게도 피해를 입히지 않는 한에 있어서는 최대한의 즐거운 행복감을 얻도록 태초부터 설계되어진 것이라고 합니다.[34]

성을 '리크리에이션의 목적' 혹은 '최대한의 즐거운 행복감'을 위한 것으로 간주하는 이같은 논의들은 가족계획사업의 전개과정에서 예외적·돌출적으로 등장한 것이 아니었다. 섹슈얼리티를 재생산과 분리시켜 쾌락적 차원에서 다루는 담론은 가족계획이 시작되던 당시부터 여러 종류의 텍스트를 통해 일관되게 확인된다.

가족계획과 섹슈얼리티의 연관에 대하여 지금까지 여러 학자들은 가족계획이 보급한 피임의 목적은 단지 임신을 피하기 위한 것으로, 출산 조절의 구체적 방법은 비가시화되었고 가족계획과 섹슈얼리티의 연관성은 회피되었으며 성관계는 오직 생식을 위한 것이었을 뿐 쾌락을 위한 성은 죄악시되었다고 주장해왔다. 가족계획사업이 본격적으로 전개된 1960~70년대에 걸쳐 "성의 생식적인 기능을 절대 중시하는 한편 그외의 목적을 위한 성은 최대한 억압"하는 도덕과 관념이 지배적이었으며, "성을 유희와 쾌락의 도구로 삼는 행위들은 일단 성규범을 일탈하는 것"으로, "쾌락적인 성"은 "일탈적 성행위"로 간주되었다는 것이다.[35]

결국 가족계획사업에 의해 "여성의 섹슈얼리티는 국가와 사회의 발전을 위해 통제 관리"되는 대상이 되었고, "경제적 생식기능의 역할만 강조"됨으로써 "국가에 의해 억제되고 통제되어 말이 없을 뿐만 아니라 단조롭기 짝이 없는 어둡고 지리한 국면을 맞이"하게 되었다고 이야기된다. 이렇게 볼 때 1960~70년대는 "한국 문화에서 성에 관한 긴 침묵"의 시기였으며, 성에 대한 인식 및 규범에 변화가 일어나는 것은 1980년대에 비로소 가능해졌다는 것이다.[36] 그러나 우리가 앞에서 확인하였듯이, 가족계획과 섹슈얼리티의 관계는 금기나 억압, 통제는커녕 오히려 그와는 정반대의 양상을 보이고 있었다.

그러므로 여기서 우리는 가족계획이 섹슈얼리티를 쾌락적 차원에서 접근했던 이유를 다루기에 앞서, 먼저 다음과 같은 질문을 던져보지 않을 수 없다. 왜 많은 사람들이 가족계획사업이 섹슈얼리티에 대해 억압적이었을 것으로 생각하는가? 왜 가족계획사업이 오직 임신과 출산을 막기 위한 목적으로 피임술을 보급했을 뿐 생식의 목적을 벗어난 성을 통제하고자 했을 것으로 생각하는가? 왜 가족계획사업이 성에 대한 공적 언급을 금기시했을 것으로 간주하는가?

이와 같은 질문은 당혹스러울 정도로 정확하게 미셸 푸꼬의 이른바 '억압가설(repressive hypothesis)'[37]을 떠올리게 만든다. 푸꼬는 근대 부르주아사회가 출범한 빅토리아 시대에 성에 대한 억압과 금기가 만연했다는 기존 논의들을 성에 대한 '억압가설'이라 명명하고 다음과 같은 세가지 질문을 제기했다.

(1) **역사적 질문**: 성적 억압은 정말 분명한 역사적 사실인가? 성은 과연 억압되었는가?

(2) **역사적-이론적 질문**: 권력이 작동하는 주요한 메커니즘을 억압이라고 볼 수 있는가? 금지와 검열과 부정(denial)이 과연 우리 시대에 권력이 작동하는 방식인가?

(3) **역사적-정치적 질문**: 억압을 비판하는 담론은 과연 이전까지 도전받지 않은 권력 메커니즘에 대한 장애물(roadblock)의 역할을 수행했는가? 자신이 '억압'이라고 지칭하면서 비난하는 대상과 사실은 똑같은 역사적 망(network)의 일부이지 않은가? 억압의 시대와 억압에 대한 비판적 분석 사이에 과연 정말로 역사적 불화(rupture)가 존재하고 있는 것인가?

억압가설에 관해 푸꼬가 던진 이 질문들은 성이 억압당하지 않았다거나 충분한 성적 자유가 존재했다는 뜻에서 제기된 것이 아니다. 다시 말해 억압가설의 진위를 판명하거나 억압가설을 뒤집는 증거를 제시함으로써 반대의 주장을 펼치고자 하는 것이 아니다. 억압가설에 관한 질문들은 과연 섹슈얼리티에 관해 실제로 무엇이, 왜 말해졌는지, 그것을 통해 나타난 권력의 효과가 과연 무엇이었는지를 묻기 위한 것이다.[38]

마찬가지로 우리가 지금 여기서 한국 가족계획사업의 성 담론을 통해 살펴보고자 하는 것은 '성은 금지되거나 차단되거나 감춰지지 않았다'는 점에 있지 않다. 여기서 핵심적인 문제는 사실을 설명하는 것이다. 바꾸어 말해 전반적인 '담론적 사실(discursive fact)', 성이 '담론으로 들어가는 방식'에 관한 문제다. 이것은 가장 미미하고 개별적인 행위양식(modes of behavior)에 도달하기 위해 권력이 취하는 형태, 권력이 작동하는 경로, 권력이 침투하는 담론을 파악하기 위한 것이다.[39] 그렇다면 가족계획의 성 담론이 쾌락적인 성의 차원을 강조한 이유는 무엇일까? 언론과 출판, 집회와 결사의 자유를 억압하고 검열과 통제로 얼룩졌던 시대, 쿠데타와 유신으로 지속된 군사정권하에서 가족계획의 성 담론은 왜 이와 같은 양상을 띠고 있었을까?

섹슈얼리티가 어떻게 다루어지는가를 살펴보는 데 있어 중요한 것은 섹슈얼리티 그 자체가 아니라 섹슈얼리티의 위치다. 가족계획사업은 불가피하게 생식행위와 재생산 전반을 둘러싼 섹슈얼리티의 문제를 다루지 않을 수 없으며, 그와 연관된 사랑, 결혼, 가족, 부부생활, 부부애, 남녀의 역할 전반이 결합하는 담론의 구조물을 구축하게 된다. 가족계획 담론을 통해 섹슈얼리티의 쾌락적 속성이 강조되기 시작했다는 것은 그 자체로서 중요한 것이 아니라, 섹슈얼리티가 배치되는 구조적인 위치가 전환되었음을 의미하는 것이다. 재생산과 분리된 섹슈얼리티는 본격적으로 사랑과 결합되었다.

사랑, 결혼, 섹슈얼리티의 결합

가족계획사업의 성 담론이 금욕적이고 보수적인 담론이 아니라 쾌락적이고 유희적인 담론과 적극적으로 연계되었다는 점은 기이하게 여겨질 만한 것이다. 가족계획의 명시적 목표인 출산율 저하만을 위해서라면 성이 좀더 금기시되고 억제되는 것, 성에 대한 보수적 경향을 유지하거나 강화하는 것이 효과적일 것이기 때문이다. 그러나 "부부가 성생활을 못하면 가족계획이 잘되지 않겠는가 하겠지만 참된 가족계획이란 원치 않는 임신에 대한 공포감(두려움) 없이 보다 만족스러운 부부 성생활을 하게 하는 것"이라는 점이 성에 관한 가족계획사업의 일관된 입장이었다.[40] 즉 성은 재생산의 통제라는 차원에서 억압된 것이 아니라 오히려 '좀더 만족스러운 부부 성생활'이라는 차원에서 장려되었다.

특히 가족계획의 성 담론에서 특징적으로 눈에 띄는 부분은 여성의 성적 욕망을 강조하고 성을 향유할 여성의 권리를 부각시켰다는 점이다. 『가정의 벗』 1969년 4월호에는 경기도 안성군 대덕면 신령리 가족계획어머니회의 소개 기사가 실렸는데, 이 기사는 "5천년 동안이나 우리의 아낙네들은 성생활을 비롯해서 모든 부면에 있어서 전연 주체성을 갖지 못했"으며 "항상 남자들의 일방통행식 행동으로서 남자가 하자는 대로 무조건 따라가는 노예적인 생활을 취해왔을 뿐"이었다고 서술하고 있다. 기사에 따르면, "그러나 가족계획이 시골에 퍼져 각 가정에 침투해 들어가기 시작하므로부터 이런 일방통행은 차차 자리를 바꾸게 되었다."

첫째로 여태까지 남편이 무조건 낳아서 앵겨주던 자녀의 수를 일단 조절할 수 있는 방법과 권리를 알았다는 점이다.
이것은 굉장한 여권의 신장이다. 여자의 일생 전부를 분에 넘는 수의 자녀를 키우기에 모조리 허비해야 하는 마당에 아내의 권리를 강화하기 위한 공부나 노력, 혹은 경제활동을 할 시간이 있을 턱이 없었다. 그러나 이제는 자기가 능히 감당할 만한 수의 자녀만 갖고 그외의 것은 갖지 않는 방법을 알았기 때문에 자녀 교육을 위해서 무참히 버려져야 하는 자기 시간을 어느 정도 갖게 되었다는 것이고 이에 따라 생활의 합리화도 꾀할 수 있게 되었다는 점이다.

다음으로는 성생활을 즐길 수 있다는 점이다.

여태까지 한국의 농촌 부인들의 거의 대부분은 성에 대해서 무관심하거나 피동적이어서 거의 대부분이 남자가 하자는 대로 따르기가 보통이었으나 가족계획을 시작하면서부터는 이 문제가 정반대로 여자가 주도권을 갖는 길로 넘어가게 되었으며 이로써 성을 즐길 수 있는 형태가 되어가고 있으므로 이것이야말로 우리 농촌의 가정생활이 조용하고도 크나큰 혁명을 이룩하고 있다고 할 수 있다.[41]

여성의 성적 주체성은 가족계획의 성 담론에서 대단히 중요하게 다루어졌다. 앞의 인용문에서 나타나듯이 여성의 섹슈얼리티를 논하는 데 있어 여성이 '성에 대해 무관심하거나 피동적'인 존재로부터 '성을 즐길 수 있는' 존재로 변화하는 것은 '조용하고도 크나큰 혁명'으로 칭해졌다. 특히 여기서 여성의 성적 욕망이 어떻게 다루어지는가가 중요한 문제인데, 다음 인용문에서 보는 것처럼 여성의 성욕과 관련해서 "남자들과 같이 성생활을 즐기고 극치감에 도달할 권리"에 관한 다양한 논의들이 등장했다는 점을 주목해볼 수 있다.

여성들의 투표권이 헌법에 보장되기 시작한 때와 거의 일치해서 여성들도 남성들과 같이 성행위를 즐길 수 있다는 의견이 대두된 것 같다. (…) 영국에서는 빅토리아 여왕이 통치한 이후 여자들도 남자들과 같이 성생활을 즐기고 극치감에 도달할 권리가 있다고 생각하게 되었으나 그전의 여자들은 전혀 그렇지 못했다. 즉 어느 할머니의 말과 같이 남자들이 '그 일'을 할 때면 여자들은 언제나 그들의 가구나 가사정리를 할 생각을 한다는 식이었다. (…) 여자의 성욕은 결혼생활에서 시작되는데 그러한 욕구가 만족되지 않으면 여자는 실망하고 정신적 좌절감을 느끼게 된다. 이것은 곧 훌륭한 저택에서 진수성찬을 차려놓은 화려한 파티에서 손님이 없는 것과도 같은 결과를 가져온다.[42]

여기서 흥미로운 것은 여성의 성적 만족만이 중요한 것이 아니라, 여성의 섹슈얼리티 자체가 남성과는 구별되는 것으로 상세히 다루어지고 있다는 점이다. 여성과 남성의 섹슈얼리티는 종종 비교를 통해 그 차이가 설명되고 있는데, "남자의 감각부위는 성기에 국한되고 비교적 단순"하지만 "여성은 성감각대가 복잡하고 풍부"하다는 것이다.[43] "발기된 음경을 질에 삽입 마찰한 후 쾌감과 동시에 사정할 때까지 10초 전후 걸리는 간단하고 단순한" 남성의 섹슈얼리티와 "남자가 자기를 포옹할 때부터 서서히 반응하기 시작하여 그녀의 극치감을 느낄 때까지 긴 시간을 필요로" 하는 여성의 섹슈얼리티는 여러 곳에서 대조적으로 서술되었다.[44] 특히 여성과 남성의 이와 같은 성적 차이는 여성의 성적 만족을 위해서 특별하게 유의해야 할 점으로 다루어지고 있다.

사실 여성의 성기란 마치 사람의 입과 마찬가지로 성기의 중심부를 중심으로 해서 둥근 원을 그릴 수 있는 아주 강력한 근육들이 삥 둘러싸고 있읍니다. 마치 우리가 입으로 "아우"라는 소리를 낼 때 입술을 중심으로 둘러싸고 있는 근육이 움직이는 형태와 같은 것입니다.
그러니까 성의 교섭이 시작될 때 여성의 성기가 열리는 상태가 바로 그런 것이라고 합니다.

그런데 그 근육들이 마치 우리가 "왈" 하고 소리칠 때 입술의 근육이 강하게 조여지듯이 조여지게 되면 어떤 남성의 심볼도 그 조여진 근육을 헤치고 들어갈 수가 없게 됩니다.

만일 이런 경종을 울리는 것 같은 현상이 일어났는데도 불구하고 남성 쪽이나 여성 쪽이나 어쨌던 성교섭을 하겠다는 욕심에 마구 교섭을 무리하게 진행시키게 되면 그 결과는 정말 비참한 것이 되기가 쉽습니다.[45]

가족계획의 성 담론에서 특히 여성의 성적 만족은 대단히 중요하게 다루어졌으며, 성적 불만족은 일종의 병리적인 상태로 취급되었다. 『가정의 벗』에 연재된 전문가 상담코너의 예를 보자. 『가정의 벗』 1972년 9월호에는 "결혼 4년째에 이르도록 아직 한번도 클라이막스에 도달하지 못했다"는 여성의 고민이 실렸는데, 이에 대해 "남편의 기술이 나쁘다든가, 부부의 금슬이 좋지 않다든가, 시가 쪽 가족과 동거하고 있어서 마음대로 느긋한 성생활에 젖을 수 없다든가 하는 것" 등의 원인을 고려해보라는 조언과 함께 "육체적인 것이라면 전문의와 상의하여 환경을 바꾸고 정신적이라면 심리적인 치료"를 받아보라는 답변이 이어졌다.[46] 부부관계에서 여성의 성적 불만족은 정신의학이나 심리학의 도움을 받아야 할 만큼 일종의 병리적인 상태로 간주되고 있음을 알 수 있다.

여기서 하나의 중대한 모순이 느껴진다. 실제로 1960~70년대 한국사회에서 여성의 성욕이 일반적으로 긍정되고 있었다고 보기 힘들다. 더욱이 평범한 여성이 남편과의 성생활에서 느끼는 불만족을 해결하기 위해 전문의와 상담하거나 심리치료를 받는 것은 상상하기 힘든 일이었다. 그렇다면 가족계획사업은 당시 한국사회의 전반적인 섹슈얼리티의 지형과는 이질적이고 상이한 이와 같은 담론들을 왜 비현실적일 정도로 집요하고 일관되게 생산해낸 것일까?

여성의 성적 욕망을 긍정하고 이를 충족시키는 데 초점을 두는 것은 성이 재생산과 분리되는 가장 핵심적인 징표다. 여성의 성욕이란 재생산 자체를 위해서는 결코 필요한 요소가 아니기 때문이다. 대한가족계획협회의 성교육 교재인 『사랑의 성교육』은 이를 정확하게 다음과 같이 설명하고 있다.

여자의 극치감은 인간의 생식에 반드시 필요한 것은 아니라 하더라도 현대의 결혼생활에서는 지대한 중요성을 가진다. 성생활에서 여자 측의 태도는 가정이나 가족을 구성하는 데 중요한 영향을 미친다. 왜냐하면 성행위를 서로 즐기는 것은 서로의 사랑을 표현하는 데 절대적이고 또 필요한 방법이며 그러기 위해서는 반드시 서로가 극치감을 즐길 수 있어야 하기 때문이다.[47]

여성의 성욕, 여성의 성적 만족은 섹슈얼리티가 재생산과 분리되는 동시에 사랑과 결합되었음을 가리키는 핵심적인 지표다. '여자의 극치감'이 재생산의 목적을 위해서는 필요하지 않지만 현대의 결혼생활에서 서로의 사랑을 표현하는 데 있어서는 절대적인 중요성을 가진다는 점이 가족계획의 성 담론을 관통하여 핵심적으로 강조되었는데, 이러한 주장은 인간의 성행위의 목적이 결코 재생산, 즉 임신 및 출산에 있지 않다는 시각과 강력하게 결합한 것이었다.

다음의 인용문에서 보듯이 가족계획 성 담론에서 '난자를 수정시키는 것'은 성행위의 부가적 목적으로 서술되었고, '남녀를 결합시키거나 그 결합을 깊게 하는' 것이 성행위의 주요하고 핵심적인 목적이므로 남녀 결합이라는 목적과 성을 분리시키는 것은 '나쁜 일'로 간주되었다. 반면 출산은 부가적 목적이기 때문에 출산과 성을 분리시키는 것은 '합리적'이라는 것이다.

성생활 자체는 그 자연적인 기능에 있어서 남녀를 결합시키거나 그 결합을 깊게 하는 목적과 난자를 수정시키는 부가적 목적을 가지고 있으며 따라서 성을 그 목적인 [남녀의] 상호 결합에서 분리시키려는 것은 나쁜 일입니다. 그러나 정당한 이유 때문에 그 출산 목적을 분리하는 것은 합리적이며 또한 이 두 목적을 분리시키기 위한 기술을 사용할 수 있다고 하여 일반적으로 가족계획을 찬성하고 있읍니다. (…) 성은 인간의 심오에 속하는 문제입니다. 따라서 성과 관계된 문제는 자신의 양심에 따라서 실시할 것입니다. 조금도 마음에 부담을 갖지 마십시오. 죄악감을 가지고 행한다면 오히려 더욱 무거운 부담만을 주지 않겠읍니까?[48]

성행위의 이러한 두가지 '목적'의 분리는 이 인용문에서도 언급되고 있듯이 두 목적을 분리시키기 위한 기술을 사용할 수 있게 되면서부터 가능하게 되었다. 다시 말해 "과학의 발전은 피임법을 발견하였고, 피임법의 발견은 인간의 성행위의 목적을 둘로 구분하는 데에 성공하였으니, 그 하나는 출산을 위한 성행위요, 그 둘은 기쁨을 위한 성행위"라는 것이다.[49] 재생산과 분리된 남녀의 '결합'과 '기쁨을 위한 성행위'는 피임술의 보급과 결코 분리될 수 없는 것이었다. 전국적으로 광범위하게 피임술을 보급하면서 가족계획사업은 성행위를 사랑하는 남녀의 결합이 가져오는 '기쁨'의 차원에서 장려했다.

가족계획사업의 성 담론이 드러내는 것은 바로 '사랑'의 부각, 좀더 정확히 말해 성과 사랑의 결합이다. 재생산과 분리된 성이 사랑과 결합하면서 재생산을 위해서라면 중요하지 않을 여성의 성적 만족이 부각되었으며 성은 정당하고 자연스러운 욕망과 쾌락의 차원에서 장려되었다. 성과 사랑의 결합은 성을 금기가 아니라 즐거움과 탐구의 새로운 영역으로 전환시켰다. 성은 이제 "서로의 기쁨과 애정 표현을 본질"로 하는 것이 되었으며[50] 다음 인용문에서 보듯이 '정신적 애정'과 '육체적 애정'은 '수레의 두 바퀴'처럼 분리될 수 없는 것으로 논의되었다.

성생활에는 정신적 애정과 육체적 애정이 표리일체가 되고 수레의 두 바퀴와 같이 되어야 함은 물론이다. (…) 성감도 오감(五感)의 하나라 성감대의 자극이나 다른 성 기교만으로는 반응하지 않을 때가 있어 권태기를 초래할 것이다. 무엇보다도 정신적 자극이 중요하며 정신적 애정이 없는 성교는 자위행위와 하나도 다름이 없다.[51]

사랑에 대한 강조는 가족계획사업의 담론 전반을 관통하며 일관되게 확인된다. 성 담론의 경우 성행위의 구체적 기술까지도 사랑에 관한 논의와 견고하게 결합되었다. 가령 『가정의 벗』 1972년 10월호 특집은 효과적인 애무의 부위를 스무개로 나누어 '정신적인 애정의 표현'으로 지칭하면서 구체적인 테크닉을 상세하게 소개하고 있는데, 이러한 성행위의 테크닉을 "웬만한 이해감이 없으면 행하기가 힘들다"고 덧붙이면서 "이해감이란 곧 애정의 한 부분이며, 자기희생"이므로 이와 같은 시도는 모두 진실한 애정과 사랑의 징표로서 면밀히 실천되어야 한다고 강조하고 있다.

먼저 가벼운 애무, 즉 젖가슴이라든가, 입맞춤이라든가 하는 것을 실행하여 자연스런 무드를 조성한 다음 (…) 어느 정도의 맛사지가 끝나면 서서히 엉덩이 부분으로 내려간다. (…) 그리고 두개의 언덕이 있는 경계를 벌리게 한다. (…) 애무는 서로의 성 신경을 자극하는 것이지만, 그 배후에는 정신적인 안정감을 부여하는 것도 짙게 깔려 있다. 어떻게 생각하면, 애무는 곧 정신적인 애정의 표현이라고 해도 과언이 아니다. 그런 기본적인 애무방법을 염두에 두고, 엉덩이의 애무를 실행하면 효과적인 결과를 얻을 수 있다. (…)

앞에서 이야기했던 열여덟가지의 애무방법의 모두가 일종의 자기 희생이 따르지 않고는 실행될 수 없는 성격을 지니고 있다. 사랑은 희생이다. 희생이 없는 사랑은 진실한 애정이라고 하지 않는다. 성(性)은 사랑의 표현이다. 사랑을 주고받는 데는 당연히 희생이 따라야 한다. 그러니까 얼마큼 희생이 따랐느냐에 따라 얼마큼 즐겁고 행복한 애정을 교환했느냐가 나온다.[52]

가족계획사업은 피임술의 보급을 통해 섹슈얼리티와 재생산을 기술적으로 분리시켰을 뿐 아니라 이와 같이 성의 쾌락적 요소를 면밀히 논의하면서 성행위를 생식의 목적과는 완전히 분리된 사랑의 실천이라는 차원에서 의미화했다. 『가정의 벗』을 비롯해 가족계획사업과 연관된 각종 간행물은 직접적으로 가족계획의 이와 같은 쾌락적 성 담론을 유포하고 확산시키는 매체가 되었고, 가족계획사업 관련 주요 인사들의 칼럼이나 에세이를 통해 이와 같은 성 담론이 잡지와 신문을 통해 전파되었으며 생식과 무관한 쾌락적 성 담론이 각종 매체에 확산되었다. 1960~70년대는 특히 여성잡지 시장이 본격적으로 확대된 시기였고,[53] 이 시기에 늘어난 여성잡지들은 다양한 피임법을 제시하고 출산과는 별개의 성생활에 대해 이야기함으로써 피임의 대중화와 쾌락적 성 담론의 확산에 기여했다.[54] 피임법에 대한 정보나 임신·출산의 목적과 분리된 쾌락적 성에 관한 기사는 지속적으로 여성잡지의 단골기사가 되었으며, 이것은 물론 국책사업인 가족계획을 적극적으로 반영하는 의미를 지녔다.[55]

여기서 흥미로운 것은 이같은 쾌락적 성 담론이 과학적 지식 및 전문가들의 권위와 결합하여 유통되었다는 점이다. 가족계획의 성교육 교재나 여타의 성 담론을 주도한 것은 의사를 비롯한 지식인과 전문가 집단이었고, 가족계획의 성 담론을 구성한 중요한 요소는 의학이나 생리학, 해부학 또는 통계연구 등의 전문지식이었다. 가족계획의 성 담론은 성적 만족을 높이는 데 필요한 전희의 지속 시간, 부위별 크기와 쾌감의 상관관계, 성교 횟수가 건강에 미치는 영향, 자극 부위에 대한 해부학적 기술 등에 대한 구체적 보고를 포함하고 있었다. 예를 들면 "여러 학자들의 연구를 근거로 했을 때" 이상적인 성생활을 위해서는 "최소한 2분 이상의 전행위(前行爲, foreplay)"가 있어야 하며, 남성은 자세와 무관하게 "성기의 자극감을 받게 되지만" 여성은 "음핵과 하부의 질벽 및 외음부"에 "충분한 마찰이 있도록 자세를 갖는 것"을 필요로 하며 "또 유방이나 전체 표면에도 자극을 줄 수 있"어야 한다.[56] 또한 "음경의 크기는 (…) 발기해서 5cm가 되면 성교에는 큰 지장이 없고, 평시의 크기가 4cm 이하가 아니면 단소음경(短小陰莖)이라고 하지 않으며" 음경의 크기는 정력이나 남성 및 여성의 성감과 비례하지 않는다는 등[57] 구전(口傳)과 속설에 담긴 편견과 비과학적인 사고를 비판하는 객관화된 과학적 지식의 형태로 성 담론이 유통되었던 것이다.

특히 당시의 관행상 출처를 정확하게 밝히고 있지는 않지만, 쾌락적 섹슈얼리티를 승인하고 정당화하는 이같은 텍스트들은 여러 학문분야의 과학적인 실증조사 연구결과에 광범위하게 바탕하고 있는 것으로 서술되었고, 통계적 발견의 내용을 각종 통계 수치들과 함께 적극적으로 활용하고 있음을 볼 수 있다. 일례로 의과대학의 교수들이 집필한 가족계획 안내서『가족계획』은 다음과 같이 여러 연구결과를 인용하고 있다. "디킨슨(Dickinson)의 조사에서 매일 혹은 그 이상 자주 성교하는 부인이 16%였으며 또 매일 해도 좋다는 부인은 60~70%"이고 "미국 터먼(Terman)의 보고는 100명의 부인 중에서 10명은 월경 중에 성교를 즐기고 있으며" "기혼 여성 중 55%에서는 결혼 후도 자위를 계속한다." "킨제이(Kinsey)는 여성의 성몽의 90%에서 이성애의 꿈을" 꾼다고 보고하였고, 로머(Rommer)의 연구에 따르면 "대체로 5명의 부인 중에서 2명은 성교 때마다 극치감을 느끼고, 2명은 가끔 느끼고, 나머지 1명은 이것을 느끼지 못한다. 30세대의 부인 중에서 미국 사람은 10%가, 일본 사람은 30%가 불감증이다."[58]

이와 같이 성적 행위와 관련된 지식의 계속적인 합병(incorporation)이 일어나면서, 성적 행위가 실제로 어떻게 실행되고 있는지를 보고하는 글들은 성적 쾌락을 추구하도록 고무하는 선전적인 책자들보다 훨씬 큰 효과를 발휘했다.[59] 이와 같은 유형의 연구보고 중 대표적인 성 실태 보고서인 이른바 '킨제이 보고서'[60]가 한국에 소개된 것은 1950년대의 일로,『신천지』나『여원』등의 잡지에 관련 기사가 게재된 바 있다.[61] 그러나 1950년대의 성 담론은 명백하게 한계를 가질 수밖에 없었는데, 피임술의 보급 없이 성을 쾌락적으로 향유한다는 것은 사실상 불가능하기 때문이다. 1960년 12월 6일에 가족계획을 국가시책으로 채택한다는 박정희의 담화문이 발표되기 전까지 피임약제와 기구의 국내 생산과 수입이 모두 금지되어 있었다는 사실만 단순히 상기해보더라도, 그 이전까지 성을 쾌락적으로 향유한다는 것이 얼마나 비현실적이었을지 쉽게 가늠해볼 수 있다.

그러나 가족계획사업과 함께 피임술이 합법적으로 보급되면서 사정은 달라졌다. 피임법의 대대적인 선전과 더불어 가족계획의 성 담론은 쾌락적 섹슈얼리티의 정당성을 지지하는 여러 전문가 담론과 결합되어 유통되었고, 여성잡지를 비롯해 늘어나는 대중매체는 여성들이 새로운 정보, 특히 성생활과 임신 등 여성에게 필요한 지식을 습득할 수 있는 통로이자 교양 독서물로서의 역할을 하게 되었다.[62] 킨제이 보고서가 발표된 후 서구에서 광범위하게 논쟁을 일으키면서도 그 '과학적' 성격으로 인해 도덕적 반감을 중화시키면서 공적 영역의 일부를 이루며 일상적인 성적 실천의 수준에 영향을 미친 것처럼 한국에서 전문가 담론과 대중매체가 생산하는 지식은 계속적으로 결합하면서 지식 생산의 다양한 층위를 형성하는 가운데 섹슈얼리티를 도덕의 문제에서 점차 지식의 문제, 과학의 문제로 변모시켰다.[63]

경제적·정치적 문제로서 인구의 등장은 이처럼 성에 대해 억압적이라기보다는 오히려 성에 관하여 말하는 것을 조장하고 장려하였으며 의학, 심리학, 범죄학, 인구학 등 여러 갈래의 성 담론과 결합하였다.[64] 성에 대해 합리적이고 신뢰할 만한 조언과 안내는 전통적인 가치나 보수적인 도덕 및 윤리에 기초하는 것이 아니라 과학적이고 실증적인 지식에 근거해야 하는 것으로 간주되었고, 따라서 성 담론은 주로 지식인과 전문가에 의해 주도되었다.

피임술의 보급과 함께 확산된 가족계획의 성 담론은 성의 쾌락적 요소를 전면에 내세우면서 기존의 성 관행을 근원적으로 비판했다는 점에서 급진적인 요소를 가지고 있었지만, 성의 쾌락적 차원을 혼인관계에 견고하게 위치시켰다는 점에서 보자면 급진적인 담론으로 볼 수 없는 이중적인 성격을 가졌다. 그런데 이와 같은 이중성, 즉 가족계획의 성 담론이 가진 급진성과 보수성보다 더욱 중요한 것은 이것이 이전과는 전혀 다른 사회적 관계와 현상을 출현시켰다는 점이다. 사랑하는 사람과 결혼하여 배우자와의 성적 향유를 추구하는 것은 근대 이후에 등장한 삶의 양식으로, 근대 이전의 사회에서는 사랑과 결혼, 섹슈얼리티 사이에 이념형으로나 현실에서나 그 어떤 상관관계도 존재하지 않았다. 근대 이전 결혼계약의 기초는 상대방의 성적 매력이 아니라 경제적 상황이었고, 결혼과 섹슈얼리티는 재생산을 위해서만 결합되었다. 결혼의 의미는 생계를 꾸리고 다음 세대의 생존을 보장하는 것이었으며, 개인적 선호나 동기는 고려되지 않았다. 배우자를 고르고 결혼을 하는 것은 무엇보다 경제적 필요에 의한 것이었다.[65]

이러한 방식의 결혼이 문제적인 것으로 인식되기 시작한 것은 근대에 이르러서였다. 18세기 후반 서구에서 형성되기 시작한 이른바 낭만적 사랑(romantic love)이라 불리는 특유한 사랑의 양식이 사랑과 결혼, 섹슈얼리티를 역사적으로 결합시켰다. 어느 한 사람이 다른 한 사람에게 매혹되는 사랑의 감정은 본능적이고 지극히 개인적이며 심리적인 경험처럼 여겨지지만, 사랑의 패턴, 그리고 그것이 다른 사회적 관계 및 제도들과 결합되는 양상은 사회적으로 구성되는 것이다. 상대방에게 강렬하게 이끌려 기존의 일상적 관계와 책무를 망각하게 만드는 열정적 사랑(amour passion)이 비록 이례적이고 예외적인 감정이기는 하지만 상대적으로 사회적 구속력이 낮고 어느 시대, 어느 사회에서나 찾아볼 수 있는 현상인 반면, 낭만적 사랑은 근대의 혼인제도 및 가족제도와 밀접한 연관을 가진다는 점에서 역사적으로 독특한 양태다.[66]

사랑하는 사람과의 결혼, 연인이자 배우자인 상대방에게 배타적으로 귀속되는 성애, 사랑의 징표로서의 성적 합일은 모두 낭만적 사랑의 이상과 함께 등장한 관념이었다. 낭만적 사랑이라는 집합체(romantic love complex)가 등장하면서부터 사랑이 없는 결혼은 불행한 것으로 간주되기 시작했으며 혼인관계 외부의 성, 그리고 성적 향유가 결여된 부부관계는 문제적인 것으로 인식되거나 도덕적으로 비난받게 되었다. 가족계획은 한국에서 1960년대를 거쳐 1970년대에 이르러 본격화된, 사랑-결혼-섹슈얼리티의 결합이라는 역사적 과정의 한가운데에 자리하고 있었다. 사랑은 결혼의 가장 핵심적인 요소로 부상하게 되었고, 특히 부부의 사랑은 성적 결합을 통해 지속적으로 확인되어야 하는 것으로 이야기되었다.

가족계획사업에서 섹슈얼리티는 출산율을 증가시키는 데 기여할 위험성을 가진, 따라서 어떤 형태로든 통제되어야 할 생식행위의 차원이 아니었다. 성생활에 대한 가족계획의 개입은 출산율 통제를 위한 도구적 차원이나 피임의 보급이나 불임시술 같은 기술적 차원에 국한된 것이 아니었으며, 군부독재 시대 국책사업이었던 가족계획사업의 성 담론의 양상은 금기나 억압, 검열, 통제와는 거리가 멀었다. 이것은 고전시대 이래로 권력과 지식, 섹슈얼리티가 억압으로 연결되어 있었다는 기존 인식과 정반대로 섹슈얼리티와 권력의 관계는 억압과 전혀 무관했다고 주장한 푸꼬의 논의를 떠올리게 한다.[67]

그렇다면 산아제한을 목적으로 하는 가족계획사업이 왜 쾌락적 성 담론을 생산하고 적극적으로 유포한 것일까? 앞서 언급한 것처럼 가족계획의 명시적 목표인 출산율 통제를 위해서라면 성에 대한 보수적 태도가 유지되는 것, 섹슈얼리티가 좀더 억제되고 금기시되는 것이 효과적일 터이다. 그러므로 가족계획이 피임의 보급을 통해 섹슈얼리티를 재생산과 분리시키는 데에서 나아가 성적 향유를 예찬하고 성에 대해 금욕적이고 억압적인 태도를 비판하면서 섹슈얼리티를 자연스럽고 정당한 욕망이며 사랑하는 관계에서 지속적으로 탐구되고 실천되어야 할 것으로 강조했다는 사실은 기이하게 여겨질 만한 일이다.

사랑과 결혼, 그리고 섹슈얼리티의 결합이 의미하는 바가 바로 이것이다. 피임술의 보급과 결합된 쾌락적 성 담론은 섹슈얼리티를 부부간의 사랑이 실천되고 확인되는 핵심적 차원이자 가족관계를 재편하는 요소로 부상시켰다. 결국 가족계획의 성 담론이 가리키는 것은 새로운 가족 ── 본격적인 자본주의 산업화와 함께 등장하는 새로운 형태의 가족, 전혀 새로운 종류의 가족의 정상성(normalcy)이었다.

가족의 정상화

사랑은 성과 육체와 자아정체성, 가족과 젠더, 아동과 양육, 위생학과 인구학, 사회의 재생산의 지평까지를 포함하는 중요한 주제다.[68] 앞서 살펴본 낭만적 사랑의 핵심은 상대방에 대한 매혹 그 자체에 있는 것이 아니라, 상대방에 대한 매혹이 삶에 대한 장기적이고 능동적인 구상과 결합한다는 점에 있다. 이런 점에서 낭만적 사랑은 개인의 삶에 서사(narrative)의 지평을 도입했다고 할 수 있다. 낭만적 사랑에 빠진 개인은 상대방과 자신의 삶의 합일을 단지 희구할 뿐 아니라 그 구체적 형태를 구상하고 기획하며 추구하는데, 이때 두 사람의 삶의 합일이란 바로 혼인관계를 통해 성취되는 것이다. 이렇게 하여 낭만적 사랑은 사랑과 결혼을 결합시키는 역사적 계기가 되었고, 여기에 사랑의 표현과 애정의 교류로서 섹슈얼리티가 결합되었다. 결국 낭만적 사랑은 두 남녀 사이의 감정에서 출발해서 가족의 구성, 가정의 창조, 가족관계의 형성과 변화 등 사회관계 및 사회제도와 적극적으로 결합하는 현상으로서 중요한 역사적 의미를 갖게 되었다.

감정이 가족관계에서 가장 중요한 요소로 등장하기 시작한 것은 근대 가족, 특히 근대 부르주아 가족의 출현과 더불어 비로소 나타난 현상이었다. 근대 이전의 사회에서 부부는 일을 공유하는 한 팀이었고, 경제생활의 단위는 확대가족을 포함하는 대규모 가구로 이루어졌다. 근대 이전의 삶에서 최우선의 요구는 생계를 꾸리고 다음 세대의 생존을 보장하는 것이었다. 근대가족의 등장과 함께 가족은 더이상 경제적 생산 단위가 아니게 되었으며, 부부는 이제 일을 공유하는 한 팀이 아니라 감정을 공유하는 한 커플이 되었다.[69] 부부관계는 여타의 가족관계와 분리되어 질적으로 다른 위상을 확보하게 되었다.

가족계획의 성 담론 전반에 걸쳐 궁극적으로 강조되는 것이 바로 이 부부관계였다. 가족계획 담론은 성행위의 테크닉에 대한 기술부터 성교육 교과서에 이르기까지 남녀의 사랑에 대한 전면적인 강조를 보여주었는데, 이때 남녀의 사랑은 명시적으로든 암묵적으로든 혼인관계와 결합된 것이었다. 부부 사이의 사랑을 특권화하고 부부의 행복한 성생활을 강조하는 이같은 담론은 가족구조를 부부관계 중심으로 재구조화해야 한다는 요청과 결합되는 것이었으며, 이로써 적어도 가족계획의 담론 안에서 부부관계는 가족관계의 핵심으로 부상하게 되었다. 가족계획 담론은 부부의 행복을 추구하는 것이야말로 근대가족이라는 상을 제시하였고,[70] 다산(多産)은 부부의 사랑을 위협함으로써 가족 전체의 문제를 야기하는 것으로 비판되었다.

뭐니뭐니 해도 가정의 가장 기본이 되는 것은 부부이다.

부부가 없다면 가정도 이루어지지 않는다. 그러기 때문에 부부, 즉 남편과 아내는 둘 다 똑같이 중요한 것이며 이중 어느 한쪽이 더 중요하고, 다른 쪽은 덜 중요한 것이 아니다. 그런데도 불구하고 지금까지 한국 가정에서의 부부의 입장을 보면, 남편은 마치 임금님처럼, 아니 거의 폭군처럼 군림하고, 아내는 노리갯감이나 식모, 애 낳는 기계처럼 인간 대우를 받지 못하고 귀머거리 3년, 벙어리 3년, 장님 3년이란 말처럼 희생의 제물이 되어왔다.

더구나 다같이 애정과 욕구를 가진 부부가 잠자리를 같이하는 데 있어서도 남편은 즐기고, 아내는 이용되는 그런 부부생활을 해오면서도 단 한번이라도 좋은가를 반성해본 흔적이 없다.

더구나 요새처럼 좋은 피임법이 얼마든지 있는데도 불구하고 그저 모든 책임을 아내에게만 부담시키고, 자신은 즐기기만 하는 남자, 말하자면 피임을 하지 않는 남자는 현대과학의 혜택을 외면하고, 사랑하기 때문에 잠자리를 같이하는 것이 아니라 그저 발정이 되어서 하는 수컷의 자격밖에 없는 것이다. 따라서 사랑이 무엇인지 아는 남편이라면 부인에게 고통을 주지 않는 남성 피임으로 무장한 그런 남성이어야 한다.[71]

우리는 5장에서 가족계획사업이 근대화 프로젝트의 중심에 자리하고 있었음을 역사주의 인식론의 문제와 함께 살펴보았다. 부부의 사랑과 성적 향유 역시 근대적 가족의 삶의 양식으로서 추구되었으며, 이 추구는 서구의 현재성을 따라잡아야 한다는 요청을 포함하는 것이었다. 많은 학자들이 한국사회에서 오래도록 성에 관한 공적 언급을 금기시하고 성적 보수성을 지속시킬 수 있었던 이유를 "한국의 독특한 철학적·문화적 시스템, 즉 유교"에 기인하는 것으로 설명해왔는데,[72] 근대화 프로젝트로서 가족계획사업은 흥미롭게도 이른바 유교적 전통과 봉건적 습성, 성에 관한 억압적 태도를 비판하면서 결혼과 사랑, 부부관계, 섹슈얼리티의 문제에서 일관되게 근대성을 선전하는 장으로 작동했음을 볼 수 있다.

결혼의 안전변은 성적 매력이며 성은 강대한 접착제로서 어떤 장
애가 있어도 성적 매력이 강하면 잘 떨어지지 않는다. 결혼 전 교제의
목적은 이와 같이 정신적 및 육체적 애정이 일치된 성의 매력을 높이
고 눈 감고 미지의 세상에 들어가므로 이혼이 많고 불감증이 많은 봉
건습관을 벗어나는 데 있다.[73]

가정이라는 것은 사랑을 바탕으로 이루어지지 않으면 안 된다.
처음 남녀가 만나서 결혼을 하고 가정을 꾸밀 때부터 가정의 조건
은 사랑밖에 아무것도 없는 것이다. (…) 애정이 있는 남녀가 만나서
부부를 이루고, 거기서 낳은 자식들도 애정으로써 묶어지지 않으면
안 된다.
이것이 서구 사람들이 갖는 가족관의 첫 단계다. (…) [그러나 우리나라
에서는] 부모의 권유나 경제적인 여건에 의하여 애정 없이 결혼이 이
루어지고 있다.[74]

가족의 중핵은 부부이며 부부의 사랑임을 공표하는 담론은 나아가
주거양식의 변화를 촉구하는 논의와 결합되었다. 많은 가족이 좁은 가
옥에서 사는 것은 무엇보다도 부부의 성생활의 자유를 깨뜨린다는 이
유로 탄식의 대상이 되었고, 부부가 부부 이외의 가족들과 한 공간에서
기거하는 것은 "인간생활의 현대화에 역행"하는 문제로 지적되었다.[75]
부부관계를 중심으로 가옥구조와 주거양식을 재편해야 한다는 주장은
1974년 『가정의 벗』이 '한국의 가옥구조와 성관계'라는 특집을 게재할
정도로 본격적인 요구가 되었다.

사실상 가옥구조에 있어서 중요한 부분은 부부의 침실이라 말할 수 있게 된다. 다시 말해서 부부의 침실이야말로 현대 **가옥구조**의 새로운 액시스가 되는 셈이다. (⋯) 우리나라의 **전통적인 가옥구조**에 안방과 사랑방이 따로 떨어져 있거나 혹은 일정한 거리를 두어서 이를 이원화(二元化)시키고 있는 것은 주목할 만한 점이다. 그것은 부부행위에서 성적인 유희성을 경계하려는 의도가 있으며, (⋯) 이러한 **전통적인 가옥구조**는 사실상 지나치리만큼 비부부적(非夫婦的)이라고 말할 수 있다. 바꾸어 말하면 그것은 비잔틴이나 르네상스 시대의 도움건축과 같이 지나치게 종교적이며 독재적이다.[76]

부부의 침실에 대한 강조는 이와 같이 부부의 성생활에 대한 관심과 함께 나타난 현상이었다. "부부가 한방에서 잠자는 성숙한 딸이나 아들에게 들키지 않으려고 숨결을 죽여가며 도둑질이나 하듯이 성생활을 한다면 그것은 비극"이므로,[77] 경제적 사정으로 인해 도저히 부부의 침실을 분리시킬 수 없는 경우에는 단칸방에 가림막이라도 쳐서 부부만의 공간을 확보해야 한다는 조언이 이어졌다.

근대가족은 주거공간의 구조 변화와 불가분 결합하여 나타난다. 서구의 경우 18세기를 거치면서 집의 구조가 각방의 독립성을 보장하는 근대적 형태로 변모하는데, 특히 침대가 더이상 집안 아무데나 배치되지 않게 되면서 침실이라는 특별한 공간이 생겨나게 된다. 이전까지 침대에서 손님을 맞는 것은 흔한 일이었고 많은 사람들이 한 공간에서 밤을 지내는 것 역시 평범한 일이었으며, 상류층에서는 주인과 하인, 부인과 하녀들이 한방에서 잤고, 하류층에서는 남녀가 공동으로 또한 종종 손님들과 혼숙했다.[78] 그러나 침실이 새로운 특별한 의미를 갖게 되면서

프랑스어에서 이전까지 살롱이나 식당을 의미하는 단어(salle)와 동의어로 사용되던 침실(chambre)이 서로 대립적인 의미로 쓰이게 되었으며 이딸리아어나 영어에서도 유사한 변화가 생겨난다.[79] 침실은 가장 사적이고 은밀한 공간이 되었고, 집은 공동체나 세간과 단절된 부모와 아이들의 고립된 공간이 되었다.

18세기 서구에서 벌어진 이러한 변화는 외부 세계와 분리된 사생활의 영역으로서 가족의 출현을 의미하는 것이었다. 이 사생활의 영역, 새로운 종류의 가족에 관한 관념은 한국에서 흥미롭게도 국가주의와 결합하는 양상으로 나타났다. 사생활의 공간으로서 근대적 가족이 국가주의의 영향하에 등장하게 된 것이 일견 모순적으로 보이지만, 배타적이고 독점적인 사랑이 지배하는 공간으로서 이 새로운 종류의 가족은 서구에서도 국가가 아닌 일터나 작업공간의 공적 세계, 친족을 포함하는 공동체의 외부 세계와 대립하면서 출현한 것이었다.[80] 국가는 바로 이 대립 — 일터와 집, 외부세계와 가족의 분리 — 에 정당성을 부여하는 강력한 힘이었다. 따라서 아래의 인용문에서 보듯이 가족계획의 국가주의가 전통적 가치나 관습, 성적 보수주의와 대립한 것은 모순적이라기보다 오히려 자연스러운 일이었다.

많은 가정에 있어서 조사연구 결과 나타난 것을 보면 기계적인 성생활을 하고 있는 가정도 많고 또 심지어 성생활에 무관심, 또는 흥미를 못 느껴 그 뜻을 모르고 지내는 가정도 적지 않다. 그러나 우리 인생에 있어서 성생활을 경시해서는 안 될 줄 안다. (…) 성생활에 대한 지장은 성생활 자체도 불만인 것이 되고 다시 불만족스러운 성생활은 부부간은 물론 기타 가족을 원망하게 되어 갈등이 생긴다. 가족이 서로 돕고 위로해가면서 살면서 이루어지는 원만한 가정생활은 우리들의 사회생활의 원동력이 되는 법이고 그러므로 나라와 민족의 발전에 이바지하는 보람 있는 생활을 할 수 있을 것이다. 만일에 이러한 고차원적인 생활이 건전한 부부의 성생활과 관계가 있다면 이 성생활은 결코 경하게 취급되어서는 안 된다.[81]

자녀 수의 차원에 국한해서 보면, 가족계획사업이 시작된 1960년대에는 빈곤에서 벗어나기 위해 자녀 수를 줄여야 한다는 대대적인 선전이 있었고, 소자녀 규범의 구체적 예시로 '세살 터울 셋만 낳고 35세에 단산하자'라는 표어에서 보듯 3자녀 모델이 제시되기도 했다. 그러나 이상적인 가족의 모델이 수의 차원과 확고하게 결합한 것은 1970년대 둘 낳기 운동이 전개되면서부터였다. '딸 아들 구별 말고 둘만 낳아 잘 기르자'는 표어는 가족계획의 상징처럼 각인되었고, 실제로 한국의 가족은 부부와 2명의 자녀로 구성된 가족 모델을 상당한 기간 동안 정상가족(normal family)의 이념형으로 삼게 되었다. 사진 14에서 보듯이 가족계획의 포스터와 사진, 홍보물은 4인 가족으로 구성되었고, 이것은 이내 가장 '정상적인' 가족의 표준적인 상(像)이 되었다.

그런데 여기서 부모와 두 자녀로 구성된 핵가족의 모델은 단지 적은 수의 자녀만을 보여주는 것이 아니라, 과거의 가족과는 질적으로 다른 종류의 가족의 출현을 의미하는 것이다. 피임술의 보급은 가족에 양적으로나 질적으로 많은 변화를 가져왔지만, 중요한 변화는 실체로서의 가족 이상으로 가족에 대한 심성, 관념, 의식에서 일어났다.[82] 가족계획과 함께 등장한 새로운 가족의 모델은 견고하게 사랑에 기초한 것으로, 사랑하는 남녀가 결혼해서 그 사랑의 결실로 얻은 자녀를 사랑으로 양육한다는 새로운 종류의 정서(a surge of sentiment)[83]가 가족을 휩싸게 되었다. 이 모델의 중심에는 혼인관계로 맺어진 부부의 사랑이 위치하

사진 14 1970년대 가족계획 포스터

지만, 부모와 자녀의 관계 역시 완전히 새로운 차원으로 진입하게 된다. 가족계획사업이 겨냥한 근대적 가족의 모델은 이상적인 자녀 수와 실제 출산자녀 수, 가구 구성원 수의 양적 변화를 수반하는 동시에, 이러한 양적 변화만으로 표상되지 않는 정서적 삶의 재질서화를 의미하는 것이었다.

이 새로운 가족 모델의 확산이 가족계획을 통해 등장한 가족의 정상화(normalization) 과정을 이룬다. 서구에서 가족이라는 단어의 정의가 18세기 후반에서 19세기 초를 거치며 하인들을 포함하는 전체 가구나 전체 친족집단에서 부부와 그들의 자녀만을 강조하는 것으로 변모했던 것처럼[84] 가족계획사업이 전개되던 1960~70년대 한국에서도 가족이라는 단어는 식모나 친족, 방계가족의 다양한 구성원을 포함하는 의미에서 부부와 자녀로 구성된 가족을 제한적으로 지시하는 것으로 변화하게 되었다. 이런 점에서 1960년 센서스에서 혈연가구의 범주에 최대 4명까지의 비혈연 동거인이 포함되어 있었다는 점[85]은 흥미로운 대목이다. 1960년대와 1970년대를 거치는 동안 "가정은 부부 사이, 부모와 자식 사이에 필수적인 애정의 공간이 되었"으며 이것은 이전에 존재하지 않았던 "전혀 새로운 감정"이었다. 이 시기에 이르러 비로소 사람들은 아이를 사랑으로 키우고 정성을 다해 길러야 한다고, 그리고 "아이를 잘 돌보기 위해 아이 수를 제한하는 것이 바람직하다고 생각하게" 되었고, 이러한 변화가 "인위적인 출생 저하를 동반하게" 되었다.[86]

이렇게 해서 가족은 그 이전의 역사와는 비할 수 없을 만큼 중대한 위치를 차지하게 되었다. 전통적인 가족관계가 쇠퇴하고 가족형태가 변모하면서, 이전 시대의 사회적 속박이 무너지면서 필리프 아리에스(Philippe Aries)의 표현대로 결국 승리한 것은 가족이었다.[87] 그런데 이 새로운 가족은 이전의 가족과는 달리 개인의 주체성을 억압하는 것이 아니라 오히려 정반대로 개인의 주체성을 요청하면서 바로 그 주체성에 기초해서 존재하는 것이었다고 할 수 있다. 이제 우리는 7장에서 바로 그 주체화의 양상, 특히 여성의 주체화에 대해 살펴볼 것이다.

7장

여성의
주체화

여성들 대다수가 전업주부가 된 것이야말로 산업혁명이 가져온 가장 극적인 결과의 하나였다.

— 앤 오클리Ann Oakley[1]

남성 단독 가계부양이라는 목표는 근대의 가족이데올로기에서 가장 혁신적 변화 중 하나가 되었다.

— 다이애나 기틴스Diana Gittins[2]

피임은 무엇을 의미하는가

1967년 4월, 어느 26세의 여성이 군복무를 마치고 갓 제대한 남성과 결혼식을 올렸다. 그는 2남 5녀의 셋째 딸이었다. 그보다 먼저 3형제의 장남과 결혼한 언니는 연달아 딸 넷을 낳은 후 아들 둘을 두었다. 원하는 아들은 얻었지만 여섯 아이를 키우는 삶은 힘겨웠다. 고향집 뒷동네에는 밥풀과자를 만들어 파는 가난한 집이 있었는데, 그 가난 속에서도 아들을 바라는 염원은 끈질겼다. 큰딸 덕순이 밑으로 낳은 둘째딸 이름을 '둘러서 아들을 낳으라'고 '둘레'라 지었다. 다시 딸을 낳자 '공연히'란 뜻의 경상도 사투리로 '진찬'이라는 이름을 붙였다. 이어 또 딸을 낳자 이름을 '그만'이라고 지었다. 주위에는 이렇게 '딱한 사람들'이 많았다.

결혼식은 올렸지만 경제적 기반이 없었던 그와 남편은 곧바로 신혼살림을 시작할 수가 없었다. 결혼하자마자 타향의 시가에서 살기 시작했다. 이 부부에게 콘돔은 '필수품'이었다. 착실한 부부는 시집살이 반년 만에 살림을 나게 되었고, 해가 바뀌어 1968년이 되자 아이를 가지기로 했다. 기왕이면 4월이나 5월에 태어나기를 바랐다. 하지만 그러려면

7월이나 8월에 임신을 해야 하니 한해를 더 보내야 했다. 그렇게 되면 나이가 28세가 되니 너무 늦어 안 될 것 같았다. 1월에 임신해 더위를 넘긴 10월에 아이를 낳기로 했다. 계획은 그대로 들어맞아 10월에 딸을 낳았다.

첫아이가 젖을 떼고 돌을 넘길 무렵 둘째를 계획하게 되었다. 당시 가족계획의 슬로건은 '3·3·35'였다. "3년 간격으로 3명의 자녀를 35세 전에 출산하는 게 이상적"이라고 하지만, 그에게는 "두명의 자녀를 서른이 되기 전에 낳고 말겠다"는 그 나름대로의 계획이 있었다. "애들이 자라 상급학교에 진학할 때 6·3·3·4제를 택하고 있는 우리나라의 교육제도"에 비추어 3년 터울은 경제적인 부담이 커지기 때문이다. 게다가 3년 터울로 낳으면 친정어머니의 회갑이 있는 해에 출산을 하게 된다. 친정어머니 회갑에 "천리 먼 길을 임신한 몸으로는 어려울 것 같고, 아기가 너무 어려도 곤란할 것"이었다. 그리하여 계획대로 큰아이의 돌무렵 둘째를 임신해 이듬해 7월에 아들을 낳았다.

"이젠 정말 더이상 아기를 낳지 않으리라. 나를 위해, 그리고 귀여운 우리 꼬마들을 위해서." 그는 속으로 다짐했다. 그러나 이듬해 "4월 말 멘스 후 6일째던가, 오늘 하루쯤은 하고 때마침 품절이던 콘돔을 준비하지 않았던 일"이 있었다. "그 정도는 배란기에 걸리지 않았겠지" 하고 넘겼지만 요행을 바라던 마음은 어리석었다. 다시 임신이었다. "이러지도 저러지도 못해 망설이는 마음 가운데 어린 생명을 무참히 죽일 수 없다는 모성애가 끓어"올랐다. 그러나 남편은 아이를 그만 가지자고 했다. 그는 번민으로 밤을 새우고 이튿날 산부인과에 갔다. "우리 가정의 항구적인 행복과 안정을 위해서라는 이유"를 마음에 새기면서 "핏덩이를 버리고 돌아오며 가슴을 치밀어 오르는 오열을 삼켰다."

그후 나는 '오기노'식에 의한 피임법을 멀리했다. (내 친구들도 월경 주기만을 믿다가 몇번씩 실패를 했다 한다.) 그래서 월경 전후 하루나 이틀을 제하고는 언제나 '콘돔'을 쓰는 것이다.

비 온 뒤에 땅 굳듯이, 돌다리도 두드려 건넌다는 완벽성이 없고서는 안심이 안 되기 때문이다.

가족계획에 성공했으니 좀더 근본적인 피임법을 강구하는 것이 바람직한 것으로 알고 있으나 애들이 아직 어리고 콘돔으로도 불편을 느끼지 않으므로 차제에 부치고 있다.[3]

주부생활사와 대한가족계획협회의 가족계획 실천수기 현상모집[4]에 입선작으로 뽑힌 이 이야기는 가족계획사업이 보급한 피임술이 여성들에게 과연 어떤 의미였는가를 여러 층위에서 환기시킨다. 임신과 출산은 오래도록 여성의 삶에서 피하기 어려운 생물학적 과제였다. 출산 중 산모나 영아의 높은 사망률로 인해 임신과 출산은 죽음에 대한 공포와 연결되는 문제이기도 했다. 임신과 출산을 통제하기 위한 시도는 근대적 피임술이 보급되기 이전에도 역사적으로 다양하게 존재해왔다. 임신을 피하기 위해 금욕이나 성교중절법이 사용되기도 했고, 임신한 여성들은 출산을 피하기 위해 민간에 전해지는 여러가지 약초나 기이한 것들을 먹고 자신의 몸을 학대하기도 했다. 낙태는 원치 않는 임신과 출산을 회피하는 수단이었다는 점에서 피임과 본질적으로 다른 의미가 아니었다. 영아살해는 생식을 조절하기 위한 수단으로 오랜 역사에 걸쳐 여러 문화권에서 나타나고 있다.[5]

1950년대 한국의 대도시에서는 인공유산 시술이 광범위하게 이루어졌고,[6] 공식적·비공식적 의료 시술을 통한 인공유산은 그후로도 오래도록 출산을 조절하기 위한 하나의 방도로 사용되었다. 여성들은 약초를

달여 먹고 간장이나 엿기름을 마시고, 나무에서 떨어지거나 언덕에서 구르는 등의 갖가지 방법으로 유산을 시도했다.[7] 1960년대 초부터 가족계획사업과 함께 근대적 피임술이 본격적으로 확산되면서 금욕이나 낙태, 영아살해 이외에 재생산 전반을 통제하기 위한 적절한 방법을 갖추지 못했던 이와 같은 상황은 급격하게 변모하기 시작했다.

무엇보다 중요한 변화는 임신과 출산이 여성의 생애주기 안에서 계획의 차원에 진입하게 되었다는 점이다. 임신과 출산은 이제 단지 회피되는 것이 아니라 적극적으로 계획하고 조절해야 하는 문제가 되었다. 임신과 출산은 경제 형편은 물론 산모의 나이, 출산하는 해와 계절, 형제의 터울, 친족 행사의 시기나 교육제도 등 여러 상황을 고려하고 종합해서 최적의 결정을 내려야 하는 과제가 되었다. 이때 중요한 것은 계획과 조절의 주체다. 앞의 수기에서 보았듯이, 가령 '3년 간격으로 3명의 자녀를 35세 전에 출산'하라는 가족계획사업의 캠페인이나 정부와 가족계획협회가 시기별로 주력하여 보급한 피임법은 여과 없이 수용되지 않았다. 부부들은 자신이 처한 여러 상황과 처지를 감안해서 출산의 시기를 결정했으며 여러가지 피임법의 장단점을 비교하면서 조건에 맞는 피임법을 선택했다.

가족계획사업은 자연적인 생애과정으로 간주되던 임신과 출산을 계획의 차원으로 변모시키는 중요한 계기였다. 출산의 여부, 시기, 터울을 계획하는 삶의 양식이 보편화되었고, 임신과 출산은 생애주기 전체를 구상하고 계획하고 예측하며 실천하는 근대적 태도 안에 자리 잡게 되었다. 이와 같은 변화는 성생활에도 깊숙이 침투했다. 삶의 모든 영역이 계획과 구상, 실천의 차원으로 전환되는 과정에서 재생산을 둘러싼 다른 여러 요소들과 함께 섹슈얼리티 역시 계획과 구상, 실천의 차원으로 진입했다.

나의 생리는 28일 주기로 먼저 달 월경이 끝난 날로부터 12일째 되는 날을 전후해서 가장 위험한 배란기로 잡고 있다.

〈28일＝안전기간 10일+위험기간 14일+생리 중 4일〉

월경 전후 10일간(있기 전 5일, 끝난 후 5일)은 안전하다. (…) 생리를 치르는 것도 꼭 4일씩이 된다. 그러니 14일간의 위험 기간은 부부가 다 조심해야 하며 필요할 땐 가장 질이 좋은 남성 피임기구(콘돔)를 사용한다. (…) 여성들이 먹는 피임약을 복용하거나 체내에 루프 장치를 했을 때 체질에 맞지 않는 경우 작은 부작용이 있다 한다. (…) 매달 생리일을 몰래 기입해두었다가 정확히 알려주어 부부 서로가 노력함으로써 우리의 가족계획은 성공한 것이다.[8]

이 인용문은 앞서 살펴본 수기와 마찬가지로 가족계획 실천수기 공모에서 뽑힌 수상작의 일부다. 이 수기에서 성생활은 상황을 종합하고 판단해서 선택하고 실행하는 의식적 실천으로, 기업이 시장상황을 고려하고 예측하며 전략을 수립하고 추진하는 행위와 본질적으로 다르지 않게 묘사되고 있다. 수기라는 형식이 그 '예측'이나 '구상', '계획'의 차원을 훨씬 더 도드라져 보이게 만들기는 하지만, 근대적 피임술의 확산이 한 개인의 일상적 삶에 가져온 변화를 있는 그대로 보여준다. 그뿐만 아니라 이러한 성적 실천이 수년 후의 가정경제를 예측하고, 자녀의 출산 시기를 구상하며, 출산과 양육에 필요한 조건을 준비하고 계획하는 좀더 긴 생애 전망 안에 자리하게 되었다는 점이야말로 근대적 피임술의 보급이 가져온 가장 중요한 변화였다.

형편 때문에 첫아기도 없애려 했던 지난날에 비하면 부족함이 없는 오늘날이다. 검소한 생활에 피나는 노력으로 조그만 땅도 샀으며, 매달 수입의 50%를 저축한 보람으로 우리 가정경제의 제1차 5개년계획은 초과 달성하여 성공리에 끝나 우리들의 작은 집도 하나 사게 되었다. 또 제2차 5개년계획을 세워 아이들의 장래 교육을 올바로 시킬 것이다.

자녀의 문제도 계획이 섰다. 경제와 자녀의 수는 밀접한 관계에 있으며 내 건강도 더 좋아지지 않으니 여유있는 가정을 위해선 그만 낳기로 결심했다.[9]

가족계획사업이 보급한 근대적 피임은 여성들에게, 그리고 그들과 연관된 남성들에게 과연 어떤 의미였을까. 피임술의 확산은 임신과 출산을 통제할 수 있는 능력을 확대시키는 것만을 의미하지 않는다. 효과적인 피임술의 보급은 개인의 삶에 깊은 변화를 가져왔다. 근대적 피임술은 재생산과 섹슈얼리티를 포함하여 삶의 모든 영역을 계획과 구상, 실천의 차원으로 전환시켰다. 앞의 수기들이 보여주듯이 근대적 출산조절은 생리의 주기를 계산하고, 배란기에 관한 지식을 적극적으로 활용하여 배란 시기를 예측하며, 가용한 여러가지 피임방법에서 가장 적합한 것을 선택하는 일상적인 실천을 의미했다. 이러한 실천은 가계의 수입을 예측하고 전반적인 가정경제의 상황을 종합하고 판단해서 지출의 규모를 선택하고 실행하는 행위와 결합되었고, 그리하여 성생활과 피임, 임신과 출산 전반이 미래를 구상하고 준비하는 실천의 중요한 영역이 되었다.

낭만적 사랑과 성찰적 주체

우리는 6장에서 가족계획사업을 관통하고 있던 낭만적 사랑의 기획에 대해 살펴보았다. 가족계획사업은 단지 자녀 수의 감소라는 차원에 국한되지 않으며, 친밀성(intimacy) 영역의 역사적 전환과 연결되어 있었다. 낭만적 사랑은 사랑, 결혼, 섹슈얼리티를 결합시키는 핵심적인 메커니즘일 뿐 아니라 특히 근대적 개인성을 구축하고 여기에 성찰성(reflexivity)[10]이라는 요소를 도입하는 기제가 되었다는 점에서 중요한 의미를 갖는다. 가족계획사업에서 뚜렷이 부각되고 있었던 낭만적 사랑의 담론은 성찰적 주체의 출현과 직접 관련된다는 점에서 주목해볼 필요가 있다.

성찰성은 대상을 바라보는 나를 '다시 바라보는' 시선의 운용과 연관된다.[11] 즉 스스로를 대상으로 하는 재귀적 구조, 자기 자신에 대한 일종의 메타적이고 초월적 관계를 창출해내는 것이 성찰성의 특징이다. 근대성의 특성은 사회와 삶의 모든 영역에 걸쳐 전반적인 성찰성을 가정하는 데 있는데,[12] 스스로의 행위를 '다시' 바라보는 성찰성의 재귀적 구조는 곧 자신의 행위를 스스로 인식하고 설명하는 성찰적 주체의 등장과 긴밀하게 연관된다.

근대 이전의 세계에서 행위는 전통이나 관습, 전근대적 믿음에 따라 이루어졌다. 기존에 채택되거나 이미 습득된 방식대로 이루어지는 행위, 즉 습성(habit)[13]의 차원에서 행위는 스스로에게 인지적으로 의식되지 않으며 행위의 근거에 대한 물음도 존재하지 않는다. 그러나 근대사회에 이르러 자아는 하나의 성찰적 기획(reflexive project), 곧 과거와 현재, 미래에 관한 지속적인 물음(interrogation)이 되었다. 이 기획은 잡지 기사나 온갖 형태의 자기계발서, TV 프로그램을 비롯해 수없이 많은 성찰적 자원 속에서 수행되었다.[14] 특히 친밀성의 영역에서 성찰성의 등장은 낭만적 사랑과 함께 이루어졌다. 낭만적 사랑은 경제적 여건이나 부모 및 친족의 의사에 의해 배우자를 결정하던 혼인 관습에 중대한 비판이자 도전이었으며, 타자에 대한 매혹, 사랑의 성취로서의 혼인, 배우자와의 삶의 합일 등 친밀성 영역에서의 주요한 과정들이 자아에 관한 연속적인 물음을 통해 인과적 근거로 결합되는 구조를 창출해냈다.

사랑하는 사람과의 결혼을 통해 두 사람의 삶의 합일을 성취해낸다는 낭만적 사랑의 이상은 연애결혼을 이상화하고 규범화하는 한편 평생을 함께할 반려자를 스스로 선택하는 주체로서 개인의 자유를 찬미하는 담론과 연계된다. 가족계획 담론에서 낭만적 사랑과 연애결혼은 규범적으로 정당화되고 선명하게 옹호되었으며, 생식을 위한 도구적 섹슈얼리티, 개인의 선택과 무관한 결혼, 가족 내 다른 관계에 종속된 부부관계, 무계획적인 출산과 양육은 전근대적이고 봉건적인 습성으로 비판되었다. 다음의 인용문에서 보듯이 "좋거나 싫거나 부모님들이 정혼한 대로 결혼"하거나 "일생의 배우자를 소개로 맞선쯤 보아 결정"하는 것은 "후진국민의 전근대적인 누습"으로 여겨졌고, "강한 주체성과 비판력을 가지고 자기의 인생을 자기가 선택할 수 있는" "자식들의 자의식 함양"이 강조되었다.

옛날 같으면 좋거나 싫거나 부모님들이 정혼한 대로 결혼해서 부부가 되었지마는 지금은 본인들의 의사를 무시하고서 성혼이 되는 일은 거의 없습니다. 그러므로 새 가정을 이루는 신혼부부들은 자기의 의사에 따라서 결혼하게 된 것입니다. 이것 하나만으로도 옛날에 태어나지 않고 20세기 후반의 청년으로서 삶을 누릴 수 있다는 것이 얼마나 행복한 일인가를 깊이 새겨두어야 하겠습니다.[15]

신 한켤레를 사도 제 맘에 드는 것을 제가 골라야 하는데, 일생의 배우자를 소개로 맞선쯤 보아 결정하다니 말이 되는가? 그것은 후진 국민의 전근대적인 누습(陋習)이다.[16]

이런 폐단의 예방은 결혼 당시 자식들의 자의식 함양이다.
보다 강한 주체성과 비판력을 가지고 자기의 인생을 자기가 선택할 수 있는 능력자가 되지 않으면 안 된다.[17]

이처럼 낭만적 사랑과 연애결혼에 대한 지지는 부모와 가족, 친족의 압력으로부터 자유로운 의사결정을 내리는 근대적 개인의 성찰성에 대한 요청을 의미했다. 자유로운 개인의 선택으로서 연애결혼은 이전과는 완전히 다른 인간관을 출발점으로 한다. 사랑과 결혼의 결합은 전통이나 관습에 기대는 것이 아니라 자신의 행위를 인식하면서 스스로의 행위를 설명하는 행위자, 스스로의 삶을 기획하고 예측하며 협상하고 책임지는 주체를 전제한다. 사랑과 자유는 낭만적 사랑이 등장하면서 처음으로 결합되었으며 둘 다 규범적으로 바람직한 것으로 간주되기 시작했다.[18] 이렇게 해서 낭만적 사랑은 사랑과 결혼, 섹슈얼리티를 포괄하는 인간의 친밀성의 영역에 처음으로 자유의 관념을 도입했다.

전통사회에서 행위자들에게 행위의 준거는 과거에 두어져 있는 데 반해, 근대적 성찰성에서 행위의 근거 및 정당성은 행위자 자신에게서 찾아야 하는 것으로 스스로가 결정한 미래의 실현 여부에 따라 평가된다. 따라서 근대적 성찰성은 주어진 현실을 끊임없이 변화시키는 방식으로 작동하게 된다.[19] 사랑의 성취로서의 결혼과 이후의 행복한 결혼생활은 이제 스스로가 책임져야 하는 개인의 선택의 영역이 되었다. 또한 스스로의 선택의 결과로서 결혼생활은 다음의 두 인용문이 잘 보여주듯이 개인의 자유 및 의지의 산물이자 부단한 노력을 통해 매 순간 성취되고 실현되어야 하는 과정이 되었다.

우리는 [결혼생활에서] 문제를 가진 이들이 결혼에 대한 관념이 부족하다는 점과 자아 개념이 전연 없는 사실을 들추어낼 수 있다. 자아 개념에 대한 무식이 좋은 결혼의 큰 장애가 됨은 물론 권태기를 쉽게 초래하는 근본적인 요인이 된다고 볼 수 있다.

이 자아 개념이 모든 결혼의 중심인 것을 망각하거나, 또 소홀히 생각해버리면 문제는 반드시 오게 되는 것이다.

행복한 결혼생활을 계속하고 있는 사람들을 볼 때 그들은 성숙한 인격자로서 사랑과 믿음을 바탕으로 한 행복한 상호관계를 유지하면서 계속적인 노력과 새로이 생활을 창조해가려는 의욕을 불러일으켜가고 있다.

이러한 노력과 의욕이 없고서는 어느 인간관계도 성공할 수 없듯이 부부생활에서는 더욱 완벽에 가까운 인간관계를 맺어야 하고 이를 위한 끊임없는 노력과 새 생활의 창조에 역점을 두지 않는다면 틀림없이 결혼의 불행을 가져오기 쉬운 권태가 오게 된다.[20]

흔히 남편과 아내 사이가 잘 조화가 안 되거나 자식이 말썽을 부리면 팔자를 잘못 타고난 탓이라고 한다. (…) 이 운명론적인 사고방식이 우리 민족을 얼마나 좀먹고 있는지 모른다. (…) 어쩔 수 없이 운명이 갖다준 불행이라고 생각할 때 인간은 행복에 대한 갈구를 완전히 집어던지고 만다. 이 밝은 문화시대를 살면서 얼마나 따분한 이야기인지 모른다.

(…) 문제가 운명에 있는 것이 아니다. 남편과 아내가 피차 연구하고 시정하여 행복한 사이가 되도록 하고 따라서 지혜롭게 자녀를 교육하면 행복한 가정은 건설될 수 있는 것이다.

누구나 행복한 가정을 꿈꾸어보지 않은 사람은 없을 것이다. 그러나 그 꿈이 어쩌다 운명적으로 들어맞기를 바라기 때문에 많은 사람은 불행에 떨어지고 만다. 그 꿈을 이루기 위한 마음의 양식과 끊임없는 노력과 투지가 있어야 할 것이다.

행복은 우연히 만나지는 것이 아니다. 행복은 건설되는 것이다. (…) 그러므로 인간은 행복할 수 있다는 신념으로 서로서로 시정하려고 노력하여야 한다. 행복이 찾아오기를 기다리지만 말고 현재 상태에서 행복을 건설하여야 하겠다.[21]

결혼은 이제 스스로의 선택과 의지의 결과물로서 성취된 것이므로 끊임없는 성찰과 협상을 통해 매 순간 행복을 유지하고 창조하며 실현할 책임 역시 결혼과 사랑의 주체인 개인에게 주어지게 되었다. 그런데 이때 낭만적 사랑의 규범이 전제하는 개인은 명백히 **성별화된 주체**다. 부부와 가족의 행복은 운명에 의해 또는 우연적으로 주어지는 것이 아니라 의지의 산물이며 이를 실현시키는 것은 선택과 결정의 주체인 개인이지만, 근원적으로 이것을 성취해내는 것은 여성이다. 이런 점에서 낭만적 사랑은 본질적으로 여성화된 사랑[22]이며 여성의 프로젝트다.

근대가족과 개인성을 구축하는 과정에서 젠더는 핵심적인 기제였으며, 낭만적 사랑은 바로 이같은 성별화 기제의 근간이었다. 근대적 형식의 주체성의 구성에서 가족적 유대와 (어머니, 딸, 아내로서의) 자아정체성은 중심적인 역할을 수행했다.[23] "아내는 남편에게 언제나 미지수적인 신비성을 지녀야 하고 언제나 기대와 호기심을 갖게 하는 영원한 애인으로서의 자세를 잃지 말아야" 하며 "같이 늙어가면서도 늙어가는 멋과 곱게, 그리고 품위를 잃지 않는 반면 외모에는 물론이지만 마음 쓰기에도 그렇고 말하기에도 그래야만 한다"[24]거나 엄마는 "외출 때만이 아니라 집안에서의 차림새도 좀더 신경을 써야" 하고, "좀더 아이들이 자라서 어머니의 정신적인 생활이나 인생을 짐작할 수 있을 때 아이들이 부끄럼이나 슬픔을 느끼지 않도록" "좀더 건강하고 단정한 차림"에, "남편이나 자식만을 위해 희생하는 생활태도보다는 자기의 인생을 사는 그런 어머니"가 되어야 한다는 요청[25]은 이렇게 여성을 근대적 주체로 이끌어내는 특유한 양식을 구성하였다.

낭만적 사랑의 모델이 전적으로 이성애에 기초하고 있듯, 낭만적 사랑의 이상이 주조해내는 개인은 성별성을 명확히 전제한다. 가족계획사업을 통해 부부관계는 가족구조 내에서 핵심적인 위상으로 격상되었고, 이 부부관계를 지속적으로 관리하고 성취하고 실현해내는 것은 다름 아닌 여성이었다. 사랑과 친밀성의 영역, 결혼생활과 행복한 가정의 책임은 이렇게 역사적으로 여성의 몫이 되었다. 가족계획사업을 통해 전개된 성별화된 주체화의 과정은 곧 사회 전반에서 일어나는 성별분리, 성차의 제도화와 결합되면서 이에 기여했다. 생산과 재생산, 일터와 가정의 분리는 성별화된 주체의 형성을 수반하는 과정이었다.

기든스는 낭만적 사랑에 대해 "막스 베버(Max Weber)가 프로테스탄트 윤리 안에서 발견해낸 속성들만큼이나 역사적으로 독특한 것"[26]이라고 기술한 바 있다. 기독교의 도덕적 가치들과 밀접하게 연관된 숭고한 사랑의 이상이 낭만적 사랑의 지배적인 요소를 이루고 있다는 점 때문이다. 그러나 낭만적 사랑과 프로테스탄티즘 사이의 중요한 유사성은 오히려 다른 곳에 있다. 베버는 프로테스탄티즘, 그중에서도 깔뱅주의의 독특한 금욕적 직업윤리와 반쾌락주의적인 노동윤리에 주목하였는

데, 이것은 맑스의 구조적 설명과는 상이한 차원에서 서구 근대 자본주의의 발생을 설명하기 위한 시도였다. 깔뱅(Jean Calvin)의 예정론이 신의 영광을 드러내기 위한 헌신적인 직업 및 노동윤리로 이어지면서 행위자 개인의 의도와는 무관하게 서구 근대 자본주의의 발생에 기여하는 의미체계를 구성하게 되었다는 것이다.

이와 같은 행위자의 의미의 차원, 즉 현재와 미래를 의미화하는 특정한 생활양식과 태도가 개인의 행위 동기 및 준거로 작동하게 되는 맥락에서 볼 때 낭만적 사랑은 프로테스탄트 윤리와 실제 유사한──심지어 좀더 광범위한──사회적 힘을 발휘했다. 프로테스탄티즘과 마찬가지로 낭만적 사랑은 성찰적 자아에 각별한 관심을 기울였으며, 근대사회에서 대다수의 사람들은 생애과정의 가장 중요한 단계로 결혼을 상정하면서 결혼을 통해 낭만적 사랑의 서사를 완성시키기를 기대하고 열망했다. 이때 결혼이란 명백히 성별화된 결합으로, 여성에 대한 남성의 사랑은 그 여성을 경제적·사회적으로 부양하고 책임질 수 있는 능력을 요청하며, 남성에 대한 여성의 사랑은 감정적 전념과 정서적 헌신으로 표상된다. 결국 둘 사이의 사랑은 결혼을 통해 완성되지만, 이 완성은 생산노동과 재생산노동 사이의 결합으로 계속해서 실천되어 일상적으로 새롭게 성취되고 갱신되어야 하는 것이다. 이것이야말로 임금노동자와 전업주부라는 근대적 삶의 양식의 집합적 출현을 낳는 핵심적인 의미체계였다고 할 수 있다. 낭만적 사랑의 확산과 함께 기존의 혼인 관습을 무너뜨리면서 등장한 성찰적 주체들은 전통적이고 관습적인 삶의 양식에 저항하면서 스스로가 선택한 연인-배우자에 대한 사랑의 정당성을 입증하기 위해 일터와 가정에서 헌신했다. 이렇게 해서 평범한 여성과 남성의 성별화된 삶의 양식은 근대 산업자본주의의 "봉건적 중핵"[27]을 이루게 되었다.

가정의 관리와 아동의 양육

주부(主婦)라는 말이 현재와 같은 의미로 사용되기 시작한 것은 19세기 말에서 20세기 초 일본에서 'housewife'나 'housekeeper'의 번역어로 이 낱말이 쓰이게 되면서부터다.[28] 주부는 가정(家庭, home)과 마찬가지로 일본을 경유해서 수용된 서구의 개념이었다. 이전까지 일본에서 남성가장은 하인의 관리와 가계관리, 자식 교육에 이르기까지 가족 전반에 관한 독점적인 권한을 행사했으며 부인인 처의 역할은 이러한 가장에게 순종하고 가장의 명령과 지시에 따르는 것이었다. 그러나 서구로부터 'home'이나 'housewife' 같은 개념이 수용되고 전파되면서 정서적 친밀성을 바탕으로 하는 가정의 개념과 가정을 합리적이고 과학적으로 운영하는 주부 역할에 대한 관념이 등장하게 되었다.[29]

식민지 조선에도 이러한 근대적 가족 담론이 유입되면서 부계 혈연 계승의 단위로서의 가족 개념을 비판하고 부부관계의 중심성과 소가족 제도를 주장하며 가족을 애정의 단위로 규정하는 논의들이 1920~30년대에 등장했다.[30] 여성은 남편의 동반자이자 가정을 정서적 안식처로 만드는 존재로 새롭게 조망되기 시작했다. 그러나 식민지시기의 근대적 가족 담론은 실제 가족구조 및 가족관계의 양상과는 매우 거리가 멀었다. 당시 지식인들 사이에서 부상한 근대적 가족 담론은 식민주의 및 반(反)식민주의와 결합한 근대주의의 성격을 가지고 있었으며,[31] 현실에 기반한 것이 아니었다. 근대적 가족은 경성에서도 보편적 현상이 아니었으며 농촌의 현실은 더욱 거리가 멀었다. 1920~30년대 소작 빈농층에서는 조혼, 매매혼, 강제혼이 성행했고, 나이 어린 자녀들은 가족노동에 일상적으로 동원되었다.[32] 식민지시기의 가정 담론과 가사노동의 과

학화를 둘러싼 논의는 당시의 사회적 조건과 무관하게 일본과 미국의 논의를 "직수입한 것"이었다.[33]

식민지시기의 근대적 가족 담론과 관련하여 중요하게 고려해야 할 사실은 무엇인가. 첫째, 이 시기의 새로운 가족 담론은 실제 가족구조의 변동과 함께 등장한 것이 전혀 아니었다는 점이다. 담론의 차원에서만 보더라도 새로운 가족 담론이 이전의 가족 개념을 상당한 정도로 대체했다고 보기 어렵다. 둘째, 그럼에도 불구하고 20세기 전반기 서로 다른 가족 개념과 담론 사이의 각축이 시작되었다는 점을 염두에 둘 필요가 있다. 식민지시기와 해방 후 미군정, 한국전쟁이나 1960년대 이후의 산업화 시기를 분절적으로 접근할 경우 실제 그 시대를 살았던 사람들의 삶의 연속성을 놓치기 쉽다. 식민지시기에 등장한 근대적 가족 담론은 약 30~40년 후 본격적인 산업화가 전개되면서 실제 가족구조 및 가족관계가 전면적으로 변화하는 과정에 누적적으로 영향을 미쳤다.

가정을 합리적으로 관리하고 아동을 근대적으로 양육하는 주부의 역할은 산업화와 임금노동에 기반한 생계부양자 모델의 확산, 여성의 교육 수준 상승, 그리고 출산율의 감소 없이는 가능하지 않다. 본격적인 산업화와 더불어 대대적인 가족구조의 변화가 일어난 1960~70년대를 거치면서 가정을 관리하는 주체이자 아동을 양육하는 주체로서 주부의 역할을 둘러싼 담론 역시 전문적이고 제도화된 형태로 변모하게 되었다. 가정학, 가정교육학, 가정관리학, 아동학 등 통칭 가정과학으로 포괄할 수 있는 학문분과가 고등교육체계 안에 도입된 것은 1929년 이화여자전문학교에 '가사과'가 설치되면서부터였지만, 1960년대에 이르러 본격적으로 여러 대학에 가정대학이 설립되고 기존의 가정학과 또는 가정교육학과로부터 가정관리학과, 아동학과가 새로 독립하였으며[34] 1970년대 초에는 가정대학 및 사범대학 관련 학과에 대학원과정이 설

립되었다.[35]

가정과학의 학문적 제도화는 가정관리와 아동의 양육에 관한 지식의 전문화를 가져왔다. 이전까지 가족연구 영역에서 주된 흐름은 가족제도 및 제도사 연구 분야였지만,[36] 가정과학의 발전과 함께 가족관계 내부의 상호작용을 다루는 연구가 본격적으로 발전했다.[37] 특히 1970년대에는 부모-자녀 관계에 관한 연구, 그중에서도 가정환경이나 부모의 양육 및 훈육태도가 자녀의 발달에 미치는 영향에 관한 연구가 활발히 이루어졌다. 부모의 양육태도를 진단하는 검사나 가정환경을 진단하는 검사가 발표되었고, 양육태도를 척도화하는 연구를 비롯해 자녀양육과 관련된 각종 척도가 개발되었다.[38]

이런 맥락에서 1960년대를 가족에 관한 '과학적' 접근이 이루어지기 시작한 시기였다고 말할 수 있을 것이다.[39] 그리고 가족계획사업은 이와 같은 변화의 한복판에서 전개되었다. 근대적이고 합리적인 가정관리와 자녀양육은 소규모 가족을 전제로 했을 때만 가능한 것이라는 점에서 가족계획사업과 가정의 탈마법화(disenchantment of the home),[40] 즉 가정 영역의 합리화를 둘러싼 담론의 확산은 불가분의 관계를 가지고 있었다. 1960년대부터 자녀의 교육을 계획하고 관리하는 담당자로서 어머니 역할이 강조되었으며, 훌륭한 어머니는 유아 및 아동교육의 유능한 관리자로 정의되었다.[41] 가족계획사업은 이러한 전문가 담론을 대중적으로 확산시키는 중요한 계기였다. 가족계획사업이 의도한 소자녀 출산은 소자녀 가족과 연관된 새로운 규범과 여성의 역할에 대한 새로운 기대를 필연적으로 수반하는 것이었다.

『가정의 벗』은 거의 매호에 가정과학 분야의 대학교수를 비롯한 전문가들의 글을 실었으며, 이들의 칼럼과 대담, 대중적 글쓰기는 가족계획 관련 간행물에 게재되고 각종 일간지와 여성지를 통해 확산되었다.

가령 『가정의 벗』 1973년 2월호는 특집 '알뜰한 살림은 이렇게'라는 제목하에 서울대학교 가정대학 학장, 동아일보 경제부 기자, 여성저축생활중앙회 총무 등의 글을 게재하고 있는데, 이 글들은 "종래의 주먹구구식의 가계로부터 점차로 탈피하여 계획적이고 계수(計數)에 밝아져가는 현명한 주부들이 많아졌"다고 평하면서, "보람찬 생활설계를 실현하기 위해서 장기계획을 세워야"하며 "장기계획, 단기계획을 실현하기 위한" 실천이 중요하다는 점을 강조하고 있다.[42]

이 특집에서 주목해볼 것은 주부의 역할이 어떻게 강조되고 있는가 하는 점이다. 이 특집은 산업화로 인해 생활양식이 변화함에 따라 "가사노동만을 중심으로 살아왔던" 주부의 역할 역시 "가정관리라는 면으로 바꾸어졌"으므로 여성들 자신이 "주부의 역할도 변화된 것을 깨달아야" 한다고 역설하고 있다. "알뜰한 생활은 반드시, 기초적인 생활계획에서 얻어질 수 있는 것이므로 "알뜰한 살림을 하려면 살림에 대한 계획을 세워야" 하며, "주부는 항상 새로운 과학지식을 배우는 데 게을리하여서는 안 되며 생활방법을 과학적으로 하는 데에 노력하여야 한다"는 것이다. 또한 주부는 "자녀교육문제에 있어서 적은 돈으로 훌륭한 자녀를 양육"할 수 있도록 하기 위해서 "수입에 알맞은 계획을 세워서 지출을 하도록 할 것이며, 계획적인 자녀교육문제, 또는 가족 성장에 따르는 계획을 세워서 실천하도록 하여야" 한다는 점을 강조하고 있다.[43]

여기서 주부는 단지 가족을 위해 필요한 가사노동과 정서적 안정을 제공하는 역할을 수행하는 존재가 아니다. 주부는 가정경제를 단계별로 '계획'하고 '실천'함으로써 포괄적인 가정의 '관리'를 담당하는 존재로 정의되고 있다. "가계부 적기는 현대 주부의 기본조건"[44]이라고 강조된 것은 이런 이유에서이며, 이와 같은 주부의 위상은 명백히 1960년대 이후의 본격적인 산업화 및 경제개발과 결합하여 등장하였다. 다음의 인용문에서 보듯이 "흔히 생각하기를 경제발전은 경제학자, 기업가, 그리고 기술개발로 인하여 이루어지는 것으로 생각하기 쉬우나" "반드시 주부의 가정관리"가 이루어져야 발전이 가능하다는 것이다.

주부는 그 어느 때보다도 소비문제에 대한 또는 가정에 있어서의 금전관리 면에 있어 여러가지로 생각하고 가족생활의 발전을 가져올 수 있도록 가정을 관리하여야 한다. 흔히 생각하기를 경제발전은 경제학자, 기업가, 그리고 기술개발로 인하여 이루어지는 것으로 생각하기 쉬우나 여기에는 반드시 주부의 가정관리가 중요시되어야 한다고 생각한다. 즉, 매일 반복되는 생활이나 우리들의 생활을 통하여 가족은 자기가 원하는 방향으로 발전할 수 있어야 하며 또한 각 가정은 가족의 발전과 더불어 생활의 향상과 아울러 가족의 올바른 철학을 가지고 생활할 수 있어야 한다. (…) 가족의 만족도는 생활을 통하여 얻어지는 것이므로 주부는 시대감각을 재빨리 알아서 가족에게 불평 없는 생활을 하도록 이끌어주어야 한다.[45]

가계의 관리자이자 합리적인 소비자로서 주부는 특히 현명한 저축 생활을 하는 존재로서의 역할을 요청받았다.[46] 그 과정에서 가계부 쓰기는 매우 중요한 의미를 가지고 있었는데, 가계부야말로 "현대 주부의 기본조건"[47]으로 거론되었고 매달, 매해의 수입과 지출을 합리적으로 예측하고 계획하며 체계적으로 결산하는 습관과 능력이야말로 주부의 중요한 덕목으로 부각되었다. 『가정의 벗』 1973년 2월호에 실린 아래의 수기에서 보듯이 '가계부'와 '아이들의 장래'는 합리적인 가정관리라는 주부의 역할에 통합되어 있었다.

금년부터 또 한가지 실행하고 싶은 것은 가계부를 적는 일이다. (…) 아이들의 장래를 위해서 꼭 써야 될 것만을 가릴 필요가 있다. 가계부를 적게 되면 다음부터는 쓸 것, 안 써야 될 것들을 한눈에 구별할 수 있다니까 몸은 좀 고되더라도 가계부를 적어나가야겠다고 생각한다.[48]

합리적으로 가계를 운용하고 가정을 관리하는 주부의 역할이 여성에게 새로운 위상을 제공한 것과 마찬가지로, 자녀의 양육에 대한 관리자로서의 역할 역시 여성의 삶에 중요한 변화를 가져왔다. 가족계획사업은 출산조절을 피임의 기술적 차원에 국한시키는 것이 아니라 자녀를 잘 양육하기 위하여 적정 수의 자녀를 두어야 할 부모의 윤리적·사회적 책임과 결부시켜 다루어졌다. 아동의 교육이나 지능발달 등 다양한 주제에 관한 의사, 심리학자, 교육학자 등 전문가들의 담론이 도시에서 교육받은 젊은 어머니들을 중심으로 다차원적으로 확산되었고,[49] 자녀양육과 관련된 부모, 특히 어머니의 책임은 이러한 과학적이고 근대적인 양육의 기술들을 효과적으로 실천할 수 있는 능력과 지식을 요청하는 것이었다.

이러한 [문제가 있는] 아이들의 원인은 태어날 때부터 그러한 성향을 가지고 태어났다기보다는 어딘가 잘못된 육아방식에 의한 환경적인 영향이 더욱 크다고 하겠읍니다.

첫째, (…) 가풍이나 어머니의 육아방식이 거의 타율적이지 않으신지요?

둘째, 너무 과잉보호해서 키우시지 않으셨나요? 엄마가 아이를 지나치게 보호하여주는 데서 도리어 아이의 건전한 독립정신의 습득을 저해하여 타인과의 정상적인 관계를 맺는 데 지장을 받게 됩니다. (⋯) 어머니의 지나친 보호가 정서적 지원의 과잉으로 인해서 정서적 성숙과 자립적인 인물이 되는 발달을 불가능하게 하는 원인이 된다는 것을 알아주십시오.

(⋯) 자율적인 가정 분위기를 만들도록 점차적으로 바꾸어나가시고, 너무 솜이불 속에 싸서 키우시지 마시고 시골아이들처럼 마구잡이로 키워보시고 정(情)보다는 합리적인 생각으로 판단하여 일을 처리하게 하고, 친구를 집으로 불러들여서 간식도 같이 시키고, 놀이도 함께하고, 시간 계획을 세워서 엄마와 떨어져 있는 시간을 차츰 늘려보세요.[50]

이 인용문의 예를 통해 보는 것처럼 유아기나 아동기에 나타나는 문제들은 점점 더 타고난 기질이 아니라 잘못된 육아방식에 기인한 것으로 이야기되기 시작했으며, '문제'가 되는 요소나 행위의 범주도 더욱 늘어났다. 자녀에 대한 적은 관심과 많은 관심은 각기 무관심과 과잉보호를 의미하는 것으로 모두 잘못된 육아방식이라고 지적되었으며, "정(情)보다는 합리적인 생각"을 가져야 한다는 조언도 증가되었다. 또한 "시골아이들처럼 마구잡이로" 키우되 "엄마와 떨어져 있는 시간을" "시간 계획을 세워서" 늘려보라는 것처럼 새로우면서도 모순적인 조언들이 등장했다.

이처럼 이 시대에 확산된 양육에 관한 전문가들의 담론은 이전까지 한 세대에서 다음 세대로 전수되던 전통적인 지식을 낡고 무가치한 것으로 평가절하하는 효과를 가져왔다. 이전 세대의 오랜 경험은 폄하되었고, 전문가들의 권위에 의해 '과학적'으로 인정받은 지식이 양육의 원칙으로 자리 잡게 되었다.[51] 여기서 중요한 것은 자녀양육이 전문가들의 지식과 주장에 의존하는 과정이 될수록 이를 실천하는 여성들의 위상에 미치는 영향은 복잡한 양상을 보이게 된다는 점이다.

젊은 어머니들이 자녀양육의 과정을 전문가 담론에 의지하게 됨으로써 이전 세대까지 전수되어오던 전통적인 육아지식은 그 의미가 폄하되면서 영향력을 상실하게 되었으며, 이러한 변화는 물론 전문가들의 입지를 급속하게 강화시키게 되었다. 임신과 출산 등 재생산과 관련된 과정 전반이 의료화되고 전문화되는 것과 마찬가지로 자녀의 양육 역시 의사와 심리학자, 교육학자 같은 전문가들의 지식이 주도적으로 관철되어야 하는 과정으로 자리 잡게 되었고, 전문가들의 담론은 각종 대중매체를 통해 확산되고 영향력을 증대시켜갔다.

동시에 이와 같은 변화는 부모세대나 친족관계에 대한 젊은 어머니들의 의존 역시 약화시켰다. 산업화가 야기한 급격한 인구이동과 도시화는 농업경제에 기반한 가족 및 친족관계를 빠른 속도로 무너뜨렸으며 가족계획사업이 보급한 피임술의 확산과 결합하면서 가족의 규모를 축소시켰다. 여성들은 이제 주부이자 양육자이며 의학, 심리학, 교육학, 가정과학 분야의 전문가들의 지식을 참조하고 실천하는 존재가 되었다. 이전 세대까지 출산과 양육에서 중요하고 핵심적인 자원은 나이 많은 여성들의 경험을 통해 한 세대에서 다음 세대로 전수되는 지식이었지만, 이제 이전 세대의 경험과 지식은 전문가들의 지식을 습득한 젊은 세대 여성들로부터 그 권위를 서서히 상실하기 시작했다. 젊은 어머니들은 이전 세대에 대한 의존도를 점점 더 줄여가게 되었다.

결국 자녀양육에 관한 전문가들의 권위가 증대되는 과정과 젊은 세대 어머니들의 위상이 강화되는 과정은 서로 결합되어 있었으며, 공통적으로 이전 세대의 전통과 관습, 세대를 거쳐 전수되는 지식과 경험의 의미를 약화시켰다.[52] 전문가들에 대한 여성들의 의존이 강화될수록 가족 내에서 여성의 역할은 부각되었고, 여성들이 자신에게 주어진 의미 있는 역할을 성공적으로 수행하기 위해서는 전문가들의 지식과 주장을 광범위하게 참조하고 실천하는 것이 필요해졌다. 근대적 모성은 자녀의 발육을 관리하고 미래의 건전한 성인으로 성장하는 데 필요한 지적·심리적 과정을 책임지고 관리하는 문제가 되었다.

이러한 현상은 자녀양육에 국한되는 문제가 아니었으며, 앞서 살펴본 가정관리를 비롯해 주부에게 요구되는 전방위적인 역할 수행과 연관되어 있었다. 가정경제의 운영, 영양학적인 식단 관리, 자녀의 교육, 부부관계에 이르기까지 가정과학, 의학, 영양학, 교육학, 심리학 분야의 전문가 담론은 가정의 합리화 과정에서 가사와 모성, 육아, 섹슈얼리티를 재구성하는 과정을 주도했다.[53] 이렇게 해서 가족 내 여성의 역할은 이제 단지 정서적 차원이 아니라 합리적이고 이성적인 차원으로 확장되었다. 서구 부르주아계급에서 탄생한 이 새로운 역할이 1960년대에서 1970년대에 걸쳐 한국사회에서 본격적으로 등장하기 시작했다.

1966년에 출판된 『가족계획교본』이 가족계획은 산아제한이 아니라고 역설하고 있는 이유는 이러한 맥락에서다.

가족계획은 산아제한이 아니라 출산을 하라는 것이다. 그러나 무질서하게 낳으라는 것이 아니고 계획적으로 낳고 싶은 때에 낳고 자기가 요망하는 책임질 수 있는 적당한 수를 낳아서 완전히 보육 교도시킴으로써 모성을 과중한 부담으로부터 해방시키고 가족의 생활을 향상시켜온 가정이 행복을 누리자는 목적인 것이다.[54]

이와 유사한 논의는 가족계획사업의 담론에서 여러차례 강조된 바 있다. 이를테면 대한가족계획협회 상임연구위원이자 의학박사인 강준상은 『가정의 벗』에 실린 에세이에서 "지식층이라고 자처하는 사람들까지도 나는 아이가 둘이니까 가족계획에 성공하였다든가 아들 하나, 딸 하나이니 성공하였다는 분이 있다"고 탄식하고 있는데, "나는 둘만 낳으면 가족계획에 성공한 것이라고 말한 적은 한번도 없다"면서 "가족계획이란 둘만 낳자는 게 아니다. 둘을 낳는 것은 출발일 뿐, 더욱 중요한 것은 어떻게 잘 기르는가"에 있다는 것이다.[55]

가족계획사업은 이전의 여러 연구들이 비판한 바와 같이 피임술 보급과정에서 여성의 몸에 대한 도구화·대상화를 수반했지만,[56] 동시에 앞서 말한 『가족계획교본』이 주창하듯이 "모성을 과중한 부담으로부터 해방시키고 가족의 생활을 향상"시키기 위해 가족계획이 필요하다고 역설하기도 했다. 가족계획사업이 "여성의 사적인 삶에 대한 국가의 개입이라고 인식되기보다 변화된 근대성에 따른 여성의 적극적인 참여로 이해되었"던 것[57]은 이 때문이다. 가족계획사업을 거치면서 "피임을 하지 않는 여성은 시대에 뒤떨어진 사람으로 현대적이지 못한 사람으로 의미화되며 피임을 하는 여성은 현대적인 여성으로 표상"[58]되었고, "단산을 한 여성은 '정상적'이고 '규범적'인 여성"[59]으로 인식되었다.

가족계획은 감각적인 아내이자 동시에 성실한 어머니라는 새로운 여성상이 가족규모가 제한될 경우에만 가능한 것이었다는 점에서 중요한 의미를 가지고 있었다. 서구에서, 그리고 뒤이어 제3세계 많은 국가들에서 부르주아 가족 또는 중간계급에서 먼저 가족의 규모가 작아지고 아이들의 수도 줄어드는 변화가 시작되었다. 영화나 TV 드라마, 잡지와 소설을 비롯한 여러 매체들은 젊은 나이에 사랑하는 연인과 결혼에 성공하고 남편을 열정적으로 대하며 두어명의 아이를 낳아 기르는 여성상을 그려내면서 기혼 여성의 새로운 이미지를 형상화했다.[60] 1960~70년대 한국에서 이 새로운 가족의 이념형(ideal type)은 가족계획과 더불어 광범위하게 확산되었다.

전업주부: 성과 계급의 교차로

앞에서 살펴보았듯이 20세기 전반 식민지 조선에 등장한 새로운 가족 담론은 피식민지라는 정치적 상황에서 식민지배를 거부하면서도 식민주의 문명과 근대의 선진성을 지향하고자 하는 모순적인 사회적 기대의 산물이었다.[61] 높은 유아사망률과 낮은 취학률을 보이던 당시의 상황에서 근대적 가족 담론의 현실적 기반은 부재하였다. 해방 후에도 사정은 마찬가지였다. 한국전쟁을 거친 후, 1955년에 창간된 『여원』을 비롯해 도시적이고 근대적인 새로운 여성상을 부각하는 담론들이 대거 등장하게 되었으며 '주부'는 서구 부르주아 가정을 욕망하는 기제가 되었다. 그러나 당시는 남편의 수입으로 생계를 꾸릴 수 있는 전업주부가 사회적으로 형성된 시기가 아니었다. 이 시기의 주부 담론은 전쟁 동안 남성들의 공백을 대체했던 여성들을 가정으로 귀환시키기 위한 것이었으나 실제로 당시의 여성들은 가정에 안주할 수 있는 물적 토대를 확보하지 못했다. 1950년대에 주체적 여성의 모델을 결혼한 여성에게서 찾기는 어려웠다. 오직 고등교육을 받은 극소수의 여성들과 일부 남성들만이 신문을 비롯한 활자매체를 통해 등장하는 전문가 담론에 접근할 수 있었다.[62]

사회적 불안정과 빈곤은 해방과 미군정, 한국전쟁을 거쳐 1960년대까지 계속되었고, 절대다수의 사람들이 빈곤한 상태에서 식량 부족과 열악한 주거환경, 영양결핍, 높은 유아사망률 같은 문제를 겪고 있었다. 가족계획사업이 국책사업으로 발표된 1961년 당시 한국의 1인

그림 4 산업별 취업자(1963~1992)

자료: 통계청, 경제활동인구조사 각 연도.

당 국민총소득(gross national income, GNI)과 1인당 국내총생산(gross domestic product, GDP)은 모두 연 12,000원 수준으로 보고된다.[63] 당시 남한 인구의 대다수는 농촌지역에 거주하면서 농업경제에 종사하고 있었다. 이러한 사회경제적 조건은 전반적인 가족의 삶과 가족구성원의 삶을 결정하는 강력한 배경이었다. 그림 4에서 보듯 농업을 비롯한 1차산업에 종사하는 인구는 1963년 63.72%에 달했고, 1980년대 중반에 이르러 30% 이하로 감소했다. 취학률과 학력 수준은 전반적으로 낮았고, 문맹률 특히 여성의 문맹률은 상당했다. 표 9에서 보듯이 1960년에 13세 이상 인구에서 문맹률은 28%에 달하는 것으로 추산되었으며 이중 72.2%가 여성이었고, 여성의 문맹률은 약 40%에 달하고 있었다. 이 시기 대다수의 여성들은 자연출산력 상태에 있었다.[64]

그림 5는 전체 취업자의 규모를 임금근로자와 자영업자, 무급 가족종사자 등 종사상 지위별로 구분하여 그 추이를 나타낸 것이다. 전체 취업

표 9 13세 이상 문맹인구 통계(1960)

	계	남자	여자
13세 이상 인구 (명)	15,945,809	7,868,346	8,077,463
문맹자 (명)	4,454,004	1,240,119	3,213,885
문맹자 비율 (%)	27.9	15.8	39.8

자료: 통계청, 인구총조사, 1960년도.

자 수 중 임금근로자가 차지하는 비중은 1963년 31.51%에 불과했다. 특히 일용직을 제외한 임금근로자의 비중은 그림 6에서 보듯이 1963년에 18.8%였고, 1990년에 비로소 절반을 넘어서는 것으로 보고되었다. 상용직과 임시직을 구분하여 조사한 것은 1989년 이후의 일로, 1989년 첫 조사 당시 전체 임금근로자 중 상용직은 약 절반 수준이었다. 자영업자의 경우 고용원 유무를 조사하기 시작한 것은 1980년이었는데, 1980년 첫 조사 당시 아무도 고용하지 않은 자영업자가 400만명인 데 비해 누군가를 고용한 자영업자가 64만명에 불과해, 자영업자 대다수가 타인을 고용할 여력이 없는 영세한 규모였음을 짐작해볼 수 있다.

이로부터 우리는 가족계획사업이 시작되던 1960년대 초의 한국사회에 관해 중요한 두가지의 사실을 읽어낼 수 있다. 첫째, 1960년대 초 한국에는 자본주의 산업화를 위해 필요한 임금노동자 집단이 충분히 형성되어 있지 않았다. 일용직을 포함해서 임금노동자가 전체 취업자의 절반을 넘어선 것은 1980년대 중반 이후의 일이다. 둘째, 이것은 곧 근대적 형태의 노동력 재생산의 기제 역시 발달되지 않았음을 뜻한다. 남성이 생계를 부양하고 여성이 가정을 돌보는 성별분업의 물적 토대가 형성되어 있지 않았다는 것이다. 전후 혼란기와 산업화 초기 인구의 대다수를 차지한 것은 절대빈곤 상태의 농민들과 그 가족들이었다. 학력

그림 5 종사상 지위별 취업자 수(1963~1993)

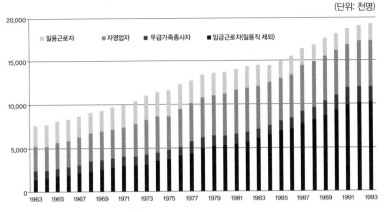

(단위: 천명)

자료: 통계청, 경제활동인구조사 각 연도.

그림 6 전체 취업자 중 임금근로자의 비율(1963~1993)

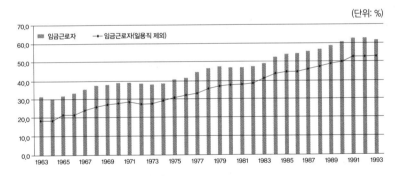

(단위: %)

자료: 통계청, 경제활동인구조사 각 연도.

은 낮았으며 문맹률은 높았다. 대부분의 사람들이 농업에 종사했으며, 임금소득을 통해 생활을 유지하는 가구는 일부에 불과했다.

　이같은 사회적 조건은 가족 담론에 접근하는 데 있어 당시 한국의 평범한 빈곤계층의 삶에 대한 감각과 의식이 가지는 중요성을 환기시킨다. 문자를 통한 기록이나 재현은 기록될 수 없거나 재현되지 않는 삶을 지우고 있을 가능성을 언제나 내포하기 때문이다. 식민지시기부터 등장한 가족 담론의 근대성 혹은 여성 담론의 급진성이 실제로 사회 전반에 걸쳐 가족구조 및 가족관계의 변화와 결합하여 의미를 갖기 시작한 것은 1960~70년대 본격적인 산업화가 전개되면서부터였다. 산업화의 전개와 함께 농업경제가 해체되고 농촌 인구가 대거 도시로 이동하게 되면서 농민의 자녀들은 도시의 노동자가 되었고, 결혼하여 가정을 꾸렸다.

농촌경제에서는 일터와 가정이 시간적·공간적으로 분리되지 않았다. 반면 산업화된 도시에서 임금노동은 시간과 공간의 차원에서 가정과 완전히 단절된 영역에 있었다. 농민 부부는 함께 노동하는 동료였으나 도시의 부부는 서로가 현저하게 이질적인 역할을 요청받았다. 농촌경제에서 자녀가 가진 의미와 도시에서의 의미 역시 판이하게 달랐다. 농업사회에서 자녀들은 그 자체로 노동력이고 자산이었으며 노후를 의지하는 친족공동체의 중요한 구성원이었기 때문에 다산은 장려할 만한 것이었다. 그러나 산업자본주의 사회에서 자녀는 오랜 기간에 걸쳐 많은 노력과 비용을 들여야 비로소 성인 단계로 진입하여 가구경제에 기여하게 되는 존재였다. 도시 부부들에게 많은 자녀는 결코 축복이라고 할 수 없었다. 성인기에 도달할 때까지 어떤 경제적 기여도 없이 오직 비용을 들여 교육시켜야 하는 대상이 된 자녀를 위해 임금노동에 헌신하는 것은 도시의 결혼한 남성들의 책임과 자부심이 되었다. 시간적·공간적으로 일터와 완전히 분리되어버린 가정에서 도시의 결혼한 여성들은 배우자를 위한 정서적 헌신과 자녀를 훌륭하게 교육시키는 것을 자신의 삶의 성취로 꿈꾸게 되었다.

1960~70년대 산업화는 가족생활의 여러 측면, 생활조건의 향상과 출

산율 및 가족규모의 감소에 깊은 영향을 미쳤다.[65] 근대 자본주의 산업화에 대한 많은 연구들은 노동자계급의 형성과정에 대해 천착해왔지만,[66] 자본주의 산업화가 가져온 사회변동을 이해하기 위하여 임금노동자 계급의 형성과정에만 주목하는 것은 일면적인 것이다. 여성들 대다수가 전업주부가 된 것이야말로 산업혁명이 가져온 가장 극적인 결과의 하나였다.[67] 여성들 대다수가 전업주부를 이상적인 삶의 모델로 상정하게 된 것은 그것의 실현 여부와 무관하게 산업화와 불가분의 관계를 맺는 것이었다.

산업자본주의 사회에서 임금노동자의 존재는 사회적 재생산(social reproduction)[68]을 전담하게 된 근대가족의 출현 없이는 근원적으로 불가능한 것이었다. 이것이 이른바 생산과 재생산의 근대적 분리의 결과였다. 사회적 재생산 없이는 임금노동자들이 생산노동을 지속할 수 없다.[69] 따라서 임금노동자 계급의 형성은 근대가족, 특히 근대적 주부 집단의 창출과 결합하는 과정이었다. 이것이 바로 "산업사회의 봉건적 중핵",[70] 즉 생래적인 성별에 기반한 임금노동과 가사노동 사이의 분업이다.

이런 의미에서 성별 역할의 규정은 전통의 잔재가 아니라 산업사회의 토대에 뿌리내린 것이라고 할 수 있다. 남녀 역할의 구분은 핵가족, 그리고 전형적인 생활양식과 노동양식을 갖춘 부르주아사회를 낳았다. 산업자본주의 사회는 이와 같이 인간 노동의 "분열된 상품화"에 기반하고 있다. 임금노동자는 가사노동자를 전제하며, 시장을 위한 생산은 핵가족을 전제한다.[71] 그러므로 가족적 속박으로부터 자유로운 개인으로서 근대적 주체는 여성에게는 불가능한 과제가 된다.[72] 사회적 재생산의 전담자로서 가족적 속박에 대한 종속이야말로 근대 산업자본주의 사회에서 여성의 존재조건이었기 때문이다.

그러나 여성은 재생산 영역에 가두어진 것이 아니라 그 영역에서 전혀 다른 방식으로 주체화되었다. 울리히 베크(Ulrich Beck)와 엘리자베트 베크-게른샤임(Elisabeth Beck-Gernsheim)의 표현대로 근대가족이 산업사회의 봉건적 중핵이라고 한다면, 이 봉건성은 기묘하게도 해방의 서사와 결합하여 만들어진 것이다. 근대가족의 해방의 서사는 좀더 전통적인 것으로 간주되는 대가족제도와의 비교 속에서 부각되었다. 1970년대 대중소설에 관한 한 연구는, 당시 대중소설에서 대가족은 종종 무능력한 가장이 다른 가족 구성원의 경제력이나 노동력을 착취하며 비합리적인 폭력을 자행하고 가족 구성원의 삶을 황폐하게 만드는 제도로 묘사되는 데 반해 핵가족은 "평등, 상호 존중, 자율성, 소통을 통한 의사 결정, 폭력으로부터의 자유"를 가져다주는 것으로 재현되었음에 주목한 바 있다.[73]

그러나 물론 부부와 미성년 자녀로 구성되는 핵가족의 가족형태가 곧 근대적인 부부중심가족(conjugal family)[74]을 의미하지는 않는다. 가족계획사업이 전개되는 동안 가족의 규모는 축소되고 가족구조는 급격하게 핵가족으로 변모해갔지만, 핵가족의 형태를 띠면서도 실제로는 부계친족제도에 종속된 가족의 현실은 지속적인 비판의 대상이 되었다. 그럼에도 불구하고 적은 수의 자녀는 부부관계를 중심에 둔 가족관계, 이상적인 결혼생활과 가족의 행복을 위한 일종의 필요충분조건으로 인식되었다. 또한 낭만적 사랑의 이상, 사랑과 자유의 결합, 선택과 의지로서의 사랑은 가족을 속박이 아니라 오히려 속박으로부터의 탈피와 해방으로 의미화하는 기제가 되었다. 여성의 섹슈얼리티, 전문가들의 자녀양육에 대한 조언, 가계관리자로서의 덕목과 지식에 관한 여러 담론들은 가족 내에서 여성의 위상을 종속적 위치라기보다 오히려 주체적이고 자율적이고 감각적인 아내이며 현명한 양육자이자 합리적이고 계획적인 가정관리자로 부각시켰다. 남편을 생계부양자로, 아내를 가사와 육아의 담당자로 규정하는 성별 노동분업은 '중산층 가족'의 일반적인 모델이 되었다.[75]

그러나 이것은 정상가족(normal family), 그리고 전업주부의 이념형(ideal type)이었다. 실제로 전업주부의 삶을 지속할 수 있는 비율은 낮았고, 여성들은 어떤 식으로든 경제활동에 참여해야 했다. 그러나 전업주부의 이념형은 산업화 시기 여성의 임금노동을 언제나 잠정적인 의미를 가지는 것으로 만들었다. 여성들은 전업주부의 삶을 이상적인 것으로 받아들였으며, 전업주부의 삶을 '실현'하기 위해 고된 공장노동의 고통을 견뎠다.[76] 이것은 여성을 값싼 노동력으로 활용하게 만드는 핵심 기제였다. 1960~70년대 한국의 나이 어린 여성들은 가발과 합판, 섬유, 신발, 전기제품 등 노동집약적 경공업·제조업 수출 분야에서 열악한 환경과 저임금을 견디며 전업주부의 꿈을 키웠다.[77] 이런 점에서 한국의 자본주의 산업화 시기 여성들의 삶이 생산력과 재생산력, 즉 "젊은 여성노동자의 생산력과 가족계획운동에 참여하는 여성들의 재생산력"을 통해 "국민/민족에 통합"되었다고 이야기할 수도 있을 것이다.[78]

남성의 생계부양자 역할 역시 이 과정에서 본격적으로 부상한 것이다. 여성들이 가정을 관리하고 자녀를 양육하는 전업주부로서의 삶을 요청받기 시작한 것과 동시에 필연적으로 이제 남성은 전능한 가부장이 아니라 가족 전체를 경제적으로 책임지는 생계부양자의 삶을 요구받게 되었다. 전근대사회의 대가족제도에서 남성 1인의 무능은 다른 가족의 능력으로 보충할 수 있는 것이었지만, 핵가족제도에서 남성의 무능은 혼인 및 가족의 구성, 유지에 결정적인 장애물이 된다. 사랑하는 여자를 부양할 능력이 없어 결혼을 포기하는 남자의 절망적 서사는 1970년대 대중소설이나 대중영화에서 쉽게 발견되는 것으로,[79] 가족은 점차 남성 구성원의 출세와 성공을 중시하는 전통적 가족주의라기보다는 냉혹한 세상의 피난처이면서 동시에 자녀들을 남부럽지 않게 양육하고자 하는 근대적 심성[80]을 불러일으키는 제도가 되었다.

옛날에는 식구만 많으면 얼마든지 갈아먹을 땅이 있었고, 또 별로 배우지 않고서도 어른이 되면 자기 자식들과 함께 세상을 살아갈 수 있었지만, 이제는 갈아먹을 땅과 일자리가 제한되어 있고, 또 남다른 기술을 배우지 않고서는 영낙없이 가난하고 비참한 생활을 면할 수 없게 되었다는 얘기다.

이제 우리는 이토록 변화된 세상을 살아가기 위해서 무엇인가 '생각하는 버릇'을 키우지 않았다가는 아이와 어른 다 함께 비참한 구렁텅이로 빠져들기 쉽다.[81]

전근대사회에서 결혼이 경제적 교환관계였다면 근대적 결혼은 경제적 교환관계가 아닌 '사랑'에 기초하고 있다고 여겨지지만, 이때의 사랑은 결국 생계부양자와 가사전담자의 결합을 낭만화하는 강력한 역사적 기제였다고 할 수 있다. 낭만주의에는 물론 전복적 요소가 존재한다. 가령 경제적 차이나 사회적 지위의 격차를 뛰어넘어 상류층의 여성과 가난한 남성, 부유한 남성과 하층계급의 여성이 사랑에 빠져 서로를 오로지 존재 그 자체로 받아들이면서 온갖 좌절과 시험을 이겨내고 결국 결혼을 성취해내는 이야기는 낭만적 사랑의 가장 표준적인 서사구조를 이룬다. 그러나 이와 같은 낭만주의의 급진성에도 불구하고 종국적으로 이 서사구조 내에서 남성 개인의 능력과 여성의 정서적 헌신의 중요성은 결코 면제되는 것이 아니며, 오히려 가장 핵심적인 요소가 된다.

가족계획사업을 통해 형상화된 가족의 상이 자리하는 곳은 바로 여기다. 한국의 가족계획사업은 자아관념을 성별화하고 성차를 제도화함으로써 정상가족의 확립을 도모하는 것이었다. 생계부양자로서의 남편과 가정을 꾸리는 부인, 그리고 이들의 자녀로 구성된 핵가족은 가족계획사업이 끈질기게 각인시킨 이상적인 근대적 가족의 모델이었다. 이같은 규범적 지향으로서의 '근대가족'의 이미지는 가족계획사업이 제시한 가족의 이미지에 직접적이면서도 일관되게 투영되었다. 그리고 이 가족을 성취해내는 것은, 다시 한번 강조하건대 무엇보다도 여성에게 주어진 과업이었다.

여성의 주체화: 자유와 권력

가족계획사업은 성과 사랑, 결혼에 관한 담론들을 통해 여성을 특정한 방식으로 '주체화'하였다. 가족계획의 담론을 통해 부부관계는 가족 내에서 특권적인 위상을 부여받았고, 출산을 계획하고 자녀를 양육하며 가정을 관리하고 가계를 책임지는 여성의 주체성과 자율성이 강조되었다. 이것은 근대 산업자본주의의 주체화의 핵심적인 메커니즘이 성별성에 기반한 것임을 보여준다. 가족계획사업은 다종다양한 정치적 실천들을 매개하는 정상가족의 구축 과정이었다.

가족계획사업을 거치면서 인구의 조정과 개입을 위한 피임술이 보급되고 통계기술이 발전되며, 성과 사랑, 결혼과 가족, 가계관리와 자녀양육에 관한 근대적 담론이 전파되었다. 가족규모의 감소는 여성의 삶에 깊은 영향을 미쳤다. 출산율의 감소는 적은 수의 자녀를 출산하는 새로운 유형의 여성, 새로운 양식의 삶, 근대적 주부의 창출을 의미하는 것이다. 이 시기 여성들에게 부여된 자율성은 인구가 노동력으로 취급되기 시작하면서 중요하게 부상한 것으로, 개인의 자율성이란 정치권력의 안티테제가 아니라 정치권력이 행사되는 핵심적인 조건임을 보여준다.[82] 여성이 전업주부라는 새로운 삶의 양식을 통해 일정하게 자율적인 존재로서의 위상을 확보하게 되는 과정은 산업자본주의가 가져온 거시적인 변동의 궤적 일부를 이루었다.

가족계획과 여성의 관계는 근대성과 여성의 관계만큼 복합적이었다고 할 수 있다. 근대의 찬미나 부정에 모두 함정이 존재하듯이, 혹은 포스트식민(postcolonial) 연구들이 보여주는 것처럼 저항과 동의의 이분법만으로는 포착되지 않는 모순과 균열의 지점들이 광범위하게 존재하고 있다는 것이다. 한국의 가족계획사업에 관한 이전의 중요한 연구들이 정확히 지적하고 있는 바와 같이, 가족계획사업에서 여성의 출산조절은 여성의 삶을 가족 일대기 속에 통합하고 종속시키는 것이었다.[83] 그리고 바로 이 가족 일대기로의 통합 ─ 정확히 말하자면 남성의 일대기로의 통합 ─ 은 한국을 비롯한 제3세계 나라들은 물론 서구 사회에서도 마찬가지로 여성이 근대적 주체로 탄생할 수 있었던 역설적 기제였다.

한국의 가족계획사업을 다루는 여러 문헌들은 출산조절과 여성의 관계가 서구와 제3세계의 서로 다른 역사적 맥락에서 어떻게 상이한 궤적을 그리게 되는지 환기시켜왔다. 서구 사회에서 출산조절은 여성의 욕구에 연관된 문제였으며 개인적 필요와 권리의 언어로 표상되었고, 상당 부분 조직화된 여성들 자신의 요구에 의해 추동되었으며 종종 국가 및 정부의 입장과 반대되는 것이었던 반면, 제3세계 여성들의 출산조절은 미처 자신들의 요구가 조직화되기 전에 국가의 경제적·정치적 목표에 의해 동원되는 측면이 강했다는 것이다. 한국의 경우 국가 주도의 산아제한이 대한어머니회, 즉 여성이 주도하는 출산조절운동을 가로막았으며, 한국 여성들은 출산조절을 실천할 행위성은 확보했으되 서구 근대적 의미에서 자기결정의 권리를 갖지는 못했다고 평가되기도 한다. 이같은 시각에 따르면 서구에서 피임은 생물학적 운명으로부터 여성을 해방시키는 가장 중요한 요소 중 하나로 간주되었던 반면, 한국과 같은 제3세계 국가들에서 근대적 출산조절은 국가의 목적을 달성하기 위해 여성을 대상화(objectification)하는 형태를 취했다고 볼 수 있다.[84]

근대적 출산조절이 정부 주도의 국책사업에 의해서 확산되었다는 사실은 여러 측면에서 역설적인 성격을 가진다. 가장 단적인 예는 낙태의 권리를 둘러싸고 벌어진 상황에서 찾아볼 수 있다. 낙태의 권리가 여성운동의 중요한 이슈로 등장하면서 여성운동을 통해 재생산권과 여성의 자율성으로 주장되던 서구의 경우와 달리, 한국에서 낙태가 법적으로 허용된 것은 역설적이게도 쿠데타로 집권한 군사정권, 그것도 유신치하에서였다. 임신중절을 법적으로 허용하는 모자보건법안이 처음 작성된 것은 1966년 보건사회부가 경제장관회의에 상정한 보고서였는데, "제2차 5개년계획 수행에서 가장 난제인 인구문제에 대한 기본계획을 수립"한 이 보고서는 모자보건법 제정을 중요한 과제로 강조하고 있었다. 당시의 법안이 반대 여론에 부딪혀 실패한 이후 수차례 모자보건법의 법제화가 시도되었으나 계속해서 실패하다 1972년 시월유신 이듬해, 유신치하의 비상국무회의에서 결국 모자보건법이 제정되기에 이른다.[85]

이러한 사실은 제3세계 비서구 사회에서 근대적 출산조절의 문제가 다루어졌던 역사적 맥락의 모순적이고 역설적인 차원을 극적으로 환기시킨다. 그러나 다른 한편, 여성에 의해 주도되는 출산조절운동의 역사를 가진 서구의 경우나 여성의 임신과 출산이 정부가 주도하는 산아제한 정책의 대상이 된 비서구 제3세계 모두, 여성들이 스스로의 욕구를 정의하고 출산을 조절하며 생물학적 제약으로부터 벗어나 해방을 지향하는 과정은 모순으로 점철된 과정이었다. 제3세계 여성들의 출산조절을 억압적이고 가부장적인 구조 속에 갇힌 것으로 묘사하고 서구 여성들의 출산조절을 여성해방의 이미지로 기술해서는 안 된다.[86] 서구의 경험을 모순 없는 과정, 비서구의 경험을 모순에 가득 찬 과정으로 보는 것은 서구의 역사적 경험에 보편성과 일반성을 부여하고 그것을 이론화함으로써 비서구의 경험을 예외화하고 특수화하는 결과를 낳을 위험이 있다.

가령 20세기 초 서구에서는 여성들의 성적 쾌락을 주장하는 담론들이 만들어지고 섹슈얼리티가 생식으로부터 급격히 분리되면서, 남성뿐 아니라 여성의 삶에 있어 즐거움과 개인적인 성장, 인격과 에너지의 수단으로 섹슈얼리티가 특징화되기 시작했다. 여성들의 성적 향유의 권리가 주창되면서 결혼과 이성애는 여성의 성숙, 행복, 정신적 건강을 나타내는 것으로 급격히 정의되었다. 섹슈얼리티는 여성의 존재를 이야기하는 데 좀더 보다 중심적인 것이 되어갔으며, 그 결과 여성의 자율성은 경제적이거나 정치적인 것이 아닌 성적인(sexual) 용어로 정의되게 되었다.[87] 그런가 하면 마거릿 쌩어나 마리 스톱스 등 서구에서 근대적 출산조절운동을 주도했던 백인여성들은 인종주의와 우생학과의 연관으로부터 결코 자유롭지 않았다.

출산을 둘러싼 여성의 욕구와 이해, 욕망은 결코 투명하지 않으며, 여성의 자율성과 행위성은 그 자체 대단히 모순적이며 복잡다기하다.[88] 여성들의 욕구는 계급이나 지역, 성적 실천에 따라 상이할 뿐 아니라 결코 고정된 실체로 존재하는 것이 아니다. 프란츠 파농(Franz Fanon)의 기념비적인 저작[89]으로부터 출발해 여러 포스트식민(postcolonial) 연구들은 피식민자의 욕망과 이해가 가지는 중층적인 맥락과 모순을 집요하게 파헤쳐왔다. 가족계획사업의 대상이며 도구이자 수단이기도 했던 한국 여성들의 욕망과 이해 역시 복잡하고 모순적이고 가변적이며 유동하는 것이었다.

권력에 의해 고통받는 존재를 자연적으로 주어진 개인으로 생각하는 것은 자유주의의 독특한 권력관이다.[90] 국가로부터 개인을 향하는 권력의 외재적 작용을 전제하고 개인이 이 권력에 대하여 저항이나 공모, 또는 순응이나 체념 등의 반응의 양식을 선택한다는 관점은 여성들의 자율성과 욕망, 행위자성과 그에 반(反)하는, 외재하는 것으로서 국가의 권력을 상정한다. 그러나 여성에 외재하는 것으로서의 권력이 아니라, 주체를 만들어내고 구성하며 그 의지와 자율성, 행위자성을 주조하고 조절하는 권력에 주목할 경우 가족계획사업을 다른 각도에서 접근해볼 수 있게 된다. 여성의 자율성과 주체성 역시 순수하고 오염되지 않은 것이라기보다 경합하는 권력의 작용을 통해 생성되는 모순적 측면을 가진다.

중요한 것은 이같은 주체성의 차원이 어떻게 종속화의 차원과 결합되는가 하는 점이다. 근대국가에서 인구의 관리는 개인의 권리를 제한함으로써 이루어지지 않는다.[91] 근대 이후 나타난 인구의 관리와 조절은 국가의 강렬한 통제와 감시 아래 여성들을 단순 편입시키는 것이 아니며, 간과해서는 안 될 모순의 공간들을 여러 층위에서 창출해내는 결과를 가져왔다.[92] 마치 자본주의사회에서 노동자에게 주어진 이중의 자유[93]와 유사하게 여성들의 삶에 주어진 자유와 주체화의 과정은 여러 차원에서의 종속화의 과정이었다. 국가에 의한 동원, 강제력의 행사, 도구화와 억압에 의해서만이 아니라 여성을 근대적 개인으로 만든 자유에 의해 여성의 삶은 가족관계와 남성의 일대기에 더욱 종속되었다. 우리 시대의 정치적·윤리적·사회적·철학적 문제는 우리를 국가로부터, 국가

제도로부터 해방시키는 것이 아니라, 우리를 국가 및 국가와 연결된 '개인화'의 유형 모두로부터 해방시키는 것이라는 푸꼬의 언명[94]은 이와 같은 맥락에서 음미될 필요가 있다. 우리에게 부과되어왔던 개인성과 주체화의 양식을 거부하고 새로운 주체화의 형태를 추구해야 한다는 것이다.

8장

가족과 통치

그때 국민 대다수는 안정된 직장에서 크고 작은 주주가 되기도 하고, 가장은 가족과 더불어 주말을 즐기며, 주부는 편리한 부엌을 갖춘 살기 좋은 주택에서 알뜰한 생활을 꾸밀 것이며, 자녀는 씩씩하게 자라고 슬기롭게 배워 세계에서 으뜸가는 한국인의 자질을 자랑하게 될 것입니다. (…) 그리하여 먼 훗날 소가 밭을 가는 오늘의 이 현실을 아득한 옛날의 전설이 되게 합시다.

— 박정희[1]

물론 나라가 부강해지려면 인구가 늘어나야 한다는 주장은 오래도록 존재해왔다. 그러나 한 사회의 미래와 운명이 시민의 수와 도덕, 혼인 규칙과 가족 구성뿐만 아니라 개인들이 각자 자신의 성(sexuality)을 이용하는 방식과 연관되어 있다고 한결같이 단언된 것은 그때가 처음이다. (…) 중상주의 시대의 단순한 인구증가론의 주장은 출산율의 증가를 — 주어진 목적과 긴급한 요구에 따라 — 촉진하거나 막기 위한, 한층 더 예리하고 면밀하게 계산된 조절의 시도로 변화하게 되었다.

— 미셸 푸꼬[2]

왕의 목을 자르기

미국의 정치학자이자 행정학자였던 루서 걸릭(Luther Gulick)은 금주법 폐지 이후 주류 규제에 관한 1936년 연구의 서문에서 통치(government)란 사람들이 정부(government)라고 부르는 것이 아니며, 의사당이나 거대한 공공건물이 아니라 "땅 위에서" "사람들 사이에서" 발견되는 것이라고 말한 바 있다. 그의 말을 빌리면 통치란 놀이터와 도서관, 가로등, 도로와 인도, 간호사와 의사, 빈곤층에 제공되는 음식과 의류, 거주지, 모든 지역에서 기준이 되는 도량형 같은 것이며, 집배원이 우편물을 배달하고, 경찰관이 순찰을 돌고, 청소부가 거리를 청소하고, 감독관이 공장이나 빈민주택을 조사하는 것이다.[3] 이 책에서 우리가 살펴본 가족계획사업을 두고 보자면, 집집마다 방문해서 피임의 필요성을 알리는 양장 차림의 가족계획 계몽원, 전국의 가임여성과 합계출산율을 집계하기 위해 가구원의 수를 묻는 조사원, 불임술을 보급하기 위해 의사들을 모아 시술 과정을 훈련하는 의사, 희망하는 자녀 수의 결정요인을 분석하는 사회과학자, 루프 광고를 보여주는 TV, 행복한 부부의 성생활에 관한 칼럼을 게재한 기독교 잡지, 출산환경의 위생 문제를 다룬 신문기사, 이 모든 것들이 평범한 사람들의 일상적인 삶을 겨냥한 통치의 실천이다. 근대국가의 통치는 군사쿠데타로 집권해 가족계획사업을 국책사업으로 발표하는 박정희로 의인화되거나 군사정권의 폭압적인 독재권력으로 환원되지 않는다.

한국의 산업화와 근대화의 궤적에서 나타난 국가의 양상은 국가권력에 대한 분석과 비판이 가지는 중요성의 무게를 언제나 지지해왔다. 대한민국 정부수립에서 군사쿠데타와 장기독재로 이어지는 동안 국가의 정당성은 지속적으로 문제적인 것이었으며, 경제개발과 근대화 시기의 국가는 그 기획자이자 실행자이며 성과와 해악의 진원지로 인식되어왔다. 전통적인 지주계급은 물론 근대적인 자본가계급과 노동자계급 모두가 취약할 수밖에 없었던 역사적 조건 위에서, 식민지배가 남긴 인프라와 냉전체제의 국제질서는 한국의 국가를 강력한 실체로 만들었다.[4] 따라서 국가는 불평등과 부조리의 근원이자 무소불위의 실체로서 권력에 관한 논의의 중심에 자리해왔다. "정치 이론에서 아직 왕의 목은 잘리지 않았다"[5]는 푸꼬의 유명한 비유에 기대어보면 '왕의 목', 즉 국가를 중심에 두는 사유와 정치적 분석을 통해 왕의 목은 잘리지 않고 건재했던 것이다.

전후 서구 복지국가의 위기와 동구 공산주의국가의 몰락은 국가의 과잉과 비효율, 불의함에 대한 비판을 광범위하게 불러왔다.[6] 그러나 한국의 경우 국가권력의 폭력성과 취약한 정당성으로 인해 국가는 한층 더 문제적인 것이었다. "국가의 탄생, 역사, 발전, 국가의 권력과 그 남용"이 강렬한 비판의 대상이 되면서 "국가에 대한 사랑이나 혐오"는[7] 정치권력과 관련된 집합적 심성의 근간에 자리하게 되었다. 국가권력의 폭력적이고 억압적인 속성에 대한 논의는 대부분 그 피해자이면서 저항의 주체나 진지인 개인과 사회를 명시적으로든 암묵적으로든 전제하는 것이기도 했다. 국가의 지배와 이에 대한 시민 혹은 (시민)사회의 동의/저항이라는 구도는 정치권력을 사고하는 일반적인 도식이었다.

그러나 1장에서 다루었듯이, 지배-시민-주권의 정치적 사유만으로는 18세기 이래 서구에서 시작해 비서구를 포함한 근대사회 전반에 확산된 통치성의 차원을 포착하기 어렵다. 근대국가의 등장과 함께 인구의 안전을 지속적으로 관리하는 통치의 실천이 전개되기 시작했으며, 심지어 가장 독재적이고 권위주의적인 국가의 경우에도 그러하였다.[8] 지배의 정당성이나 주권자의 저항 같은 차원이 아니라 인구의 안전을 확보하는 통치의 차원이 부상하면서 평범한 사람들의 일상적인 세속의 삶이 포착되기 시작했다. 태어나고 죽고 병드는, 돈을 모으고 물건을 사고 피임하며 낙태하는, 아이를 낳고 기르고 학교에 보내고 병원에 다니는 구체적인 세속의 삶은 이렇게 해서 정치의 장에 진입하게 되었다. 이것이야말로 근대 이후 나타난 정치권력의 역사적 전환이자 결정적인 변화였다.

공교롭게도 한국 현대사에서 결혼하고 아이를 낳고 기르며 저축하고 소비하는 **구체적인 세속의 삶**을, '시민'이나 '지배', '주권'의 문법과 전혀 다른 차원에서 '통치'되어야 할 '인구'로 정치적 장에 도입한 것은 쿠데타와 유신, 군사독재로 점철된 박정희 정권이었다. "1960년대는 우리가 살고 있는 당대의 직접적 기원이다. 멀리 19세기 말~20세기 초나 1920~1930년대를 참조할 수 있겠지만 현재의 한국사회는 1960년대를 통한 재구조화의 결과이거나 그 잔여물이다"[9]라는 지적은 이같은 맥락에서 음미해볼 만하다. 박정희 정권은 평범한 사람들이 살아가며 결혼하고 노동하는, 아이를 낳고 기르고 삶을 구상하고 사고하고 실천하는 모든 과정을 인구의 통치와 관리라는 차원에서 정치권력의 장에 도입했다. 이런 점에서 1960년대는 이전 시대와의 질적 단절이었다.

가족계획사업은 바로 이 질적 단절을 보여준다. 한국의 가족계획사업은 광범위한 피임의 보급과 계획된 출산의 규범화를 통해 여성의 출산조절을 보편화하고 재생산 행위의 양상을 질적으로 변화시킨 가장 강력하고 중요한 역사적 계기였다.[10] 그뿐만 아니라 가족계획사업을 통해 무수히 많은 평범한 사람들의 욕구(desire)를 파악하는 일이 통치의 장에 진입했으며, 인구에 대한 각종 지식의 공적 확립이야말로 통치의 중요한 실천으로 등장하기 시작했다. 가족계획사업은 군림하고 복종시키는 것이 아니라 면밀히 관찰하고 처방하는 권력, 그럼으로써 지배의 새로운 양식, 새로운 차원의 종속(subjugation)을 창출하는 권력의 작동을 보여준다.

이 책의 서두에서 살펴본 것처럼 푸꼬는 법을 위반하거나 거기에 저항하는 자를 궁극적으로는 죽임을 통해 징벌하는 권력, 죽임을 통해 작동하되 삶의 차원은 방임하는 권력을 주권권력(sovereign power)으로 명명하고, 반대로 죽음의 차원을 권력의 작동 영역 밖으로 밀어내고 삶의 영역에 개입하는 권력, 가치와 효용을 증진시키며 계량하고 측정하고 평가하는 권력의 차원을 개별화의 차원에서 규율권력(disciplinary power)으로, 전체화의 차원에서 생권력(bio-power)으로 정의하였다. 개별화와 전체화, 규율권력과 생권력의 동시적 전개를 국가 수준에서 포착하는 개념이 통치성이다. 권력을 분석함에 있어 "리바이어던의 모델을 버려야 한다"[11]는 푸꼬의 주장은 결국 통치성의 다층적 작동을 포착함으로써만 근대 이후 권력의 양상을 분석할 수 있기 때문이다.

국가란 다중적인 통치성의 체제가 가져오는 유동적 효과라고 할 수 있으며,[12] 통치성의 전개는 개인 수준에서 주체화, 집합적 수준에서 정상화의 메커니즘과 불가분의 관계를 맺는다. 이 과정은 '우리는 18세기에 발견된 통치성의 시대에 살고 있다'고 푸꼬가 말했을 때의 바로 그 의미에서, 즉 중농주의와 고전경제학이 등장한 그 시대를 지칭했던 맥락 그대로 자본주의의 전개와 긴밀한 연관을 가진다. 주체화(subjectification)가 가져오는 효과가 해방이 아닌 종속화(subjection)인 이유, 정상화(normalizing)의 과정이 끊임없이 새로운 포섭체계를 통해 규칙을 재수립함으로써 무질서화(anomizing)의 과정과 동시적으로 결합할 수밖에 없는[13] 이유가 여기에 있다.

국가효과

이렇게 보자면 1장에서 논의했듯이, 국가 대 사회라는 지형학적(topographical) 구도는 우리가 국가와 사회를 인식하는 하나의 양식에 불과하다. 이 구도에서 사회는 국가의 자의적 지배나 정당성을 결여한 지배에 대항해 인민주권의 이상을 실현하는 규범적·윤리적 영역이자 실체로 인식된다. 그러나 18세기부터 등장한 '사회를 보호해야 한다'는 자유주의의 인식[14]은 사회를 보호하기 위한 특유의 통치 테크놀로지를 다각적으로 발전시키는 바탕이 되기도 하였다.

가족계획사업에 관한 기존의 연구들은 국가에 대해 상이한 시각을 보여왔다. 한편에는 가족계획사업이 국가의 용의주도한 기획과 정책적 강압을 통해 가족의 구조적 변동을 추진하는 것이었으며, 인위적이고 강압적으로 사적 영역의 가족을 공적 영역으로 끌어내고, 거대 기획에 맞추어 가족의 새로운 유형과 규범을 만들었다는 시각이 있다. 반면 다른 한편에는 가족계획사업이 이미 1950년대에 존재했던 출산조절운동과 국제적인 인구통제 기관들의 지원이 맞물려 실현된 것으로, 한국의 가족계획사업을 국가의 능동적 기획으로 해석할 수 없으며, 사업 수행 과정에서도 국가의 직접적 역할은 대단히 제한적이었고, 국가는 사실상 거의 아무런 역할을 하지 않았다는 평가가 자리한다.[15]

가족계획사업과 국가의 관계에 대한 이러한 정반대의 평가는 국가에 대한 상이한 인식에 바탕하고 있다. 대한가족계획협회 역시 "민간조직"으로 평가되기도 하고, 국가의 전적인 지원을 받는 "의사 공식적 보호(quasi-official tutelage)단체", 사실상의 "준정부기관", "반관반민 기구"로 기술되기도 한다.[16] 그 결과 대한가족계획협회가 가족계획사업과 관련해서 수행한 중요한 역할은 한편에서는 강력한 국가 개입의 증거가 되기도 하고, 다른 한편으로는 국가 방임의 증거로 여겨지기도 한다.

여기서 질문을 던져보기로 하자. 국가란 무엇인가? 그것은 행위자인가? 국가는 그 자신의 의도를 가지는가? 우리가 1960년대 가족계획사업을 추진했던 한국의 '국가'에 대해 논한다고 할 때, 그것은 당시의 '정권'과 같은 개념인가, 혹은 다른 개념인가? 국가란 행정부와 동일한 것인가? 다르다면 그것은 어떻게 다른가? 혹은 국가란 의회나 사법부를 포함하는 개념인가? 야당이나 지방정부도 포함하는가? 국가라는 개념이 이 모두를 포함한다면[17] 과연 우리는 국가라는 실체와 국가의 의도에 대해 어떻게 논할 수 있는가? 가령 정부와 의회, 사법부, 야당, 지방정부의 이해가 서로 충돌하고 갈등할 때, 우리는 어떻게 국가에 접근할 수 있는가?

이것은 아주 단순한 질문이지만 이에 대한 답은 그리 간단치 않다. 국가 개념의 모호성은 사회학과 정치학을 비롯한 사회과학계 전반에 걸쳐 광범위하게 지속되어왔으며, 국가에 관한 연구가 활발하게 이루어지고 있음에도 불구하고 국가라는 개념이 무엇을 의미하는지 설명하는 것은 여전히 해결되지 않은 문제로 남아 있다. 이런 연유로 영국의 역사사회학자 필립 에이브럼스(Philip Abrams)는 헤겔주의자나 맑스주의

자, 그리고 정치학자들의 노력, 심지어 '국가란 무엇인가?'라는 레닌의 질문 이후로도 국가에 대한 질문이 만족스러운 답은커녕 광범위하게 합의된 답조차 만들지 못했다고 지적한 바 있다.[18]

국가에 대한 정의는 종종 사회와의 구분에 의존한다. 그러나 국가와 사회의 경계는 실제로는 매우 모호한 것이다. 이와 같은 모호성은 국가-사회의 경계를 보다 정교하게 정의함으로써 극복되는 것이 아니라, 오히려 그 모호성을 국가라는 개념의 속성에 대한 중요한 단서(clue)로 인식하는 것이 필요하다.[19] 즉 사회와 구별된 실체로서 국가를 더욱 정확하게 정의하기 위한 시도가 아니라, 국가와 사회 사이에서 부정확하면서도 강력한 구분이 만들어지는 과정 자체의 정치적 성격을 살펴보아야 하는 것이다. 이 문제를 가족계획사업과 연결짓기 위해 다음의 인용문을 살펴보기로 하자.

정부가 스스로 하기 어려운 일은 모두 대한가족계획협회에 맡겨왔다. 각급 요원의 훈련, 이동시술반의 운영, 외원자금의 관리, 피임약 제기구의 임상시험, 홍보사업의 집행 등 사회적으로 민감한 반응을 모면하기 위해서, 그리고 정부행정의 경직성을 우회하기 위해서 크고 작은 많은 일을 협회에 맡겼던 것이다. 그러므로 정부사업과 민간사업의 구분을 하기 어려울 만큼 보건사회부와 가족계획협회는 밀착하고 혼연일체가 되어서 일해왔다. 30년의 긴 세월을 이와 같은 관계를 유지해왔다는 것은 타에 그 유례를 찾아보기 힘든 것이라고 생각하며, 경쟁심과 공명심을 감추고 갈등과 질투를 극복할 수 있는 인간관계를 유지할 수 있었다는 것은 얼마나 다행한 일이었는지 모르겠다. 정부 측에서 사업을 주관하는 부서에 몸담아왔던 나로서는 아무리 신축성 있는 행정을 추구하고 민간활동에 많은 공을 돌리려고 애

써왔다 하더라도 본의 아닌 오해와 미움도 받아왔으리라고 생각하며, 내가 하는 일을 인내와 겸양으로 수용해온 협회 여러분들에게 고마움을 간직하고 있다.[20]

이 인용문에서 나타난 보건사회부 관료 출신의 회고에 따르면 대한가족계획협회는 정부가 스스로 하기 어려운 일을 맡기는 민간기구였다. 실제로 대한가족계획협회는 공식적인 정부기구가 아니었다. 그러나 가족계획사업의 전개과정에서 피임술을 보급하는 농촌 여성들에게 대한가족계획협회가 과연 민간단체였을까?

동사무소에 가서 마이크를 좀 빌려달라고 해요. 동사무소에서 마이크를 빌려주면 내가 마이크를 [들고 얘기]해요. "피임할 사람, 애기 유산할 사람, 다 동사무소로 나오시라"고. "나오면 [병원에] 데리고 가고, 데려다주고, 무료로 다 해주겠다"고. 나는 그렇게 일을 했어요. 협회에서, 아침이면 저기 봉고차를 타고 아침에 어디를 갈까요? 그러면, 내가 생각을 해보는 거야. '어디쯤 가면 사람들이 많이 나올 거다.' (…) 공문도 한번씩 띄우고, 일주일에 한번씩 마이크를 빌려달라고 해서, 마이크에 대고 얘기를 하는 거예요. "안녕하십니까. 전 대한가족계획협회에서 나온 아무개입니다."[21]

이 인용문은 가족계획사업 당시 가족계획 계몽원으로 활동했던 여성의 구술 내용이다. 대한가족계획협회 소속의 계몽원이 동사무소의 마이크를 들고 다니면서 '피임할 사람'이나 '유산할 사람'은 '다 동사무소로 나오시라'고 외치는 소리를 듣고 동사무소로 향하는 여성들에게 대한가족계획협회는 민간단체였을까? 대한가족계획협회와 정부기구는 구분 가능한 것이었을까? TV 광고와 정부의 홍보, 불임술을 시술하는 의사들, 가족계획 계몽원이 나누어주는 피임도구나 피임약 등 가족계획사업의 서로 다른 차원들이 정부의 사업과 민간의 활동으로 구분되어 인식되었을까?

대한가족계획협회는 정부관료에게는 민간이었으되 사업의 대상이자 피임 시술을 받는 여성들, 그들의 가족과 친족, 지역공동체의 구성원들에게는 국가 그 자체였다. 앞서 언급한 바와 같이, 사실상 국가와 사회의 경계가 가진 모호성은 실제로 존재하는 현상의 속성에 대한 중요한 단서가 된다. 국가-사회의 경계란 두 구별되는 실체 사이의 범주를 둘러싼 문제가 아니라 사회적·정치적 질서가 유지되는 제도적 메커니즘의 연결망 내부에 그려지는 선이다. 이것을 구별되는 실체들 사이의 외부적 경계로 보이게 만드는 능력은 근대 정치질서의 특징적인 기술(technique)이다.[22] 국가와 사회의 경계는 가족계획사업 과정에서 계속 유동했다. 앞의 인용문만 조금 살펴보아도 가족계획사업은 정부사업과 민간사업의 구분이 어려운 공식적인 국책사업이었고 대한가족계획협회와 정부의 관계는 혼연일체의 성격이었음을 알 수 있다. 그러나 "사회적으로 민감한 반응을 모면"하고자 하거나 "정부행정의 경직성을 우회"하고자 할 때, 대한가족계획협회는 민간단체로서 국가의 외부에 자리하게 된다. 중요한 것은 국가의 경계가 어디인가의 문제가 아니라 이와 같은 국가의 경계 그 자체가 정치적 효과라는 점이다.[23]

결국 중요한 것은 국가를 역사적 구성물로 이해하는 것이다. 실재하는 국가체계 및 국가이념, 그리고 국가효과에 접근하는 연구를 통해 국가에 관한 형이상학적 추론에 기대지 않고 국가권력의 구체적인 실천과 성격, 그 효과를 분석하는 것이 필요하다.[24] 이런 맥락에서 이 책은 가족계획사업이 이른바 국가의 통치화가 본격적으로 전개되는 과정이었다는 점에 주목하였다. 가족계획사업은 여러 종류의 피임술을 광범위하게 보급했을 뿐 아니라 전국적으로 여성들을 마을 단위로 조직했다. 그뿐만 아니라 가족계획사업은 근대적 국가통계 체계가 확립되고, 자료의 수집과 분석 기술이 발전하며, 보건체계가 수립되는 과정과 직간접적으로 연관되어 있었다. 이 시기에 국가의 일은 지속적으로 증대되었고, 국가공무원과 지방공무원을 포함한 공무원의 규모 역시 그림 7에서 보는 것처럼 1960년대부터 비약적으로 증가했다.

1960년대와 1970년대는 국가체계의 차원에서든 국가이념의 차원에서든 국가형성의 중요한 과정을 보여준다. 국가형성은 건국이나 정부 수립 같은 시원적 순간에 완료되지 않는다. 국가는 특정 시점에 완성되는 것이 아니라 지속적으로 형성된다.[25] 결국 강력한 국가, 동원대상으로서의 사회 모두 가족계획사업에 존재론적으로 선행했다기보다 오히려 가족계획사업을 거치는 과정에서 형성되고 구축되었다고 볼 수 있다. 이같은 국가형성 과정에 대한 관심은 국가의 통치화 과정에 대한 관심과 일맥상통한다.

18세기 서구에서 처음 발전하기 시작한 통치술의 작동은 무엇이 국가의 능력 안에 있는지, 무엇이 공적인 것인지, 무엇이 그 바깥에 존재하는 것인지 등을 정의하는 끊임없는 과정이었다.[26] 국가의 통치화를 통해 통치의 합리성과 기술이 발전하고 확산되면서 정치의 영역과 정치가 아닌 영역 사이의 구분이 형성된다.[27] 한국에서 국가의 통치화는 1960년대 쿠데타를 통해 집권한 군사정권하에서 본격적으로 전개되기 시작했으며, 수와 통치, 권력과 지식, 통치와 과학을 결합시키는 통치체계의 합리화를 통해 국가체계를 강화하고 확장하며 탈정치화했다.

가족계획사업 이후 대한가족계획협회는 1999년 대한가족보건복지협회로, 2006년 인구보건복지협회로 명칭을 변경하여 가족 및 인구 관

그림 7 공무원의 규모 추이(1953~1979)

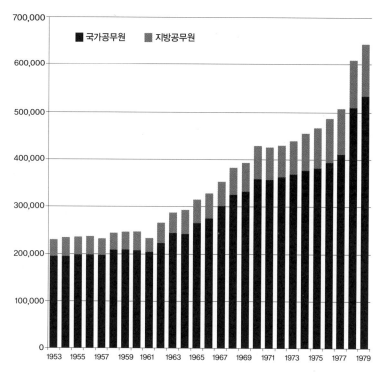

주: 1971년 이후는 잡급직을 제외한 수치임.
자료: 경제기획원『한국통계연감』 1961, 1969, 1974, 1975, 1980.

런 사업을 지속하고 있다. 그러나 그 영향력은 1960~70년대에 비해 현격하게 미미해졌다고 볼 수 있다. 이는 국가의 통치화가 지속적으로 확대되고 심화되어온 결과다. 오늘날 자녀의 출산과 관련된 모든 현상은 의심할 바 없는 국가의 일의 범주에 포함되어 있다. 모자보건이나 양육비 지원에서 난임부부에 대한 인공수정시술에 이르기까지 좀더 많은, 좀더 효과적인, 좀더 실질적인 국가의 역할이 요청되고 있다. 국가의 범위를 대한가족계획협회 또는 인구보건복지협회 같은 '민간'과의 경계에 긋게 만드는 정치적 기술을 작동시킬 필요 없이 국가의 일은 인구현상 전반의 문제를 다루는 활동으로 확장되었다. 그럼으로써 이제 가족을 둘러싼 모든 것들이 의심할 바 없는 국가의 일에 속하게 되었으되, 그것은 지배나 억압, 강제와는 전혀 다른 차원의 일로, 정치의 외부 혹은 정치 이전의 영역으로 간주되게 되었다.

가족, 통치의 도구

근대 이전까지 가족은 통치의 모델이었다. 가부장의 근엄함과 군주의 권위는 서로에게 오래도록 일종의 유비(類比)가 되었다. 그러나 근대 이후의 통치는 이와 같은 가부장제의 모델로부터 이동하게 되었고, 통치 모델로서의 가족은 소멸하게 되었다. 그렇다고 해서 통치와 가족 사이의 관계가 사라진 것은 아니다. 오히려 그 중요성은 더욱 각별해졌다. 통치의 관심이 인구를 향하게 되면서 가족은 모델에서 도구로 — 인구의 통치를 위한 특권적 도구로[28] — 변모했다. 출산율이나 혼인율, 경제활동인구 구성, 부양인구비, 고령화의 속도 등 통치의 실천이 향하는 현상들은 모두 가족을 매개로 해서 일어난다. 가족은 인구현상의 핵심적 요소이자 인구의 통치를 중계하는 기본 단위로 새롭게 탄생하게 되었다.

한국에서 가족은 1960년대에 새롭게 부상하는 인구 개념을 통해 포착되면서 인구를 조절하기 위한 통치의 도구로 정치의 전면에 등장했다. 역사적으로 완전히 새로운 어머니의 역할과 아내의 역할, 자녀의 위상, 아버지의 책임에 관한 담론과 실천이 광범위하게 확산되었다. 통치와 가족이 맺는 이 새로운 관계는 발전과 인구가 맺는 관계와 연관된다. 가족계획사업은 사진 15에서 보듯이 "1,000불 국민소득의 길" 등의 구

사진 15 가족계획 포스터 (1974)

호와 결합되면서 경제발전을 위한 핵심적인 과제로 선전되었다.

　그러나 출산율과 경제발전의 연관은 아주 명쾌하지는 않았다. 출산율을 방치할 경우 양육비 규모가 막대할 것으로 예상된다거나,[29] 사회간접자본 확충을 위한 압력을 줄일 수 있다거나,[30] 심지어 경제지표를 올리기 위한 방편[31]으로 출산율을 낮춰야 한다는 주장과 요구가 있었다. 정부는 조국 근대화와 경제개발을 위해 인구성장 억제가 필수조건이라고 역설했지만 국회에서는 경제발전을 위해 필요한 인력수급에 지장을 초래할 것이라는 의견이 개진되기도 했다.[32] 유사한 맥락에서 당시의 인구증가가 연소자 인구의 사망률 감소로 인한 것이어서 "경제발전의 요인으로서의 노동력인구의 증가를 의미"하기 때문에 경제발전과 산

아제한의 연관관계를 말하기 어렵다는 주장이 미약하게나마 존재하기도 했다.[33]

인구와 경제발전 사이의 관계에 관한 가장 영향력 있는 이론인 인구변천이론(demographic transition theory)은 공중보건과 위생의 개선으로 사망률이 먼저 감소하고 뒤이어 출생률이 감소하기 때문에 출생률과 사망률이 모두 높은 산업화 이전 단계에서 출생률은 높으나 사망률이 낮은 산업화 초기 단계를 지나 출생률과 사망률이 모두 낮은 인구안정기로 이행하는 인구변천의 과정이 일어난다고 설명한다. 그러나 이이론을 주도한 프랭크 노트스틴 등 미국의 인구학자들은 산업화와 경제발전이 출산율을 하락시킨다는 이 설명을 곧 뒤집었다.[34] 높은 출산율이 제3세계의 경제발전을 가로막고 있으므로 성공적인 산업화를 위해서는 국가적 차원의 가족계획사업이 필요하다고 주장한 것이다. 인구학자들이 산아제한을 위한 개입을 정당화하는 방향으로 이론적 수정을 가하면서 인구변천이론은 국가주도 가족계획사업을 통한 산아제한에 과학적인 정당화를 제공하게 되었다.[35] 산업화와 출산율 사이의 인과관계에 관한 설명은 간단히 역전되었다.

사실상 출산율의 감소와 산업자본주의 사이의 관계는 산아제한 정책의 지지자들이나 인구변천이론에서 주장하는 것 같은 인과관계라기보다 막스 베버가 말하는 '선택적 친화성(elective affinity)'에 가깝다.[36] 전근대 농업경제에서 사람들이 대가족을 이루는 이유는 가족을 위해 일할 노동력이 필요하기 때문이다. 가족노동의 필요나 토지소유의 패턴과 같은 조건이 그대로인 채 피임술만 보급된다고 해서 가족규모가 작아지지는 않는다.[37] 산업자본주의 사회에서 노동자들의 가족규모가 작아진 것은 새로운 형태의 주거, 여가활동, 오락과 교육을 포함하여 삶의 양식과 생활 조건들이 전반적으로 변화했기 때문이다.[38] 부부와 적은

그림 8 가구원 수별 가구 분포(1960~1990)

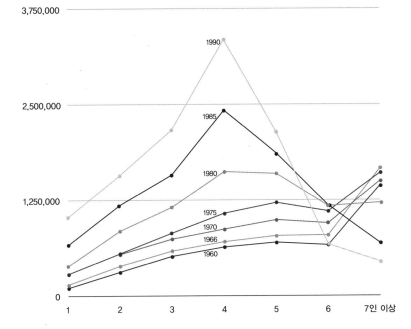

자료: 통계청, 인구총조사, 각 연도.
* 1960년도와 1966년도는 각각 20%, 10% 표본조사 결과임. 1960년도는 미상가구 제외.
1966년도는 친족가구, 비친족가구, 단신가구, 준가구 제외. 1970년도는 1인가구 자료 없음.

수의 자녀로 구성된 이 새로운 가족은 산업자본주의 사회에 적합한 정
상적인 삶의 양식을 뜻했으며, 피임술의 보급은 대다수의 사람들이 이
정상적인 삶의 양식을 성취하는 데 기여했다. 그림 8은 1960년대 이후
한국에서 4인 가구로 수렴되는 현상이 수십년간 진행되고 있음을 보여
주고 있는데, 가구와 가족의 의미가 엄격히 다른 것이기는 하지만, 부부
와 2명의 자녀로 구성된 가족 모델이 1960년대 이후 급격하게 규범이자
표준의 의미를 획득하게 되었음을 방증한다고 할 수 있다.

이와 같은 현상은 무엇을 의미하는가? 이 책은 1960~70년대 한국의

가족계획사업을 다루었다. 그러나 1장에서 밝힌 것처럼 이 책의 관심은 가족계획사업의 추진 배경이나 '성과'의 요인을 규명하는 데 있지 않다. 그럼에도 불구하고 '가족계획사업은 왜 필요했는가' 그리고 '한국의 가족계획사업은 (왜) 성공적이었는가'[39]라는 질문을 언급할 필요가 있다. 이 두가지 질문은 결국 연결된 것이며, 그에 대한 논의는 이 책의 여러 곳에서 이루어졌다. 요약컨대 가족계획사업은 단지 산아제한이 아니라 자본주의 산업화와 연관된 정상화 및 주체화의 과정이었다. 가족계획사업은 적은 수의 자녀를 낳아 임금노동을 통해 경제적으로 부양하는 아버지와 합리적으로 자녀를 양육하는 어머니의 일상적 실천을 일반적인 삶의 과정으로 정상화·주체화했다는 점에서 근대화 프로젝트이자 개인의 행위(conduct)[40]를 지휘(conduct)하는 통치의 실천이었다.

1장에서 언급한 것처럼 푸꼬가 고안한 규율권력의 개념은 『감시와 처벌』에서 파놉티콘이라는 건축학적 은유를 통해 기술되는 감시의 시선과 체계가 아니라, 그 효과이자 결과로서 만들어지는 개인의 정상화에 있다.[41] 학교, 군대, 기업 등 규율체계를 통해 작동하는 권력은 개인들을 개별화하여 규율하는 동시에 노동력으로, 인구로 전체화한다. 여기서 개인을 규율체계에 고정시키는 연결점(interlocking point)이 바로 가족이다. 그뿐만 아니라 학교와 군대, 기업 등 규율체계들을 서로 연결시켜 개인을 하나에서 다른 하나의 규율체계로 순환시키는 전환점(switch point) 역시 가족이다.[42]

통치의 도구로서 가족이 규율체계와 맺는 이 이중적 관계, 이중적 역할은 각별한 중요성을 가진다. 사람들을 학교에 가고 군대에 가고 노동하도록 만드는 것은 바로 가족이다. 이런 점에서 가족은 개인을 규율체계에 항구적으로 고정시키는 강압의 계기, 개인을 규율체계에 부착시키는 경첩(hinge)의 역할을 한다. 동시에 학교를 떠난 학생이 돌아가는 곳, 군대를 벗어난 군인이 돌아가는 곳, 일터를 나온 노동자가 돌아가는 곳 모두 가족이다. 개인이 일종의 비정상(abnormal)으로서 규율체계로부터 거부당했을 때, 동화되지 않고 규율되지 않으며 교육되지 않는 자로서 규율체계로부터 배제되었을 때 그가 돌아가는 곳은 가족이다. 가족은 그를 다시 학교로, 군대로, 일터로 돌려보내는 역할, 다시금 규율체계에 속하도록 만드는 역할, 그럼으로써 여러 규율체계들로 개인을 순환시키는 교차로(junction)의 역할을 맡는다.

결국 가족을 구성하는 복잡한 사회경제적·감정적 관계들은 개인을 다른 개인, 사회체계, 정부와 국가에 연결하는 데 중요한 역할을 한다. 학교 출석의 의무, 노동과 생산성, 병역, 건강, 법 준수의 의무 등은 종종 우선적으로 가족을 통하여 규율되고 관리된다.[43] 가족의 이러한 역할은 자본주의경제의 확산과 직접적으로 연결된 것이었다. 노동하는 주체, 그리고 노동력을 재생산하는 주체. 가족과 통치의 연관은 본질적으로 이 이중적인 정상화·성별화된 주체화의 메커니즘에서 비롯된다.

길 위의 가족

2014년 11월, 한 일간지에 어느 65세 독신 남성의 이야기가 실렸다. 오래도록 독신생활을 한 그는 결혼을 한 적은 없지만 연애 경험까지 없는 것은 아니었다. 다만 "1~2년간 연애는 즐기지만, 여성이 결혼을 하자고 하면 뒷걸음치기를 반복했다." 상담에서 이 남성에게 주어진 질문은 "어릴 때 부모님과 떨어져 있은 적이 있느냐"는 것이었다. 돌 무렵 그의 부모가 2주일 정도 유럽 여행을 가느라 이모가 맡아 돌봐준 적이 있었다. "이때 울다 지쳐 잠이 들 만큼 보챘다고 들었다"고 그는 답했다. 이 기사가 전하는 그에 관한 이야기는 놀랍게도 이것이 전부다. 돌즈음에 그를 이모에게 맡기고 떠난 부모의 2주간의 여행은 65년을 산 그가 "쉽게 사랑을 주지도, 받지도 못하는 상태"가 된 것을 설명하기 위해 언급된 유일한 이유였다.

이 남성의 이야기는 "엄마의 사랑이 결핍된 아이들"이 "반사회적 인격장애와 우울증·불안증·주의력결핍 과잉행동장애(ADHD) 등 다양한 부작용"을 일으키게 된다는 기사에 삽입되어 있다. 기사에 따르면 IMF 시기 이혼율이 증가하고 '가정 해체' 문제가 심각할 때 태어난 아이들이 학령기에 진입하면서 취학아동 25%가량이 '정서 불안' 증세를 나타내고, 폭력 학생 수도 10년 사이 5배가량 급증했다. 어린 시절 '애착 손상'을 입은 경우 성인이 된 뒤 심각한 문제점을 드러내게 되는데, 워킹맘은 계속 늘어날 전망인데다 사회는 점점 엄마와 아이를 떼어놓는 정책과 문화로 넘쳐나고 있다. 이런 정책을 계속하면 아이들은 부모와 사회에 대한 신뢰가 무너지고 이런 사회에서는 범죄율과 살인율도 높아진다는 것이다.[44]

이 기사를 통해 하나의 현상으로 우리가 눈여겨볼 대상은 어린 시절 애착 손상을 입은 아이들이 겪게 된다는 불안이 아니다. 더욱 흥미롭고 중요한 현상은 정작 이 기사가 드러내고 있는 불안이다. 이 불안은 1960~70년대에 형성된 특정한 가족 모델이 더이상 지속될 수 없다는 데서 연원한다. 박정희가 1967년 연두교서에서 매우 구체적으로 제시했던 가족의 상, 즉 "안정된 직장에서 크고 작은 주주가 되기도 하고, 가장은 가족과 더불어 주말을 즐기며, 주부는 편리한 부엌을 갖춘 살기 좋은 주택에서 알뜰한 생활을 꾸"미고, "자녀는 씩씩하게 자라고 슬기롭게 배"우는[45] 가족의 모델이 종말을 고하는 것에 대한 불안이다.

1960년대 초 6.3으로 추정되는 합계출산율은 불과 20여년이 흐른 1983년에 인구대체수준 아래인 2.06으로 떨어졌다. 그로부터 20여년이 흐른 2005년에 출산율은 1.08을 기록했다. 그해에 "모든 국민은 혼인과 출산의 사회적 중요성을 인식하여야 한다"[46]고 천명하는 건강가정기본법이 시행되기 시작했고, 저출산·고령사회기본법이 제정되었으며, 대통령 직속의 저출산·고령사회위원회가 발족했다. 이듬해인 2006년부터 5년 단위로 저출산·고령사회기본계획이 만들어졌다. 출산은 다시금 국가의 명운을 좌우하는 중차대한 일로 부각되었다.

2000년대 이후 전개된 출산장려 정책과 담론들은 1960~70년대 한국의 산아제한 및 가족계획사업과 정반대의 방향인 것처럼 보인다. 그러나 인구 개념을 경유하는 사회인식, 통치와 과학의 결합이라는 차원에서 보면 동일한 맥락이라고 할 수 있다. 인구는 1960~70년대에 그러했던 것처럼 혹은 그보다 한층 더 강력하게 첨예한 국가적 의제로 부상하고 있다. 출산율의 하락과 인구의 고령화가 가져오는 국가적 불안은 다양한 담론과 제도, 정책에 걸쳐 인구에 대한 관심을 증폭시키고 있다. 좌우를 포함한 정치적 노선을 초월해서 학술적 차원이나 대중적 관심을 망라하여 인구는 사회변동의 핵심적인 징표이고 문제의 기원인 동시에 근원적인 처방인 것으로 논의되고 있다.

그러나 인구는 결코 객관적 실체나 자연적 사실, 또는 중립적 개념이 아니다. 인구를 객관적 실체, 자연적 사실, 중립적 개념으로 보이게 만들어온 역사적·사회적·정치적 실천들의 앙상블이 인구를 역사 혹은 정치의 바깥에 자리하는 것으로 인식하게 만든다. 가령 2017년 8월에 통계청은 고령자 인구가 유소년 인구를 처음으로 추월했다는 '2016년 인구주택총조사' 결과를 발표했는데, 이 내용을 다룬 어느 일간지의 기사에는 '노인의 나라'라는 제목이 붙어 있었다.[47] 그러나 노인의 범주 역시 사회적·역사적으로 구성되는 것이다. 1960년대 농촌지역의 65세와 2010년대 도시지역의 65세는 건강상태와 영양상태, 사회적 역할, 가족 내 위상 등 삶의 모든 영역에 걸쳐 완전히 이질적인 존재다. 그러나 '노 인의 나라'에 대한 이 시대의 강렬한 불안은 이 문제를 지워버린다.

이 책에서 다룬 1960~70년대 한국의 가족계획사업은 인구가 근대 식 민주의와 제국주의, 국민국가의 등장이나 냉전과 독재 같은 역사적·정 치적·사회적 맥락 위에서 '발견'되었으며, 인구가 일종의 문제로 등장 하거나 제기될 때 그것은 늘 국가와 개인, 젠더와 계급이 교차하는 한복 판이자 재생산을 둘러싼 구조와 과정, 사회적 힘들이 경합하고 대결하 는 장이었음을 여실히 보여주었다. 인구문제는 여성의 몸과 개인의 생 식행위 전반에 걸친 개입과 불가분의 관계를 맺어왔으며, 국가통계 및 보건체계의 확립과 직접적으로 관련되었고, 역사적으로 식민과 포스트 식민의 맥락에서 부상하였으며, 냉전 이후 국제정세 속에서 제국주의 문제와 결합하였다. 인구는 또한 재생산의 문제, 시간성(temporality)의 차원과 결합하면서 사회의 진보와 퇴보, 미래의 위협과 현재의 위기에 대한 담론과 강렬하게 결합해왔다.[48]

그 과정에서 가족은 통치의 특권적 도구로 등장했다. 이 책에서 다룬 바와 같이 가족은 산업자본주의 시대 주체화와 정상화의 과정에서 핵 심적인 요소였다. 주체화의 양식은 전적으로 성별화된(gendered) 것이 었으며, 어머니와 아버지의 역할, 여성과 남성의 일대기는 완전히 이질 적인 성격을 가졌다. 아이를 낳아 기르면서 가족을 돌보는 삶과 그 가족 을 경제적으로 부양하기 위해 노동시장에서 일하는 삶은 서로 완전히 구별되는, 그럼으로써 가족을 통해 결합되는 것이었다. 그러나 하나의 노동시장 일대기와 일생에 걸친 가사노동 일대기를 결합시켰던 가족 모델은 이제 무너지고 있다. 앞선 시대에는 결코 존재하지 않았던 두개의 노동시장 일대기를 연계시켜야 하는 과업이 이제 모든 세대에 주어져 있다.[49] 이전 시대 성별화된 주체화의 양식이 해체되고 있는 것이다.

근대 이후 전개된 개인화(individualization)에 관한 논의는 주로 전통적 속박의 제거라는 차원에서 이루어져왔지만, 개인화가 가져오는 이같은 해방의 차원만큼 혹은 그보다 훨씬 더 강렬하게 전개되는 것이 전통적인 안전의 상실과 새로운 속박의 차원이다. 가족의 붕괴와 함께 개인은 그 자신이 재생산 단위가 되는 것은 물론, 이렇게 하여 개인화된 사적 존재야말로 자신의 힘이 미치지 못하는 상황과 조건들에 더욱 강력히 의존할 수밖에 없다. 개인화한 사회에서 개인의 생계의 관건은 전적으로 노동시장에 달려 있으며, 이를 위해서는 교육을 받아야 하고, 교육을 받지 못하면 ─ 받는다 하더라도 ─ 직업을 갖지 못하게 된다. 존재론적 안전이 파괴된 사회에서 노동시장, 교육, 소비, 복지제도, 국가 등에 대한 제도적 종속성은 더욱 심화된다.[50] 개인화 과정은 여성과 남성을 핵가족에 규정된 젠더 역할로부터 해방시켰다. 그러나 가족에 대한 성별화된 헌신을 버리는 대신 이들은 노동시장에 의존해 그들 자신의 삶을 스스로 일궈내야만 한다.[51]

지금 우리는 이 과정을 목도하고 있다. 이를테면 이 시대 자기계발을 하는 주체[52]의 주체화 양식은 명시적으로 성별성을 벗어나 있다. 이것은 여성과 남성 모두에게 모종의 해방인 동시에 이전 시대와 질적으로 다른 속박을 의미한다. 그런가 하면 다른 한편에서는 집중적 모성 실천(intensive mothering) 같은 새로운 종류의 성별화된 주체화 양식이 등장하고 있다. 서로 다른 이질적이고 상충하는 주체화의 양식들이 경합하면서 여성들은 노동시장과 가족, 교육제도와 복지제도를 종횡하며 탈성화되고(degendered) 성별화된 존재로 분열되고 있다. 이전 시대 가족을 통해 제공되던 존재론적 안전은 다층적으로 해체되고 있다.

이렇게 볼 때 역사적 조망을 통해서든 국가 간 비교를 통해서든 유례를 찾기 어려울 정도로 낮은 한국의 출산율은 문제 그 자체가 아니라 문제를 드러내는 증상이자 징후로 받아들여져야 한다. '인구절벽'에서 '인구소멸' '지방소멸' '국가소멸'까지 운위하는 위기 담론은 노동시장의 구조와 고용, 임금, 주택, 금융, 교육 영역을 망라하는 권력의 앙상블의 효과가 아니라 그 바깥에 존재하는 인구현상으로 저출산을 위치시키고 있다. 가족과 통치 사이에 맺어져온 각별한 관계에 주목함으로써 삶을 책임지는 권력, 가치와 효용의 영역에 삶을 배분하는 권력, 평가하고 측정하며 정상성과 위계를 생산해내는 권력이 무수히 많은 평범한 개인의 삶을 향한 권력기술을 어떻게 작동시키는지, 그 정치적 힘과 통치의 실천이 길 위에 선 이 시대의 가족을 어떻게 관통하고 재편하며 (재)구성하고 있는지, 이제 우리가 물어야 할 질문은 여기에 있다.

미주

1장

1 Marie Joseph Louis Adolphe Thiers, "Du guvernement par les chambres," *Le National*, 4 février 1830. Michel Foucault, *Security, Territory, Population: Lectures at the Collège de France 1977-1978*, translated by G. Burchell, Picador 2007, 76면에서 재인용.

2 Michel Foucault, *The History of Sexuality*, vol. I, Vintage Books 1990, 88~89면.

3 「산아제한 입법 않는다」, 『경향신문』 1961년 10월 18일자; 「'가족계획'운동을 구상: 박의장, '인구조절' 문제에 언급」, 『동아일보』 1961년 10월 19일자. 강조는 인용자.

4 이 책에서 '가족계획사업'은 경제개발 5개년계획의 일부로 전개된 국책사업을 지칭하는 용어로, 출산조절 및 피임의 보급을 위한 다른 여러 형태의 활동들과 구별하여 사용한다. 피임, 출산조절 및 가족계획을 보급하기 위한 실천은 식민지시기부터 여러 층위에서 이루어지고 있었으나, 1961년 11월 13일 입법·행정·사법의 3권을 통합한 최고통치기관이었던 국가재건최고회의 상임위원회가 가족계획을 국책사업으로 채택하면서 완전히 새로운 성격으로 전환되었다. 그러므로 '가족계획사업'이라는 용어는 국책화 이전과 이후를 구분하는 성격이 크다. 한국가족계획10년사편찬위원회 편 『한국 가족계획 10년사』, 대한가족계획협회 1975; 대한가족계획협회 편 『대한가족계획협회20년사』, 대한가족계획협회. 1983; 대한가족계획협회 편 『가협30년사』, 대한가족계획협회 1991; 한국보건사회연구원 편 『인구정책30년』, 한국보건사회연구원 1991 참조. 국책화 이전 시기의 가족계획 관련 연구로는 다음을 보라. 배은경 「1950년대 한국 여성의 삶과 출산조절」, 『한국학보』 30권 3호(2004).

5 이 책에서 'norm'은 문맥에 따라 표준 또는 규범으로 번역한다. 과학철학자인 이언 해킹

(Ian Hacking)은 종 모양의 이른바 '가우스분포(Gaussian distribution)'가 19세기 말 칼 피어슨(Karl Pearson)에 의해 '정규(정상)곡선(normal curve)'으로 명명된 것을 언급하면서 '정상성(normalcy)' 개념이 통계학의 발전과 함께 등장한 통계학적 메타개념 중 하나임에 주목하고 있다. 이 책에서 'norm/normal/normalization'의 의미 역시 통계학적 메타개념으로서 정상성의 출현이라는 역사적 맥락과 밀접히 연관된다. Ian Hacking, "How Should We Do the History of Statistics?" G. Burchell, C. Gordon and P. Miller (eds.), *The Foucault Effect: Studies in Governmentality*, University of Chicago Press 1991, 183면. 국역본으로는 이언 해킹 「통계학의 역사를 어떻게 할 것인가?」, 콜린 고든, 그래엄 버첼, 피터 밀러 편『푸코 효과: 통치성에 관한 연구』, 심성보 외 옮김, 난장 2014.

6 미셸 푸코『성의 역사 I』, 이규현 옮김, 나남 1990, 154~55면; Michel Foucault, *The History of Sexuality*, vol. I, 144면. 강조는 인용자.

7 미셸 푸코『성의 역사 I』148면; 미셸 푸코『사회를 보호해야 한다: 콜레주드프랑스 강의 1975~76년』, 김상운 옮김, 난장 2015, 288~89면; Michel Foucault, *Society Must Be Defended: Lectures at the Collège de France, 1975-1976*, translated by D. Macey, Picador 2003. 권력에 대한 고전적 정의로는 Max Weber, "Class, Status, Party," *Economy and Society*, University of California Press 1978, 926면을 보라.

8 Michel Foucault, *The History of Sexuality* vol. I, 144면.

9 미셸 푸코『감시와 처벌: 감옥의 탄생』, 오생근 옮김, 나남 2016; Michel Foucault, *Discipline and Punish: The Birth of the Prison*, translated by Alan Sheridan, Penguin Harmondsworth 1977.

10 미셸 푸코『성의 역사 I』; Michel Foucault, *The History of Sexuality*, vol. I.

11 미셸 푸코『안전, 영토, 인구: 콜레주드프랑스 강의 1977~78년』, 오트르망 옮김, 난장 2011; 미셸 푸코『생명관리정치의 탄생: 콜레주드프랑스 강의 1978~79년』, 심세광·전혜리·조성은 옮김, 난장 2012.

12 Thomas Lemke, "Foucault, Governmentality, and Critique," *Rethinking Marxism* 14:3 (2002), 58면.

13 Michel Foucault, *The History of Sexuality* vol. I, 141면; 미셸 푸코『성의 역사 I』151면.

14 Michel Foucault, *The History of Sexuality* vol. I, 25면; Michel Foucault, *Security, Territory, Population: Lectures at the Collège de France 1977-1978*, 72~73면. 인구 개념의 출현과 관련해 다음을 보라. Theodore M. Porter, *The Rise of Statistical Thinking 1820-1900*, Princeton University Press 1988.

15 Akhil Gupta, "Governing Population: The Integrated Child Development Services

Program in India," T.B. Hansen and F. Stepputat (eds.), *States of Imagination: Ethnographic Explorations of the Postcolonial State*, Duke University Press 2001.

16 가족의 위상에 나타난 변화에 대해서는 다음을 보라. Jacques Donzelot, *The Policing of Families*, Pantheon Books 1979; Michel Foucault, *Security, Territory, Population: Lectures at the Collège de France 1977-1978*, 103~05면; 미셸 푸코 『안전, 영토, 인구: 콜레주드프랑스 강의 1977~78년』 156~58면; Robbie Duschinsky and Leon Antonio Rocha (eds.), *Foucault, the Family and Politics*, Palgrave-Macmillan 2012, 7면.

17 푸꼬에 의해 고안된 용어인 통치성(governmentality)이라는 단어는 '통치하다(govern/gouverner)'와 '심성(mentality/mentalité)'의 결합에서 온 것으로 풀이되기도 하지만, 이같은 해석은 잘못이며 통치성이란 '음악성'이나 '공간성'의 경우와 같이 통치의 속성을 가리키는 용어라는 지적도 있다. 예를 들어 Thomas Lemke, "Foucault, Governmentality, and Critique," 50면; Michel Senellart, "Course Context," *Security, Territory, Population: Lectures at the Collège de France, 1977-1978*, Palgrave Macmillan 2007, 399~400면의 각주 126번을 보라.

통치성에 관한 푸꼬 강의는 그 일부가 처음 1979년에 영역되어 *Ideology and Consciousness*에 게재되었으며 이후 『푸코 효과』(*Foucault Effect*)에도 실린 바 있지만, 강의록 자체가 영역 출판된 것은 '안전, 영토, 인구'라는 부제의 1977~78년 강의록(2007년)과 '생정치(bio-politics)의 탄생'이라는 부제의 1978~79년 강의록(2008년) 등 2000년대 후반이었다. 다음을 참조하라. Michel Foucault, "On Governmentality," *Ideology and Consciousness* 6 (1979); Michel Foucault, "Governmentality," G. Burchell, C. Gordon and P. Miller (eds.), *The Foucault Effect: Studies in Governmentality: With Two Lectures by and an Interview With Michel Foucault*, University of Chicago Press 1991; Michel Foucault, *Security, Territory, Population: Lectures at the Collège de France 1977-1978*; Michel Foucault, *The Birth of Biopolitics: Lectures at the Collège de France, 1978-79*, Palgrave Macmillan 2008. 국역본으로는 미셸 푸코 『안전, 영토, 인구: 콜레주드프랑스 강의 1977~78년』; 미셸 푸코 『생명관리정치의 탄생: 콜레주드프랑스 강의 1978~79년』; 콜린 고든, 그래엄 버첼, 피터 밀러 편 『푸코 효과: 통치성에 관한 연구』.

18 16세기 이전까지 '통치하다(govern)'라는 단어의 용법은 오늘날과는 완전히 다른 것이었으며, '이끌다' '전진하다' '영양을 공급하다' '생계를 유지하다' '말을 나누다' 등 아주 다양한 용례를 가지고 있었다. 이 단어가 현재와 유사한 의미를 획득하기 시작한 것은 16세기로, 자기 자신의 통치, 영혼과 행위(conduct)의 통치, 어린이의 통치, 가족의 통치, 군주의 국가 통치에 이르기까지 '통치'에 관한 문헌들이 갑자기 출현하여 급격하게 확산

된다. 이 시기는 중세 봉건구조가 해체되고 강력한 절대주의 국가가 건설되면서, 국부의 증대라는 중상주의 이념, 국가에 종속된 경제행위와 경찰국가의 이상이 결합한 시기였다. 푸꼬는 16세기에 등장한 절대주의 국가의 국가이성 및 치안(police)에 관한 논의들을 당대의 문헌들을 통해 살펴보고, 이후 이와 같은 관념이 18세기 고전경제학의 부상과 함께 어떻게 새로운 정치적 합리성의 차원으로 전환되는가를 상세히 논한다. 미셸 푸꼬『안전, 영토, 인구: 콜레주드프랑스 강의 1977~78년』. 통치성의 역사적 전개라는 차원에서 20세기 자유주의를 분석하는 논의로는 다음을 보라. 미셸 푸꼬『생명관리정치의 탄생: 콜레주드프랑스 강의 1978~79년』.

19 미셸 푸꼬『안전, 영토, 인구: 콜레주드프랑스 강의 1977~78년』 168면.

20 사목권력(pastoral power)에 대한 푸꼬의 탐구는 통치성의 서구적 계보를 추적하기 위한 작업의 한 예라고 할 수 있다. 미셸 푸꼬『안전, 영토, 인구: 콜레주드프랑스 강의 1977~78년』 180~91면.

21 Anthony Giddens, *The Nation-state and Violence: Volume 2 of A Contemporary Critique of Historical Materialism*, University of California Press 1985, 57, 60면. 강조는 원저자.

22 '통치하지 않음으로써 통치된다'는 표현은 18세기 영국의 농촌공동체에 관한 르 고프 (T. J. A. Le Goff)와 서덜랜드(D. M. G. Sutherland)의 연구에서 기든스가 인용한 것이다. T. J. A. Le Goff and D. M. G. Sutherland, "The Revolution and the Rural Community in Eighteenth-Century Brittany," *Past Present* 62 (1974), 119면.

23 Michel Foucault, *Security, Territory, Population: Lectures at the Collège de France 1977-1978*, 108~09면. 강조는 인용자.

24 Partha Chatterjee, *The Politics of the Governed: Reflections on Popular Politics in Most of the World*, Columbia University Press 2004, 27면.

25 인구와 시민 개념의 이질성에 관한 논의로 우선 다음을 보라. Michel Foucault, *Security, Territory, Population: Lectures at the Collège de France 1977-1978*, 44면. 다음 장에서 이 문제를 상세히 다룰 것이다.

26 Nikolas Rose, Pat O'Malley and Mariana Valverde, "Governmentality," *Annual Review of Law and Social Science* 2 (2006); Akhil Gupta, "Governing Population: The Integrated Child Development Services Program in India"; Pat O'Malley, "Indigenous Governance," M. Dean and B. Hindess (eds.), *Governing Australia: Studies in Contemporary Rationalities of Government*, Cambridge University Press 1998.

27 Bruce Curtis, "Surveying the Social: Techniques, Practices, Power," *Histoire Sociale/Social History* 35:69 (2002), 90면.

28 Matthew Connelly, "Population Control is History: New Perspectives on the International Campaign to Limit Population Growth," *Comparative Studies in Society and History* 45:1 (2003), 136면.

29 Karl Marx, "On the Jewish Question," *The Marx-Engels Reader*, Second Edition, translated by Robert C. Tucker, Norton 1978.

30 Partha Chatterjee, *The Politics of the Governed: Popular Politics in Most of the World*, 36면.

31 Bruce Curtis, "Taking the State Back Out: Rose and Miller on Political Power," *The British Journal of Sociology* 46:4 (1995), 579면; Veena Das and Deborah Poole, "The State and Its Margins: Comparative Ethnographies," V. Das and D. Poole (eds.), *Anthropology in the Margins of the State*, School of American Research Press 2004, 19면.

32 Jacques Donzelot, *The Policing of Families*, 92면.

33 Robbie Duschinsky and Leon Antonio Rocha (eds.), *Foucault, the Family and Politics*, 1면.

34 미셸 푸코 『안전, 영토, 인구: 콜레주드프랑스 강의 1977~78년』 156~58면; Michel Foucault, *Security, Territory, Population: Lectures at the Collège de France 1977-1978*, 104~05면; Robbie Duschinsky and Leon Antonio Rocha (eds.), *Foucault, the Family and Politics*, 7면.

35 합계출산율(total fertility rate)이란 특정 시점에서의 연령별 출산율이 한 여성의 출산 기간 동안 계속 적용된다면 그 여성이 단산기(斷産期)에 이를 때까지 평균 몇명의 자녀를 낳을 것인가를 나타내는 지수이다. 그러나 출산력의 추정은 사용하는 자료의 종류(인구 동태자료와 센서스, 출산력 조사 등)와 자료의 질, 정보의 종류 등에 따라 차이가 발생한다. 특히 한국의 경우 출산력 변천이 시작된 1960년부터 1975년 사이의 추정값은 연구자에 따라 큰 차이를 보인다. 권태환 「출산력 변천의 과정과 의미」, 김태헌 외 편 『한국 출산력 변천의 이해』, 일신사 1997, 16~23면.

36 인구대체수준(population replacement level)이란 인구를 현상 유지하는 데 필요한 출산율의 수준을 의미하며, 사망률이 높지 않은 사회의 경우 합계출산율 2.1 정도를 인구대체수준으로 본다.

37 USOM-Korea Report on the Family Planning Program in Korea, November 30, 1966, Rockefeller Archive Center, PC Acc.2 FC, Box 61; The Population Council Office Memorandum (Korea Country Review) from Robert Lapham, May 10, 1971, Rockefeller Archive Center, PC Acc.2 FC, Box 104, Folder 1001.

38 출산율 감소를 가족계획사업의 효과로 해석할 수 없다는 주장으로는 다음을 참고하라. 권태환 「출산력 변천의 과정과 의미」, 45~48면; 권태환·김두섭 『인구의 이해』, 서울대

학교출판부 2002, 358면. 산아제한과 출산력 변동 사이의 관계에 대한 논쟁으로는 Susan Greenhalgh, "The Social Construction of Population Science: An Intellectual, Institutional, and Political History of Twentieth-Century Demography," *Comparative Studies in Society and History* 38 (1996); Matthew Connelly, "Population Control is History: New Perspectives on the International Campaign to Limit Population Growth." 경제학자 및 인구학자 간의 논쟁을 소개하고 있는 글로 Jocelyn Kaiser, "Does Family Planning Bring Down Fertility?" *Science* 333:6042 (2011), 548~49면 등을 보라. 그럼에도 한국에서 가족계획사업의 피임술 보급이 출산율 하락에 미친 지대한 영향에 대한 논의로는 Peter J. Donaldson, "Evolution of the Korean Family-Planning System," Robert Repetto, Tae Hwan Kwon, Son-Ung Kim, Dae Young Kim and Peter J. Donaldson (eds.), *Economic Development, Population Policy, and Demographic Transition in the Republic of Korea*, Harvard University Press 1981, 255면을 보라.

39 가족계획사업에 관한 주요 연구들로 이미경「국가의 출산 정책: 가족계획 정책을 중심으로」,『여성학논집』6호(1989); 김은실「발전논리와 여성의 출산력」,『새로 쓰는 성 이야기』, 또하나의문화 1991; 김홍주「한국사회의 근대화 기획과 가족정치: 가족계획사업을 중심으로」,『한국인구학』25권 1호(2002); 배은경『현대 한국의 인간재생산: 여성, 모성, 가족계획사업』, 시간여행 2012 등을 보라.

40 이에 대한 지적으로 다음을 보라. 백영경「사회적 몸으로서의 인구와 지식의 정치: 1960년대『사상계』속의 정치적 상상과 자유주의적 통치의 한계」,『여성문학연구』29호 (2013), 9면.

41 'utilitarianism'은 일반적으로 '공리주의(功利主義)'로 번역되지만 '공리(功利)'가 잘 사용되지 않는 단어인데다 '공리(公利)'로 오인될 우려가 있으며, 'utility'를 개인의 삶과 사회정책을 판단하는 포괄적 기준으로 삼는 사상 경향이라는 점에서 '효용주의'라는 번역어가 더 적절하다는 지적이 있다. 데이비드 헬드『민주주의의 모델들』, 박찬표 옮김, 후마니타스 2010, 156면. 이같은 지적은 대단히 설득력이 높으나 이 책에서는 독자들에게 친숙한 용어를 사용하기 위해 기존의 관행에 따라 공리주의로 번역하였다

2장

1 토머스 맬서스『인구론』, 이서행 옮김, 동서문화사 2011, 550면.

2 Kingsley Davis, "The World Demographic Transition," *The Annals of the American*

Academy of Political and Social Science, vol. 237, World Population in Transition (January 1945), 7면.

3 유엔기술원조처(UNTAB)는 유엔개발계획(United Nations Development Programme, UNDP)의 전신이다.

4 1959년 3월 15일자 『동아일보』는 보건사회부에서 건강보험제도의 실시가 논의되고 있으며, 구체적 방안을 세우기 위해 보건사회부가 연세대 교수 양재모를 포함한 14명의 '권위자'를 초청하여 토의했다는 기사를 싣고 있다. 「건강보험제 구상」, 『동아일보』 1959년 3월 15일자.

5 1960년 1월부터 3개월간의 유럽 일정을 마친 양재모는 4·19혁명으로 정권이 바뀐 후인 4월 21일에 귀국하였다. 자유당 정권의 추천으로 이루어진 유럽 시찰의 보고서는 '사회보장제도 창시에 관한 건의'라는 제목으로 다시 장면 내각에 제출하기 위해 준비되었으나 제출한 날이 1961년 5월 16일로, 당일 발발한 군사쿠데타로 인해 사장되었다고 기록되어 있다. 이상의 내용은 다음의 문헌들을 바탕으로 재구성하였다. 양재모 「가족계획사업 30년 회고」, 한국보건사회연구원 편 『인구정책30년』, 한국보건사회연구원 1991; 양재모 「가협 창립 30주년에 즈음하여」, 대한가족계획협회 편 『가협30년사』, 대한가족계획협회 1991; 양재모 『사랑의 빚만 지고』, 큐라인 2001; 양재모 「열정을 쏟았던 세 분야」, 권이혁 편 『보건학과 나』, 신원문화사 2008; Sun-Sook Park, *Global Population Control: A Feminist Critique of the Fertility Reduction Policies in the Republic of Korea and the Republic of China (1961-1992)*, Doctoral dissertation, Brandeis University Press 2001.

6 'populousness'에 상응하는 번역어로 적절한 한국어 명사를 찾기 어려워 이 책에서는 편의상 '사람이 많음' '사람이 많다는 것' '많은 사람' 등으로 맥락에 따라 번역하되 필요한 곳에서 괄호 안에 'populousness'를 병기하였다.

7 Bruce Curtis, "Foucault on Governmentality and Population: The Impossible Discovery," *The Canadian Journal of Sociology/Cahiers Canadiens de Sociologie* 27:4 (2002); 미셸 푸코 『안전, 영토, 인구: 콜레주드프랑스 강의 1977~78년』, 오트르망 옮김, 난장 2011, 105~11면; Michel Foucault, *Security, Territory, Population: Lectures at the Collège de France 1977-1978*, translated by G. Burchell, Picador 2007, 351면; Carol Blum, *Strength in Numbers: Population, Reproduction, and Power in Eighteenth-Century France*, Johns Hopkins University Press 2002; 임동근 「국가와 통치성」, 『문화과학』 54호(2008), 18~19면; Mitchell Dean, *The Constitution of Poverty: Toward a Genealogy of Liberal Governance*, Routledge 1991, 33면.

8 미셸 푸코 『안전, 영토, 인구: 콜레주드프랑스 강의 1977~78년』 108~09, 456, 463면.

9 Carol Blum, *Strength in Numbers: Population, Reproduction, and Power in Eighteenth-Century France*, 1~10면; Bruce Curtis, "Foucault on Governmentality and Population: The Impossible Discovery," 508면.

10 미셸 푸코『안전, 영토, 인구: 콜레주드프랑스 강의 1977~78년』385면; Michel Foucault, *Security, Territory, Population: Lectures at the Collège de France 1977-1978*, 277~78면.

11 미셸 푸코『안전, 영토, 인구: 콜레주드프랑스 강의 1977~78년』466~67면; Michel Foucault, *Security, Territory, Population: Lectures at the Collège de France 1977-1978*, 345면.

12 토머스 맬서스『인구론』, 이서행 옮김, 동서문화사 2011.

13 맑스가 맬서스의 인구론에 대해 "프랑스혁명에 대한 열렬한 옹호자들"에 맞서 "인간의 진보에 대한 모든 열망을 절멸시키는 묘안"이었다고 평한 것도 이 때문이다. 같은 이유로 맬서스의 인구론은 토머스 칼라일(Thomas Carlyle)로 하여금 경제학을 "음울한 과학(dismal science)"으로 표현하게 만든 계기가 되었다. 칼 마르크스『자본 I-3』, 김영민 옮김, 이론과실천 1990, 754면; M. Poovey, *A History of the Modern Fact: Problems of Knowledge in the Sciences of Wealth and Society*, University of Chicago Press 1998, 27면.

14 Mahmood Mamdani, *The Myth of Population Control: Family, Caste, and Class in an Indian Village*, Monthly Review Press 1973, 15면; Matthew Connelly, "Population Control is History: New Perspectives on the International Campaign to Limit Population Growth," *Comparative Studies in Society and History* 45:1 (2003), 139면.

15 백영경「미래를 위협하는 현재: 시간성을 통해본 재생산의 정치학」,『여/성이론』14호 (2006).

16 푸꼬 저서의 국역본에서는 'nature'를 '자연' 또는 '자연(본성)'으로 번역하고 있는데, 본문의 맥락에서 이 단어는 '자연'과 '본성'이라는 두가지 의미를 문맥에 따라 취해야 적절히 음미될 수 있을 것으로 보인다. 따라서 이 책에서는 'nature'를 편의상 '본성'과 '자연'으로 혼용하여 번역하였다.

17 미셸 푸코『안전, 영토, 인구: 콜레주드프랑스 강의 1977~78년』121면.

18 같은 책 470~71면; Michel Foucault, *Security, Territory, Population: Lectures at the Collège de France 1977-1978*, 347면.

19 미셸 푸코『안전, 영토, 인구: 콜레주드프랑스 강의 1977~78년』473~74면.

20 국역본에서는 'datum'을 '소여'로 번역하였으나 이 책에서는 '주어지는 것'으로 번역하였다. 미셸 푸코『안전, 영토, 인구: 콜레주드프랑스 강의 1977~78년』113면; Michel Foucault, *Security, Territory, Population: Lectures at the Collège de France 1977-1978*, 71면.

21 Michel Foucault, *Security, Territory, Population: Lectures at the Collège de France 1977-*

1978, 71~72면.

22 같은 책 73~74면.

23 서호철「통계적 규칙성과 사회학적 설명: 케틀레의 '도덕통계'와 그 영향을 중심으로」,『한국사회학』41권 5호(2007), 291면.

24 미셸 푸코『안전, 영토, 인구: 콜레주드프랑스 강의 1977~78』112~21; Michel Foucault, *Security, Territory, Population: Lectures at the Collège de France 1977-1978*, 70~75면; 이언 해킹『우연을 길들이다: 통계는 어떻게 우연을 과학으로 만들었는가?』, 정혜경 옮김, 바다출판사 2012; Ian Hacking, *The Taming of Chance*, Cambridge University Press 1990.

25 Giovanna Procacci, "Social Economy and the Government of Poverty," G. Burchell, C. Gordon, and P. Miller (eds.), *The Foucault Effect: Studies in Governmentality*, University of Chicago Press 1991, 153면.

26 Bruce Curtis, *The Politics of Population: State Formation, Statistics, and the Census of Canada, 1840-1875*, University of Toronto Press 2002, 85면.

27 백영경「사회적 몸으로서의 인구와 지식의 정치: 1960년대『사상계』속의 정치적 상상과 자유주의적 통치의 한계」,『여성문학연구』29호(2013), 11면.

28 Bruce Curtis, "Foucault on Governmentality and Population: The Impossible Discovery," 508~09면.

29 같은 글 507면.

30 Susan Greenhalgh and Edwin A. Winckler, *Governing China's Population: From Leninist to Neoliberal Biopolitics*, Stanford University Press 2005, 289~91면.

31 "Trois Mondes, Une Planète," *L'Observateur*, 1952년 8월 14일자.

32 Matthew Connelly, "The Cold War in the Long Durēe: Global Migration, Public Health, and Population Control," M. P. Leffler and O. A. Westad (eds.), *The Cambridge History of the Cold War: Volume III Endings*, Cambridge University Press 2009, 474~75면.

33 Susan Greenhalgh, "The Social Construction of Population Science: An Intellectual, Institutional, and Political History of Twentieth-Century Demography," *Comparative Studies in Society and History* 38 (1996), 27면.

34 냉전 연구에 관한 최근의 개괄적 논의로 Odd Arne Westad, "The Cold War and the International History of the Twentieth Century," Melvyn P. Leffler and Odd Arne Westad (eds.), *The Cambridge History of the Cold War: Volume I Origins*, Cambridge University Press 2009, 냉전과 오리엔탈리즘을 연결하여 다룬 연구로는 Christina Klein, *Cold War Orientalism: Asia in the Middlebrow Imagination, 1945-1961*, University of California Press

2003을 보라. 냉전시기 인구학이 "인구학적 타자"에 대한 "재생산의 서구화" 프로젝트와 결합되어 있었다는 지적으로는 Susan Greenhalgh, "The Social Construction of Population Science: An Intellectual, Institutional, and Political History of Twentieth-Century Demography," 27면을 보라.

35 이에 관한 연구로 다음을 보라. Nancy Luke and Susan Cotts Watkins, "Reactions of Developing-Country Elites to International Population Policy," *Population and Development Review* 28:4 (2002); Susan Greenhalgh, "The Social Construction of Population Science: An Intellectual, Institutional, and Political History of Twentieth-Century Demography"; Deborah Barrett and Amy Ong Tsui, "Policy as symbolic statement: International Response to National Population Policies," *Social Forces* 78:1 (1999); Barbara B. Crane and Jason L. Finkle, "The United States, China, and the United Nations Population Fund: Dynamics of US Policymaking," *Population and Development Review* 15:1 (1989); Dennis Hodgson and Susan Cotts Watkins, "Feminists and Neo-Malthusians: Past and Present Alliances," *Population and Development Review* 23:3 (1997); Peter J. Donaldson, "On the Origins of the United States Government's International Population Policy," *Population Studies* 44:3 (1990).

36 유엔인구활동기금은 1987년 유엔인구기금(United Nations Population Fund)으로 명칭이 변경되었으며, 약자는 UNFPA를 그대로 사용한다.

37 우생학이 발전했던 역사적 맥락에 관한 연구로 미국의 우생학 역사를 다룬 다음의 책을 참조하라. Nancy Ordover, *American Eugenics: Race, Queer Anatomy, and the Science of Nationalism*, University of Minnesota Press 2003. 우생학은 이른바 '단종법'을 그 극단으로 하지만 동시에 다양한 위생론과 보건기술, 질병의 치료 및 예방, 배우자 선택, 태교, 성 지식 및 성교육 등과 관련된 것으로, 열등한 것을 향한 직접적인 배제나 제거의 폭력적 논리만이 아니라 우등한 것을 향한 장려를 포함한다. 따라서 우생학은 2차 세계대전 당시 나찌의 유태인 학살에서 드러나는 극단적이고 폭력적인 형태로만 존재하는 것이 아니며, 현재 광범위하게 행해지고 있는 태아의 기형유무 검사 역시 건강한 자녀만을 후손으로 선택하려는 우생학적 실천이라 할 수 있다. 김예림 「전시기 오락정책과 '문화'로서의 우생학」, 『역사비평』 73호(2005); 주현진 「이상(李箱) 문학의 근대성: '의학-육체-개인'」, 『한국시학연구』 23호(2008)를 보라. 연애결혼과 우생학의 연관에 관한 흥미로운 연구로 가토 슈이치 『'연애결혼'은 무엇을 가져왔는가: 성도덕과 우생사상의 100년간』, 서호철 옮김, 소화 2013을 보라.

38 Linda Gordon, "Why Nineteenth-Century Feminists Did Not Support 'Birth Control'

and Twentieth-Century Feminists Do: Feminism, Reproduction, and the Family," B. Thorne and M. Yalom (eds.), *Rethinking the Family: Some Feminist Questions*, Longman 1982; 앵거스 맥래런 『피임의 역사』, 정기도 옮김, 책세상 1998, 365면; Nancy Luke and Susan Cotts Watkins, "Reactions of Developing-Country Elites to International Population Policy," 708면을 보라. 이른바 '페미니스트와 신맬서스주의의 동맹'은 서구에서 여성들에 의해 전개된 출산조절운동이 직면했던 모순에 찬 과정을 단적으로 드러내준다. 1940년대 후반부터 서구의 여러 재단과 대학들에서 시작된 신맬서스주의적인 국제인구운동은 제 3세계의 인구성장을 우려하는 산아제한론자들과 여성들에게 근대적 출산조절을 보급하고자 했던 출산조절운동 사이의 일종의 동맹으로 출발한 것이었다. Dennis Hodgson and Susan Cotts Watkins, "Feminists and Neo-Malthusians: Past and Present Alliance"; Nancy Ordover, *American Eugenics: Race, Queer Anatomy, and the Science of Nationalism*, 137~58면.

39 Peter J. Donaldson, "On the Origins of the United States Government's International Population Policy"; Barbara B. Crane and Jason L. Finkle, "The United States, China, and the United Nations Population Fund: Dynamics of US Policymaking"; Matthew Connelly, "Seeing beyond the State: The Population Control Movement and the Problem of Sovereignty," *Past Present* 193 (2006); Matthew Connelly, *Fatal Misconception: the Struggle to Control World Population*, Harvard University Press 2008; Donald P. Warwick, *Bitter Pills: Population Policies and Their Implementation in Eight Developing Countries*, Cambridge University Press 1982; Nancy Luke and Susan Cotts Watkins, "Reactions of Developing-Country Elites to International Population Policy," 707면.

40 Barbara B. Crane and Jason L. Finkle, "The United States, China, and the United Nations Population Fund: Dynamics of US Policymaking"; Richard Symonds and Michael Carder, *The United Nations and the Population Question, 1945-1970*, McGraw-Hill 1973, 16장.

41 Deborah Barrett and Amy Ong Tsui, "Policy as Symbolic Statement: International Response to National Population Policies," 216면.

42 J. Knowles, I. Koek and B. Seligman, "What Does a Population Dollar Buy? Patterns, Determinants and Impact of Donor Support for Population Programs," Paper presented at the *Annual Meeting of the Population Association of America* 1993.

43 대한가족계획협회 편 『가협30년사』 330면; Sun-Sook Park, "Fertility Control Policies in South Korea and Taiwan," *New Global Development* 19:2 (2003).

44 Matthew Connelly, "The Cold War in the Long Durēe: Global Migration, Public Health, and Population Control," 474~75면.

45 Susan Greenhalgh, "The Social Construction of Population Science: An Intellectual, Institutional, and Political History of Twentieth-Century Demography."

46 Matthew G. Hannah, *Governmentality and the Mastery of Territory in Nineteenth-Century America*, Cambridge University Press 2000.

47 Matthew Connelly, "The Cold War in the Long Durêe: Global Migration, Public Health, and Population Control," 467면.

48 소현숙 「일제 식민지시기 조선의 출산통제 담론의 연구」, 한양대학교 사학과 석사학위 논문 1999.

49 현상윤 「인구증식필요론(人口增殖必要論)」, 『학지광(學之光)』 13 (7-1), 1917년 7월 호, 215면; 필자 미상 「인구증식과 생산부족」, 『반도시론(半島時論)』 (1-4), 1917년 7월 호, 211면. 강병식 「일제하 한국에서의 결혼과 이혼 및 출산 실태 연구」, 『사학지』 28호 (1995), 420면에서 재인용.

50 中村進吾 『조선시정발전사(朝鮮施政發展史)』, 조선발전사 1936, 202~03면. 강병식 「일제 하 한국에서의 결혼과 이혼 및 출산 실태 연구」 421면에서 재인용.

51 1920년대 산아제한론을 보여주는 기사로 『동아일보』 1921년 11월 13일자 「산아제한 의 제일성(第一聲)」, 11월 15일자 「산아제한은 세계평화의 기초」, 1924년 10월 24일자 「신 맬서스주의」, 1925년 1월 14일자 「산아문제와 빈곤」 등을 참조하라. 당시의 산아제한론 과 이를 둘러싼 논쟁에 관해서는 소현숙 「일제 식민지시기 조선의 출산통제 담론의 연구」 5~6, 14~19면을 보라.

52 『매일신보』 1941년 6월 29일자 「나허라! 불려라! 조선의 인구증식대책」, 7월 3일자 「조 선인구증식대책」 참조.

53 소현숙 「일제 식민지시기 조선의 출산통제 담론의 연구」 34면.

54 조선에서 대중매체에 '우생학'이라는 용어가 등장한 것은 1920년대 초반으로 1930년 대 이후에는 더욱 본격화되었다. 우생학적 담론은 대중강연이나 『조광』 『삼천리』 등의 종 합대중잡지, 『과학조선』 『보건운동』 같은 전문잡지를 통해 일상화·대중화되었다. 김예림 「전시기 오락정책과 '문화'로서의 우생학」 333~34면을 보라. 1933년 9월 14일에는 '조 선우생협회(朝鮮優生協會)'가 발기되었는데, 조선우생협회의 목적은 "후생(後生)의 육체와 정신을 우생학적으로 개량"하여 "사회의 행복을 증진케" 하기 위한 것이었고, 윤치호를 회장으로 하여 여운형, 김성수, 유억겸, 김활란 등 12인을 이사로 두고 있었다. 이들은 대 중강연회와 토론회, 좌담회를 개최하고 1934년 9월에는 기관지인 『우생』 1호를 발행하였 다. 『동아일보』 1933년 9월 14자 「각계유지 망라 우생협회 발기」, 1935년 1월 23일자 「종 족개량의 사자후 금야의 우생대강연」 등 참조. 조선우생협회는 1937년까지 존속되었다가

이후 휴회 상태가 되었고, 해방 후 1946년에 '한국민족우생협회'로 개칭하여 활동을 재개하였다. 해방 후 한국민족우생협회에는 기존 인물 외에도 이승만, 이범석 등이 참여하였다. 『한성일보』 1946년 10월 20일자 「한국민족우생협회 발족」 등 참조.

55 이갑수 「우생학적 산아제한론」, 『신여성』 1933년 8월호.

56 박명규·서호철 『식민권력과 통계: 조선총독부의 통계체제와 센서스』, 서울대학교출판부 2003; 서호철 「통계적 규칙성과 사회학적 설명」.

57 배은경 「가족계획사업과 여성의 몸: 1960~70년대 출산조절 보급과정을 통해 본 여성과 '근대'」, 『사회와역사』 67호(2005), 273~74면.

58 인구협회(PC)는 1962년 11월 보건사회부의 요청으로 전문가 4인으로 구성된 조사팀을 보내 1개월간 서울 및 지방 각지의 관계기관과 일선기관을 방문·시찰한 후 1963년 보건사회부 장관에게 보고서를 제출한 바 있다. 이 보고서는 조직과 홍보, 교육, 인력훈련, 피임방법 및 보급, 연구, 재정 등의 부문과 인구협회가 기여하고자 하는 기술원조의 내용을 포함하고 있었으며, 이후 한국정부의 가족계획사업은 이 건의를 충실히 따랐던 것으로 기록되어 있다. 인구협회는 홍보교육자료의 제작을 위해 전문가를 직접 한국으로 보내 지원했고, 1965년 말부터는 가족계획 이동시술반을 조직하여 의사·지도원·보건요원을 한 팀으로 하는 시술반을 산간벽지로 보냈다. 1968년부터 전국적으로 전개된 가족계획어머니회 조직 역시 인구협회의 지원으로 진행되었다(4장 참조). 한국보건사회연구원 편 『인구정책30년』 참조.
1970년대 후반 인구협회는 한국개발연구원(KDI)에도 집중 지원을 하였는데, 「인구동태와 사회경제개발 간의 관계 연구」 등 KDI의 연구사업 개발 및 수행 지원, KDI 연구진에 대한 장학금 지원, KDI 내에 상주자문, KDI 및 유엔 지역개발센터가 공동개최한 워크숍 지원 등이 그 예이다. 1980년대 초반에도 '아시아의 개발사업에 미치는 출산력의 영향 연구'의 일부로 한국농촌경제연구원의 '한국농촌 개발에 있어서 인구학적·경제학적·기술적 상호연구'를 지원하기도 했다. 한국보건사회연구원 편 『인구정책30년』 325면.

59 「대한(對韓) '가족계획원조' 감축」, 『동아일보』 1973년 2월 24일자.

60 대한가족계획협회 편 『가협30년사』 116~17, 248~57면.

61 가족계획 국내기술자문단(ICTAM)은 설립 당시 가족계획연구원 부원장 김용완이 단장을 맡았고, 이어 권이혁이 1976년 12월부터 1981년 12월까지 단장을 맡았다. 가족계획 국내기술자문단 역시 처음에는 유엔인구활동기금(UNFPA)에서 자금을 댔으며, 연차적으로 국고 지원분이 늘어나다가 1980년경에 완전히 국고에 의하여 운영되기 시작했다. 한국보건사회연구원 편 『인구정책30년』 26면.

62 1956년에 보건사회부 의정국장 이종진이 인구정책을 건의한 바 있고, 그가 1958년 스

웨덴 등 스칸디나비아 3국의 지원으로 설립된 국립중앙의료원 원장으로 부임하면서 다시금 가족계획사업을 전개하고자 시도했다. 같은 해인 1958년 미국국제개발처(USAID)의 원조로 보건사회부와 농림부 공동으로 수립한 농촌지역개발계획의 훈련 지침서에 가족계획에 관한 내용이 삽입되었고, 1959년에는 보건사회부 기술자문분과위원회의 하나인 모자보건 소분과위원회에서 모자보건과 인구대책을 위해 가족계획사업의 필요성을 논의하고 국가시책으로 채택할 것을 건의하였다. 김옥경「역사로 본 한국 가족계획의 발달요인」연세대학교 대학원 1971, 24면; 한국가족계획10년사편찬위원회 편『한국 가족계획 10년사』 55면.

63 대한가족계획협회 편『가협30년사』106~07면; 한국보건사회연구원 편『인구정책 30년』; 한국가족계획10년사편찬위원회 편『한국 가족계획 10년사』.

64 대한가족계획협회 편『가협30년사』57면을 보라.

65 김학묵「대한적십자사를 아지트 삼아」, 대한가족계획협회 편『가협30년사』350면; 윤석우「사람의 철학을 심었던 추억」, 같은 책 357면. 4·19 이후 장면 내각 역시 가족계획에 크게 관심을 두지 않았다. 강준만「한국 가족계획의 역사」,『인물과사상』124호(2008), 162면을 보라. 1961년 대한가족계획협회가 설립된 것이 장면 내각하에서였으나 당시의 정부는 이에 별다른 관심을 갖지 않았으며, 이에 대하여『조선일보』는 '매시간 평균 8명씩 태어나는 어린 생명들' '가족계획을 재촉하는 집 없는 천사들'이라는 제목의 사진들과 함께 신문 한면에 걸쳐 인구정책의 중요성을 제기하고 이에 대한 정부의 무관심을 비판하고 있다.「폭발적인 인구정책 증가와 가족계획」,『조선일보』 1961년 5월 7일자.

66 Young-Gyung Paik, *Technologies of 'the Korean family': Population Crisis and the Politics of Reproduction in Contemporary South Korea*, Ph.D. Dissertation, The Johns Hopkins University 2010, 54~59면.

67 Peter J. Donaldson, "Evolution of the Korean Family-Planning System," Robert Repetto, Tae Hwan Kwon, Son-Ung Kim, Dae Young Kim and Peter J. Donaldson (eds.), *Economic Development, Population Policy, and Demographic Transition in the Republic of Korea*, Harvard University Press 1981, 227면.

68 이선환「산아제한론의 문제점」,『사상계』1961년 11월호.

3장

1 대한가족계획협회 편『가협30년사』, 대한가족계획협회 1991, 121면.

2 원문에는 '경구 삽입용 피임약'이라고 되어 있는데 전체 맥락을 고려할 때 질내살정제를 지칭한 것으로 보인다. 질내살정제는 성관계 전 질 내에 삽입하여 정자를 괴사시키는 피임제로, 크림, 젤리, 정제 등의 형태가 있다.

3 송운영「가족계획을 잘못 지도했던 얘기」, 『가정의 벗』 1969년 8월호.

4 Matthew Connelly, "Population Control is History: New Perspectives on the International Campaign to Limit Population Growth," *Comparative Studies in Society and History* 45:1 (2003).

5 출산조절과 연관된 개념 및 용어들은 산아제한, 인구통제, 가족계획, 계획양육(planned parenthood) 등 다양하게 존재해왔으며, 이는 역사적으로 출산조절을 둘러싼 관점과 입장들이 여러 차원에서 경합해왔음을 우회적으로 드러내준다. 출산조절에 관한 저명한 연구자 중 하나인 린다 고든(Linda Gordon)은 미국의 사례를 통해 '인구통제(population control)'와 '출산조절(birth control)'을 두가지 정치투쟁으로 분리하여 개념화하고 있다. 그는 인구통제란 공식적인 하향의 프로그램으로 여성의 문화적·사회적·정치적 자기결정과는 무관하게 출산율 감소와 소가족을 목적으로 하는 반면, 출산조절은 재생산 행위에 대한 개인적 통제력을 증가시키기 위한 여성들의 투쟁, 자기결정권을 위한 운동을 지칭한다고 본다. Linda Gordon, *Woman's Body, Woman's Right: A Social History of Birth Control in America*, Grossman 1976을 보라. '가족계획(family planning)'은 인구조절이라는 용어보다 포괄적이고 광범위한 관심을 반영하기 위해 국제적으로 사용된 용어로 인식되기도 하지만, 기원으로 보자면 출산조절운동이 도덕적인 비난을 우회하기 위해 '계획양육'이라는 용어를 새롭게 채택한 후 출산조절운동의 보급을 위해 사용하기 시작한 개념이다. 가족계획이라는 용어는 출산조절운동의 초점을 여성과 성(sex)에서 가족과 양육의 문제로 전환시키는 것을 의미했다고 비판되기도 한다. 그런가 하면 비서구 국가에서 용어를 둘러싼 문제는 번역의 문제와 중첩되어 한층 더 복잡해진다. 일본에서는 'birth control'의 번역어로 '산아조절'과 '산아제한'이 주로 사용되었는데, 전자가 그 내용상 다산의 선택도 포함하는 생식의 자유라는 측면을 담고 있다면, 후자는 출산의 제한에 강조점을 두었기 때문에 생식자유의 측면이 탈락된다는 점에서 차이가 있다. Elisabeth Croll, *Endangered Daughters: Discrimination and Development in Asia*, Routledge 2000, 13면; 배은경「가족계획사업과 여성의 몸: 1960~70년대 출산조절 보급과정을 통해 본 여성과 '근대'」, 『사회와 역사』 67호(2005), 264~65면; 소현숙「일제 식민지시기 조선의 출산통제 담론의 연구」, 한양대학교 사학과 석사학위논문 1999, 8면을 보라.

6 앵거스 맥래런『피임의 역사』, 정기도 옮김, 책세상 1998; Marvin Harris and Eric B. Ross, *Death, Sex and Fertility: Population Regulation in Preindustrial and Developing Societies*,

Columbia University Press 1987.

7 린다 고든 「왜 19세기 페미니스트들은 '출산통제'에 반대하고 20세기 페미니스트들은 찬성하는가: 페미니즘, 재생산, 가족」, 매릴린 얄롬, 배리 소온 엮음 『페미니즘의 시각에서 본 가족』, 권오주 외 옮김, 한울 2010, 65면.

8 Marvin Harris and Eric B. Ross, *Death, Sex and Fertility: Population Regulation in Preindustrial and Developing Societies, 32*면.

9 문소정 「일제하 농촌 가족에 관한 연구: 1920, 30년대 소작 빈농층을 중심으로」, 『사회와 역사』 12호(1988).

10 김은실 「발전논리와 여성의 출산력」, 『새로 쓰는 성 이야기』, 또하나의문화 1991, 151면.

11 20세기 초·중반의 근대적 출산조절과 가족계획, 산아제한에 관한 연구들은 미국과 영국, 이딸리아, 그리스 등 서구 국가로부터 인도와 중국, 일본에 이르기까지 다양한 지역을 대상으로 광범위하게 이루어져왔다. 그중 몇몇 예로 다음을 참고하라. Linda Gordon, *Woman's Body, Woman's Right: A Social History of Birth Control in America*; Lara V. Marks, *Sexual Chemistry: a History of the Contraceptive Pill*, Yale University Press 2001; Kate Fisher, *Birth Control, Sex and Marriage in Britain, 1918-1960*, Oxford University Press 2006; Elizabeth L. Krause, "'Empty Cradles' and the Quiet Revolution: Demographic Discourse and Cultural Struggles of Gender, Race, and Class in Italy," *Cultural Anthropology* 16:4 (2001); Elizabeth L. Krause, *A Crisis of Births: Population Politics and Family-Making in Italy*, Thomson/Wadsworth 2005; Heather Paxson, "Demographics and Diaspora, Gender and Genealogy: Anthropological Notes on Greek Population Policy," *South European Society and Politics* 2:2 (1997); Heather Paxon, "Family Planning, Human Nature, and the Ethical Subject of Sex in Urban Greece," Vincanne Adams and Stacy Leigh Pigg (eds.), *Sex in Development: Science, Sexuality, and Morality in Global Perspective*, Duke University Press 2005; Nilanjana Chatterjee and Nancy E. Riley, "Planning an Indian Modernity: The Gendered Politics of Fertility Control," *Signs* 26:3 (2001); Akhil Gupta, "Governing Population: The Integrated Child Development Services Program in India," T. B. Hansen and F. Stepputat (eds.), *States of Imagination: Ethnographic Explorations of the Postcolonial State*, Duke University Press 2001; Mahmood Mamdani, *The Myth of Population Control: Family, Caste, and Class in an Indian Village*, Monthly Review Press 1973; Susan Greenhalgh, "Science, Modernity, and the Making of China's One-Child Policy," *Population and Development Review* 29:2 (2003); Susan Greenhalgh, *Just One Child : Science*

and Policy in Deng's China, University of California Press 2008; Susan Greenhalgh and Edwin A. Winckler, *Governing China's Population: From Leninist to Neoliberal Biopolitics*, Stanford University Press 2005; Elise K. Tipton, "The Birth-Control Movement in Pre-1945 Japan," *Asian Studies Review* 17:3 (1994); Elise K. Tipton, "Birth Control and the Population Problem in Prewar and Wartime Japan," *Japanese Studies* 14:1 (1994).

12 한국가족계획10년사편찬위원회 편 『한국 가족계획 10년사』, 대한가족계획협회 1975, 190면.

13 가령 『한국 가족계획 10년사』는 "가족계획운동의 산발적인 호응과 불규칙하고 어수선한 분위기 속에서 실제로 가족계획운동이 태동을 보게 된 것은 한마디로 외국인 선교사들의 공로"였다고 기술하고 있다(56면). 특히 1954년부터 장로교 선교사로 대구에서 활동한 조지 워스(George Worth)는 가족계획을 열렬히 홍보한 선교사였다. 국가기록원 '나라기록'은 '대한가족계획협회 창립' 항목에서 "우리나라에[서] 가족계획사업은 1954년 미국인 선교사 조지 워스에 의해 시작되었다"고 기록하고 있다. http://contents.archives.go.kr/next/content/listSubjectDescription.do?id=002626pageFlag=

14 홍문식 「출산력 억제정책의 영향과 변천에 관한 고찰」, 『한국인구학』 21권 2호(1998), 184면. 1950년대에 이르러서는 대도시를 중심으로 인공유산 시술이 광범위하게 행해지기도 했다. 배은경 「1950년대 한국 여성의 삶과 출산조절」, 『한국학보』 30권 3호(2004), 41~42면; 배은경 『현대 한국의 인간재생산: 여성, 모성, 가족계획사업』, 시간여행 2012, 42~48면.

15 대한가족계획협회 편 『가협30년사』, 대한가족계획협회 1991.

16 한국보건사회연구원 편 『인구정책30년』, 한국보건사회연구원 1991, 72~73면; 대한가족계획협회 편 『가협30년사』; 대한가족계획협회 편 『대한가족계획협회20년사』, 대한가족계획협회 1983; 한국가족계획10년사편찬위원회 편 『한국 가족계획 10년사』; 대한어머니회 편 『대한어머니회 40년사』, 대한어머니회 1998. 대한어머니회의 경우 여성단체가 전개한 최초의 출산조절운동이었다는 점에서 중요한 역사적 의미를 갖는다. 배은경 「1950년대 한국 여성의 삶과 출산조절」, 49~54면; 배은경 『현대 한국의 인간재생산: 여성, 모성, 가족계획사업』 59~67면. 『가협30년사』 역시 "대한어머니회의 활동은 우리나라 최초의 체계적인 가족계획운동이기도 해서 그 의의가 크다"고 기록하고 있다(106면).

17 고황경의 아버지는 세브란스 의학전문학교의 교수였던 고명우로, 미국에서 의학박사 학위를 받았으며 영어에 능통한 의사였다. 고황경은 식민지시기 7년간의 일본 유학을 거쳐 미국 미시간대학교에서 '소녀 범죄의 계절성'에 관한 논문으로 사회학 박사학위를 받았다. 해방 후에는 미군정하에서 초대 부녀국장을 지냈고, 곧이어 록펠러재단의 지원으로

프린스턴대학과 컬럼비아대학을 방문하면서 인구문제를 접했다. 고황경의 미국 유학은 대한어머니회를 조직하여 가족계획운동을 전개하는 데 직접적인 계기가 되었다. 림영철 『고황경박사: 그의 생애와 교육』, 삼형 1988.

18   이진경 「한국 '가족계획사업'의 생체정치학」, 『문화과학』 33호(2003); 이진경 「'가족계획사업'의 생명정치학: 가족계획 담론과 가족주의의 변환」, 『역사의 공간: 소수성, 타자성, 외부성의 사건적 사유』, 휴머니스트 2010.

19   조지 캐드버리는 영국 태생으로 UN Technical Assistance Program의 초대 director, Ontario New Democratic Party의 president(1961~1971)를 거쳤다. 1954년부터 부인과 함께 국제가족계획연맹에 적극적으로 참여했고, 1960년에 특별대표(special representatives)가 되었다. 1963년에 캐드버리 부부가 조직한 캐나다 출산조절연맹(Federation of Canadian Birth-Control Societies)은 1975년에 캐나다 가족계획협회(Planned Parenthood Federation of Canada)가 되었고, 같은 해 캐드버리는 국제가족계획연맹의 Chairman Emeritus가 되었다. The Saskatchewan Archival Information Network (SAIN, http://scaa. sk.ca) 참조.

20   이상의 내용은 『가정의 벗』 1976년 12월호에 실린 「협회창립 15년 및 『가정의 벗』 100호 기념 좌담회」 기사와 다음의 문헌들을 바탕으로 재구성한 것이다. 공세권·박인화·권희완 『한국 가족계획사업: 1961~1980』, 가족계획연구원 1981; 대한가족계획협회 편 『대한가족계획협회20년사』; 한국보건사회연구원 편 『인구정책30년』; 한국가족계획10년사편찬위원회 편 『한국 가족계획 10년사』; 대한가족계획협회 편 『가협30년사』; 양재모 『사랑의 빛만 지고』, 큐라인 2001.

21   대한가족계획협회 편 『가협30년사』 112~13면.

22   대한가족계획협회 설립 직후 당시 보건사회부 보건과장이었던 윤석우가 영국 런던의 국제가족계획연맹(IPPF) 본부를 방문했을 때의 회고에 따르면, 국제가족계획연맹의 총장은 "재정지원을 가족계획사업처에 주려는 것이지, 누구 특정인을 위해 주는 것이 아니라는 사실을" 피력했으며 결국 "가족계획운동의 선구자 역할을 하신 고황경 박사"의 대한어머니회가 아닌 '가족계획사업 전문'의 대한가족계획협회가 국제가족계획연맹의 지원을 받기로 결정이 내려지게 되었다. 윤석우 「사람의 철학을 심었던 추억」, 대한가족계획협회 편 『가협30년사』 357면을 보라. 이것이 대한어머니회 활동의 위상과 성격에 대한 정당한 평가인지의 여부는 차치하고, 대한가족계획협회에 앞서 가족계획운동을 전개하고 있었던 대한어머니회는 고황경이라는 인물 개인에 의해 주도되는 성격이 강한 단체로 인식되었던 것으로 보인다.

23   대한가족계획협회 편 『가협30년사』 112면.

24 양재모『사랑의 빚만 지고』304면.

25 같은 책 307면.

26 대한가족계획협회 편『가협30년사』114면. 이 창립총회에서는 군사쿠데타로 정권이 바뀌기 이전 정부에서 각료를 지낸 나용균 대신 김명선(金鳴善)이 회장직을 맡고, 스스로 사임한 고황경 대신 조산원협회 회장 구신명이 부회장으로 선출되었다. 고황경은 "개인 사정을 내세워 부회장직을 사퇴"했다고 공식적으로 기록되어 있지만, 대한어머니회를 주도하고 있었던 고황경은 자신이 주도하던 대한어머니회의 가족계획운동과는 별도로 남성 의사들을 중심으로 이루어진 대한가족계획협회가 가족계획사업을 주도하게 되는 것에 대한 문제의식과 반감을 갖고 있었던 것으로 보인다. 양재모는 "고황경 부회장은 다른 여성단체[대한어머니회] 임원으로 가족계획이 주로 여성을 대상으로 하는 사업이라는 점을 내세워 여성단체 중심으로 가족계획사업을 추진해야 한다는 다른 의견"을 가지고 있었다고 술회하고 있다. 양재모『사랑의 빚만 지고』307~08면; 대한가족계획협회 편『가협30년사』112면.

27 양재모『사랑의 빚만 지고』306면.

28 같은 책 305면.

29 김택일「가족계획사업 30년 회고」, 한국보건사회연구원 편『인구정책30년』32~33면.

30 이상의 내용은 다음의 문헌들을 바탕으로 재구성한 것이다. 한국가족계획10년사편찬 위원회 편『한국 가족계획 10년사』; 대한가족계획협회 편『대한가족계획협회20년사』; 대한가족계획협회 편『가협30년사』; 양재모『사랑의 빚만 지고』. 국가재건최고회의 사회분과 자문위원회에 참여한 고황경 역시 가족계획을 건의하였고 이를 사회학자 이해영(李海英)이 지지한 바 있다.『주부생활』1972년도 2월호는 고황경이 국가재건최고회의에 '축첩 공무원 파면'과 '코오피[커피]의 금지' '가족계획의 국책화'를 건의했다는 사실과 함께 "그때의 혁명정부는 과감했지요. 제안한 지 10일이 지나자 축첩 공무원이 대거 파면되는가 하면, 코오피 사용이 금지되기도 했지요. 그런데 가족계획에 관하여서는 망설여지는 점들이 많았던 모양이네요."라는 고황경의 말을 싣고 있다. 그러나 전후의 맥락을 비추어볼 때, 가족계획의 국책화 과정에서 고황경의 건의보다 양재모를 위시한 남성 의사들의 조직적 영향력과 협상력이 실질적으로 강력하게 작용했던 것은 분명한 사실인 것으로 보인다.「건전한 국가는 깨달은 어머니로부터」,『주부생활』1974년 2월호; 배은경「한국사회 출산조절의 역사적 과정과 젠더: 1970년대까지의 경험을 중심으로」, 서울대학교 사회학과 박사학위논문 2004 참조.

31 홍문식「출산력 억제정책의 영향과 변천에 관한 고찰」,『한국인구학』21권 2호(1998), 190면.

32 한국보건사회연구원 편『인구정책30년』11면을 보라. 양재모는 자신을 포함해서 대한
가족계획협회의 의료분과위원장을 맡고 있던 신한수 등 대한가족계획협회 임원들이 소
속된 대학의 일이나 본연의 일보다 더 많은 시간을 가족계획사업에 할애해야 했다고 회고
하고 있다. 양재모『사랑의 빚만 지고』308면.

33 「가족계획 유공자 국민훈장을 수여」,『조선일보』1967년 5월 12일자.

34 한국가족계획10년사편찬위원회 편『한국 가족계획 10년사』; 대한가족계획협회 편『대
한가족계획협회20년사』; 대한가족계획협회 편『가협30년사』; 한국보건사회연구원 편
『인구정책30년』; 양재모「우리나라 인구정책의 종합분석」,『한국인구학』9권 1호(1986).

35 한국보건사회연구원 편『인구정책30년』34~35면.

36 일본의 오기노 큐우사꾸(荻野久作)라는 학자가 발견하여 그의 이름을 따서 오기노식
주기법으로 불린다. 여성의 생리주기에 따르는 오기노식 주기법 외에도 매일 아침 체온을
측정해 배란기를 측정하는 주기법으로 기초체온법이 있다.

37 한국보건사회연구원 편『인구정책 30년』117~18면.

38 대한가족계획협회 편『가협30년사』124면.

39 배은경「가족계획사업과 여성의 몸: 1960~70년대 출산조절 보급과정을 통해 본 여성
과 '근대'」280면.

40 한국보건사회연구원 편『인구정책30년』28면.

41 김택일「가족계획사업 30년 회고」, 한국보건사회연구원 편『인구정책30년』. 김택일은
서울대학교 의과대학 의학박사로 이후 한림대학의 초대학장과 가족계획연구원장을 지냈
다. 정희섭은 해방 전 평양의전을 졸업하고 이후 일본에서 의학 박사학위를 받았으며, 한
국전쟁이 휴전 조인된 후 1961년까지 육군군의학교 교장, 의무교육기지사령부 사령관, 육
군의무감 등을 지낸 후 준장으로 예편한 군인 출신이었다. 5·16쿠데타 후 1961년 7월부
터 2년 6개월간, 이후 다시 1966년 4월부터 3년 6개월간 보건사회부 장관으로 재직했으
며 이후 공화당 국회의원을 지냈다. 김학렬은 제1회 고등고시 출신의 경제관료로, 1963년
경제기획원 차관, 1966년 재무부 장관을 거쳐 1969년 경제기획원 장관 겸 부총리 등을 역
임했다.

42 대한가족계획협회 편『가협30년사』133~34면.

43 곽현모「날으는 교수팀」, 대한가족계획협회 편『가협30년사』352~53면.

44 강봉수「한국가족계획어머니회의 연혁」, 대한가족계획협회 편『지역사회개발과 가족
계획에 관한 여성지도자 국제훈련교재』, 대한가족계획협회 1987, 59~60면; 정경균『가족
계획어머니회 연구: 부녀조직 구성 및 관리지침서』, 대한가족계획협회 1987, 8, 10면.

45 대한가족계획협회 편『가협30년사』133~34면.

46 '복강경수술'로 많이 불리는 래퍼러스코프는 복강 내 질병을 진단할 목적으로 고안된 복강경을 여성들의 난관 폐쇄 수단으로 활용함으로써 난관불임수술법에 널리 활용되게 되었다.

47 대한가족계획협회 편『가협30년사』166~67면.

48 박종헌「한국 생식의료의 전개과정에 관한 연구: 소극적 정책보조자에서 산업개척자로」, 서울대학교 박사학위논문 2008, 76~79면.

49 가족계획사업이 민간개업의 중심의 한국 의료시스템에 미친 영향으로 박종헌「한국 생식의료의 전개과정에 관한 연구: 소극적 정책보조자에서 산업개척자로」를 보라.

50 한국보건사회연구원 편『인구정책30년』110면.

51 조지현「군 간사의 편지」,『가정의 벗』1969년 6월호. 다음도 참고하라. 국사편찬위원회 편『가족계획에 헌신하다: 1960년대 이후 가족계획협회 계몽원의 활동』, 국사편찬위원회 2005.

52 한국보건사회연구원 편『인구정책30년』182~83면.

53 공세권·박인화·권희완『한국 가족계획사업: 1961~1980』109면.

54 박종헌「한국 생식의료의 전개과정에 관한 연구: 소극적 정책보조자에서 산업개척자로」92~95면.

55 Paul Hartman, "Korea: Medical Referral System and Mobile Services," *Studies in Family Planning* 1:13 (1966); John P. DiMoia, "(Let's Have the Proper Number of Children and Raise Them Well!): Family Planning and Nation-Building in South Korea, 1961-1968," *East Asian Science, Technology and Society* 2:3 (2008); 양재모·신한수『가족계획교본』, 대한가족계획협회 1966, 40~42면.

56 이렇게 확보한 새 차를 군수에게 상납하고 헌 차를 물려받아 사용한 보건소의 사례가 많았다. 양재모「가족계획사업 30년 회고」, 한국보건사회연구원 편『인구정책30년』16면.

57 홍문식·서문희·계훈방『예비군 가족계획 실태조사 보고』, 한국인구보건연구원 1986, 93면; 김홍주「한국사회의 근대화 기획과 가족정치: 가족계획사업을 중심으로」,『한국인구학』25권 1호(2002), 66면.

58 김지자·이덕성·임종권『통·반장을 통한 도시저소득층 주민의 모자보건 및 가족계획 보급방안: 시범사업 최종 보고서』, 가족계획연구원 1979; 임종권·김지자·이덕성『통·반장을 통한 도시저소득층 주민의 모자보건 및 가족계획보급방안 실험연구 연구기초조사 보고서』, 가족계획연구원 1978.

59 대한가족계획협회 편『대한가족계획협회20년사』55~56면.

60 양재모「가족계획사업 30년 회고」17면.

61 강봉수「한국가족계획어머니회의 연혁」 57면.

62 류달영「가족계획 30년의 회고」, 대한가족계획협회 편『가협30년사』 329~30면.

63 '가족계획어머니회'라는 명칭은 대한가족계획협회 실행이사회에서 결정한 것이다. 애초에는 조직의 명칭으로 부인회, 모자회, 어머니회 등이 거론되었지만 유사한 이름의 단체가 이미 존재하고 있다는 점을 이유로 부인회나 어머니회 등이 기피되었고 결국 '가족계획어머니회'로 결정되었다. 어머니회라는 단체가 따로 있어 혼동을 피하기 위해 공식 명칭은 '가족계획어머니회'로 하였지만 일상적으로는 '어머니회'라는 약칭이 주로 사용되었다. 박형종·정경균·한달선·이시백『어머니회 연구』, 서울대학교 보건대학원 1974, 43~44면을 참고하라.

64 정경균『가족계획어머니회 연구: 부녀조직 구성 및 관리지침서』 9~10면; 황정미「'저출산'과 한국 모성의 젠더정치」,『한국여성학』 21권 3호(2005), 110면. 1977년 7월에 시달된 국무총리 훈령 제141조에 의해 전국의 모든 여성조직이 해산되면서 가족계획어머니회도 새마을부녀회로 강제 통합되었다. 이에 대하여 대한가족계획협회는 가족계획어머니회를 새마을부녀회의 가족계획부로 '격하'시켰다고 비판한다. 특히 새마을부녀회로 통합되면서 형식상으로는 조직과 구성원의 수가 엄청나게 증가했지만 실제로는 관 주도의 조직으로 의무적 가입에 따른 자발성 침체의 결과를 낳았다고 평가하고 있다. 대한가족계획협회 편『대한가족계획협회20년사』 135면; 대한가족계획협회 편『가협30년사』 14, 17~18, 140면.

65 황정미「개발국가의 여성정책에 관한 연구: 1960~70년대 한국 부녀행정을 중심으로」, 서울대학교 사회학과 박사학위논문 2001, 143면.

66 신현옥「국가개발정책과 농촌지역 여성조직에 관한 연구: 1960~70년대 마을부녀조직의 역할과 활동을 중심으로」, 연세대학교 사회학과 박사학위논문 2000, 2, 5~6면.

67 Hyung Jong Park, D. Lawrence Kincaid, Kyung Kyoon Chung, Dal Sun Han, and Sea Baick Lee, "The Korean Mothers' Club Program," *Studies in Family Planning* 7:10 (1976), 275면.

68 백영주·이배용·김혜경·이소연『한국 여성정책 관련 사료 체계화 방안에 관한 연구』, 여성부 2003, 69면을 보라. 한국의 가족계획어머니회를 모델로 하여 개최된 지역사회 개발과 가족계획에 관한 국제 워크숍의 교재로 다음의 두 책을 보라. 대한가족계획협회 편『지역사회 개발과 가족계획에 관한 여성지도자 국제훈련 교재』, 대한가족계획협회 1987; 정경균『가족계획어머니회 연구: 부녀조직 구성 및 관리지침서』.

69 정경균『가족계획어머니회 연구: 부녀조직 구성 및 관리지침서』 8, 10면; 강봉수「한국가족계획어머니회의 연혁」, 대한가족계획협회 편『지역사회 개발과 가족계획에 관한 여

성지도자 국제훈련교재』58~62면.

70 인구협회를 통해 지원받은 미국국제개발처(USAID)의 원조금(Grant No. PC/T 68.8)
액수는 자료에 따라 약간씩 다르게 기록되어 있다. 한국보건사회연구원의 자료에는
228,000달러로 되어 있는 반면, 서울대 보건대학원의 자료에는 총액이 234,830달러 66센
트이며 이중 어머니회 운영에 쓰일 자금이 211,066달러 66센트, 평가사업비로 책정된 자
금이 23,764달러라고 기록되어 있다. 한국보건사회연구원 편『인구정책30년』82면 및 박
형종·정경균·한달선·이시백『어머니회 연구』43면 참조.

71 가족계획어머니회는 농촌지역 여성들을 고려하여 만들어진 조직이었기 때문에 최
초 조직 단계에서는 대도시인 서울과 부산지역을 제외하였다. 이후 1972년부터 부산,
1975년부터 서울지역에서도 가족계획어머니회가 조직되었다.

72 군 간사가 선발된 애초의 목적은 대한가족계획협회 시·도 지부의 지방조직을 강화하기
위한 것이었다. 1967년 5월에 제5대 회장으로 전 재건국민운동본부장 류달영이 취임하면
서 1968년 3월부터 시·군 단위 조직사업에 착수하기 위한 목적으로 군 간사를 선발하였
고, 시·도 지부의 분회 격으로 군 협회 조직 임무를 맡기로 되어 있었다. 그러나 실제로는
같은 해 시작된 가족계획어머니회 조직이 주 임무가 되었으며, 이들에 의해 각 리·동 단위
어머니회가 조직됨으로써 "먹는 피임약 보급기지를 구축하여 가족계획운동에 새로운 전
기를 마련"했다는 평을 받았다. 이후 군 간사는 일명 '먹는 피임약 보급요원'으로 불리며
군 단위는 물론 시·구까지 확대 배치되어 237명에 이르기도 했다. 대한가족계획협회 편
『가협30년사』136~38면.

73 정경균『가족계획어머니회 연구: 부녀조직 구성 및 관리지침서』48면; 박형종·정경균·한
달선·이시백『어머니회 연구』43~44면; 강봉수「한국 가족계획어머니회의 연혁」59~60면.

74 황정미는 대한가족계획협회와 가족계획연구원, 서울대 보건대학원의 자료를 이용하여
어머니회의 증가 추이를 보여주고 있는데, 다소의 차이에도 불구하고 어머니회의 증가세
는 모든 자료에서 공통적으로 뚜렷하게 나타나고 있다. 황정미「개발국가의 여성정책에
관한 연구: 1960~70년대 한국 부녀행정을 중심으로」; 한국가족계획10년사편찬위원회 편
『한국 가족계획 10년사』; 가족계획연구원 편『가족계획사업 평가세미나 보고서』, 가족계
획연구원 1980; 박형종·정경균·한달선·이시백『어머니회 연구』.

75 대한가족계획협회 편『대한가족계획협회20년사』133~35면; 대한가족계획협회 편『가
협30년사』138~40면; 정경균『가족계획어머니회 연구: 부녀조직 구성 및 관리지침서』
8면; 강봉수「한국 가족계획어머니회의 연혁」60면.

76 박형종·정경균·한달선·이시백『어머니회 연구』12면.

77 Clifford Geertz, "The Rotating Credit Association: A 'Middle Rung' in Development,"

Economic Development and Cultural Change 10:3 (1962).

78 Hyung-Jong Park, D. Lawrence Kincaid, Kyung Kyoon Chung, Dal Sun Han and Sea Baick Lee, "The Korean Mothers' Club Program"을 보라. 새마을운동에 대한 몇몇 연구들 역시 장기적으로 누적된 역사적 경험을 통해 1960~70년대의 근대화 과정의 '성과'에 접근하려는 시도를 보여주고 있다. 이들은 새마을운동에 대한 기존 연구들이 지나치게 국가중심적 접근을 취해왔다는 점을 지적하는 동시에 농촌사회의 역사적 경험과 사회적 조건을 강조한다. 유병용·최봉대·오유석『근대화전략과 새마을운동』, 백산서당 2001; 민상기「농민의 새마을운동 참여와 마을공동체의식」,『농촌경제』 3권 1호(1980); 박섭·이행「근현대 한국의 국가와 농민: 새마을운동의 정치사회적 조건」,『한국정치학회보』 31호 (1997); 김영미「마을의 근대화 경험과 새마을운동」,『정신문화연구』 31권 1호(2008). 특히 김영미는 새마을운동에 대한 국가중심적 접근이 농민사회를 지나치게 폄하하는 양상을 보여왔다고 비판하면서, 새마을운동의 성공사례 이면에 존재하는 마을의 '역사적 경험'을 추적함으로써 농촌 근대화의 다원적 양상들을 부각시키는 한편, 이를 통해 농민사회가 국가정책의 수동적인 수용자가 아니라 스스로의 생존전략을 끊임없이 모색하는 자율성을 가지고 있었음에 주목한 바 있다.

79 신현옥「국가개발정책과 농촌지역 여성조직에 관한 연구: 1960~70년대 마을부녀조직의 역할과 활동을 중심으로」 82~84면.

80 정경균『가족계획어머니회 연구: 부녀조직 구성 및 관리지침서』 9~10면; 신현옥「국가개발정책과 농촌지역 여성조직에 관한 연구: 1960~70년대 마을부녀조직의 역할과 활동을 중심으로」 74~75면.

81 허은「'5·16군정기' 재건국민운동의 성격」,『역사문제연구』 11호(2003).

82 박형종·정경균·한달선·이시백『어머니회 연구』 42~43면; 정경균『가족계획어머니회 연구: 부녀조직 구성 및 관리지침서』 8면.

83 황정미「개발국가의 여성정책에 관한 연구: 1960~70년대 한국 부녀행정을 중심으로」 138면.

84 정경균『가족계획어머니회 연구: 부녀조직 구성 및 관리지침서』 23~24면.

85 배은경『현대 한국의 인간재생산: 여성, 모성, 가족계획사업』 124면.

86 양재모「가족계획사업 30년 회고」.

4장

1 Ian Hacking, "How Should We Do the History of Statistics?" G. Burchell, C. Gordon and

P. Miller (eds.), *The Foucault Effect: Studies in Governmentality*, University of Chicago Press 1991, 184면.

2 제러미 벤담『파눕티콘』, 신건수 옮김, 책세상 2007, 19면.

3 권이혁『인구, 보건, 환경』, 서울대학교출판부 2004, 44면.

4 한국보건사회연구원 편『인구정책30년』, 한국보건사회연구원 1991, 407면.

5 홍문식「출산력 억제정책의 영향과 변천에 관한 고찰」,『한국인구학』21권 2호(1998), 198면.

6 권태환「출산력 변천의 과정과 의미」, 김태헌 외 편『한국 출산력 변천의 이해』, 일신사 1997.

7 한국보건사회연구원 편『인구정책30년』407~08면.

8 백영경「사회적 몸으로서의 인구와 지식의 정치: 1960년대『사상계』속의 정치적 상상과 자유주의적 통치의 한계」,『여성문학연구』29호(2013), 15면.

9 손애리「1960~1970년대 한국의 출산통제정책 연구: 근대적 규율권력의 관점을 중심으로」고려대학교 사회학과 석사학위논문 2000; 배은경『현대 한국의 인간재생산: 여성, 모성, 가족계획사업』, 시간여행 2012.

10 한국보건사회연구원 편『인구정책30년』182~83면.

11 같은 책.

12 '농촌형 가족계획에 관한 시범연구사업'은 1962년 9월부터 경기도 고양군 원당면의 가임주부 1,412명과 대조지역인 김포군 김포면 가임주부 1,739명의 비교연구로 시작되었다. 2년간의 1단계 연구를 거쳐 2단계 연구에서는 고양군 6개 면 전체를 대상으로, 김포군 4개 면과 광주군 7개 면을 대조지역으로 비교연구가 이루어졌다.

1단계 연구에서는 농촌 여성의 출산력과 가족계획에 대한 지식 및 태도에 대한 기초조사와 함께 임산부들의 출산력에 관한 조사와 피임지식 및 실행도, 비정상 출산과 실패임신, 재래식 피임방법(콘돔, 발포성 정제 등)의 수락도 및 효과에 관한 실험연구, 자궁내장치(IUD)의 적응성 여부 등이 조사되었다. 2단계 연구는 자궁내장치에 관한 것이었다. 여러 종류의 방법으로 자궁내장치를 제공함으로써 각각의 수락도와 효과를 실험하기 위해 고양군 보건소에 자궁내장치 시술클리닉을 설치하고 가임여성 1,090명에게 자궁내장치를 시술했다. 연구 결과 자궁내장치는 농촌지역에서 수락도 및 출산조절의 효과가 높을 것으로 기대되었다. 또한 인구동태자료 수집에 있어 이장을 통한 수집과 가족계획 지도원을 통한 수집의 두가지 방법이 비교되었고, 가족계획사업에서 사용되는 제반 보고서 기재양식의 개선 방안 역시 연구되었다. 대한가족계획협회 편『가협30년사』 1991.

13 '도시형 가족계획에 관한 시범연구사업'은 1964년 2월부터 두달간의 기초조사를 통해

조사지역에 20~44세의 유배우(有配偶) 가임부인이 44,923명 거주하는 것을 파악하고 이들로부터 표본 3,204명을 추출했다. 성동구보건소와 성동구내 3개 가족계획 상담소를 중심으로, 조사대상 여성들에게 가족계획에 관한 태도, 지식, 경험, 임신력, 출산력 및 출산율, 이상적 자녀 수, 현존 자녀 수, 결혼상태 등을 조사하고 가족계획에 관한 계몽방법으로 매스미디어, 우편물 배포, 가정방문, 집단계몽 등의 효과를 측정했다. 또한 자궁내장치와 콘돔, 발포성 정제, 젤리, 정관절제술 등 여러 피임방법의 효과를 측정, 자궁내장치 시술이 가장 이상적인 피임방법으로 지목되었다. 첫 2년간의 연구기간을 거쳐 1966년부터는 서울시 9개구로 확대되었고, 이후 서울시 전체를 대상으로 1973년까지 계속되었다. E. Hyock Kwon, *Ten Years of Urban Population Studies in Korea*, Seoul National University Press 1974; 대한가족계획협회 편 『가협30년사』.

14 홍문식 「출산력 억제정책의 영향과 변천에 관한 고찰」, 『한국인구학』 21권 2호(1998), 198면.

15 한국가족계획10년사편찬위원회 편 『한국 가족계획 10년사』, 대한가족계획협회 1975, 74면.

16 한국보건사회연구원 편 『인구정책30년』 426면; 대한가족계획협회 편 『가협30년사』 124~26면.

17 가족계획연구소의 설립과정은 국가와 민간, 국가와 사회의 경계가 유동적이며 그 자체 각축하는 장임을 흥미롭게 보여준다. 1965년 양재모는 대한가족계획협회 산하에 가족계획연구원을 설립·운영할 구상을 가지고 약식 설계를 하여 100만 달러의 자금이 필요한 것을 확인하였다. 스웨덴의 지원으로 건립된 메디컬센터(Medical Center, 현재의 국립의료원) 전 원장 이종진의 협조로 스웨덴국제개발처에 교섭한 결과, 정부(보건사회부)가 요청하는 형식을 취해주면 건립자금을 전액 지원하겠다는 답변을 얻었다. 그러나 보건사회부는 연구원을 대한가족계획협회 산하에 두는 것을 탐탁지 않게 여기고, 국립대학 또는 보건사회부 산하로 고려하다가 인구협회 고문이었던 폴 하트먼과 의논한 후 22만 달러짜리로 축소하여 서울시 불광동 보건원 터에 보건사회부 산하 가족계획연구소를 설립하게 되었다. 이에 대해 양재모는 "개원식에서 채알 안에 좌석 하나 배정 못 받고 뙤약볕에 앉아서 진행을 지켜보던 나는 관존민비의 병폐를 슬퍼하다 (…) 우리 민간단체나 자원지도자는 항상 공(功)은 관으로 돌려주고 과(過)는 우리가 뒤집어쓰는 각오를 가져야 함을 알고 억울한 일을 당해도 참고 견디어야 함을 명심하였다"고 회고하고 있다. 양재모 「가족계획사업 30년 회고」, 한국보건사회연구원 편 『인구정책30년』 15~16면.

18 한국가족계획10년사편찬위원회 편 『한국 가족계획 10년사』 116면.

19 한국보건사회연구원 편 『인구정책30년』 166~78면.

20 같은 책 183~84면.

21 같은 면.

22 Ian Hacking, "Biopower and the Avalanche of Printed Numbers," *Humanities in Society* 5:3/4 (1982).

23 Akhil Gupta, "Governing Population: The Integrated Child Development Services Program in India," T. B. Hansen and F. Stepputat (eds.), *States of Imagination: Ethnographic Explorations of the Postcolonial State*, Duke University Press 2001.

24 Timothy Mitchell, "The Limits of the State: Beyond Statist Approaches and Their Critics," *The American Political Science Review* 85:1 (1991).

25 Jae-Mo Yang, Sook Bang, Chi-Hoon Choi, Dong-Woo Lee, and Sang-Tae Park, *The Final Report of the Gyeonggi-Yonsei Mothers' Class Project, Center for Population and Family Planning*, Yonsei University 1972, 2면; 대한가족계획협회 편『가협30년사』139면.

26 황정미「개발국가의 여성정책에 관한 연구: 1960~70년대 한국 부녀행정을 중심으로」, 서울대학교 사회학과 박사학위논문 2001, 136면.

27 한국보건사회연구원 편『인구정책30년』82면.

28 박형종·정경균·한달선·이시백『어머니회 연구』, 서울대학교 보건대학원 1974, 43~44면; 정경균『가족계획어머니회 연구: 부녀조직 구성 및 관리지침서』34면; 한국보건사회연구원 편『인구정책30년』82면.

29 Jae-Mo Yang, Sook Bang, Chi-Hoon Choi, Dong-Woo Lee and Sang-Tae Park, *The Final Report of the Gyeonggi-Yonsei Mothers' Class Project, Center for Population and Family Planning*.

30 박형종·정경균·한달선·이시백『어머니회 연구』.

31 미셸 푸코『안전, 영토, 인구: 콜레주드프랑스 강의 1977~78년』, 오트르망 옮김, 난장 2011, 115면.

32 연세대학교인구및가족계획연구소 편『인구문제와 가족계획』, 연세대학교인구및가족계획연구소 1972, 223~24면.

33 같은 책 217~20면.

34 박형종·정경균·한달선·이시백『어머니회 연구』10면.

35 연세대학교인구및가족계획연구소 편『어머니회 운영을 위한 가족계획요원 교재』, 연세대학교인구및가족계획연구소 1972, 5면.

36 같은 책 15~25면.

37 대한가족계획협회 편『지역사회 개발과 가족계획에 관한 여성지도자 국제훈련 교재』

14면.

38 박형종·정경균·한달선·이시백『어머니회 연구』18~19면.

39 같은 책 16, 26, 263~64면.

40 Everett M. Rogers, *Communication Strategies for Family Planning*, Free Press 1973, 283면; Everett M. Rogers, "Mothers' Clubs in the Diffusion of Family Planning Ideas in Korean Villages: An Illustration of Network Analysis," Paper presented at the American Association for the Advancement of Science, New York, January 1975, 26~31면; Everett M. Rogers, Hyung Jong Park, Kyung-Kyoon Chung, Sea-Baick Lee, William S. Puppa and Brenda A. Doe, "Network Analysis of the Diffusion of Family Planning Innovations over Time in Korean Villages: the Role of Mothers' Clubs," Godwin C. Chu, Syed A. Rahim, and D. Lawrence Kincaid (eds.), *Communication for Group Transformation in Development*, East-West Center 1976 등을 보라. 로저스의 1973년 저작에서 소개한 가족계획어머니회 사례는 다음 간행물을 인용한 것이다. Tag-il Kim, John A. Ross and George C. Worth, *The Korean National Family Planning Program: Population Control and Fertility Decline*, Population Council 1972, 특히 93면.

41 Everett M. Rogers and D. Lawrence Kincaid, *Communication Networks: Toward a New Paradigm for Research*, Free Press 1981을 보라. 이 저작에 소개된 한국인 유학생들의 학위논문으로 Sawon Hong, *Fertility and Fertility Limitation in Korean Villages: Community and Individual-Level Effects*, Ph.D. Thesis, University of Hawaii 1976; Sea-Baick Lee, *System Effects on Family Planning Innovativeness in Korean Villages*, Ph.D. Thesis, University of Michigan 1977 등을 참조. 로저스의 유명한 저작인『혁신의 확산』3판 역시 가족계획어머니회에 관한 연구를 바탕으로 혁신의 확산을 가져오는 사회체계(social system)의 효과를 설명하고 있다. Everett M. Rogers, *Diffusion of Innovations*, 3rd Edition, Free Press 1983, 25~27면을 보라. 집합행동의 임계치 모델(threshold models)에 관한 마크 그라노베터(Mark Granovetter)의 유명한 논문에서도 한국의 농촌 여성들이 어떻게 피임을 채택하게 되는지를 혁신의 확산 연구에 있어 임계치 모델이 기여할 수 있는 예로 제시하고 있다. 마을 사람들이 얼마나 피임해야 자신도 피임을 채택할 것인지의 임계치는 여성들의 교육, 연령, 남편의 견해, 비공식적인 위계 안에서의 위치나 개인적 선호에 따라 달라진다는 것이다. Mark Granovetter, "Threshold Models of Collective Behavior," *American Journal of Sociology* 83:6 (1978), 1423면을 보라.

42 박윤재「원로 산부인과 의사들이 기억하는 가족계획사업」,『연세의사학(延世醫史學)』12권 2호(2009), 21면.

43 대한가족계획협회 편 『지역사회 개발과 가족계획에 관한 여성지도자 국제훈련 교재』 14면.

44 연세대학교인구및가족계획연구소 편 『인구문제와 가족계획』 224~25면.

45 박형종·정경균·한달선·이시백 『어머니회 연구』 11, 17면.

46 같은 책 17면.

47 미셸 푸코 『안전, 영토, 인구: 콜레주드프랑스 강의 1977~78년』 85~86면.

48 같은 책 475~76면.

49 이언 해킹 『우연을 길들이다: 통계는 어떻게 우연을 과학으로 만들었는가?』, 정혜경 옮김, 바다출판사 2012; Ian Hacking, *The Taming of Chance*, Cambridge University Press 1990.

50 Anthony Giddens, *The Nation-State and Violence: Volume 2 of A Contemporary Critique of Historical Materialism*, University of California Press 1985, 57면.

51 제임스 C. 스콧 『국가처럼 보기: 왜 국가는 계획에 실패하는가』, 전상인 옮김, 에코리브르 1998; James C. Scott, *Seeing Like a State: How Certain Schemes to Improve the Human Condition Have Failed*, Yale University Press 1998, 2면.

52 Arjun Appadurai, *Modernity at Large: Cultural Dimensions of Globalization*, University of Minnesota Press 1996, 117면.

53 같은 책 126면.

54 Paul Starr, "The Sociology of Official Statistics," Willam Alonso and Paul Starr (eds.), *The Politics of Numbers*, Russell Sage Foundation 1987, 7면.

55 이언 해킹 『우연을 길들이다: 통계는 어떻게 우연을 과학으로 만들었는가?』; Ian Hacking, *The Taming of Chance*, 24면.

56 박명규·서호철 『식민권력과 통계: 조선총독부의 통계체제와 센서스』, 서울대학교출판부 2003, 19~23면.

57 John Irvine, Ian Miles and Jeff Evans, *Demystifying Social Statistics*, Pluto Press 1979; Willam Alonso and Paul Starr (eds.), *The Politics of Numbers*, Russell Sage Foundation 1987; Theodore M. Porter, *The Rise of Statistical Thinking, 1820-1900*, Princeton University Press 1988; Theodore M. Porter, *Trust in Numbers: The Pursuit of Objectivity in Science and Public Life*, Princeton University Press 1996; Patricia Cline Cohen, *A Calculating People: The Spread of Numeracy in Early America*, Routledge 1999.

58 Michel Foucault, *Security, Territory, Population: Lectures at the Collège de France 1977-1978*, translated by G. Burchell, Picador 2007, 273~74면.

59 김경중 「통계행정의 발전방향」, 『응용통계연구』 1권 1호(1987); 최봉호 「우리나라 인

구통계 작성제도의 변천에 관한 고찰」, 『한국인구학』 20권 1호(1997), 5~25면; 박명규·서호철 『식민권력과 통계: 조선총독부의 통계체제와 센서스』; 서호철 「1890~1930년대 주민등록제도와 근대적 통치성의 형성: 호적제도의 변용과 '내무행정'을 중심으로」, 서울대학교 사회학과 박사학위논문 2007; 유홍림·김경태 「우리나라 통계행정 60년: 제도적 변천과 주요 활동」, 『한국조직학회보』 5권 2호(2008).

60 박명규·서호철 『식민권력과 통계: 조선총독부의 통계체제와 센서스』 113면.

61 유홍림·김경태 「우리나라 통계행정 60년」 2~3면.

62 통계청 『한국통계발전사(II): 분야별 발전사』, 통계청 1992, 41면.

63 조은주 「인구통계와 국가형성: 1960년, 1966년 한국의 인구센서스를 중심으로」, 『한국사회학』 48권 5호(2014); 조은주 「1960년대 한국의 통계 발전과 지식 형성의 실천: 주한 통계고문단(1958~1963)을 중심으로」, 『한국과학사학회지』 38권 1호(2016).

64 유홍림·김경태 「우리나라 통계행정 60년」 9면.

65 김경중 「통계행정의 발전방향」 2면.

66 같은 글 1면.

67 조은주 「1960년대 한국의 통계 발전과 지식 형성의 실천: 주한 통계고문단(1958~1963)을 중심으로」.

68 Elbridge Sibley, "Stuart Arthur Rice, 1889-1969," *The American Statistician* 23:4 (1969); H. L. Dunn, "Stuart A. Rice, 1889-1969," *Review of the International Statistical Institute* 37 (1969); Laura Hein, "Statistics for Democracy: Economics as Politics in Occupied Japan," *Positions* 11:3 (2003); Scott O'Bryan, *The Growth Idea: Purpose and Prosperity in Postwar Japan*, University of Hawaii Press 2009.

69 권태환 「출산력 변천의 과정과 의미」 16면.

70 「적절한 산아제한이 긴요: 라이스 박사 강연회에서」, 『조선일보』 1960년 3월 29일자.

71 록펠러 아카이브 센터(Rockefeller Archive Center)가 소장하고 있는 마셜 밸푸어의 일기에 이같은 내용들이 기술되어 있다. 예를 들어 MCB Diary, November 9, 1962, Rockefeller Archive Center, PC Acc.2 FC, Box 108, Folder 1037.

72 "U.S. Population Group Praises Local Bureau," The Korean Republic, 1964. 9. 9.

73 통계자료를 분석하기 위한 전문적인 한국인 인력의 문제는 1950년대부터 외원 지원기관에 의해 중요하게 인식되고 있었다. 가령 유엔한국재건단의 자금으로 통계기술을 습득시키기 위해 여러 명을 외국에 연수시키는 문제가 1954년에 이미 건의되고 있었고, 인구협회와 포드재단, 록펠러재단을 비롯한 기관들에 의해 통계학과 인구학, 사회학 분야의 장단기 연수 및 학위과정에 대한 지원이 수십년간 대규모로 이어졌다. 통계청 『한국통계

발전사(II): 분야별 발전사』 43면; 한국보건사회연구원 편『인구정책30년』 407면 참조.

74 한국보건사회연구원 편『인구정책30년』 407면.

75 같은 책 407~08면.

76 같은 책 410면.

77 「공청회 후퇴한 모자보건법」,『경향신문』 1970년 12월 5일자.

78 Arjun Appadurai, *Modernity at Large: Cultural Dimensions of Globalization*, 117면.

79 이언 해킹『우연을 길들이다: 통계는 어떻게 우연을 과학으로 만들었는가?』; Ian Hacking, *The Taming of Chance*, 29~33면.

80 안정용·이은정「우리나라 국가통계 및 인력에 관한 고찰」,『통계연구』 10권 2호(2005).

81 김경중「통계행정의 발전방향」 2면.

82 Ian Hacking, "How Should We Do the History of Statistics?" 184면.

83 Arjun Appadurai, *Modernity at Large: Cultural Dimensions of Globalization*, 115면.

84 Ian Hacking, "Biopower and the Avalanche of Printed Numbers."

85 Ian Hacking, "How Should We Do the History of Statistics?"

86 이언 해킹『우연을 길들이다: 통계는 어떻게 우연을 과학으로 만들었는가?』; Ian Hacking, *The Taming of Chance*.

87 통계청『한국통계발전사(II): 분야별 발전사』 47~48면.

88 국립영화제작소「밝아오는 내일: 국세조사의 필요성」 1960.

89 국립영화제작소「인구센서스: 총인구조사」 1966.

90 경제기획원조사통계국 편『1966년 인구센서스 종합분석 보고서』, 경제기획원 1970, 머리말.

91 김경중「통계행정의 발전방향」 2면.

92 「경제개발계획과 우리의 살림살이(6): 5년 후의 실업자 176만명으로 줄일 목표—농촌 인구 조절에 중점 두어」,『경향신문』 1962년 1월 26일자.

93 Nikolas Rose, "Governing by Numbers: Figuring out Democracy," *Accounting, and Society* 16:7 (1991), 673~74면.

94 James C. Scott, *Seeing Like a State: How Certain Schemes to Improve the Human Condition Have Failed*, 2~3면.

95 Bob Jessop, *State Theory: Putting the Capitalist State in its Place*, Polity Press 1990, 288면; George Steinmetz, "The Myth and the Reality of an Autonomous State: Industrialists, Junkers, and Social Policy in Imperial Germany," *Comparative Social Research* 12 (1990), 4~5면; Timothy Mitchell, "The Limits of the State: Beyond Statist Approaches and Their

Critics"; Timothy Mitchell, "Society, Economy, and the State Effect," *State/Culture: State-Formation after the Cultural Turn*, Cornell University Press 1999; Timothy Mitchell, "Society, Economy and the State Effect," Akhil Gupta and Aradhana Sharma (eds.), *The Anthropology of the State, A Reader,* Blackwell 2006; 한석정『만주국 건국의 재해석: 괴뢰국의 국가효과 1932~1936』, 동아대학교출판부 2007, 40~44면.

96 테다 스카치폴(Theda Skocpol)은 '국가능력'을 국가자율성(state autonomy)과 구분하면서, 국가자율성이 사회집단이나 계급 혹은 사회의 이해나 요구로부터 자유롭게 목표를 추구할 수 있는가를 지칭하는 반면, 국가능력은 국가가 실질적인 정책 집행과정에서 다른 행위자들의 저항과 반대에도 불구하고 자신의 공식적 목표를 성취할 수 있는가를 지칭하는 개념이라고 정의한 바 있다. Theda Skocpol, "Bringing the State Back In: Strategies of Analysis in Current Research," P. B. Evans, D. Rueschemeyer and T. Skocpol (eds.), *Bringing the State Back In*, Cambridge University Press 1985.

97 마이클 만(Michael Mann)은 국가권력의 유형을 전제적 권력(despotic power)과 하부구조적 권력의 차원으로 구분하면서, 전제적 권력이란 국가엘리트가 시민사회의 집단들과 정규적이고 제도화된 협상 없이 실행할 수 있는 행위의 범위를 뜻하는 반면, 하부구조적 권력은 시민사회에 침투하여 시민사회에서의 행위들을 조정(coordinate)하고 정치적 결정을 실행해내는 능력을 의미하는 것으로 개념화한 바 있다. Michael Mann, *The Sources of Social Power: Volume 2: The Rise of Classes and Nation-States, 1760-1914*, Cambridge University Press 2012, 59면.

98 제임스 C. 스콧『국가처럼 보기: 왜 국가는 계획에 실패하는가』; James C. Scott, *Seeing Like a State: How Certain Schemes to Improve the Human Condition Have Failed*.

99 Akhil Gupta, "Governing Population: The Integrated Child Development Services Program in India."

100 Jae-Keun Jo, "A Study on the History of Statistics," *Communications for Statistical Applications and Methods* 10:3 (2003), 814면.

101 박명규·서호철『식민권력과 통계: 조선총독부의 통계체제와 센서스』63면; 서호철「1890~1930년대 주민등록제도와 근대적 통치성의 형성: 호적제도의 변용과 '내무행정'을 중심으로」20면; Bruce Curtis, *The Politics of Population: State Formation, Statistics, and the Census of Canada, 1840-1875*, University of Toronto Press 2002, 11~13면.

102 George Steinmetz, *State/Culture: State-Formation after the Cultural Turn*, Cornell University Press 1999, 8~9면.

103 Christopher Pierson, *The Modern State*, Routledge 2011.

104 George Steinmetz, *State/Culture: State-Formation after the Cultural Turn*, 8~9면.

105 김은실 「한국 근대화 프로젝트의 문화 논리와 가부장성」, 『당대비평』 8호(1999).

106 한석정 『만주 모던: 60년대 한국 개발체제의 기원』, 문학과지성사 2016, 7~8면.

107 오경환 「모아진 몸: 프랑스 제3공화국 인구감소 논쟁으로 본 푸코의 개인, 인구, 통치성」, 『서양사론』 103호(2009), 131면.

108 주한 통계고문단 서-베이스·리써취 회사 『한국통계의 개선책: 대한민국정부에 대한 건의서』, 서-베이스·리써취 회사 1960, 머리말.

109 Michel Foucault, *Security, Territory, Population: Lectures at the Collège de France 1977-1978*, 315면.

110 같은 책 109면.

111 Timothy Mitchell, "The Limits of the State: Beyond Statist Approaches and Their Critics"; Timothy Mitchell, "Society, Economy, and the State Effect."

112 Mitchell Dean, *Governmentality: Power and Rule in Modern Society*, Sage Publications 1999, 102면.

113 같은 책 102~11.

114 Theodore M. Porter, *Trust in Numbers: The Pursuit of Objectivity in Science and Public Life*.

115 Nikolas Rose, "Governing by Numbers: Figuring Out Democracy," 674면.

116 James Ferguson, *The Anti-Politics Machine Development, Depoliticization, and Bureaucratic Power in Lesotho*, University of Minnesota Press 1994.

5장

1 고황경 「모순 많은 가족제도 등」, 『동아일보』 1958년 9월 12일자.

2 「'출산위생' 무관심한 '인습(因襲) 한국'의 주부들」, 『동아일보』 1972년 11월 29일자. 강조는 인용자.

3 변재란 「대한뉴스, 문화영화, 근대적 기획으로서의 '가족계획'」, 『영화연구』 52호(2012), 221면.

4 류달영 「가족계획 30년의 회고」, 대한가족계획협회 편 『가협30년사』, 대한가족계획협회 1991, 329~30면.

5 『가정의 벗』 1968년 창간호. 강조는 인용자.

6   대한가족계획협회 편『사랑의 성교육』, 대한가족계획협회 1971, 262~63면.

7   김동휘「내 탓 네 탓」,『가정의 벗』1969년 11월호.

8   Partha Chatterjee, *Nationalist Thought and the Colonial World: A Derivative Discourse*, University of Minnesota Press 1993; Partha Chatterjee, *The Nation and its Fragments: Colonial and Postcolonial Histories*, Princeton University Press 1993.

9   Partha Chatterjee, *The Nation and its Fragments: Colonial and Postcolonial Histories*, Princeton University Press 1993, 6면.

10   김동노「박정희 시대 전통의 재창조와 통치체제의 확립」,『동방학지』150호(2010), 326면.

11   박정희『박정희대통령선집 6』, 지문각 1969, 288면.

12   김성보「1960년대 남북한 정부의 '인간개조' 경쟁」,『역사와실학』53호(2014).

13   양재모·신한수『가족계획교본』, 대한가족계획협회 1966, 194면.

14   권보드래·천정환『1960년을 묻다』, 천년의상상 2012, 306~18; 김성보「1960년대 남북한 정부의 '인간개조' 경쟁」156~57.

15   한국의 개신교는 가족계획사업에 가장 적극적으로 참여한 세력 중 하나였다. 가족계획사업이 국책사업으로 전개되기 이전부터 개신교 선교사들이 가족계획 보급에 나섰을 뿐 아니라, 대한가족계획협회의 활동 및 가족계획사업에 여러가지 형태로 조직적으로 참여하였다. 윤정란「국가·여성·종교: 1960~1970년대 가족계획사업과 기독교 여성」,『여성과 역사』8호(2008)를 보라. 그뿐만 아니라『새가정』같은 기독교 매체를 통해 가족계획과 관련된 기사를 특집이나 기획, 연재기사로 지속적으로 게재함으로써 가족계획을 집중적으로 홍보하였다.
『새가정』은 1953년 12월 창간한 월간 기독교 잡지로, 대한기독교서회 안의 새가정사에서 창간되어 1956년 12월부터는 기독교 여성들의 종교적 교양과 가정생활에 좀더 밀접한 잡지로 발전시키기 위해 한국기독교회협의회 산하단체인 한국기독교가정생활위원회가 인수·발행하였다. 1957년 6월부터는 예장여전도회 연합회·기장신도회연합회·감리교여선교회연합회·성결교부인회·구세군부인단·대한YWCA 등 6개 단체가 공동 운영하였으며, 1962년 대한기독교여자절제회, 1967년 루터교부인회, 1974년 대한성공회부인회도 공동 운영에 가담하였다. 한국학중앙연구원 편『한국민족문화대백과사전』및 한국잡지협회 편『한국잡지 100년』참조. 좀더 자세한 내용으로는 한국기독교가정생활사 편『가정의 40년 길을 따라서: 가정생활위원회와 새가정 40년사』, 한국기독교가정생활사 1996 참조.

16   한 예로, 1980년을 전후하여 시작된 중국의 '한 자녀 정책'은 서구의 직접적인 개입을 통한 것이 아니었음에도 불구하고, 20세기 중반 이후 지속된 국제적인 인구 담론의 영향

하에서 비서구의 인구과잉에 대한 서구의 시각을 깊숙이 반영하고 있었다. 인구의 부상은 마오쩌둥(毛澤東) 시대의 혁명 주체였던 농민이 중국의 발전을 가로막는 골칫거리로 인식되도록 하는 강렬한 계기였으며, 중국 농민들의 출산 선호 경향을 국가적·학문적 관심의 초점으로 만들면서 '근대'적인 규범과 상이한 농민들의 선호 경향을 전통적이고 봉건적인 문화의 잔재로 명명하도록 만들었다.

특히 덩샤오핑(鄧小平) 시대의 근대화 담론은 도시와 농촌 사이의 분리를 핵심으로 하였고, 농촌을 국가적 진보에 뒤처진 공간으로 형상화하고 농민을 농촌의 봉건주의, 후진성, 옹졸함을 상징하는 존재로 묘사하였다. 농민들이 산아제한의 주요 표적이 되면서 이같은 담론은 정치적·문화적으로 더욱 정교화되었다. 농민은 원시적인 경제 조건에서 살고 있으며 미신에 사로잡힌 구시대적이고 무지한 사람들이라는 모욕적인 담론을 통해 서술되었다. 이처럼 농민들은 "문명화되지 못한 타자"로, "정신적·문화적·육체적으로 질이 낮은" 더러운 짐승들로 묘사되면서 전체 국가를 오염시키고 그 자질을 떨어뜨리며 근대화를 가로막는 존재들로 형상화되었다. Susan Greenhalgh and Edwin A. Winckler, *Governing China's Population: From Leninist to Neoliberal Biopolitics*, Stanford University Press 2005, 249~50면.

17 대한가족계획협회 편 『가협30년사』 186~87면. 강조는 인용자.

18 양주동 「당신이 꿈꾸는 가족계획」, 『가정의 벗』 1972년 11월호, 8~9면. 강조는 인용자.

19 대한가족계획협회 편 『사랑의 성교육』 67~68면. 강조는 인용자.

20 이미경 「국가의 출산 정책: 가족계획 정책을 중심으로」, 『여성학논집』 6호(1989), 73면.

21 Susan Greenhalgh and Edwin A. Winckler, *Governing China's Population: From Leninist to Neoliberal Biopolitics*, 218~19면.

22 박종헌 「한국 생식의료의 전개과정에 관한 연구: 소극적 정책보조자에서 산업개척자로」, 서울대학교 사회학과 박사학위논문 2008, 11면.

23 Nilanjana Chatterjee and Nancy E. Riley, "Planning an Indian Modernity: The Gendered Politics of Fertility Control," *Signs* 26 (2001).

24 Marshall C. Balfour, Roger F. Evans, Frank W. Notestein and Irene B. Taeuber, *Public Health and Demography in the Far East: Report of a Survey Trip*, The Rockefeller Foundation 1950, 61면.

25 이후 『가정의 벗』 부제는 1972년 2월부터 1973년 12월까지 '우리 가정의 근대화를 위한 잡지', 1974년 2월부터는 '우리 가정의 행복을 찾아주는 잡지'로 바뀌었다.

26 「우리나라 가족계획」, 『경향신문』 1964년 1월 9일자. 강조는 인용자.

27 홍문식 「출산력 억제정책의 영향과 변천에 관한 고찰」, 『한국인구학』 21권 2호(1998),

189면.

28 「남녀차별법제 전면개정: 정부 '인구정책추진계획' 확정」, 『매일경제신문』 1976년 12월 3일자.

29 「농촌중심 가족계획 정책수정 불가피」, 『경향신문』 1976년 12월 12일자.

30 양재모·신한수 『가족계획교본』, 대한가족계획협회 1966, 207면. 강조는 인용자.

31 「균형 잃은 가정계획 도시·농촌·학력 따라 자녀 수 큰 차이」, 『동아일보』 1977년 10월 7일자.

32 「약제기구 극빈자엔 무상으로」, 『동아일보』 1961년 12월 27일자.

33 참고로 1973년 2월 8일에 법률 제2514호로 제정된 모자보건법은 가족계획사업의 직접적인 '성과'로 여러차례 거론되어왔는데, '인공임신중절'의 비불법화를 처음으로 명시한 이 모자보건법은 우생학적 입장을 명시적으로 드러내고 있다는 점에서 주목할 만하다. 모자보건법이 인공임신중절을 할 수 있는 경우로 지정한 것은 "본인 또는 배우자가 대통령령으로 정하는 우생학적 또는 유전학적 정신장애나 신체질환이 있는 경우", "본인 또는 배우자가 대통령령으로 정하는 전염성질환이 있는 경우", "강간 또는 준강간에 의하여 임신된 경우", "법률상 혼인할 수 없는 혈족 또는 인척간에 임신된 경우", "임신의 지속이 보건의학적 이유로 모체의 건강을 심히 해하고 있거나 해할 우려가 있는 경우" 등 총 5가지로, 첫번째 조건이 '우생학적' 또는 '유전학적' 문제임을 볼 수 있다.

34 Barbara Laslett and Johanna Brenner, "Gender and Social Reproduction: Historical perspectives," *Annual Review of Sociology* 15 (1989), 392면; Wally Seccombe, "Starting to Stop: Working-Class Fertility Decline in Britain," *Past & Present* 126 (1990); Jan Lewis and Kenneth A. Lockridge, "'Sally Has Been Sick': Pregnancy and Family Limitation among Virginia Gentry Women, 1780-1830," *Journal of Social History* 22:1 (1988).

35 「경제개발계획과 우리의 살림살이(6): 5년 후의 실업자 176만명으로 줄일 목표 — 농촌인구 조절에 중점 두어」, 『경향신문』 1962년 1월 26일자.

36 Matthew Connelly, "The Cold War in the Long Durée: Global Mmigration, Public Health, and Population Control," M. P. Leffler and O. A. Westad (eds.), *The Cambridge History of the Cold War: Volume III Endings*, Cambridge University Press 2009, 475면. 강조는 인용자.

37 Matthew Connelly, "The Cold War in the Long Durée: Global Migration, Public Health, and Population control," 488면.

38 Dipesh Chakrabarty, *Provincializing Europe: Postcolonial Thought and Historical Difference*, Princeton University Press 2000, 10~11면.

39 양재모「가족계획사업 30년 회고」, 한국보건사회연구원 편『인구정책30년』, 한국보건 사회연구원 1991, 11~12면; 양재모『사랑의 빚만 지고』, 큐라인 2001, 313~16면.

40 양재모『사랑의 빚만 지고』참조. 이후 양재모는 연세대학교 의과대학장, 보건대학원 장, 의무부총장 겸 연세의료원장을 지냈다.

41 방숙「지역보건과 나」, 권이혁 외『보건학과 나』, 신원문화사 2008 참조. 방숙은 이후 가 족계획 연구를 위해 인구협회의 장학금을 지원받아 미시간대학에서 보건대학원 모자보 건과 사회학을 공부한 후 1968년 보건학 박사학위를 받는다. 후일 아시아 및 태평양지구 경제사회이사회(UN/ESCAP) 인구국 가족계획과장으로 일했다.

42 차이나메디컬보드(China Medical Board)는 록펠러재단 소속으로, 중국의 의학교육과 공중보건 및 의학연구 등을 지원할 목적으로 설립되었다. 1928년에 별도 재단으로 독립 하여 영국 및 미국 선교단이 공동 경영하던 북경(北京)협회의과대학을 인수하는 등 광범 위한 사업을 펼쳤다. 한국전쟁 중 중국과 미국이 적대관계에 들어가면서 차이나메디컬보 드는 중국을 제외한 다른 극동아시아 지역을 지원하게 되었다. 특히 1953년 총무인 록스 (H. H. Locks) 박사가 한국을 방문하여 세브란스 의과대학을 지원기관으로 선정한 후, 유 학 장학금, 유학비, 기구 구입비 등 매년 10만 달러를 정기적으로 원조하고, 의과대학 건립 및 증축을 위해 150만 달러를 지원하는 등 1975년 말까지 1천만 달러가 넘는 액수를 원조 하였다. 최제창『한미의학사』, 영림카디널 1996, 293면을 보라.

43 양재모『사랑의 빚만 지고』315~16면.

44 역학을 뜻하는 영어 단어 'epidemiology'는 'upon'의 의미를 가지는 'epi'와 인구 (population)를 뜻하는 'demos', 학문(study)이나 과학(science)을 의미하는 'ology'의 합 성어이다.

45 권이혁『또하나의 언덕: 권이혁 회고록』, 신원문화사 1993.

46 양재모『사랑의 빚만 지고』318~19면.

47 권이혁『인구, 보건, 환경』, 서울대학교출판부 2004.

48 미네소타 프로젝트(Minnesota Project)는 한국 원조 프로그램의 일환으로 미국정부가 1954년부터 1959년까지 미네소타대학에 의뢰해 시작된 교육 지원사업이었다. 이 프로 젝트를 통해 미국 대외원조처(ICA)는 약 7년에 걸쳐 서울대학교에 232만 5천 달러를 원 조했고, 총 226명의 젊은 교수 요원이 학비와 숙식비를 제공받으며 미네소타대학에서 연 수를 했다. 특히 의학 교육에 있어 미네소타 프로젝트의 영향력은 상당했는데, 인턴-레 지던트 제도가 미네소타 프로젝트와 함께 도입되었으며, 미국의 의과대학 중에서도 특이 하게 임상의학과 대학원 과정을 결합시켰던 미네소타 의대의 교육제도가 한국에 '미국 식' 교육제도로 도입되는 결과를 가져왔다. 이왕준「미네소타 프로젝트가 한국 의학교육

에 미친 영향」, 서울대학교 의학과 박사학위논문 2006; 박종헌 「한국 생식의료의 전개과 정에 관한 연구: 소극적 정책보조자에서 산업개척자로」 59~60면; John P. DiMoia, *Hanmi Hyŏpcho(Korean-American Cooperation) and the Origins of South Korean State Science (1945-1975)*, Princeton University 2007; 최제창 『한미의학사』.

49 권이혁은 이후 서울대학교 병원장(1979~80)과 서울대학교 총장(1980~83), 문교부 장관(1983~85), 보건사회부 장관(1988~89), 환경처 장관(1991~92)을 역임했으며, 1967년 세계학술원 회원이 된 이후 유네스코 한국위원회 부위원장(1981~85), 제24·25대 학술원 회장을 지냈다. 한국인구학회와 대한보건협회의 창립에도 관여하였다.

50 Sun-Sook Park, *Global Population Control: A Feminist Critique of the Fertility Reduction Policies in the Republic of Korea and the Republic of China (1961-1992)*, Doctoral dissertation, Brandeis University Press 2001, 174면을 참조하라. 여기서 흥미로운 한가지 사실은, 양재모와 권이혁 모두 밸푸어를 회상하면서 할아버지나 아버지 등 직계 혈연의 유비(類比)를 사용하는 대목이다. 양재모는 밸푸어를 "인자한 아버지가 사랑하는 아들을 대하듯이 온후하고 친절"했던 존재로 회상한다. 권이혁 역시 국제학회에 함께 참석할 때마다 "집안의 할아버지같이 돌봐주곤 하였다"면서 밸푸어를 "우리나라 가족계획의 은인"이라고 술회하고 있다. 양재모 「가족계획사업 30년 회고」 12면; 권이혁 「가족계획사업 30년 회고」, 한국보건사회연구원 편 『인구정책30년』, 한국보건사회연구원 1991, 27면; 권이혁 『또하나의 언덕: 권이혁 회고록』 182면 참조.

51 권이혁 「가족계획사업 30년 회고」 23~25면; 권이혁 『인구, 보건, 환경』 42~46면.

52 양재모 「가족계획사업 30년 회고」 12면.

53 한국가족계획10년사편찬위원회 편 『한국 가족계획 10년사』, 대한가족계획협회 1975, 195면.

54 손애리 「1960~1970년대 한국의 출산통제정책 연구: 근대적 규율권력의 관점을 중심으로」, 고려대학교 사회학과 석사학위논문 2000, 17~20면.

55 한국보건사회연구원 편 『인구정책30년』 69면.

56 해방 직후 미군정은 록펠러재단의 지원을 받아 한국인 의사 10명을 선발하여 미국 보건대학원에 1년간 수련을 시켜 예방의학과 보건학의 개념을 한국에 도입했다. 이때는 아직 여권이나 환율이 존재하지 않던 시기여서 미군정은 출국을 앞둔 의사에게 직접 여권을 만들고 환율을 정하도록 지시했다. 이때 참여한 10명에는 양재모와 방숙의 세브란스 선배인 백행인·최명룡·윤유선·최창순, 경성제대 의학부 출신의 한범석, 경성의전 출신의 송형래와 주인호 등이 포함되어 있었다. 최제창 『한미의학사』 170~73면.

57 Nancy Luke and Susan Cotts Watkins, "Reactions of Developing-Country Elites to International Population Policy," *Population and Development Review* 28:4 (2002); Barbara B. Crane and Jason L. Finkle, "The United States, China, and the United Nations Population Fund: Dynamics of US Policymaking," *Population and Development Review* 15:1 (1989).

58 이왕준 「미네소타 프로젝트가 한국 의학교육에 미친 영향」.

59 대한민국정부 수립 후 1948년 8월 15일에 정부조직법이 공포되면서 '보건후생부'가 없어지고 '사회부'가 등장했다. 1949년 3월 15일 국회에서 보건부 승격 독립안이 가결되면서 보건부가 3월 31일에 신설되었다. 1955년 2월 27일에는 보건부와 사회부가 통합되어 '보건사회부'가 되었고, 1994년에 보건사회부가 보건복지부로 개편되었다.

60 양재모 「열정을 쏟았던 세 분야」, 권이혁 외 『보건학과 나』, 신원문화사 2008, 306면.

61 한국에서 이 당시 의사들 사이의 높은 응집력을 가능케 한 역사적 요인으로 다음 두가지에 주목해볼 만하다. 첫째, 해방 후 미군정청 대학령에 의해 식민지시기 의학교육기관이던 경성제대 의학부와 경성의학전문학교는 서울대학교 의과대학이 되었고, 경성여자의학전문학교는 서울여자의과대학(이후 수도의대와 우석의대를 거쳐 현재의 고려대 의대)이 되었으며, 대구의학전문학교는 대구의과대학(이후 경북대 의대), 광주의학전문학교는 전남대학교 의과대학이 되었다. 식민지시기 이들 학교의 교수들은 대부분 일본인이었으나 세브란스의 경우 다수의 조선인 교수들이 있었고 일본인 학생을 거의 입학시키지 않았는데, 이는 세브란스가 선교사들이 세운 교육기관이므로 총독부가 종교탄압이라는 국제적 비난을 피하고자 했기 때문에 가능했던 일이다. 해방 후 일본인 교수들이 모두 일본으로 돌아간 후 대다수 학교에 교수요원의 공백이 생기면서 세브란스 출신의 의사들이 각 학교의 교수요원으로 가게 되었는데, 이는 사회연결망(social network) 이론에서 말하는 서로 다른 연결망 사이의 일종의 중개(brokerage) 효과를 가져와 전체 의사집단의 연결망을 좀더 응집력 있게 만드는 하나의 계기가 되었다. 양재모 『사랑의 빛만 지고』 96~97면을 보라.

둘째, 해방과 미군정을 거치며 한국 교육기관의 재건 프로젝트를 미국이 주도하게 되면서 특히 의학 분야에서 미네소타 프로젝트가 전개된 이후, 서울 소재 5개 의과대학 중 세브란스를 제외한 나머지 대학 및 신설 의과대학의 주요 교수 인력 대다수가 서울대학교 출신으로 충원되었으며, 이는 의과대학의 교과서나 교육 프로그램의 전파 및 동형화(isomorphism)를 자연스럽게 나타나게 만듦으로써 의사들 사이의 동질성을 높이는 조건이 되었다. 이왕준 「미네소타 프로젝트가 한국 의학교육에 미친 영향」 참조.

62 또 하나의 흥미로운 세력은 바로 군인이다. 1950년대 외국에 유학한 군인과 민간인의 수를 비교해보면, 전체 유학생에서 군인이 차지하는 비율은 언제나 과반 이상이었으며,

평균 68%에 달하는 것으로 집계되고 있다. 문교부『국방통계연보』1951~1960년 각 연도 참조. 허은은 1950년대 한국의 근대화 과정이 사회의 모든 분야에 걸쳐 원조를 통한 미국의 전면적 개입을 동반하는 것이었으며, 특히 군인들은 "1950년대 미국식 근대화의 세례를 가장 많이 받았던" 집단이라고 언급하고 있다. 허은은 「'5·16군정기' 재건국민운동의 성격: '분단국가 국민운동' 노선의 결합과 분화」,『역사문제연구』11호(2003).

63 한국보건사회연구원 편『인구정책30년』345~46면.

64 같은 책 345~48.

65 특히 권이혁이 회고록에서 "가족계획 연구나 사업이 사회학과 불가분의 관계가 있다는 데 대하여는 설명할 나위가 없다"고 밝히고 있듯이, 가족계획사업에서 사회학자들의 참여가 활발했으며 또한 중요한 것이었다. 권이혁『또하나의 언덕: 권이혁 회고록』176~77면을 보라. 이와 관련해 그 자신이 의사이기도 했던 밸푸어가 1962년에 한국가족계획협회 연구진에 포함된 사회학과 교수들의 명단을 보고 "사회학의 숲 속에서 길을 잃지나 말게(Don't be lost in the forestry of sociology)"라고 양재모에게 충고한 것은 흥미로운 대목이다. 양재모『사랑의 빛만 지고』316~17면을 보라.

66 류달영「가족계획 30년의 회고」, 대한가족계획협회 편『가협30년사』, 대한가족계획협회 1991, 329면.

67 휘트리지 주니어(John Whitridge Jr.)가 밸푸어(M. C. Balfour)에게 보낸 편지, January 11, 1963, Rockefeller Archive Center, PC Acc.2 FC, Box 108, Folder 1037.

68 배은경「1950년대 한국 여성의 삶과 출산조절」,『한국학보』30권 3호(2004), 55면.

69 19세기 미국의 국가형성에 관한 연구에서 매슈 해나(Matthew G. Hannah)는 그가 '통치적 주체(governmental subject)'를 대표하는 인물이라고 간주하는 프랜시스 워커(Francis A. Walker)의 예를 통해 미국 국가형성 과정에서 전개된 통치성의 성격에 천착한다. 해나는 워커라는 징후적 인물(symptomatic figure)을 통해 19세기 후반 미국의 통치성이 발생하는 '구조적' 특성들에 주목하고자 했다. 참전 경력에서 드러나는 강인한 남성성, 애국주의, 경험적 사실에 대한 확고한 신뢰와 과학주의, 사회적 신체(social body)에 대한 신념과 결합된 인종주의 등은 이 시기 미국에서의 통치성을 특징짓는 것들이다. 워커는 이민자들로부터 생겨나는 인종적 '오염'을 미국적인 건강한 민족적 남성성을 위협하는 것으로 인식하였으며, 이같은 신념은 그 자신이 주도적으로 개입한 센서스에 반영되었다. Matthew G. Hannah, *Governmentality and the Mastery of Territory in Nineteenth-Century America*, Cambridge University Press 2000.

70 Gyan Prakash, *Another Reason: Science and the Imagination of Modern India*, Princeton University Press 1999.

71 영어 단어 'postcolonial'은 '탈식민' '후기식민' '포스트콜로니얼' '포스트식민' 등으로 번역되어왔다. 가장 일반적으로 사용된 번역어는 '탈식민'이지만, 이 번역어는 식민지배 로부터의 해방을 의미하는 'decolonized'와 혼동의 우려가 있으며 접두어 'post'의 의미를 확연히 제한하는 문제가 있다.

포스트식민(postcolonial)이라는 용어는 문자 그대로 보자면 식민주의 이후를 뜻하지만, 단순히 어떤 역사적 시기의 완결과 새로운 시기의 출현을 의미하는 것이 아니다. 포스트식민은 식민지배로부터 벗어났으되 식민주의의 역사적 영향력이 식민 이후의 사회에 지속되고 있는 상황에 주목하는 용어로, 여러 문화권에서 발전해온 '식민주의에 비판적인 사상 및 실천'을 통합하는 한편 특히 지식의 형성과 실천 전반에 걸쳐 식민주의가 가지는 의미와 효과를 비판적으로 인식하고 접근하는 것을 강조하기 위해 쓰인다. 로버트 J. C. 영『포스트식민주의 또는 트리컨티넨탈리즘』, 김택현 옮김, 박종철출판사 2005, 122면; Timothy Mitchell, *Rule of Experts: Egypt, Techno-Politics, Modernity*, University of California Press 2002, 7면; 피터 차일즈, 패트릭 윌리엄스『탈식민주의 이론』, 김문환 옮김, 문예출판사 2004, 17면.

이런 이유로 '포스트콜로니얼'이나 '포스트식민' 등 단어 전체 혹은 일부를 음차(音借)하는 번역어가 종종 사용되기도 한다. 비록 단어의 일부를 음차하는 번역이 만족스러운 것은 아니지만, 같은 이유로 이 책에서는 'postcolonial'의 번역어로 '탈식민' 대신 '포스트식민'을 사용한다. 이같은 번역의 문제를 지적하고 있는 논의로 이경원「탈식민주의의 계보와 정체성」, 고부응 편『탈식민주의: 이론과 쟁점』, 문학과지성사 2003, 29~30면을 보라. 포스트식민(postcolonial)과 포스트식민성(postcoloniality), 포스트식민주의(postcolonialism) 등의 용어는 구별하여 사용되기도 하는데, 가령 가야트리 스피박은 포스트식민주의라는 말은 완전한 날조(bogus)이며, 신식민주의(neocolonialism)가 단순한 식민주의의 연속이 아니라는 점을 밝히기 위해 포스트식민성이라는 용어를 사용해야 한다고 주장한 바 있다. Gayatri C. Spivak, "Neocolonialism and the Secret Agent of Knowledge: An Interview with Robert J. C. Young," *Oxford Literary Review* 13 (1991), 220~51면; 로버트 J. C. 영『포스트식민주의 또는 트리컨티넨탈리즘』112~13면을 보라.

72 손애리「1960~1970년대 한국의 출산통제정책 연구: 근대적 규율권력의 관점을 중심으로」20면.

73 박선숙(Sun Sook Park)은 출산통제의 정치에 있어 '기술관료(technocrat)'들이 수행했던 핵심적인 역할을 강조하면서, 미국 주요 대학 인구학연구소의 기술관료들이 가족계획 관련 실험연구를 디자인하고 감독·평가했다는 것에 주목한다. 박선숙은 한국의 기술관료들이 이들 서구 선진국의 기술관료들과 결탁하였으며, 이같은 결탁은 여성의 몸과

의사결정을 통제하는 "전통적인 유교 가부장제"와 조화하는(consistent) 것이었다고 말한다. Sun Sook Park, "Fertility Control Policies in South Korea and Taiwan," *New Global Development* 19 (2003), 69면.

74 한국 최초의 컴퓨터가 인구자료의 분석을 위해 도입된 것도 주목할 만하다. 한국 최초의 컴퓨터로 알려진 IBM 1401은 1966년 인구센서스 자료의 처리를 위해 도입됐고, 설치하는 데만 약 3개월이 소요된 후 박정희 대통령이 참석한 가운데 1967년 6월 24일 낮 12시 30분부터 가동되었다. 컴퓨터의 도입은 그 자체가 하나의 스펙터클이었다. 조은주 「인구통계와 국가형성: 1960년, 1966년 한국의 인구센서스를 중심으로」, 『한국사회학』 48권 5호(2014).

75 Gyan Prakash, *Another Reason: Science and the Imagination of Modern India*, 34~40면.

76 안토니오 그람시 『그람시의 옥중수고 1: 정치편』, 이상훈 옮김, 거름 1999.

77 고황경 같은 식민지시기의 엘리트들이 가족적 조건이나 성장 배경 같은 개인적 요인들을 통해 일종의 국제성을 획득할 수 있었던 반면, 의사들은 가족적 조건이나 성장 배경 같은 개인적 요인을 통해서가 아니라 의사라는 직업집단과 그 훈련제도가 구조적으로 처했던 역사적 조건, 즉 해방, 미군정, 한국전쟁이 역설적으로 제공했던 국제적 교류의 조건에서 교육(대학)과 직업, 관료(정부)로서의 경험을 통해 집단적으로 서구와 대면하였다.

78 Gyan Prakash, *Another Reason: Science and the Imagination of Modern India*, 34~35면.

79 John P. DiMoia, "(Let's Have the Proper Number of Children and Raise Them Well!): Family Planning and Nation-Building in South Korea, 1961-1968," 377면.

80 채오병 「식민지 조선의 비서구 식민구조와 정체성」, 『사회와역사』 76호(2007).

81 김동춘 「1960, 70년대 민주화운동세력의 대항이데올로기」, 『한국정치의 지배이데올로기와 대항이데올로기』, 역사비평사 1994; 김보현 「'사상계'의 경제개발론, 박정희 정권과 얼마나 달랐나?」, 『정치비평』 10호(2003); 김보현 「박정희 정권기 저항엘리트들의 이중성과 역설」, 『사회과학연구』 13권 1호(2005); 권보드래·천정환 『1960년을 묻다』, 천년의상상 2012; 이상록 「1960~70년대 비판적 지식인들의 근대화 인식」, 『역사문제연구』 18호(2007).

82 박정희 『국가와 혁명과 나』, 지구촌 1997, 252면. 참고로 『국가와 혁명과 나』는 1963년 향문사에서 출간되었으며, 1997년에 지구촌에서 재간행되었다.

83 박정희 「공산위협과 우리의 경제재건」, 『최고회의보』 3호(1961년 12월호), 5~9면.

84 백영경 「사회적 몸으로서의 인구와 지식의 정치: 1960년대 『사상계』 속의 정치적 상상과 자유주의적 통치의 한계」, 『여성문학연구』 29호(2013).

85 이병천 「한국의 발전국가 자본주의와 발전 딜레머」, 『창작과비평』 1998년 가을호,

253면.

86 이종진 「우리들 모두가 지니고 있는 살아온 얘기들」, 대한가족계획협회 편 『가협30년
사』 347면.

87 김학묵 「대한적십자사를 아지트 삼아」, 같은 책 350면.

88 윤석우 「사람의 철학을 심었던 추억」, 같은 책 356면.

89 조지현 「군 간사의 편지」, 『가정의 벗』 1969년 6월호.

90 「외국인이 본 한국의 가족계획」, 『가정의 벗』 1970년 10월호.

91 김미정 「'수치(shame)'와 근대」, 『사회와이론』 21권 1호(2012).

92 김은실 「출산문화와 여성」, 『한국여성학』 12권 2호(1996).

93 Dipesh Chakrabarty, *Provincializing Europe: Postcolonial Thought and Historical
Difference*, 11~16면.

94 Johannes Fabian, *Time and the Other: How Athropology Makes Its Object*, Columbia
University Press 2002.

95 김현미 「문화 번역: 근대적 성찰의 비판적 작업」, 『문화과학』 27호(2001), 133~34면.

96 조형근 「식민지와 근대의 교차로에서: 의사들이 할 수 없었던 일」 『문화과학』 29호
(2002).

97 김보경 「내면화된 오리엔탈리즘의 서사를 넘어: '시공간적 거리두기'의 대안으로서의
영화 〈애정만세〉」, 연세대학교 비교문학협동과정 석사학위논문 2002.

98 역사주의는 19세기 중엽부터 역사학 및 철학의 영역에서 논의되기 시작한 것으로, 등
장했던 당시부터 다의적인 개념으로 사용되었으며 맥락에 따라 때로는 상충하기도 하는
등 여러 차원에서 정의되어왔다. 가령 칸트나 헤겔에 대한 랑케(Leopold von Ranke)의 비
판이 역사주의의 맥락에서 읽히는 반면, 역사주의를 전체주의와 결정론으로 비판한 칼 포
퍼(Karl R. Poppe)의 입장에서 단적으로 드러나듯이 헤겔이나 맑스의 이론을 역사주의적
으로 보는 견해도 존재한다. 역사주의의 갈래들에 대한 상세한 논의와 소개는 이 책의 범
위를 벗어나므로 생략하되, 본문에서의 논의는 차크라바르티가 말하는 역사주의의 개념
에 한정한다.

99 Dipesh Chakrabarty, *Provincializing Europe: Postcolonial Thought and Historical
Difference*.

100 채오병 「이행과 번역: 한국사회의 근대성 이해를 위한 방법론적 소고」, 『경제와사회』
89호(2011), 51면.

101 Gayatri Chakravorty Spivak, "Can the Subaltern Speak?" Cary Nelson and Lawrence
Grossberg (eds.), *Marxism and the Interpretation of Culture*, University of Illinois Press 1988.

102 Gyan Prakash, *Another Reason: Science and the Imagination of Modern India*, 40~41면.

103 John P. DiMoia, "(Let's Have the Proper Number of Children and Raise Them Well!): Family Planning and Nation-Building in South Korea, 1961-1968," 377면.

104 Gyan Prakash, *Another Reason: Science and the Imagination of Modern India*, 144면.

105 Nilanjana Chatterjee and Nancy E. Riley, "Planning an Indian Modernity: The Gendered Politics of Fertility Control."

6장

1 Michel Foucault, *The History of Sexuality*, vol. I, translated by Robert Hurley, Vintage Books 1990, 5면.

2 필립 아리에스 『아동의 탄생』, 문지영 옮김, 새물결 2003, 641면.

3 「가족계획 선전 부채… 너무 음탕」, 『조선일보』 1973년 7월 11일자.

4 'sexuality'는 성적(性的) 욕망, 성적 행위와 태도, 성적 정체성을 포괄하는 의미로, 흔히 생물학적 성을 지칭하는 'sex'나 사회적·문화적 성을 가리키는 'gender'와 연관되면서도 구별되는 단어로 사용된다. 한국어에서 성(性)은 'sexuality'와 'sex, gender'를 포괄하는 복합적인 의미를 갖는데, 이 책에서는 의미를 정확히 전달하기 위한 필요 또는 문맥에 따라 '섹슈얼리티'와 '성'을 혼용하여 사용한다.

5 안재정 『중고생 성교육과 상담』, 복지문화사 1984, 40~41. 강조는 인용자.

6 이원구 『어린이 성교육 지도자료 I』, 동진문화사 1985, 14~15면.

7 조주현 「20세기 한국사회 성 담론과 여성의 지위」, 『정신문화연구』 22권 4호(1999), 58면; 권은선 「1970년대 한국영화 연구: 생체정치, 질병, 히스테리를 중심으로」, 중앙대학교 영상예술학과 박사학위논문 2010, 28~29면.

8 Seung-Sook Moon, *Militarized Modernity and Gendered Citizenship in South Korea*, Duke University Press 2005, 82면.

9 이진경 「한국 '가족계획사업'의 생체정치학」, 『문화과학』 33호(2003), 191~92면.

10 정경균 『가족계획어머니회연구: 부녀조직 구성 및 관리지침서』, 대한가족계획협회 1987, 13~14면.

11 N. Abdel-Tawab, L. Nawar et al., *Integrating Issues of Sexuality into Egyptian Family Planning Counseling*, Population Council 2000, 1면.

12 K. Moore and J. F. Helzner, *What's Sex Got To Do With It?: Challenges for Sexuality into*

Family Planning Programs, Population Council 1997, 4면.

13 박춘서『성생활과 가족계획』, 협화사 1961, 8~9면.

14 같은 책 263면.

15 이학송·이희영『가족계획』, 동명사 1966.

16 같은 책 84면.

17 같은 책 84, 104면.

18 대한가족계획협회 편『가협30년사』, 대한가족계획협회 1991, 140면.

19 조윤아「가족계획 담론의 잡지『가정의 벗』연구: 60, 70년대 수록 소설을 중심으로」, 『한국문학이론과 비평』12권 1호(2008), 445~46면.

20 「문답식 가정관리학」(특집 '인생의 고민을 어떻게 풀까?'), 『가정의 벗』1972년 9월호, 8면.

21 「당신 건강은 어떠십니까?」, 『가정의 벗』1972년 12월호, 10면.

22 「정력을 돋구는 영양음식」, 『가정의 벗』1973년 1월호, 16~17면.

23 「가족계획 100문 100답」, 『가정의 벗』1969년 6월호, 부록 1~15면.

24 『새가정』에 대한 설명은 이 책의 5장 미주 15를 참고하라.

25 강주심「기독교 가정에서의 가족계획은 이렇게」, 『새가정』1963년 1월호, 32~37면.

26 이선미「연애소설과 젠더 질서 재구축의 논리」, 『대중서사연구』15권 2호(2009), 177면.

27 Young-Hee Shim, "Feminism and the Discourse of Sexuality in Korea: Continuities and Changes," *Human Studies* 24:1/2 (2001); Hyae-Weol Choi, "Constructions of Marriage and Sexuality in Modern Korea," M. McLelland and V. Mackie (eds.), *Routledge Handbook of Sexuality Studies in East Asia*, Routledge 2015.

28 15명의 집필위원 중 한명인 서울대학교 이희영 교수는 앞에서 언급한『가족계획』 (1962)의 공저자 중 한명으로, 실제『사랑의 성교육』에는『가족계획』에서 다룬 내용이 상당 부분 반영되어 있다.

29 「『사랑의 성교육』출간: 가족협회, 결혼 전후 문제 역점」, 『동아일보』1971년 9월 4일자.

30 대한가족계획협회 편『사랑의 성교육』, 대한가족협회 1971, 199~200면.

31 같은 책 194면.

32 박기하『젊은 삶 속에서』, 대한가족계획협회 1983.

33 「성교육은 자연스럽게: 대한가족협회 성교육 세미나르」, 『매일경제신문』1974년 6월 29일자.

34 「알아두면 유익한 성교육(10): 성숙한 남녀의 사랑과 행복」, 『가정의 벗』1974년 10월,

12~13면.

35 정경자 「피임광고를 통해 본 성문화 일고찰: 푸꼬의 담론 분석을 중심으로」, 이화
여자대학교 여성학과 석사학위논문 1990, 87면; 배은경 「가족계획사업과 여성의 몸:
1960~70년대 출산조절 보급과정을 통해 본 여성과 '근대'」, 『사회와역사』 67호(2005),
284~90면; Young-Hee Shim, "Feminism and the Discourse of Sexuality in Korea:
Continuities and Changes," 141면.

36 정경자 「피임광고를 통해 본 성문화 일고찰: 푸꼬의 담론 분석을 중심으로」 87면;
Young-Hee Shim, "Feminism and the Discourse of Sexuality in Korea: Continuities and
changes," 133면; Hyae-Weol Choi, "Constructions of Marriage and Sexuality in Modern
Korea," 87면; 이성숙 「광복 60년, 여성 섹슈얼리티와 성 담론의 변화」, 『여성과역사』 3권
3호(2005), 128면. 예외적으로 『가정의 벗』 연재소설을 분석한 한 논문은 "한국의 경우
'산아제한'의 가족계획 담론으로부터 쾌락적 성 담론이 발생"하였다고 서술하고 있다는
점에서 가족계획의 성 담론에 주목하고 있음을 볼 수 있다. 조윤아 「가족계획 담론의 잡지
『가정의 벗』 연구」 453면을 보라. 또한 김은실은 가족계획이 "결혼한 여자의 몸이 갖는 쾌
락적 성을 재생산과 분리시켜 성을 여성 삶의 한 양식으로 만드는 효과 또한 창출하였다"
고 보았다. 그럼에도 불구하고 가족계획이 "여성을 위한 재생산의 권리와 성적 자유를 의
미한다기보다 특정한 수의 아이를 특정한 사회관계 속에서 출산하는 재생산 통제정책"이
며 "근대화 과정 속에서 여성의 성을 국가 발전에 하나의 생산력 요소로 통합시켰다"고
비판한 바 있다. 김은실 「한국 근대화 프로젝트의 문화 논리와 성별 정치학」, 한국여성연
구원 편 『동아시아의 근대성과 성의 정치학』, 푸른사상 2002, 206면.

37 Michel Foucault, *The History of Sexuality*, vol. I, 10면.

38 같은 책 10~13면; 미셸 푸코 『성의 역사 I』, 이규현 옮김, 나남 1990, 30~33면.

39 Michel Foucault, *The History of Sexuality*, vol. I, 11면; 미셸 푸코 『성의 역사 I』 32면.

40 「온돌방과 가족계획」, 『가정의 벗』 1973년 3월호.

41 「본보기 가족계획어머니회: 경기도 안성군 대덕면 신령리 가족계획어머니회」, 『가정의
벗』 1969년 4월호, 14면.

42 대한가족계획협회 편 『사랑의 성교육』 201~02면.

43 이학송·이희영 『가족계획』 96면.

44 대한가족계획협회 편 『사랑의 성교육』 201면.

45 「알아두면 유익한 성교육(19): 성적(性的) 긴장과 돌발사고」, 『가정의 벗』 1975년 7월호,
10~11면.

46 「문답식 가정관리학」(특집 '인생의 고민을 어떻게 풀까?'), 『가정의 벗』 1972년 9월호,

8면.

47 대한가족계획협회 편『사랑의 성교육』201~02면.

48 「문답식 가정관리학」(특집 '인생의 고민을 어떻게 풀까?'),『가정의 벗』1972년 9월호, 13면.

49 대한가족계획협회 편『사랑의 성교육』37면.

50 같은 책「머리말」.

51 이학송·이희영『가족계획』120면.

52 「부부의 행복을 돕는 사랑의 성지식 7: 행복한 밤을 갖기 위한 스무가지 성 지혜」,『가정의 벗』1972년 10월호, 20~21면.

53 1955년에 창간된『여원』은 1950년대 여성잡지 시장을 주도했지만, 이후 1960년대에 들어서면서 1965년 4월『주부생활』, 1967년 11월『여성동아』, 1970년 1월『여성중앙』의 창간과 함께 본격적인 여성지 경쟁시대가 시작되었다. 한국잡지협회 편『한국잡지 100년』, 한국잡지협회 1995, 130~39면.

54 조윤아「가족계획 담론의 잡지『가정의 벗』연구」452~53면.

55 전경옥·김은정·조윤아·이명실『한국여성문화사 3』, 숙명여대출판국 2006, 37~38면.

56 대한가족계획협회 편『사랑의 성교육』218~19면.

57 같은 책 197~99면.

58 이학송·이희영『가족계획』103, 107, 109, 117면 등을 보라.『가족계획』의 경우, 언급한 연구들의 출처를 직접 밝히고 있지는 않지만 참고문헌 목록을 싣고 있어 추정이 가능하다. 본문에 언급된 연구들은 다음 저술들로 추정된다. R. L. Dickinson, *Techniques of Conception Control*, Williams and Wilkins Co. 1950; R. L. Dickinson and C. J. Gamble, *Human Sterilization: Techniques of Permanent Control*, Waverly Press 1950; R. L. Dickinson, *Atlas of Human Sex Anatomy*, Williams and Wilkins Co. 1949.

59 앤소니 기든스『현대사회의 성·사랑·에로티시즘: 친밀성의 구조 변동』, 배은경·황정미 옮김, 새물결 1995, 68면.

60 '킨제이 보고서'는 통상 인디애나대학교 연구팀의 연구결과를 킨제이 등이 공동 저술해 1948년과 1953년에 각각 출판한『인간 수컷의 성행위』(*Sexual Behavior in Human Male*)와『인간 암컷의 성행위』(*Sexual Behavior in Human Female*)을 일컫는다. '킨제이 보고서'에 대한 개관적인 논의로 김미영「킨제이를 통해 본 자유주의 성해방론과 그에 대한 비판」,『사회와이론』7호(2005) 참조.

61 「녀성의 성행위 실태조사(킨제이 보고·여성판)」, 김성이 옮김,『신천지』1953년 9월호, 229~34면;「성과 교육: '킨제이'가 남기고 간 것—우리는 그에게 문화적 빚을 지고

있다」,『여원』1956년 2월호, 48~53면 외 특집기사 9편; 장경학「킨제이 성연구소 방문기」,『여원』1957년 3월호, 112~17면; 킨제이『킨제이 보고(여성편)』, 김광문 옮김, 신조사 1960. 관련 논의로는 김현주「1950년대 여성잡지『여원』과 '제도로서의 주부'의 탄생」,『대중서사연구』18호(2007), 404면; 김현주「1950년대 오락잡지에 나타난 대중소설의 판타지와 문화정치학」,『대중서사연구』19권 2호(2013), 91~92면; 이선미「1960년 전후 (성)문화풍속과 '사랑'의 사회성」,『상허학보』29호(2010), 412면을 보라.

62 전경옥·김은정·조윤아·이명실『한국여성문화사 3』27~28면; 김현주「1950년대 여성잡지『여원』과 '제도로서의 주부'의 탄생」388~89면.

63 앤소니 기든스『현대 사회의 성·사랑·에로티시즘: 친밀성의 구조 변동』68면; 전경옥·김은정·조윤아·이명실『한국여성문화사 3』.

64 Michel Foucault, *The History of Sexuality*, vol. I, 7면; Deana Heath, *Purifying Empire: Obscenity and the Politics of Moral Regulation in Britain, India and Australia*, Cambridge University Press 2010, 50면.

65 앤소니 기든스『현대 사회의 성·사랑·에로티시즘: 친밀성의 구조 변동』83면; 울리히 벡, 엘리자베트 벡-게른샤임『사랑은 지독한, 그러나 너무나 정상적인 혼란』, 강수영·권기돈·배은경 옮김, 새물결 2006, 97~98면.

66 앤소니 기든스『현대 사회의 성·사랑·에로티시즘: 친밀성의 구조 변동』83~86면.

67 미셸 푸코『성의 역사 I』25~29면; Michel Foucault, *The History of Sexuality*, vol. I, 5~8면.

68 김종엽「사랑의 사회학」,『말』1994년 4월호, 166면.

69 울리히 벡, 엘리자베트 벡-게른샤임『사랑은 지독한, 그러나 너무나 정상적인 혼란』97~98면.

70 조윤아「가족계획 담론의 잡지『가정의 벗』연구」452~53면.

71 정경균「낡은 관습에서의 해방」,『가정의 벗』1974년 8월호, 17~18면.

72 Young-Hee Shim, "Feminism and the Discourse of Sexuality in Korea: Continuities and changes," 133면.

73 이학송·이희영『가족계획』95면. 강조는 인용자.

74 대한가족계획협회 편『사랑의 성교육』259~62면.

75 「온돌방과 가족계획」,『가정의 벗』1973년 3월호, 3면.

76 박용숙「가옥구조와 부부생활」(특집 '한국의 가옥구조와 성관계'),『가정의 벗』1974년 7월호, 8~9면. 강조는 인용자.

77 「온돌방과 가족계획」,『가정의 벗』1973년 3월호, 3면.

78 노르베르트 엘리아스『문명화과정 I』, 박미애 옮김, 한길사 1996, 326면.

79 필립 아리에스『아동의 탄생』629~38면.

80 페르낭 브로델『물질문명과 자본주의 1-1: 일상생활의 구조 (상)』, 주경철 옮김, 까치 1995.

81 「성생활과 가족원의 관계」(특집 '한국의 가옥구조와 성관계'),『가정의벗』1974년 7월호, 9~10면.

82 필립 아리에스『아동의 탄생』654면.

83 Edward Shorter, *The Making of the Modern Family*, Basic Books 1977, 5~6면.

84 마이클 앤더슨『서구가족사의 세가지 접근방법(1500~1914)』, 김선미 옮김, 한울 1994, 58~59면.

85 김민경「인구센서스의 발전과 특징」,『한국의 인구 1』, 통계청 2002, 32면.

86 필립 아리에스『아동의 탄생』36~37면.

87 같은 책 641면.

7장

1 Ann Oakley, *Woman's Work: the Housewife, Past and Present*, Vintage Books, 1974.

2 다이애너 기틴스『가족은 없다』, 안호용 외 옮김, 일신사 1997, 50면.

3 이향지「아빠의 배려로 1남 1녀」(15만원 고료 가족계획 실천수기 입선작),『가정의벗』 1972년 9~10월호. '오기노'식 피임법에 관한 설명은 3장의 미주 36을 참조하라.

4 주부생활사와 대한가족계획협회는 1971년부터 가족계획 실천수기를 15만원 고료를 내걸고 공동으로 현상 모집하여 당선작을『주부생활』과『가정의벗』에 발표했다.

5 Linda Gordon, *Woman's Body, Woman's Right: A Social History of Birth Control in America*, Grossman 1976; Marvin Harris and Eric B. Ross, *Death, Sex and Fertility: Population Regulation in Preindustrial and Developing Societies*, Columbia University Press 1987; 앵거스 맥래런『피임의 역사』, 정기도 옮김, 책세상 1998.

6 배은경「1950년대 한국 여성의 삶과 출산조절」,『한국학보』30권 3호(2004), 39~42면; 배은경『현대 한국의 인간재생산: 여성, 모성, 가족계획사업』, 시간여행 2012, 42~44면.

7 김은실「발전논리와 여성의 출산력」,『새로 쓰는 성 이야기』, 또하나의문화 1991, 394면.

8 최미자「작은 성(城)의 왕자들」(15만원 고료 가족계획 실천수기 우수작),『가정의 벗』 1972년 8월호, 24면.

9 같은 곳.

10 김상준이 지적한 바와 같이 영어의 'reflexivity'는 규범적이고 인지적인 자기반성과 광학반사, 신경반사 등의 자연과학적 현상까지를 포괄하는 단어다. 'reflexivity'의 번역어로 '성찰성'이라는 단어가 광범위하게 채택되고 있으나 후자의 의미 차원을 고려하는 경우 '재귀성'이라는 번역어가 사용되기도 한다. 김상준 「성찰성과 윤리」, 『사회와이론』 10호 (2007), 34면 참조. 이 책에서는 기존의 번역 관례에 따라 '성찰성'이라는 번역어를 사용하되, 이 단어에 재귀적 의미가 담겨 있다는 점을 강조해둔다.

11 김홍중 「근대적 성찰성의 풍경과 성찰적 주체의 알레고리」, 『한국사회학』 41권 3호 (2007), 190~91면.

12 안토니 기든스 『포스트 모더니티』, 이윤희·이현희 옮김, 민영사 1991, 52면; Anthony Giddens, *The Consequences of Modernity*, Stanford University Press 1990, 39면.

13 Charles Camic, "The Matter of Habit," *American Journal of Sociology* 91:5 (1986), 1044면.

14 앤소니 기든스 『현대 사회의 성·사랑·에로티시즘: 친밀성의 구조 변동』, 배은경·황정미 옮김, 새물결 1995, 69~70면; Anthony Giddens, *The Transformation of Intimacy: Sexuality, Love and Eroticism in Modern Societies*, Stanford University Press 1993, 30면.

15 류달영 「아내의 슬기, 남편의 슬기」, 『가정의 벗』 1972년 11월호, 3면.

16 양주동 「당신이 꿈꾸는 가족계획」, 『가정의 벗』 1972년 11월호, 8~9면.

17 대한가족계획협회 편 『사랑의 성교육』, 대한가족계획협회 1971, 262면.

18 앤소니 기든스 『현대 사회의 성·사랑·에로티시즘: 친밀성의 구조 변동』 84~85면.

19 채오병 「이행과 번역: 한국사회의 근대성 이해를 위한 방법론적 소고」, 『경제와사회』 89호(2011), 49면.

20 지춘애 「신혼부부는 권태기를 조심하라」, 『가정의 벗』 1974년 7월호, 14~15면.

21 「행복한 가정은 건설될 수 있다」, 『가정의 벗』 1974년 7월호, 5면.

22 앤소니 기든스 『현대 사회의 성·사랑·에로티시즘: 친밀성의 구조 변동』 88면.

23 리타 펠스키 『근대성의 젠더』, 김영찬·심진경 옮김, 자음과모음 2010, 24~25면.

24 「남편의 바람기를 재우는 방법」(특집 '당신의 남편을 애처가로 만듭시다'), 『가정의 벗』 1973년 3월호, 8~9면.

25 서제숙 「집에서 입는 옷」, 『가정의 벗』 1969년 9월호, 20면.

26 앤소니 기든스 『현대 사회의 성·사랑·에로티시즘: 친밀성의 구조 변동』 85면.

27 울리히 벡, 엘리자베트 벡-게른샤임 『사랑은 지독한, 그러나 너무나 정상적인 혼란』, 강수영·권기돈·배은경 옮김, 새물결 2006, 62~63면.

28 주부(主婦)는 원래 '첩'에 대해 '처'를 가리키는 한자어로, '주인의 아내'라는 의미였으

나 거의 사용되지는 않았다. 이지영「일본에서의 가정 개념의 전파: 메이지 후기에서 다이쇼까지를 중심으로」,『일본연구』46호(2010), 114면 참조.

29 같은 글 107~16; 기무라 료코『주부의 탄생: 일본여성들의 근대와 미디어』, 이은주 옮김, 소명출판 2013, 24~31면.

30 김혜경·정진성「'핵가족' 논의와 '식민지적 근대성'」,『한국사회학』35권 4호(2001); 김혜경『식민지하 근대가족의 형성과 젠더』, 창비 2006, 286~318면.

31 김혜경『식민지하 근대가족의 형성과 젠더』248~49면.

32 문소정「일제하 농촌 가족에 관한 연구: 1920,30년대 소작 빈농층을 중심으로」,『사회와역사』12호(1988); 문소정「1920~30년대 소작농가 자녀들의 생활과 교육」,『사회와역사』20호(1990).

33 김혜경『식민지하 근대가족의 형성과 젠더』284면.

34 윤서석「한국 가정학의 역사」,『대한가정학회지』19권 4호(1981), 101~04면; 이정연·유영주「가족연구의 역사적 고찰」,『한국가정관리학회지』15권 1호(1990), 10면.

35 유영주「가족학 연구의 역사」, 한국가족학연구회 편『가족학연구의 이론적 접근: 미시이론을 중심으로』, 교문사 1991, 15면.

36 대표적으로 최재석의 연구를 꼽을 수 있다. 최재석의 연구는 당대 한국 가족의 구조와 친족, 혼인, 가족제도 변화 등은 물론 친족과 동족, 가족형태와 상속제도, 혼인제도 등 가족연구의 여러 영역에 걸쳐 뚜렷한 성과를 남겼다. 한남제「가족연구의 성과와 문제점」,『한국사회학』18호(1984), 54면.

37 이정연·유영주「가족연구의 역사적 고찰」10면; 장미혜·정수남·조은주·조선미『한국여성·가족·사회변화 70년』, 한국학중앙연구원출판부 2017, 225~30면.

38 오기선『어버이와 자녀관계 진단검사 요강』, 코리안테스팅센터 1965; 정원식『가정환경 진단검사』, 코리안테스팅센터 1970; 이원영「아동의 사회적 특성과 어머니의 양육방법 및 태도에 관한 연구: 서울시내 유치원을 중심으로」,『대한가정학회지』11권 3호(1973), 329~44면 등을 보라.

39 유영주「가족학 연구의 역사」1면.

40 Kerreen M. Reiger, *The Disenchantment of the Home: Modernizing the Australian Family 1880-1940*, Oxford University Press 1985.

41 이재경「근대 한국사회의 '과학적 모성' 이데올로기의 출현과 전개」, 한국여성연구원 편『동아시아의 근대성과 성의 정치학』, 푸른사상 2002, 154면.

42 김기정「가계부를 쓰자」(특집 '알뜰한 살림은 이렇게'),『가정의 벗』1973년 2월호 20~21면. 강조는 인용자.

43 현기순「알뜰한 살림은 주부의 손에」(특집 '알뜰한 살림은 이렇게'), 『가정의 벗』 1973년 2월호, 16~17면. 강조는 인용자.

44 김기정「가계부를 쓰자」21면.

45 현기순「시대에 알맞은 살림살이」, 『가정의 벗』 1974년 1월호, 23면.

46 이와 관련하여 경제개발 과정에서 한국이 일본과 마찬가지로 조세보다는 저축을 주요한 자본조달 수단으로 활용했으며 이를 위해 대대적인 저축장려운동을 전개했다는 점에 주목해볼 수 있다. 두 나라에서 모두 가족은 공적 지출을 낮은 수준으로 유지할 수 있도록 복지 부담을 떠안는 동시에 가계저축을 통해 자본조달에 기여함으로써 경제발전 과정에 동원되었다. 김도균「국가의 저축 동원과 발전주의 복지체제의 형성」, 『한국사회정책』 19권 1호(2012), 182~83면을 보라. 특히 저축장려는 사실상 자금동원의 효과보다도 특정한 주체양식을 만들어내는 효과의 차원에서 특징적이었다고 할 수 있는데, 한국과 일본 양국에서 모두 그 주된 주체는 가정주부였으며, 이는 산업화 과정에서 성별체제가 갖는 중요한 의미를 환기시킨다고 하겠다.

47 김기정「가계부를 쓰자」21면.

48 한경희「가계부를 쓰는 마음」, 『가정의 벗』 1969년 1월호, 6면.

49 이재경「근대 한국사회의 '과학적 모성' 이데올로기의 출현과 전개」155면.

50 허형「어머니를 위한 상담: 엄마 치마폭에 매달려 칭얼대는 아이」, 『가정의 벗』 1975년 2월호, 17~18면.

51 이재경「근대 한국사회의 '과학적 모성' 이데올로기의 출현과 전개」155~56면.

52 Jacques Donzelot, *The Policing of Families*, Pantheon Books 1979.

53 이재경「근대 한국사회의 '과학적 모성' 이데올로기의 출현과 전개」146~47면.

54 이학송·이희영『가족계획』, 동명사 1966, 3면.

55 강준상「운전사 이동석씨와의 대화」, 『가정의 벗』 1972년 12월호, 22면.

56 이미경「국가의 출산 정책: 가족계획 정책을 중심으로」, 『여성학논집』 6호(1989); Sun-Sook Park, "Fertility Control Policies in South Korea and Taiwan," *New Global Development* 19 (2003); 배은경『현대 한국의 인간재생산: 여성, 모성, 가족계획사업』.

57 이성숙「광복 60년, 여성 섹슈얼리티와 성 담론의 변화」, 『여성과역사』 3호(2005), 130면.

58 정경자「피임광고를 통해 본 성문화 일고찰: 푸코의 담론 분석을 중심으로」, 이화여자대학교 여성학과 석사학위논문 1990, 98~99면.

59 이성숙「광복 60년, 여성 섹슈얼리티와 성 담론의 변화」130면.

60 앵거스 맥래런『피임의 역사』369면.

61 김혜경 『식민지하 근대가족의 형성과 젠더』 248~49면.

62 김현주 「1950년대 여성잡지 『여원』과 '제도로서의 주부'의 탄생」, 『대중서사연구』 18호(2007), 391~95면; 이선미 「『여원』의 비균질성과 '독신여성' 담론 연구」, 『한국문학 연구』 34호(2008), 64~65면; 이재경 「근대 한국사회의 '과학적 모성' 이데올로기의 출현 과 전개」 152~53면.

63 한국은행 '국민계정' 통계 참조.

64 연구자들에 따라 다소의 차이가 있기는 하지만 식민지시기부터 1960년대 초까지 출산 율은 6이 넘는 수준에서 정체되어 있었던 것으로 보인다. 권태환 「출산력 변천의 과정과 의미」, 김태헌 외 편 『한국 출산력 변천의 이해』, 일신사 1997.

65 이 시기에 일어난 주거형태의 변화에 대해서도 특별히 언급해둘 필요가 있다. 제1차 경제개발 5개년계획은 가족계획사업과 함께 주택개발 사업을 포함하고 있었다. 1962년 에 대한주택영단을 모태로 대한주택공사가 발족했고, 경제개발계획의 주택개발 첫 사업 으로 미국대외원조기관(United States Operations Mission, USOM)의 자금 지원을 받아 최초의 단지형 아파트인 마포아파트가 건설되었다. 장림종·박진희 『대한민국 아파트 발 굴사: 종암에서 힐탑까지, 1세대 아파트 탐사의 기록』, 효형출판 2009, 206~07면을 보라. 1962년에 1차 준공한 마포아파트는 아파트라는 주거형식의 생소함으로 인해 입주신청 자 수가 분양대상 가구 수의 10분의 1에도 미달했지만, "점차 중상류층 이상이 사는 곳"으 로 인식되면서 장안의 명물이 되었다. 이후 1960년대 말~1970년대 초에 한강아파트 단 지(1966~71)나 여의도 시범아파트(1971)가 대량으로 건설되고 1970년대 중반 반포아파 트, 잠실의 초대형 아파트 단지가 조성되면서 아파트는 한국의 중요한 주거형태가 되었다. 아파트는 부부와 자녀로 구성된 가족을 위해 표준화되고 규격화된 공간을 탄생시켰다. 아 파트가 주된 주거 유형이 되면서 단독주택이나 다가구 등 다른 주거형태에서도 부엌, 화 장실, 욕실이 실내의 한 평면으로 들어오는 등 주거생활이 완전히 변모하게 되었다. 장 림종·박진희 『대한민국 아파트 발굴사: 종암에서 힐탑까지, 1세대 아파트 탐사의 기록』 40면을 보라. 30평형대, 특히 33평형(전용면적 85㎡)은 한국 가족의 가장 표준적인 공간 이 되었다. 이 평면은 부부와 자녀 2명 각각을 위한 방 3개의 구조로, 부부와 미혼자녀로 구성된 핵가족을 상정하여 만들어진 것이다. 장림종·박진희 『대한민국 아파트 발굴사』; 「주거문화 바꾼 아파트 '대명사': 재건축으로 사라진 마포아파트」, 『동아일보』 1995년 5월 26일자; 「아파트 중독 1부: 공간의 발견」, EBS 다큐프라임, 2014년 2월 10일 등 참조.

66 노동자계급의 형성에 관한 역사적 연구로 E. P. 톰슨 『영국 노동계급의 형성(상·하)』, 나종일 외 옮김, 창작과비평사 2000을 보라. 한국의 노동계급 형성에 관한 연구로 구해근 『한국 노동계급의 형성』, 신광영 옮김, 창작과비평사 2002를 참조하라.

67 Ann Oakley, *Woman's Work: the Housewife, Past and Present*.

68 사회적 재생산(social reproduction)은 의식주가 어떻게 즉각적인 소비를 위해 준비되는지, 아이들의 돌봄 및 사회화가 어떻게 이루어지는지, 섹슈얼리티는 어떻게 사회적으로 조직되는지와 같은 문제들을 포함하여 일상적인 삶과 세대를 지속하는 데 관련된 활동과 태도, 행위와 감정, 책임과 관계를 지칭하기 위해 페미니스트들이 사용해온 개념이다. Barbara Laslett and Johanna Brenner, "Gender and Social Reproduction: Historical Perspectives," *Annual Review of Sociology* 15 (1989), 382면.

69 같은 글 383면.

70 울리히 벡, 엘리자베트 벡-게른샤임 『사랑은 지독한, 그러나 너무나 정상적인 혼란』 62~63면.

71 같은 책 59면.

72 리타 펠스키 『근대성의 젠더』.

73 김현주 「대중소설의 서사 전략과 근대성: 1970년대 대중소설에 나타난 '낭만적 사랑'을 중심으로」, 『대중서사연구』 11호(2004), 149~51면.

74 핵가족과 부부중심가족(conjugal family)은 실제로는 다른 개념이지만 한국에서는 쉽게 혼동되는 경향이 있다. 확대가족에서 분리된 핵가족이라 하더라도 중요한 의사결정 권한을 가족 내부에서 갖지 못할 경우 부부중심가족으로 볼 수 없다. 핵가족과 낭만적 사랑의 기초가 친족제도로부터의 분리와 경제적 독립에 있었던 서구와 달리 한국에서는 핵가족화 이후에도 부계친족제도로부터의 미분화와 부모에 대한 경제적·정서적 의존이라는 특징이 오래도록 지속되는 양상이 나타났다. 조혜정 『한국의 여성과 남성』, 문학과지성사 1988.

75 이재경 「근대 한국사회의 '과학적 모성' 이데올로기의 출현과 전개」 153~54면.

76 전혜진 「미혼 공장 여성노동자의 경험을 통해 본 근대적 여성성 형성에 관한 연구」, 연세대학교 사회학과 석사학위논문 2003.

77 구해근 『한국 노동계급의 형성』.

78 권은선 「1970년대 한국영화연구: 생체정치, 질병, 히스테리를 중심으로」, 중앙대학교 영상예술학과 박사학위논문 2010, 28~29면.

79 김현주 「대중소설의 서사 전략과 근대성: 1970년대 대중소설에 나타난 '낭만적 사랑'을 중심으로」 152면.

80 조형근 「근대의 가족: '냉혹한 세상의 피난처'인가, '기대의 감옥'인가?」, 『오늘의 문예비평』 6호(1998), 52면.

81 정경균 「낡은 관습에서의 해방」, 『가정의 벗』 1974년 8월호, 17~18면.

82 Nikolas Rose and Peter Miller, "Political Power beyond the State: Problematics of Government," *The British Journal of Sociology* 43:2 (1992), 174면.

83 배은경 「가족계획사업과 여성의 몸: 1960~70년대 출산조절 보급과정을 통해 본 여성과 '근대'」, 『사회와역사』 67호(2005); 배은경 『현대 한국의 인간재생산: 여성, 모성, 가족계획사업』.

84 Sun-Sook Park, *Global Population Control: a Feminist Critique of the Fertility Reduction Policies in the Republic of Korea and the Republic of China (1961-1992)*, Doctoral dissertation, Brandeis University Press 2001, 10면; Sun-Sook Park, "Fertility Control Policies in South Korea and Taiwan," 64면; 배은경 『현대 한국의 인간재생산: 여성, 모성, 가족계획사업』 218~20면.

85 모자보건법은 형법의 관계규정에 의해 낙태죄가 성립하여 처벌받게 되는 인공임신중절수술에 대하여 다음과 같은 예외를 두어 본인과 배우자의 동의를 얻은 경우 벌하지 않게 하였다. ① 본인 또는 배우자가 우생학적 또는 유전학적 정신장애나 신체질환이 있는 경우, ② 본인 또는 배우자가 전염성 질환이 있는 경우, ③ 법률상 혼인할 수 없는 혈족 또는 인척 간에 임신된 경우, ④ 강간 또는 준강간에 의하여 임신한 경우, ⑤ 임신의 지속이 보건의학적 이유로 모체의 건강을 심히 해치고 있거나 해할 우려가 있는 경우 등이다. 1986년 5월에 전문 개정되었으며 그뒤 여러차례의 개정을 거쳤다.

인공유산의 비합법화를 포함하는 모자보건법의 제정은 가족계획사업 초기부터 필요성이 제기되기 시작했다. 1964년에 이미 공화당이 41회 임시국회 본회의에 상정할 법률안 중 하나로 모자보건법을 검토한 바 있고, 정식으로 모자보건법안이 제출된 것은 보건사회부 안(案)으로 법제처에 제출된 1966년과 1970년, 1971년이었다. 그러나 세번 모두 반대 여론과 예산상의 문제로 법제화에 실패했다. 처음 모자보건법안이 법제처 심의를 마치고 차관회의에서 다루어진 것은 1966년으로, 종교계 등의 반대 여론에 부딪혀 반려되었다. 4년 후인 1970년 5월 9일, 보건사회부가 모자보건법안을 마련해 법제처에 넘겼고, 이때의 법안에는 임신중절수술의 요건에 "경제적인 곤란이 있을 경우"의 조항이 포함되어 있었다. 그러나 이번에는 여론뿐만 아니라 예산이 없어 법제처 심의 도중 보건사회부가 법안을 자진 철회했다. 바로 다음해인 1971년 7월 27일에도 모자보건법을 다시 마련해서 법제처에 넘겼으나 며칠 후인 8월 5일에 보사부가 법제처 심의에 올렸던 모자보건법안을 자진 철회했다. 결국 모자보건법은 유신치하의 비상국무회의를 통해 제정되었다. 1973년 1월 30일에 비상국무회의는 가정의례준칙을 법제화하고 모자보건법을 의결·확정했다. 「국민운동기구 축소 공화당서 제안 준비」, 『경향신문』 1964년 3월 9일자; 「공청회 후퇴한 모자보건법」, 『경향신문』 1970년 12월 5일자; 「낙태수술을 합법화 모자보건법 다시 법제처에 넘겨」,『경향신문』1971년 7월 27일자;「보사부(保社部) 모자보건법 철회」,『동아일보』 1971년 8월 5일자 등 참조.

모자보건법의 경우처럼 직접적이지는 않지만, 가족법의 남녀차별 항목을 비판하는 논의 역시 가족계획사업과 일정한 연관이 있었다. 민법 제4편 친족법과 제5편 상속법을 통칭하는 가족법의 문제는『가정의 벗』역시 여러차례에 걸쳐 기획연재로 다루면서 개정 필요성을 지속적으로 논의하였다. 특히 1973년 2월호부터는 집중 연재를 통해 가족법의 문제점을 비판했고, 상속법의 개정과 호주제 폐지의 당위성을 설파했다. 가족계획연구원은 가족법 개정에 관한 연구를 진행하면서 가족법 개정의 필요성을 비롯해 성평등을 위한 법적·제도적 문제들에 천착했다. 1976년 12월 2일에 경제기획원의 인구정책심의회는 '인구 억제책'으로 특히 남아선호의 가치관을 불식시키기 위해 친족법상의 남녀차별규정의 개정 등 관련법의 개정을 추진하기로 하였으며(「남녀차별법제 전면개정: 정부 '인구정책추진 계획' 확정」,『매일경제신문』1976년 12월 3일자 참조), 이듬해 12월 국회에서 가족법의 일부 개정이 의결되었다. 개정된 민법은 법적 상속에서 처와 미혼 딸의 비율을 높이고 미성년 자녀에 대해 부모 공동으로 친권행사를 가능케 하는 등의 내용을 담고 있었다. 대한가족계획협회의 여러 간행물들은 1977년에 가족법이 부분 개정된 것을 중요한 성취로 평가하였다.

물론 가족법 개정의 역사에서 가장 핵심적인 것은 1950년대부터 지속되었던 여성들의 가족법 개정운동이었다. 가족법을 둘러싼 탈식민과 '전통'의 문제, 가족법 개정운동과 가족법 개정의 역사 전반에 관한 연구로는 양현아『한국 가족법 읽기: 전통, 식민지성, 젠더의 교차로에서』, 창비 2011을 보라.

86 배은경「한국사회 출산조절의 역사적 과정과 젠더: 1970년대까지의 경험을 중심으로」, 서울대학교 사회학과 박사학위논문 2004, 4~5면.

87 Barbara Laslett and Johanna Brenner, "Gender and Social Reproduction: Historical Perspectives," 393면.

88 Nilanjana Chatterjee and Nancy E. Riley, "Planning an Indian Modernity: The Gendered Politics of Fertility Control," *Signs* 26 (2001).

89 프란츠 파농『대지의 저주받은 사람들』, 남경태 옮김, 그린비 2010; 프란츠 파농『검은 피부, 하얀 가면』, 이석호 옮김, 인간사랑 2013.

90 Alessandro Pizzorno, "Foucault and the Liberal View of the Individual," T. J. Armstrong (ed.), *Michel Foucault, Philosopher*, Routledge 1992.

91 백영경「사회적 몸으로서의 인구와 지식의 정치: 1960년대『사상계』속의 정치적 상상과 자유주의적 통치의 한계」,『여성문학연구』29호(2013), 8면.

92   Akhil Gupta, "Governing Population: The Integrated Child Development Services Program in India," T. B. Hansen and F. Stepputat (eds.), *States of Imagination: Ethnographic Explorations of the Postcolonial State*, Duke University Press 2001, 87면.

93   맑스는 자본주의 상품시장에서 '자유로운 노동자'가 뜻하는 이중의 의미에 대해 지적한 바 있다. 노동자는 신분의 제약이나 토지의 구속으로부터 벗어난 자유인(free individual)으로서 자신의 노동력을 스스로 상품으로 처분할 수 있는 존재이며, 동시에 노동력 이외에는 상품으로 판매할 수 있는 다른 어떤 것도 가지고 있지 않다는 의미에서, 즉 생산수단을 소유하고 있지 않다는(free) 의미에서 자유롭다.

94   Hubert Dreyfus and Paul Rabinow, *Michel Foucault: Beyond Structuralism and Hermeneutics*, University of Chicago Press 1982, 216면.

8장

1   1967년 박정희 대통령 연두교서, 국가기록원.

2   Michel Foucault, *The History of Sexuality*, vol. I, Vintage Books 1990, 26면.

3   Luther Gulick, "Foreword to Leonard Vance Harrison, Elizabeth Laine," *After Repeal: A Study of Liquor Control Administration*, Harper & Brothers 1936, xiv면; Nikolas Rose, *Powers of Freedom: Reframing Political Thought*, Cambridge University Press 1999, 48~49면.

4   Peter Evans, *Embedded Autonomy: States and Industrial Transformation*, Princeton University Press 1995.

5   Michel Foucault, *Power/Knowledge: Selected Interviews and Other Writings 1972-1977*, translated by Colin Gordon, Leo Marshall, John Mepham, Kate Soper, Pantheon Books 1980, 121면.

6   Nikolas Rose and Peter Miller, "Political Power beyond the State: Problematics of Government," *The British Journal of Sociology* 43:2 (1992), 173~205면.

7   미셸 푸코 『안전, 영토, 인구: 콜레주드프랑스 강의 1977~78년』, 오트르망 옮김, 난장 2011, 163면.

8   1930년대에 세워진 만주국에 관한 연구에서 한석정은 일본 관동군이 만주사변을 일으킨 후 세운 '괴뢰국' 만주국에서조차 잔악한 착취만 자행되지는 않았음을 보여주었다. 그에 따르면, 만주국에서 "국가는 현공서 단위마다 극빈자를 위한 구호시설과 곡식대여 창고를 짓고, 말끝마다 인민의 복지를 내걸었다. 정부 관리들에게 인민을 대하기를 "자식 돌

보듯 하라"고 명했으며, 일마다 "인민들의 부담을 경감하라"고 외쳐댔다. 또한 도시와 도로, 통신시설을 건설하고, 관료조직의 기강을 잡았으며, 새 국가건설과 시민정신을 고취시켰다." 만주국 같은 이른바 '괴뢰국'에서조차 '인민의 복지'를 내거는 것이 근대 이후 국가의 통치에서 등장하게 된 새로운 차원이었다는 것이다. 한석정 『만주국 건국의 재해석: 괴뢰국의 국가효과 1932~1936』, 동아대학교출판부 2007, 23면을 보라.

9 권보드래·천정환 『1960년을 묻다』, 천년의상상 2012, 553면.

10 배은경 「가족계획사업과 여성의 몸: 1960~70년대 출산조절 보급과정을 통해 본 여성과 '근대'」, 『사회와역사』 67호(2005), 268~69면; 김은실 「출산문화와 여성」, 『한국여성학』 12호(1996), 119~53면.

11 Michel Foucault, *Society Must Be Defended: Lectures at the Collège de France, 1975-1976*, translated by D. Macey, Picador 2003, 34면.

12 Bob Jessop, *State Power: A Strategic-Relational Approach*, Polity 2007, 140~52면.

13 미셸 푸코 『정신의학의 권력』, 오트르망(심세광, 전혜리) 옮김, 난장 2014, 92면; Michel Foucault, *Psychiatric Power: Lectures at the Collège de France, 1973-1974*, translated by Graham Burchell, Palgrave Macmillan 2006, 54면.

14 미셸 푸코 『사회를 보호해야 한다』, 김상운 옮김, 난장 2015.

15 가족계획사업을 국가의 용의주도한 기획으로 평가하는 시각으로 김홍주 「한국사회의 근대화 기획과 가족정치: 가족계획사업을 중심으로」, 『한국인구학』 25권 1호(2002), 76~77면을 참고하라. 이에 반해 국가가 사실상 거의 아무런 역할을 하지 않았다는 평가로는 배은경 「가족계획사업과 여성의 몸: 1960~70년대 출산조절 보급과정을 통해 본 여성과 '근대'」 273~74면을 보라.

16 대한가족계획협회를 '민간조직'으로 평가하는 예는 배은경 「한국사회 출산조절의 역사적 과정과 젠더: 1970년대까지의 경험을 중심으로」, 서울대학교 사회학과 박사학위논문 2004, 125면; 김홍주 「한국사회의 근대화 기획과 가족정치: 가족계획사업을 중심으로」 6면. '의사 공식적 보호단체'로 평가하는 예는 김홍주 「한국사회의 근대화 기획과 가족정치: 가족계획사업을 중심으로」 67면. '준정부기관'으로 평가하는 예로는 손애리 「1960~1970년대 한국의 출산통제정책 연구: 근대적 규율권력의 관점을 중심으로」, 고려대학교 사회학과 석사학위논문 2000, 1면. '반관반민 기구'라는 평가로는 배은경 「가족계획사업과 여성의 몸: 1960~70년대 출산조절 보급과정을 통해 본 여성과 '근대'」 274면 등을 보라.

17 국가를 정부와 행정부, 군대와 경찰, 사법부, 지방정부, 의회 등으로 구성되는 것으로 상정한 학자로는 랠프 밀리밴드(Ralph Miliband)가 잘 알려져 있다. 밀리밴드는 국가

를 '국가체계(state-system)'와 '국가엘리트(state-elite)'라는 두 차원으로 구분하고, 전자가 정치적·행정적 통제 제도의 집합이라면 후자는 정권(the government)과 정부(the administration), 군대와 경찰, 사법부와 지방정부, 의회 등을 포함하는 것으로 간주한다. Ralph Miliband, *The State in Capitalist Societies*, Winfield and Nicholson 1969 참조.

18 Philip Abrams, "Notes on the Difficulty of Studying the State (1977)," *Journal of Historical Sociology* 1:1 (1988). 비슷한 논의로 Timothy Mitchell, "The Limits of the State: Beyond Statist Approaches and Their Critics," *The American Political Science Review* 85:1 (1991); Timothy Mitchell, "Society, Economy, and the State Effect," George Steinmetz (ed.), *State/Culture: State-Formation after the Cultural Turn*, Cornell University Press 1999를 보라. 미국의 정치학자 티머시 미첼(Timothy Mitchell)에 따르면, 미국의 사회과학에서는 국가 개념의 이러한 모호성에 대한 대응으로 크게 두가지의 흐름이 존재해왔다. 그 하나는 1950~60년대 미국의 사회과학에서 나타난 국가 개념의 폐기다. 국가 개념의 폐기를 주장한 이들은 국가 개념이 지나치게 형이상학적인 함축을 하고 있어 마치 가변적인 징후들 속에서 포착될 수 있을 뿐인 유령과 같다고 비판한다. 이러한 모호성으로 인해 국가 개념은 폐기되어야 하며, '정치체계(political system)'라는 개념으로 대체되어야 한다는 것이다. David Easton, "The Political System Besieged by the State," *Political Theory* 9:3 (1981); Gabriel A. Almond, "The Return to the State," *American Political Science Review* 82:3 (1988)을 보라. 이와 대조적인 흐름이 1980년대 이후 등장한 국가중심적 접근이다. 국가중심적 접근은 "국가를 재소환(bringing the state back in)"함으로써 사회의 힘에 의해 결정되거나 사회로 환원되지 않는 자율적 실체로 국가를 인식할 것을 주장하였다. Peter B. Evans, Dietrich Rueschemeyer and Theda Skocpol (eds.), *Bringing the State Back In*, Cambridge University Press 1985; Theda Skocpol, *States and Social Revolutions: A Comparative Analysis of France, Russia, and China*, Cambridge University Press 1979 등을 보라. 자세한 논의는 Timothy Mitchell, "The Limits of the State: Beyond Statist Approaches and Their Critics"를 보라.

19 Timothy Mitchell, "The Limits of the State: Beyond Statist Approaches and Their Critics," 77면.

20 김택일 「가족계획사업 30년 회고」, 한국보건사회연구원 편 『인구정책30년』, 한국보건사회연구원 1991, 47면.

21 국사편찬위원회 편 『가족계획에 헌신하다: 1960년대 이후 가족계획협회 계몽원의 활동』, 국사편찬위원회 2005, 280면.

22 Timothy Mitchell, "The Limits of the State: Beyond Statist Approaches and Their

Critics," 78면.

23 같은 글 94~95면.

24 Philip Abrams, "Notes on the Difficulty of Studying the State (1977)," 82면; Veena Das and Deborah Poole, "The State and Its Margins: Comparative Ethnographies," V. Das and D. Poole (eds.), *Anthropology in the Margins of the State*, School of American Research Press 2004, 19면.

25 George Steinmetz (ed.), *State/Culture: State-Formation after the Cultural Turn*, 8~9면.

26 Michel Foucault, "Governmentality," G. Burchell, C. Gordon and P. Miller (eds.), *The Foucault Effect: Studies in Governmentality: With Two Lectures by and an Interview With Michel Foucault*, University of Chicago Press 1991.

27 Mitchell Dean, *Governmentality: Power and Rule in Modern Society*, Sage 1999, 102~11면.

28 미셸 푸코『안전, 영토, 인구: 콜레주드프랑스 강의 1977~78년』158면.

29 가족계획사업이 국가시책으로 채택된 직접적 계기는 앞에서 본 대로 국가재건최고회의 기획위원이었던 양재모가 준비한 정책입안서였다. 이 입안서의 내용은 경제개발계획사업을 성공시키려면 인구증가를 억제하기 위한 가족계획사업을 병행시켜야 한다는 것이었는데, 그 근거는 "매년 10억원을 10년간 가족계획사업에 투입하여 보통 출생률 42를 반감시키면 출생 방지된 아이들의 양육비 누계는 투자액의 100배가 된다"는 것, 즉 가족계획사업에 소요되는 비용과 양육비 예상 총액을 단순 비교한 것이었다. 양재모「우리나라 인구정책의 종합분석」,『한국인구학』9권 1호(1986).

30 가령 다음을 보라. 1973년에 가족계획연구원은 가족계획의 필요성과 관련하여 "일반적으로 출산수준의 저하는 교육, 의료, 도로, 전기 등 사회간접자본의 확충을 위한 압력을 적게 받게 하므로 정부의 예산을 효과적으로 이용할 수 있게 투자효과로 전환시키기 때문에 가족계획의 효과는 자본의 대체, 또는 증대에 기여"한다고 서술하고 있다. 가족계획연구원 편『가족계획의 실제』, 가족계획연구원 1973, 22면.

31 1976년 인구증가율 목표치를 1.8%로 설정한 것에 대해 당시 경제부총리는 1.3%로 낮추라고 호통을 쳤는데, 그 이유는 "인구가 줄어야 1인당 GNP를 높일 수 있다"는 것, 즉 분모를 줄여야 한다는 것이었다. 주태산『경제 못 살리면 감방 간대이: 한국의 경제부총리, 그 인물과 정책』, 중앙M&B 1998 참조.

32 이명선「국회 속기록에 나타난 여성정책 시각: B. 가족계획에 대하여」,『여성학논집』7호(1990), 113~36면.

33 이선환「산아제한론의 문제점」,『사상계』1961년 11월호.

34 인구변천이론은 1940년대 중반 프랭크 노트스틴(Frank Notestein), 킹즐리 데이비스

(Kingsley Davis) 등 미국의 인구학자들이 주창한 것으로 알려져 있지만, 실은 1929년 워런 톰슨(Warren Thompson)이 *American Journal of Sociology*에 발표한 논문에서 처음 주장했다. 그럼에도 특별히 주목받지 못하다가 전후 국제질서의 맥락에서 새롭게 부상하게 되었다. Warren S. Thompson, "Population," *American Journal of Sociology* 34:6 (1929); Frank W. Notestein, "Population: The Long View," Theodore Schultz (ed.), *Food for the World*, University of Chicago Press 1945, 36~57면; Kingsley Davis, "The World Demographic Transition," *Annals of the American Academy of Political and Social Science*, 1945, 237면 참조. 인구변천이론의 등장 및 변형에 관한 전반적 논의로 Susan Greenhalgh, "The Social Construction of Population Science: An Intellectual, Institutional, and Political History of Twentieth-Century Demography," *Comparative Studies in Society and History* 38 (1996), 36~37면을 보라.

35 Dennis Hodgson, "Demography as Social Science and Policy Science," *Population and Development Review* 9:1 (1983), 10~23면; Susan Greenhalgh, "The Social Construction of Population Science: An Intellectual, Institutional and Political History of Twentieth-Century Demography," 39~41면.

36 '선택적 친화성'은 막스 베버(Max Weber)가 프로테스탄티즘과 근대 자본주의 사이의 관계를 설명하기 위해 사용한 용어다. 베버는 잘 알려진 바와 같이 깔뱅주의의 독특한 교리인 예정설이 구원에 대한 불안에서 벗어나기 위한 금욕적 생활과 금욕적인 직업(calling) 윤리를 낳게 되었으며, 이러한 절제와 검약이 자본주의의 에토스를 창출하여 근대 자본주의 정신을 탄생시켰다고 보았다. 이때 프로테스탄티즘과 자본주의 사이의 관계가 바로 선택적 친화성으로 설명된다. 이는 인과관계와는 다른 것이다.

37 Mahmood Mamdani, *The Myth of Population Control: Family, Caste, and Class in an Indian Village*, Monthly Review Press 1973.

38 앵거스 맥래런 『피임의 역사』, 정기도 옮김, 책세상 1998, 374면.

39 한국의 가족계획사업의 '성공' 여부에 대해서는 이견이 존재한다. 한국의 출산율 저하를 가족계획사업의 성과로 해석할 수 없다는 주장은 가족계획사업이 "1960년대 이후 사회, 경제, 인구상황의 변화와 함께 크게 대두된 소가족 가치를 충족시킬 수 있는 수단을 제공하는 데 그 공헌이 국한되었"으며, "성공할 수밖에 없는 환경적 조건에서 태어났고, 그 공헌은 출산력 저하의 시기를 앞당기고 속도를 촉진한 데" 그친다는 평가에 바탕을 두고 있다. 권태환·김두섭 『인구의 이해』, 서울대학교출판부 2002, 358면; 권태환 「출산력 변천의 과정과 의미」, 김태헌 외 편 『한국 출산력 변천의 이해』, 일신사 1997, 28, 45~48면을 보라.

외국에서도 가족계획사업이 과연 출산율 하락에 영향을 미치는가를 둘러싸고 적잖은 논쟁이 존재한다. 피임술에 대한 여성의 접근이 가능해진다면 자녀를 적게 출산할 것이라는 주장이 있는 반면, 대가족에 대한 선호가 감소하지 않는 상태에서의 가족계획사업은 효과가 없다는 비판도 존재한다. Jocelyn Kaiser, "Does Family Planning Bring Down Fertility?" *Science* 333: 6042 (2011), 548면 참조. 일례로 경제학자인 랜트 프리쳇(Lant H. Pritchett)은 자녀에 대한 욕구가 출산율을 결정하는 요인이며, 피임비용이나 피임에 대한 접근성 등은 출산에 영향을 미치는 요인이 되지 못한다고 주장했다. Lant H. Pritchett, "Desired Fertility and the Impact of Population Policies," *Population and Development Review* 20:1 (1994), 1~55면을 보라. 가족계획사업의 효과와 유용성에 관한 논쟁은 결국 피임술 보급과 소자녀 선호 중 무엇이 우선인지에 관한 논쟁이라고 할 수 있다. 이는 어느 쪽에 자원 및 재정을 더 투입할 것인가의 논쟁과 맞물려 있기도 하다.

그러나 우리가 이 책에서 살펴본 것처럼 가족계획사업을 피임술 보급에 한정시켜 평가하기는 어렵다. 한국의 경우 가족계획사업은 경제개발계획의 일부였을 뿐 아니라 실제 사업의 내용 역시 피임술 보급에 국한되지는 않았다. 많은 제3세계 국가에서 가족계획사업은 광범위한 경제개발 프로그램의 일부였을 뿐 아니라, 단순히 피임술 보급의 효과 자체를 위해서라도 소자녀 규범의 확산을 위한 다양한 계몽 및 홍보활동과 연계되어 있었다.

40 영어 단어 'conduct'는 행위 일반을 지칭하는 'action'에 비해 좁은 의미의 단어로, 행위자의 의도성과 합리성, 자발성에 근거한 인지적 선택의 결과물로서의 행위를 가리킬 때 쓰인다. Charles Camic, "The Matter of Habit," *American Journal of Sociology* 91:5 (1986), 1044면. 『아메리칸 헤리티지 사전』(*The American Heritage Dictionary of the English Language*)은 명사형 'conduct'를 "사람들이 행위하는 방식"으로 정의하면서, 여기에 특별히 도덕적이고 윤리적인 차원이 결합되어 있음을 덧붙이고 있다(The way a person acts, especially from the standpoint of morality and ethics). 즉 'conduct'라는 단어에는 일종의 성찰적 차원이 결합되어 있다고 할 수 있다.

'conduct'는 문맥에 따라 '행동'이나 '행위'로 번역되는 것이 적절하지만 기존의 많은 연구들이 '행동'을 'behaviour'의 번역어로, '행위'를 'action'의 번역어로 사용하므로 혼동을 주기 쉽기 때문에 이 책에서는 '행위'로 번역하되 괄호 안에 'conduct'를 병기하였다. 프랑스어를 원문으로 하는 미셸 푸꼬 저작의 번역서에서는 이를 '품행'으로 번역한 바 있으며, 그외에 행동, 행위, 행실 등으로 번역되기도 한다. 'conduct'의 의미에 대한 또다른 언급으로 다음을 참고하라. 서동진 「신자유주의 분석가로서의 푸코: 미셸 푸코의 통치성과 반정치적 정치의 회로」, 『문화과학』 2009년 봄호, 321면; 서동진 「혁신, 자율, 민주화… 그리고 경영: 신자유주의 비판 기획으로서 푸코의 통치성 분석」, 『경제와사회』 89호

(2011), 75면.

41 미셸 푸코 『감시와 처벌: 감옥의 탄생』, 오생근 옮김, 나남 2016.

42 Michel Foucault, *Psychiatric Power: Lectures at the Collège de France, 1973-1974*, 81~82면.

43 Robbie Duschinsky and Leon Antonio Rocha (eds.), *Foucault, the Family and Politics*, Palgrave Macmillan 2012.

44 「서양선 모유수유·어부바 등 한국식 양육 유행… 우리는 무상 복지 앞세우며 거꾸로 가고 있어」, 『조선일보』 2014년 11월 27일자.

45 1967년 박정희 대통령 연두교서, 국가기록원.

46 건강가정기본법 제8조(혼인과 출산).

47 「'노인의 나라'…고령자 인구, 유소년 추월」, 『중앙일보』 2017년 8월 31일자.

48 백영경 「미래를 위협하는 현재: 시간성을 통해본 재생산의 정치학」, 『여/성이론』 14호 (2006); Young-Gyung Paik, *Technologies of 'the Korean Family': Population Crisis and the Politics of Reproduction in Contemporary South Korea*, Ph.D. Dissertation, The Johns Hopkins University 2010; 오경환 「진보, 퇴보, 근대성: 프랑스 제3공화국 퇴보 이론의 역사적 전개」, 『서양사연구』 42호(2010), 150~76면.

49 울리히 벡, 엘리자베트 벡-게른샤임 『사랑은 지독한, 그러나 너무나 정상적인 혼란』, 강수영·권기돈·배은경 옮김, 새물결 2006, 31면.

50 울리히 벡 『위험사회』, 홍성태 옮김, 2006, 210~24면; Ulrich Beck, *Risk Society: Towards a New Modernity*, Sage 1992, 127~54면.

51 울리히 벡, 엘리자베트 벡-게른샤임 『사랑은 지독한, 그러나 너무나 정상적인 혼란』 31면.

52 서동진 『자유의 의지 자기계발의 의지: 신자유주의 한국사회에서 자기계발하는 주체의 탄생』, 돌베개 2009.

참고문헌

「'가족계획'운동을 구상: 박의장, '인구조절' 문제에 언급」, 『동아일보』1961년 10월 19일.

「'노인의 나라'… 고령자 인구, 유소년 추월」, 『중앙일보』2017년 8월 31일.

「'출산위생' 무관심한 '인습(因襲) 한국'의 주부들」, 『동아일보』1972년 11월 29일.

「『사랑의 성교육』출간: 가족협회, 결혼 전후 문제 역점」, 『동아일보』1971년 9월 4일.

「5개년계획과 인구계획」, 『동아일보』1963년 6월 11일.

「가족계획 100문 100답」, 『가정의 벗』1969년 6월호.

「가족계획 계몽원의 하루」, 『가정의 벗』1968년 창간호.

「가족계획 선전 부채… 너무 음탕」, 『조선일보』1973년 7월 11일.

「가족계획 유공자 국민훈장을 수여」, 『조선일보』1967년 5월 12일.

「각계유지 망라 우생협회 발기」, 『동아일보』1933년 9월 14일.

「건강보험제 구상」, 『동아일보』1959년 3월 15일.

「건전한 국가는 깨달은 어머니로부터」, 『주부생활』1974년 2월호.

「경제개발계획과 우리의 살림살이(6): 5년 후의 실업자 176만명으로 줄일 목표―농촌인구
    조절에 중점 두어」, 『경향신문』1962년 1월 26일.

「공청회 후퇴한 모자보건법」, 『경향신문』1970년 12월 5일.

「국민운동 기구 축소 공화당서 제안 준비」, 『경향신문』1964년 3월 9일.

「균형 잃은 가정계획 도시 농촌 학력 따라 자녀 수 큰 차이」, 『동아일보』1977년 10월 7일.

「나허라! 불려라! 조선의 인구증식대책」, 『매일신보』1941년 6월 29일.

「낙태수술을 합법화 모자보건법 다시 법제처에 넘겨」, 『경향신문』1971년 7월 27일.

「남녀차별법제 전면개정: 정부 '인구정책추진계획' 확정」, 『매일경제신문』1976년 12월
    3일.

「남편의 바람기를 재우는 방법」, 『가정의 벗』 1973년 3월호.

「녀성의 성행위 실태조사(킨제이 보고·여성판)」, 김성이 옮김, 『신천지』 1953년 9월호.

「농촌중심 가족계획 정책수정 불가피」, 『경향신문』 1976년 12월 12일.

「당신 건강은 어떠십니까?」, 『가정의 벗』 1972년 12월호.

「대한(對韓) '가족계획원조' 감축」, 『동아일보』 1973년 2월 24일.

「모순 많은 가족제도 등」, 『동아일보』 1958년 9월 12일.

「문답식 가정관리학」, 『가정의 벗』 1972년 9월호.

「보사부(保社部) 모자보건법 철회」, 『동아일보』 1971년 8월 5일.

「본보기 가족계획 어머니회: 경기도 안성군 대덕면 신령리 가족계획어머니회」, 『가정의 벗』
    1969년 4월호.

「부부의 행복을 돕는 사랑의 성 지식 7: 행복한 밤을 갖기 위한 스무가지 성 지혜」, 『가정의
    벗』 1972년 10월호.

「산아문제와 빈곤」, 『동아일보』 1925년 1월 14일.

「산아제한 입법 않는다」, 『경향신문』 1961년 10월 18일.

「산아제한은 세계평화의 기초」, 『동아일보』 1921년 11월 15일.

「산아제한의 제일성(第一聲)」, 『동아일보』 1921년 11월 13일.

「서양선 모유수유·어부바 등 한국식 양육 유행… 우리는 무상복지 앞세우며 거꾸로 가고 있
    어」, 『조선일보』 2014년 11월 27일.

「성과 교육: '킨제이'가 남기고 간 것—우리는 그에게 문화적 빚을 지고 있다」, 『여원』
    1956년 2월호.

「성교육은 자연스럽게: 대한가족계획협회 성교육 세미나르」, 『매일경제신문』 1974년 6월
    2일.

「성생활과 가족원의 관계」, 『가정의 벗』 1974년 7월호.

「신말서스주의」, 『동아일보』 1925년 1월 14일.

「아파트 중독 1부: 공간의 발견」, EBS 다큐프라임, 2014년 2월 10일.

「알아두면 유익한 성교육(10): 성숙한 남녀의 사랑과 행복」, 『가정의 벗』 1974년 10월호.

「알아두면 유익한 성교육(19): 성적(性的) 긴장과 돌발사고」, 『가정의 벗』 1975년 7월호.

「약제기구 극빈자엔 무상으로」, 『동아일보』 1961년 12월 27일.

「온돌방과 가족계획」, 『가정의 벗』 1973년 3월호.

「외국인이 본 한국의 가족계획」, 『가정의 벗』 1970년 10월호.

「우리나라 가족계획」, 『경향신문』 1964년 1월 9일.

「적절한 산아제한이 긴요: 라이스 박사 강연회에서」, 『조선일보』 1960년 3월 29일.

「정력을 돋구는 영양음식」, 『가정의 벗』 1973년 1월호.

「조선인구증식대책」, 『매일신보』 1941년 7월 3일.

「종족개량의 사자후 금야의 우생대강연」, 『동아일보』 1935년 1월 23일.

「주거문화 바꾼 아파트 '대명사': 재건축으로 사라진 마포아파트」, 『동아일보』 1995년 5월 26일.

「폭발적인 인구증가와 가족계획」, 『조선일보』 1961년 5월 7일.

「한국민족우생협회 발족」, 『한성일보』 1946년 10월 20일.

「행복한 가정은 건설될 수 있다」, 『가정의 벗』 1974년 7월호.

가족계획연구원 편 『가족계획사업 평가세미나 보고서』, 가족계획연구원 1980.

가토 슈이치 『'연애결혼'은 무엇을 가져왔는가: 성도덕과 우생사상의 100년간』, 서호철 옮김, 소화 2013.

강병식 「일제하 한국에서의 결혼과 이혼 및 출산 실태 연구」, 『사학지』 28호(1995).

강봉수 「한국 가족계획어머니회의 연혁」, 대한가족계획협회 편 『지역사회개발과 가족계획에 관한 여성지도자 국제훈련 교재』, 대한가족계획협회 1987.

강주심 「기독교 가정에서의 가족계획은 이렇게」, 『새가정』 1963년 1월호.

강준만 「한국 가족계획의 역사」, 『인물과사상』 124호(2008).

강준상 「운전사 이동석씨와의 대화」, 『가정의 벗』 1972년 12월호.

경제기획원조사통계국 편 『1966년 인구센서스 종합분석 보고서』, 1970.

공세권·박인화·권희완 『한국 가족계획사업: 1961~1980』, 가족계획연구원 1981.

곽현모 「날으는 교수팀」, 대한가족계획협회 편 『가협30년사』, 대한가족협회 1991.

구해근 『한국 노동계급의 형성』, 신광영 옮김, 창작과비평사 2002.

국립영화제작소 「밝아오는 내일: 국세조사의 필요성」 1960.

_____ 「인구센서스: 총인구조사」 1966.

국사편찬위원회 편 『가족계획에 헌신하다: 1960년대 이후 가족계획협회 계몽원의 활동』, 국사편찬위원회 2005.

권보드래·천정환 『1960년을 묻다』, 천년의상상 2012.

권은선 「1970년대 한국영화 연구: 생체정치, 질병, 히스테리를 중심으로」, 중앙대학교 영상예술학과 박사학위논문 2010.

권이혁 「가족계획사업 30년 회고」, 한국보건사회연구원 편 『인구정책30년』, 한국보건사회연구원 1991.

_____ 「출산력 변천의 과정과 의미」, 김태헌 외 편 『한국 출산력 변천의 이해』, 일신사 1997.

_____ 『또하나의 언덕: 권이혁 회고록』, 신원문화사 1993.

_____『인구, 보건, 환경』, 서울대학교출판부 2004.

권태환「출산력 변천의 과정과 의미」, 김태헌 외 편『한국 출산력 변천의 이해』, 일신사 1997.

권태환·김두섭『인구의 이해』, 서울대학교출판부 2002.

기무라 료코『주부의 탄생: 일본여성들의 근대와 미디어』, 이은주 옮김, 소명출판 2013.

김경중「통계행정의 발전방향」,『응용통계연구』1권 1호(1987).

김기정「가계부를 쓰자」,『가정의 벗』1973년 2월호.

김도균「국가의 저축동원과 발전주의 복지체제의 형성」,『한국사회정책』19권 1호(2012).

김동노「박정희 시대 전통의 재창조와 통치체제의 확립」,『동방학지』150호(2010).

김동춘「1960, 70년대 민주화운동세력의 대항이데올로기」,『한국정치의 지배이데올로기와 대항이데올로기』, 역사비평사 1994.

김동휘「내 탓 네 탓」,『가정의 벗』1969년 11월호.

김미영「킨제이를 통해 본 자유주의 성해방론과 그에 대한 비판」,『사회와이론』7호(2005).

김미정「'수치(shame)'와 근대」,『사회와이론』21권 1호(2012).

김민경「인구센서스의 발전과 특징」, 김두섭·박상태·은기수 편『한국의 인구 1』, 통계청 2002.

김보경「내면화된 오리엔탈리즘의 서사를 넘어: '시공간적 거리두기'의 대안으로서의 영화「애정만세」」, 연세대학교 비교문학협동과정 석사학위논문 2002.

김보현「『사상계』의 경제개발론, 박정희 정권과 얼마나 달랐나?」,『정치비평』10호(2003).

_____「박정희 정권기 저항엘리트들의 이중성과 역설」,『사회과학연구』13권 1호(2005).

김상준「성찰성 이론의 계보학」,『사회학대회 논문집』, 한국사회학회 2005.

_____「성찰성과 윤리」,『사회와이론』10호(2007).

김성보「1960년대 남북한 정부의 '인간개조' 경쟁」,『역사와실학』53호(2014).

김영미「마을의 근대화 경험과 새마을운동」,『정신문화연구』31권 1호(2008).

김예림「전시기 오락정책과 '문화'로서의 우생학」,『역사비평』73호(2005).

김옥경「역사로 본 한국 가족계획의 발달 요인」, 연세대학교 대학원 1971.

김은실「발전논리와 여성의 출산력」,『새로 쓰는 성 이야기』, 또하나의문화 1991.

_____「출산문화와 여성」,『한국여성학』12권 2호(1996).

_____「한국 근대화 프로젝트의 문화 논리와 성별 정치학」, 한국여성연구원 편『동아시아의 근대성과 성의 정치학』, 푸른사상 2002.

김종엽「사랑의 사회학」,『말』1994년 4월호.

김지자·이덕성·임종권『통·반장을 통한 도시저소득층 주민의 모자보건 및 가족계획 보급 방안: 시범사업 최종 보고서』, 가족계획연구원 1979.

김택일 「가족계획사업 30년 회고」, 한국보건사회연구원 편 『인구정책30년』, 한국보건사회 연구원 1991.

김학묵 「대한적십자사를 아지트 삼아」, 대한가족계획협회 편 『가협30년사』 대한가족계획협회 1991.

김현미 「문화 번역: 근대적 성찰의 비판적 작업」, 『문화과학』 27호(2001).

김현주 「1950년대 여성잡지 『여원』과 '제도로서의 주부'의 탄생」, 『대중서사연구』 18호 (2007).

_____ 「1950년대 오락잡지에 나타난 대중소설의 판타지와 문화정치학」, 『대중서사연구』 19권 2호(2013).

_____ 「대중소설의 서사 전략과 근대성: 1970년대 대중소설에 나타난 '낭만적 사랑'을 중심으로」, 『대중서사연구』 11호(2004).

김혜경 『식민지하 근대가족의 형성과 젠더』, 창비 2006.

김혜경·정진성 「'핵가족' 논의와 '식민지적 근대성'」, 『한국사회학』 35권 4호(2001).

김홍주 「한국사회의 근대화 기획과 가족정치: 가족계획사업을 중심으로」, 『한국인구학』 25권 1호(2002).

김홍중 「근대적 성찰성의 풍경과 성찰적 주체의 알레고리」, 『한국사회학』 41권 3호(2007).

노르베르트 엘리아스 『문명화과정 I』, 박미애 옮김, 한길사 1996.

다이애너 기틴스 『가족은 없다』, 안호용 외 옮김, 일신사 1997.

대한가족계획협회 편 『가협20년사』, 대한가족계획협회 1983.

_____ 『가협30년사』, 대한가족계획협회 1991.

_____ 『대한가족계획협회20년사』, 대한가족계획협회 1983.

_____ 『사랑의 성교육』, 대한가족계획협회 1971.

_____ 『지역사회 개발과 가족계획에 관한 여성지도자 국제훈련 교재』, 대한가족계획협회 1987.

대한어머니회 편 『대한어머니회 40년사』, 대한어머니회 1998.

데이비드 헬드 『민주주의의 모델들』, 박찬표 옮김, 후마니타스 2010.

로버트 J. C. 영 『포스트식민주의 또는 트리컨티넨탈리즘』, 김택현 옮김, 박종철출판사 2005.

류달영 「가족계획 30년의 회고」, 대한가족계획협회 편 『가협30년사』, 대한가족계획협회 1991.

_____ 「아내의 슬기, 남편의 슬기」, 『가정의 벗』 1972년 11월호.

리타 펠스키 『근대성과 페미니즘』, 김영찬 외 옮김, 거름 1998.

_____ 『근대성의 젠더』, 김영찬·심진경 옮김, 자음과모음 2010.

린다 고든 「왜 19세기 페미니스트들은 '출산통제'에 반대하고 20세기 페미니스트들은 찬성하는가: 페미니즘, 재생산, 가족」, 매릴린 알롬, 배리 소온 편 『페미니즘의 시각에서 본 가족』, 권오주 외 옮김, 한울 2010.

림영철 『고황경박사: 그의 생애와 교육』, 삼형 1988.

마이클 앤더슨 『서구가족사의 세가지 접근방법(1500~1914)』, 김선미 옮김, 한울 1994.

문교부 『국방통계연보』 1951~1960년 각 연도.

문소정 「1920-30년대 소작농가 자녀들의 생활과 교육」, 『사회와역사』 20호(1990).

_____ 「일제하 농 촌 가족에 관한 연구: 1920,30년대 소작 빈농층을 중심으로」, 『사회와역사』 12호(1988).

미셸 푸코 『사회를 보호해야 한다: 콜레주드프랑스 강의 1975~76년』, 김상운 옮김, 난장 2015.

_____ 『생명관리정치의 탄생: 콜레주드프랑스 강의 1978~79년』, 심세광·전혜리·조성은 옮김, 난장 2012.

_____ 『성의 역사 I』, 이규현 옮김, 나남 1990.

_____ 『안전, 영토, 인구: 콜레주드프랑스 강의 1977~78년』, 오트르망 옮김, 난장 2011.

민상기 「농민의 새마을운동 참여와 마을공동체의식」, 『농촌경제』 3권 1호(1980).

박기하 『젊은 삶 속에서』, 대한가족계획협회 1983.

박명규·서호철 『식민권력과 통계: 조선총독부의 통계체제와 센서스』, 서울대학교출판부 2003.

박목월 「가족계획의 노래」, 대한가족계획협회 편 『가협30년사』, 대한가족계획협회 1991.

박섭·이행 「근현대 한국의 국가와 농민: 새마을운동의 정치사회적 조건」, 『한국정치학회보』 31호(1997).

박용숙 「가옥구조와 부부생활」, 『가정의 벗』 1974년 7월호.

박윤재 「원로 산부인과 의사들이 기억하는 가족계획사업」, 『연세의사학(延世醫史學)』 12권 2호(2009).

박정희 「공산위협과 우리의 경제재건」, 『최고회의보』 3호(1961년 12월호).

_____ 『국가와 혁명과 나』, 지구촌 1997.

_____ 『박정희대통령선집 6』, 지문각 1969.

박종헌 「한국 생식의료의 전개과정에 관한 연구: 소극적 정책보조자에서 산업개척자로」, 서울대학교 사회학과 박사학위논문 2008.

박춘서 『성생활과 가족계획』 협화사 1961.

박형종·정경균·한달선·이시백 『어머니회 연구』, 서울대학교 보건대학원 1974.

방숙「지역보건과 나」, 권이혁 외『보건학과 나』, 신원문화사 2008.

배은경「1950년대 한국 여성의 삶과 출산조절」,『한국학보』30권 3호(2004) .

_____「가족계획사업과 여성의 몸: 1960~70년대 출산조절 보급과정을 통해 본 여성과 '근대'」,『사회와역사』67호(2005).

_____「한국사회 출산조절의 역사적 과정과 젠더: 1970년대까지의 경험을 중심으로」, 서울대학교 사회학과 박사학위논문 2004.

_____『현대 한국의 인간 재생산: 여성, 모성, 가족계획사업』, 시간여행 2012

백영경「미래를 위협하는 현재: 시간성을 통해 본 재생산의 정치학」,『여/성이론』14호(2006).

_____「사회적 몸으로서의 인구와 지식의 정치: 1960년대『사상계』속의 정치적 상상과 자유주의적 통치의 한계」,『여성문학연구』29호(2013).

백영주·이배용·김혜경·이소연『한국 여성정책 관련 사료 체계화 방안에 관한 연구』, 여성부 2003.

변재란「대한뉴스, 문화영화, 근대적 기획으로서의 '가족계획'」,『영화연구』52호(2012).

볼프강 작스 외『반자본 발전사전: 자본주의의 세계화 흐름을 뒤집는 19가지 개념』, 이희재 옮김, 아카이브 2010.

서동진「신자유주의 분석가로서의 푸코: 미셸 푸코의 통치성과 반정치적 정치의 회로」,『문화과학』2009년 봄호.

_____「혁신, 자율, 민주화… 그리고 경영: 신자유주의 비판 기획으로서 푸코의 통치성 분석」,『경제와사회』89호(2011).

_____『자유의 의지 자기계발의 의지: 신자유주의 한국사회에서 자기계발하는 주체의 탄생』, 돌베개 2009.

서제숙「집에서 입는 옷」,『가정의 벗』1969년 9월호.

서호철「1890~1930년대 주민등록제도와 근대적 통치성의 형성: 호적제도의 변용과 '내무행정'을 중심으로」, 서울대학교 사회학과 박사학위논문 2007.

_____「통계적 규칙성과 사회학적 설명」,『한국사회학』41권 5호(2007).

소현숙「일제 식민지시기 조선의 출산통제 담론의 연구」, 한양대학교 사학과 석사학위논문 1999.

손애리「1960~1970년대 한국의 출산통제정책 연구: 근대적 규율권력의 관점을 중심으로」, 고려대학교 사회학과 석사학위논문 2000.

송운영「가족계획을 잘못 지도했던 얘기」,『가정의 벗』1969년 8월호.

신현옥「국가개발정책과 농촌지역 여성조직에 관한 연구: 1960~70년대 마을부녀조직의 역할과 활동을 중심으로」, 연세대학교 사회학과 박사학위논문 2000.

안재정『중고생 성교육과 상담』, 복지문화사 1984.

안정용·이은정「우리나라 국가통계 및 인력에 관한 고찰」,『통계연구』10권 2호(2005).

안토니 기든스『포스트모더니티』,이윤희·이현희 옮김, 민영사 1991.

안토니오 그람시『그람시의 옥중수고 1: 정치편』, 이상훈 옮김, 거름 1999.

앤소니 기든스『현대 사회의 성·사랑·에로티시즘: 친밀성의 구조 변동』, 배은경·황정미 옮
김, 새물결 1996.

앵거스 맥래런『피임의 역사』, 정기도 옮김, 책세상 1998.

야마다 마사히로『우리가 알던 가족의 종말』, 장화경 옮김, 그린비 2010.

양재모「가족계획사업 30년 회고」, 한국보건사회연구원 편『인구정책30년』, 한국보건사회
연구원 1991.

_____「가협 창립 30주년에 즈음하여」, 대한가족계획협회 편『가협30년사』, 대한가족계획
협회 1991.

_____「열정을 쏟았던 세 분야」, 권이혁 외『보건학과 나』, 신원문화사 2008.

_____「우리나라 인구정책의 종합분석」,『한국인구학』9권 1호(1986).

_____『사랑의 빚만 지고』, 큐라인 2001.

양재모·신한수『가족계획교본』, 대한가족계획협회 1966.

양주동「당신이 꿈꾸는 가족계획」,『가정의 벗』1972년 11월호.

에드워드 팔머 톰슨『영국 노동계급의 형성(상·하)』, 나종일 외 옮김, 창작과비평사 2000.

연세대학교인구및가족계획연구소 편『어머니회 운영을 위한 가족계획요원 교재』, 연세대
학교인구및가족계획연구소 1972.

_____『인구문제와 가족계획』, 연세대학교인구및가족계획연구소 1972.

오경환「모아진 몸: 프랑스 제3공화국 인구감소 논쟁으로 본 푸코의 개인, 인구, 통치성」,
『서양사론』103호(2009).

_____「진보, 퇴보, 근대성: 프랑스 제3공화국 퇴보 이론의 역사적 전개」,『서양사연구』
42호(2010).

오기선『어버이와 자녀관계 진단검사 요강』, 코리안테스팅센터 1965.

울리히 벡『위험사회』, 홍성태 옮김, 새물결 2006.

울리히 벡, 엘리자베트 벡-게른샤임『사랑은 지독한, 그러나 너무나 정상적인 혼란』, 강수
영·권기돈·배은경 옮김, 새물결 1999.

유병용·최봉대·오유석『근대화전략과 새마을운동』, 백산서당 2001.

유영주「가족학 연구의 역사」, 한국가족학연구회 편『가족학연구의 이론적 접근: 미시이론

을 중심으로』, 교문사 1991.

유흥림·김경태 「우리나라 통계행정 60년」, 『한국조직학회보』 5권 2호(2008).

윤서석 「한국 가정학의 역사」, 『대한가정학회지』 19권 4호(1981).

윤석우 「사람의 철학을 심었던 추억」, 대한가족계획협회 편 『가협30년사』, 대한가족계획협회 1991.

윤정란 「국가·여성·종교: 1960~1970년대 가족계획사업과 기독교 여성」, 『여성과역사』 8호 (2008).

이갑수 「우생학적 산아제한론」, 『신여성』 1933년 8월호.

이경원 「탈식민주의의 계보와 정체성」, 고부응 편 『탈식민주의: 이론과 쟁점』, 문학과지성사 2003.

이명선 「국회 속기록에 나타난 여성정책 시각: B. 가족계획에 대하여」, 『여성학논집』 7호 (1990).

이미경 「국가의 출산 정책: 가족계획 정책을 중심으로」, 『여성학논집』 6호(1989).

이병천 「한국의 발전국가 자본주의와 발전딜레머」, 『창작과비평』 1998년 가을호.

이상록 「1960~70년대 비판적 지식인들의 근대화 인식」, 『역사문제연구』 18호(2007).

이선미 「1960년 전후 (성)문화풍속과 '사랑'의 사회성」, 『상허학보』 29호(2010).

_____ 「연애소설과 젠더 질서 재구축의 논리」, 『대중서사연구』 22호(2009).

_____ 「『여원』의 비균질성과 '독신여성' 담론 연구」, 『한국문학연구』 34호(2008).

이선환 「산아제한론의 문제점」, 『사상계』 1961년 11월호.

이성숙 「광복 60년, 여성 섹슈얼리티와 성 담론의 변화」, 『여성과역사』 3호(2005).

이언 해킹 「통계학의 역사를 어떻게 할 것인가?」, 콜린 고든, 그래엄 버첼, 피터 밀러 편 『푸코 효과: 통치성에 관한 연구』, 심성보 외 옮김, 난장 2014.

_____ 『우연을 길들이다: 통계는 어떻게 우연을 과학으로 만들었는가?』, 정혜경 옮김, 바다출판사 2012.

이왕준 「미네소타 프로젝트가 한국 의학교육에 미친 영향」, 서울대학교 의학과 박사학위논문 2006.

이원구 『어린이 성교육 지도자료 I』, 동진문화사 1985.

이원영 「아동의 사회적 특성과 어머니의 양육방법 및 태도에 관한 연구: 서울시내 유치원을 중심으로」, 『대한가정학회지』 11권 3호(1973).

이재경 「근대 한국사회의 '과학적 모성' 이데올로기의 출현과 전개」, 한국여성연구원 편 『동아시아의 근대성과 성의 정치학』, 푸른사상 2002.

_____ 『가족의 이름으로: 한국근대가족과 페미니즘』, 또하나의문화 2003.

이재경·유철인·나성은 외 『'조국 근대화'의 젠더정치: 가족·노동·섹슈얼리티』, 아르케 2015.

이정연·유영주 「가족연구의 역사적 고찰」, 『한국가정관리학회지』 15권 1호(1990).

이종진 「우리들 모두가 지니고 있는 살아온 얘기들」, 대한가족계획협회 편 『가협30년사』, 대한가족계획협회 1991.

이지영 「일본에서의 가정개념의 전파: 메이지 후기에서 다이쇼까지를 중심으로」, 『일본연구』 46호(2010).

이진경 「'가족계획 사업'의 생명정치학: 가족계획 담론과 가족주의의 변환」, 『역사의 공간: 소수성, 타자성, 외부성의 사건적 사유』, 휴머니스트 2010.

_____「한국 '가족계획사업'의 생체정치학」, 『문화과학』 33호(2003).

이학송·이희영 『가족계획』, 동명사 1966.

이향지 「아빠의 배려로 1남 1녀」, 『가정의 벗』 1972년 9월호, 10월호.

임동근 「국가와 통치성」, 『문화과학』 54호(2008).

임종권·김지자·이덕성 『통·반장을 통한 도시 저소득층 주민의 모자보건 및 가족계획보급 방안 실험연구 기초조사 보고서』, 가족계획연구원 1978.

자크 동즐로 『사회보장의 발명』, 주형일 옮김, 동문선 2005.

장경섭 『가족·생애·정치경제: 압축적 근대성의 미시적 기초』, 창비 2009.

장경학 「킨제이 성연구소 방문기」, 『여원』 1957년 3월호.

장림종·박진희 『대한민국 아파트 발굴사: 종암에서 힐탑까지, 1세대 아파트 탐사의 기록』, 효형출판 2009.

장미혜·정수남·조은주·조선미 『한국 여성·가족·사회변화 70년』, 한국학중앙연구원출판부 2017.

전경옥·김은정·조윤아·이명실 『한국여성문화사 3』, 숙명여대출판국 2006.

전혜진 「미혼 공장 여성노동자의 경험을 통해 본 근대적 여성성 형성에 관한 연구」, 연세대학교 사회학과 석사학위논문 2003.

정경균 「낡은 관습에서의 해방」, 『가정의 벗』 1974년 8월호.

_____『가족계획어머니회 연구: 부녀조직 구성 및 관리지침서』, 대한가족계획협회 1987.

정경자 「피임광고를 통해 본 성문화 일고찰: 푸코의 담론 분석을 중심으로」, 이화여자대학교 여성학과 석사학위논문 1990.

정원식 『가정환경 진단검사』, 코리안테스팅센터 1970.

제러미 벤담 『파놉티콘』, 신건수 옮김, 책세상 2007.

제임스 C. 스콧 『국가처럼 보기: 왜 국가는 계획에 실패하는가』, 전상인 옮김, 에코리브르

1998

조윤아「가족계획 담론의 잡지『가정의 벗』연구」,『한국문학이론과 비평』12권 1호(2008).

조은주「'가족' 이후에 관한 질문들」,『황해문화』2018년 봄호.

_____「1960년대 한국의 통계 발전과 지식 형성의 실천: 주한 통계고문단(1958~1963)을 심으로」,『한국과학사학회지』38권 1호(2016).

_____「비서구의 자기인식과 역사주의: 한국의 가족계획 사업을 중심으로」,『사회와역사』98권(2013).

_____「인구의 자연성과 통치의 테크놀로지: '가족계획어머니회'를 둘러싼 통치-과학의 관계」,『현상과인식』38권 4호(2014).

_____「인구의 출현과 사회적인 것의 구성」,『경제와사회』105권(2015).

_____「인구통계와 국가형성: 1960년, 1966년 한국의 인구센서스를 중심으로」,『한국사회학』48권 5호(2014).

조주현「20세기 한국사회 성담론과 여성의 지위」,『정신문화연구』22권 4호(1999).

조지현「군 간사의 편지」,『가정의 벗』1969년 6월호.

조형근「근대의 가족: '냉혹한 세상의 피난처'인가, '기대의 감옥'인가?」,『오늘의 문예비평』6호(1998).

_____「식민지와 근대의 교차로에서: 의사들이 할 수 없었던 일」,『문화과학』29호(2002).

조혜정『한국의 여성과 남성』, 문학과지성사 1988.

주태산『경제 못 살리면 감방 간대이: 한국의 경제부총리 그 인물과 정책』, 중앙MB 1998.

주한 통계고문단 서-베이스·리써취 회사『한국통계의 개선책: 대한민국정부에 대한 건의서』, 서-베이스·리써취 회사 1960.

주현진「이상(李箱) 문학의 근대성: '의학-육체-개인'」,『한국시학연구』23호(2008).

지춘애「신혼부부는 권태기를 조심하라」,『가정의 벗』1974년 7월호.

채오병「식민지 조선의 비서구 식민구조와 정체성」,『사회와역사』2007년 76호.

_____「이행과 번역: 한국사회의 근대성 이해를 위한 방법론적 소고」,『경제와사회』89호(2011).

최미자「작은 성(城)의 왕자들」(15만원 고료 가족계획 실천수기 우수작),『가정의 벗』1972년 8월호.

최봉호「우리나라 인구통계 작성제도의 변천에 관한 고찰」,『한국인구학』20권 1호(1997).

최제창『한미 의학사: 의사의 길 60년을 돌아보며』, 영림카디널 1996.

칼 마르크스「유태인 문제에 대하여」,『마르크스의 초기 저작』, 전태국 옮김, 열음사 1996.

_____『자본 I-3』, 김영민 옮김, 이론과실천 1990.

콜린 고든, 그래엄 버첼, 피터 밀러 편『푸코 효과: 통치성에 관한 연구』, 심성보 외 옮김, 난장 2014.

킨제이『킨제이 보고(여성편)』, 김광문 옮김, 신조사 1960.

토머스 맬서스『인구론』, 이서행 옮김, 동서문화사 2011.

통계청 편『한국통계발전사(I): 시대별 발전사』, 통계청 1992.

_____『한국통계발전사(II): 분야별 발전사』, 통계청 1992.

페르낭 브로델『물질문명과 자본주의 1-1: 일상생활의 구조 (상)』, 주경철 옮김, 까치 1995.

프란츠 파농『검은 피부, 하얀 가면』, 이석호 옮김, 인간사랑 2013.

_____『대지의 저주받은 사람들』, 남경태 옮김, 그린비 2010.

피터 차일즈, 패트릭 윌리엄스『탈식민주의 이론』, 김문환 옮김, 문예출판사 2004.

필립 아리에스『아동의 탄생』, 문지영 옮김, 새물결 2003.

한경희「가계부를 쓰는 마음」,『가정의 벗』1969년 1월호.

한국가족계획10년사편찬위원회 편『한국 가족계획 10년사』, 대한가족계획협회 1975.

한국기독교가정생활사 편『가정의 40년 길을 따라서: 가정생활위원회와 새가정 40년』, 한국기독교가정생활사 1996.

한국보건사회연구원 편『인구정책30년』, 한국보건사회연구원 1991.

한국여성연구원 편『동아시아의 근대성과 성의 정치학』, 푸른사상 2002.

한국잡지협회 편『한국잡지 100년』, 한국잡지협회 1995.

한국정신문화연구원 편『민족문화대백과사전』.

한남제「가족연구의 성과와 문제점」,『한국사회학』18호(1984).

한석정『만주 모던: 60년대 한국 개발체제의 기원』, 문학과지성사 2016.

_____『만주국 건국의 재해석: 괴뢰국의 국가효과 1932~1936』, 동아대학교출판부 2007.

허은「'5·16군정기' 재건국민운동의 성격: '분단국가 국민운동' 노선의 결합과 분화」,『역사문제연구』11호(2003).

허형「어머니를 위한 상담: 엄마 치마폭에 매달려 칭얼대는 아이」,『가정의 벗』1975년 2월호.

현기순「시대에 알맞은 살림살이」,『가정의 벗』1974년 1월호.

_____「알뜰한 살림은 주부의 손에」,『가정의 벗』1973년 2월호.

현상윤「인구증식필요론(人口增殖必要論)」,『학지광(學之光)』13 (7-1), 1917년 7월호.

홍문식「출산력 억제정책의 영향과 변천에 관한 고찰」,『한국인구학』21권 2호(1998).

홍문식·서문희·계훈방『예비군 가족계획 실태조사 보고』, 한국인구보건연구원 1986.

황정미「'저출산'과 한국 모성의 젠더정치」,『한국여성학』21권 3호(2005).

_____『개발국가의 여성정책에 관한 연구: 1960~70년대 한국 부녀행정을 중심으로』, 서울대학교 사회학과 박사학위논문 2001.

中村進吾『朝鮮施政發展史』, 朝鮮發展史 1936.

Abdel-Tawab, N., Nawar, L. et al., *Integrating Issues of Sexuality into Egyptian Family Planning Counseling*, Population Council 2000.

Abrams, P., "Notes on the Difficulty of Studying the State (1977)," *Journal of Historical Sociology* 1:1 (1988).

Almond, Gabriel A., "The Return to the State," *American Political Science Review* 82:3 (1988).

Alonso, Willam and Starr, Paul (eds.), *The Politics of Numbers*, Russell Sage Foundation 1987.

Anagnost, Ann, *National Past-Times: Narrative, Representation, and Power in Modern China*, Duke University Press 1997.

Appadurai, Arjun, *Modernity at Large: Cultural Dimensions of Globalization*, University of Minnesota Press 1996.

Balfour, Marshall C., Evans, Roger F., Notestein Frank W. and Taeuber, Irene B., *Public Health and Demography in the Far East: Report of a Survey Trip*, The Rockefeller Foundation 1950.

Barrett, Deborah and Tsui, Amy Ong, "Policy as Symbolic Statement: International Response to National Population Policies," *Social Forces* 78:1 (1999).

Blum, Carol, *Strength in Numbers: Population, Reproduction, and Power in Eighteenth-Century France*, Johns Hopkins University Press 2002.

Camic, Charles, "The Matter of Habit," *American Journal of Sociology* 91:5 (1986).

Camic, Charles, Gross, Neil, Lamont, Michele, *Social Knowledge in the Making*, University of Chicago Press 2011.

Chakrabarty, Dipesh, *Provincializing Europe: Postcolonial Thought and Historical Difference*, Princeton University Press 2000.

Chatterjee, Nilanjana and Riley, Nancy E., "Planning an Indian Modernity: The Gendered Politics of Fertility Control," *Signs* 26:3 (2001).

Chatterjee, Partha, *Nationalist Thought and the Colonial World*, Zed Books 1993.

_____, *The Nation and its Fragments: Colonial and Postcolonial Histories*, Princeton University Press 1986.

_____, *The Politics of the Governed: Reflections on Popular Politics in Most of the World*,

Columbia University Press 2004.

Cho, Eunjoo, "Making the 'Modern' Family: The Discourse of Sexuality in the Family Planning Program in South Korea," *Sexualities* 19:7 (2016).

Choi, Hyae-Weol, "Constructions of Marriage and Sexuality in Modern Korea," M. McLelland and V. Mackie (eds.), *Routledge Handbook of Sexuality Studies in East Asia*, Routledge 2015.

Cohen, Patricia Cline, *A Calculating People: The Spread of Numeracy in Early America*, Routledge 1999.

Connelly, Matthew, *Fatal Misconception: The Struggle to Control World Population*, Harvard University Press 2008.

＿＿＿, "Population Control is History: New Perspectives on the International Campaign to Limit Population Growth," *Comparative Studies in Society and History* 45:1 (2003).

＿＿＿, "Seeing beyond the State: The Population Control Movement and the Problem of Sovereignty," *Past Present* 193 (2006).

＿＿＿, "The Cold War in the Long Duree: Global Migration, Public Health, and Population Control," M. P. Leffler and O. A. Westad (eds.), *The Cambridge History of the Cold War: Volume III Endings*, Cambridge University Press 2009.

Crane, Barbara B. and Finkle, Jason L., "The United States, China, and the United Nations Population Fund: Dynamics of US Policymaking," *Population and Development Review* 15:1 (1989).

Croll, Elisabeth, *Endangered Daughters: Discrimination and Development in Asia*, Routledge 2000.

Curtis, Bruce, *The Politics of Population: State Formation, Statistics, and the Census of Canada, 1840-1875*, University of Toronto Press 2002.

＿＿＿, "Foucault on Governmentality and Population: The Impossible Discovery," *The Canadian Journal of Sociology/Cahiers Canadiens de Sociologie* 27:4 (2002).

＿＿＿, "Surveying the Social: Techniques, Practices, Power," *Histoire Sociale/Social History* 35:69 (2002).

＿＿＿, "Taking the State Back Out: Rose and Miller on Political Power," *The British Journal of Sociology* 46:4 (1995).

Das, Veena and Poole, Deborah, "The State and Its Margins: Comparative Ethnographies," V. Das and D. Poole (eds.), *Anthropology in the Margins of the State*, School of American

Research Press 2004.

Davis, Kingsley, "The World Demographic Transition," *The Annals of the American Academy of Political and Social Science*, vol. 237, World Population in Transition (January 1945).

Dean, Mitchell, *Governmentality: Power and Rule in Modern Society*, Sage Publications 1999.

_____, *The Constitution of Poverty: Toward a Genealogy of Liberal Governance*, Routledge 1991.

Dickinson R. L. and Gamble, C. J., *Human Sterilization: Techniques of Permanent Control*, Waverly Press 1950.

Dickinson R. L. *Atlas of Human Sex Anatomy*, Williams Wilkins Co. 1949.

_____, *Techniques of Conception Control*, Williams Wilkins Co. 1950.

DiMoia, John P., *Hanmi Hyŏpcho(Korean-American Cooperation) and the Origins of South Korean State Science (1945-1975)*, Princeton University 2007.

_____, "(Let's Have the Proper Number of Children and Raise Them Well!): Family Planning and Nation-Building in South Korea, 1961-1968," *East Asian Science, Technology and Society* 2:3 (2008).

Donaldson, Peter J., "Evolution of the Korean Family-Planning System," Robert Repetto, Tae Hwan Kwon, Son-Ung Kim, Dae Young Kim and Peter J. Donaldson (eds.), *Economic Development, Population Policy, and Demographic Transition in the Republic of Korea*, Harvard University Press 1981.

_____, "On the Origins of the United States Government's International Population Policy," *Population Studies* 44:3 (1990).

Donzelot, Jacques, *The Policing of Families*, Pantheon Books 1979.

Dreyfus, Hubert and Rabinow, Paul, *Michel Foucault: Beyond Structuralism and Hermeneutics*, University of Chicago Press 1982.

Duschinsky, Robbie and Rocha, Leon Antonio (eds.), *Foucault, the Family and Politics*, Palgrave Macmillan 2012.

Easton, David, "The Political System Besieged by the State," *Political Theory* 9:3 (1981).

Evans, Peter B., Rueschemeyer, Dietrich and Skocpol, Theda (eds.), *Bringing the State Back In*, Cambridge University Press 1985.

Evans, Peter, *Embedded Autonomy: States and Industrial Transformation*, Princeton University Press 1995.

Fabian, Johannes, *Time and the Other: How Anthropology Makes its Object*, Columbia University Press 2002.

Fanon, Frantz, *Black Skin, White Masks*, Grove Press 2008.

_____, *The Wretched of the Earth*, translated by Richard Philcox, Grove Press 2004.

Ferguson, James, *The Anti-Politics Machine Development, Depoliticization, and Bureaucratic Power in Lesotho*, University of Minnesota Press 1994.

Fisher, Kate, *Birth Control, Sex and Marriage in Britain, 1918-1960*, Oxford University Press 2006.

Foucault, Michel, *Discipline and Punish: The Birth of the Prison*, translated by Alan Sheridan, Penguin 1977.

_____, *Psychiatric Power: Lectures at the Collège de France, 1973-1974*, translated by Graham Burchell, Palgrave Macmillan 2006.

_____, *Security, Territory, Population: Lectures at the Collège de France 1977-1978*, translated by G. Burchell, Picador 2007.

_____, *Society Must Be Defended: Lectures at the Collège de France, 1975-1976*, translated by D. Macey, Picador 2003.

_____, *The Birth of Biopolitics: Lectures at the Collège de France, 1978-1979*, Palgrave Macmillan 2008.

_____, *The History of Sexuality*, vol. I, translated by Robert Hurley, Vintage Books 1990.

_____, "Governmentality," G. Burchell, C. Gordon and P. Miller (eds.), *The Foucault Effect: Studies in Governmentality: With Two Lectures by and an Interview With Michel Foucault*, University of Chicago Press 1991.

_____, "On Governmentality," *Ideology and Consciousness* 6 (1979).

_____, *Power/Knowledge: Selected Interviews and Other Writings 1972-1977*, translated by Colin Gordon, Leo Marshall, John Mepham, Kate Soper, Pantheon Books 1980.

_____, "The Eye of Power," *Power/Knowledge*, Pantheon 1980.

Geertz, Clifford, "The Rotating Credit Association: A 'Middle Rung' in Development," *Economic Development and Cultural Change* 10:3 (1962).

Giddens, Anthony, *The Consequences of Modernity*, Stanford University Press 1990.

_____, *The Nation-State and Violence: Volume 2 of A Contemporary Critique of Historical Materialism*, University of California Press 1985.

_____, *The Transformation of Intimacy: Sexuality, Love and Eroticism in Modern Societies*, Stanford University Press 1993.

Gordon, Linda, *Woman's Body, Woman's Right: A Social History of Birth Control in America*,

Grossman 1976.

———, "Why Nineteenth-Century Feminists Did Not Support 'Birth Control' and Twentieth-Century Feminists Do: Feminism, Reproduction, and the Family," B. Thorne and M. Yalom (eds.), *Rethinking the Family: Some Feminist Questions*, Longman 1982.

Granovetter, Mark, "Threshold Models of Collective Behavior," *American Journal of Sociology* 83:6 (1978).

Greenhalgh, Susan and Winckler, Edwin A., *Governing China's Population: From Leninist to Neoliberal Biopolitics*, Stanford University Press 2005.

———, *Just One Child: Science and Policy in Deng's China*, University of California Press 2008.

———, "Science, Modernity, and the Making of China's One-Child Policy," *Population and Development Review* 29:2 (2003).

———, "The Social Construction of Population Science: An Intellectual, Institutional, and Political History of Twentieth-Century Demography," *Comparative Studies in Society and History* 38 (1996).

Gulick, Luther, "Foreword to Leonard Vance Harrison, Elizabeth Laine," *After Repeal: A Study of Liquor Control Administration*, Harper Brothers 1936.

Gupta, Akhil, "Governing Population: The Integrated Child Development Services Program in India," T. B. Hansen and F. Stepputat (eds.), *States of Imagination: Ethnographic Explorations of the Postcolonial State*, Duke University Press 2001.

Hacking, Ian, *The Taming of Chance*, Cambridge University Press 1990.

———, "Biopower and the Avalanche of Printed Numbers," *Humanities in Society* 5:3/4 (1982).

———, "How Should We Do the History of Statistics?" G. Burchell, C. Gordon and P. Miller (eds.), *The Foucault Effect: Studies in Governmentality: With Two Lectures by and an Interview With Michel Foucault*, University of Chicago Press 1991.

Hannah, Matthew G., *Governmentality and the Mastery of Territory in Nineteenth-Century America*, Cambridge University Press 2000.

Harris, Marvin and Ross, Eric B., *Death, Sex and Fertility: Population Regulation in Preindustrial and Developing Societies*, Columbia University Press 1987.

Hartman, Paul, "Korea: Medical Referral System and Mobile Services," *Studies in Family Planning* 1:13 (1966).

Heath, Deana, *Purifying Empire: Obscenity and the Politics of Moral Regulation in Britain, India and Australia*, Cambridge University Press 2010.

Hein, Laura, "Statistics for Democracy: Economics as Politics in Occupied Japan," *Positions* 11:3 (2003).

Hodges, Sarah, *Contraception, Colonialism and Commerce: Birth Control in South India, 1920-1940*, Ashgate Pub Co 2008.

Hodgson, Dennis and Watkins, Susan Cotts, "Feminists and Neo-Malthusians: Past and Present Alliances," *Population and Development Review* 23:3 (1997).

Hodgson, Dennis, "Demography as Social Science and Policy Science," *Population and Development Review* 9:1 (1983).

Hong, Sawon, *Fertility and Fertility Limitation in Korean Villages: Community and Individual-Level Effects*, Ph. D. Thesis, University of Hawaii 1976.

Irvine, John, Miles, Ian and Evans, Jeff, *Demystifying Social Statistics*, Pluto Press 1979.

Jessop, Bob, *State Power: A Strategic-Relational Approach*, Polity 2007.

_____, *State theory: Putting the Capitalist state in its place*, Polity Press 1990.

Jo, Jae Keun, "A Study on the History of Statistics," *Communications for Statistical Applications and Methods* 10:3 (2003).

Kaiser, Jocelyn, "Does Family Planning Bring Down Fertility?" *Science* 333:6042 (2011).

Kim, Tag-il, Ross, John A. and Worth, George C., *The Korean National Family Planning Program: Population Control and Fertility Decline*, Population Council 1972.

Klein, Christina, *Cold War Orientalism: Asia in the Middlebrow Imagination, 1945-1961*, University of California Press 2003.

Knowles, J., Koek I. and Seligman, B., "What Does a Population Dollar Buy? Patterns, Determinants and Impact of Donor Support for Population Programs," *Paper Read at Annual Meeting of the Population Association of America*, 1993.

Krause, Elizabeth L., *A Crisis of Births: Population Politics and Family-Making in Italy*, Thomson/Wadsworth 2005.

_____, " 'Empty Cradles' and the Quiet Revolution: Demographic Discourse and Cultural Struggles of Gender, Race, and Class in Italy," *Cultural Anthropology* 16:4 (2001).

Kwon, E. Hyock, *Ten Years of Urban Population Studies in Korea*, College of Medicine, Seoul National University Press 1974.

Laslett, Barbara and Brenner, Johanna, "Gender and Social Reproduction: Historical

Perspectives," *Annual Review of Sociology* 15 (1989).

Le Goff, T. J. A. and Sutherland, D. M. G., "The Revolution and the Rural Community in Eighteenth-Century Brittany," *Past Present* 62 (1974).

Lee, Sea-Baick, *System Effects on Family Planning Innovativeness in Korean Villages*, Ph.D. Thesis, University of Michigan 1977.

Lemke, Thomas, "Foucault, Governmentality, and Critique," *Rethinking Marxism* 14:3 (2002).

Lewis, Jan and Lockridge, Kenneth A., " 'Sally Has Been Sick': Pregnancy and Family Limitation Among Virginia Gentry Women, 1780-1830," *Journal of Social History* 22:1 (1988).

Luke, Nancy and Watkins, Susan Cotts, "Reactions of Developing-Country Elites to International Population Policy," *Population and Development Review* 28:4 (2002).

Malthus, Thomas, *An Essay on the Principle of Population*, G. Gilbert (ed.), Oxford University Press 1999.

Mamdani, Mahmood, *The Myth of Population Control: Family, Caste, and Class in an Indian Village*, Monthly Review Press 1973.

Mann, Michael, *The Sources of Social Power: Volume 2, The Rise of Classes and Nation-States, 1760-1914*, Cambridge University Press 2012.

Marks, Lara V., *Sexual Chemistry: A History of the Contraceptive Pill*, Yale University Press 2001.

Marx, Karl, "On the Jewish Question," *The Marx-Engels Reader*, Second Edition, translated by Robert C. Tucker, Norton 1978.

Miliband, Ralph, *The State in Capitalist Societies*, Winfield and Nicholson 1969.

Mitchell, Timothy, *Rule of Experts: Egypt, Techno-Politics, Modernity*, University of California Press 2002.

_____, Timothy, "Society, Economy and the State Effect," Akhil Gupta and Aradhana Sharma (eds.), *The Anthropology of the State, A Reader*, Blackwell 2006.

_____, "Society, Economy, and the State Effect," George Steinmetz (ed.), *State/Culture: State-Formation after the Cultural Turn*, Cornell University Press 1999.

_____, "The Limits of the State: Beyond Statist Approaches and Their Critics," *The American Political Science Review* 85:1 (1991).

Moon, Seung-Sook, *Militarized Modernity and Gendered Citizenship in South Korea*, Duke University Press 2005.

Moore, K. and Helzner, J. F., *What's Sex Got to Do With It?: Challenges for Sexuality into*

Family Planning Programs, Population Council 1997.

Notestein, Frank W., "Population: The Long View," Theodore Schultz (ed.), *Food for the World*, University of Chicago Press 1945.

O'Bryan, Scott, *The Growth Idea: Purpose and Prosperity in Postwar Japan*, University of Hawaii Press 2009.

Oakley, Ann, *Woman's Work: The Housewife, Past and Present*, Vintage Books 1974.

O'Malley, Pat, "Indigenous Governance," M. Dean and B. Hindess (eds.), *Governing Australia: Studies in Contemporary Rationalities of Government*, Cambridge University Press 1998.

Ordover, Nancy, *American Eugenics: Race, Queer Anatomy, and the Science of Nationalism*, University of Minnesota Press 2003.

Paik, Young-Gyung, *Technologies of 'the Korean Family': Population Crisis and the Politics of Reproduction in Contemporary South Korea*, Ph.D. Dissertation, Johns Hopkins University 2010.

Park, Hyung-Jong, Kincaid, D. Lawrence, Chung, Kyung-Kyoon, Han, Dal-Sun and Lee, Sea-Baick, "The Korean Mothers' Club Program," *Studies in Family Planning*, 7:10 (1976).

Park, Sun-Sook, *Global Population Control: A Feminist Critique of the Fertility Reduction Policies in the Republic of Korea and the Republic of China (1961-1992)*, Doctoral dissertation, Brandeis University Press 2001.

_____, "Fertility Control Policies in South Korea and Taiwan," *New Global Development* 19:2 (2003).

Paxon, Heather, "Family Planning, Human Nature, and the Ethical Subject of Sex in Urban Greece," Vincanne Adams and Stacy Leigh Pigg (eds.), *Sex in Development: Science, Sexuality, and Morality in Global Perspective*, Duke University Press 2005.

_____, "Demographics and Diaspora, Gender and Genealogy: Anthropological Notes on Greek Population Policy," *South European Society and Politics* 2:2 (1997).

Pierson, Christopher, *The Modern State*, Routledge 2011.

Pizzorno, Alessandro, "Foucault and the Liberal View of the Individual," T. J. Armstrong (ed.), *Michel Foucault, Philosopher*, Routledge 1992.

Poovey, M., *A History of the Modern Fact: Problems of Knowledge in the Sciences of Wealth and Society*, University of Chicago Press 1998.

Porter, Theodore M., *The Rise of Statistical Thinking, 1820-1900*, Princeton University Press 1988.

_____, *Trust in Numbers: The Pursuit of Objectivity in Science and Public Life*, Princeton University Press 1996.

Prakash, Gyan, *Another Reason: Science and the Imagination of Modern India*, Princeton University Press 1999.

Pritchett, Lant H., "Desired Fertility and the Impact of Population Policies," *Population and Development Review* 20:1 (Mar. 1994).

Procacci, Giovanna, "Social Economy and the Government of Poverty," G. Burchell, C. Gordon and P. Miller (eds.), *The Foucault Effect: Studies in Governmentality*, University of Chicago Press 1991.

Reiger, Kerreen M., *The Disenchantment of the Home: Modernizing the Australian Family 1880-1940*, Oxford University Press 1985.

Rogers, Everett M., *Communication Strategies for Family Planning*, Free Press 1973.

_____, *Diffusion of Innovations*, 3rd Edition, Free Press, Collier Macmillan 1983.

Rogers, Everett M., and Kincaid, D. Lawrence, *Communication Networks: Toward a New Paradigm for Research*, Free Press, Collier Macmillan 1981.

Rogers, Everett M., Park, Hyung-Jong, Chung, Kyung-Kyoon, Lee, Sea-Baick, Puppa, William S. and Doe, Brenda A., "Network Analysis of the Diffusion of Family Planning Innovations over Time in Korean Villages: The Role of Mothers' Clubs," Godwin C. Chu, Syed A. Rahim, and D. Lawrence Kincaid (eds.), *Communication for Group Transformation in Development*, East-West Center 1976.

Rose, Nikolas and Miller, Peter, "Political Power beyond the State: Problematics of Government," *The British Journal of Sociology* 43:2 (1992).

Rose, Nikolas, *Powers of Freedom: Reframing Political Thought*, Cambridge University Press 1999.

_____, "Governing by Numbers: Figuring out Democracy," *Accounting, Organizations and Society* 16:7 (1991).

Rose, Nikolas, O'Malley, Pat and Valverde, Mariana, "Governmentality," *Annual Review of Law and Social Science* 2 (2006).

Scott, James C., *Seeing Like a State: How Certain Schemes to Improve the Human Condition Have Failed*, Yale University Press 1998.

Seccombe, Wally, "Starting to Stop: Working-Class Fertility Decline in Britain," *Past Present* 126 (1990).

Senellart, Michel, "Course Context," *Security, Territory, Population: Lectures at the Collège de France, 1977-1978*, Palgrave Macmillan 2007.

Shim, Young-Hee, "Feminism and the Discourse of Sexuality in Korea: Continuities and Changes," *Human Studies* 24:1/2 (2001).

Shorter, Edward, *The Making of the Modern Family*, Basic Books 1977.

Sibley, Elbridge, "Stuart Arthur Rice, 1889-1969," *The American Statistician* 23:4 (1969).

Skocpol, Theda, *States and Social Revolutions: A Comparative Analysis of France, Russia, and China*, Cambridge University Press 1979.

_____, "Bringing the State Back In: Strategies of Analysis in Current Research," P. B. Evans, D. Rueschemeyer and T. Skocpol (eds.), *Bringing the State Back In*, Cambridge University Press 1985.

Spivak, Gayatri Chakravorty, "Can the Subaltern Speak?" Cary Nelson and Lawrence Grossberg (eds.), *Marxism and the Interpretation of Culture*, University of Illinois Press 1988.

_____, "Neocolonialism and the Secret Agent of Knowledge: An Interview with Robert J. C. Young," *Oxford Literary Review* 13 (1991).

Starr, Paul, "The Sociology of Official Statistics," Willam Alonso and Paul Starr (eds.), *The Politics of Numbers*, Russell Sage Foundation 1987.

Steinmetz, George, *State/culture: State-Formation After the Cultural Turn*, Cornell University Press 1999.

_____, "The Myth and the Reality of an Autonomous State: Industrialists, Junkers, and Social Policy in Imperial Germany," *Comparative Social Research* 12 (1990).

Symonds, Richard and Carder, Michael, *The United Nations and the Population Question, 1945-1970*, McGraw-Hill 1973.

Thompson, Warren S., "Population," *American Journal of Sociology* 34:6 (1929).

Tipton, Elise K., "Birth Control and the Population Problem in Prewar and Wartime Japan," *Japanese Studies* 14:1 (1994).

_____, "The Birth-Control Movement in Pre-1945 Japan," *Asian Studies Review* 17:3 (1994).

Warwick, Donald P., *Bitter Pills: Population Policies and Their Implementation in Eight*

Developing Countries, Cambridge University Press 1982.

Weber, Max, "Class, Status, Party," *Economy and Society*, University of California Press 1925; 1978.

Westad, Odd Arne, "The Cold War and the International History of the Twentieth Century," Melvyn P. Leffler and Odd Arne Westad (eds.), *The Cambridge History of the Cold War*, Volume I Origins, Cambridge University Press 2009.

Yang, Jae-Mo, Bang, Sook, Choi, Chi-Hoon, Lee, Dong-Woo and Park, Sang-Tae, *The Final Report of the Gyeonggi-Yonsei Mothers' Class Project*, Center for Population and Family Planning, Yonsei University 1972.

찾아보기

사진 출처 및 제공

32면 가족계획사업 홍보 조형물: Rockefeller Archive Center, PC FC, Box 107, Folder 1026.

85면 가족계획 계몽원: Rockefeller Archive Center, RF 200, Box 25, Folder 684.

86면 가족계획 계몽원: 『여성동아』 1968년 10월호(위 오른쪽, 아래), 『가정의 벗』 1968년 창간호(위 왼쪽).

88면 가족계획용 이동진료차량: 국가기록원.

90면 이동계몽진료반: Paul Hartman, "Korea: Medical Referral System and Mobile Services," *Studies in Family Planning* 1:13 (1966), 10~11면.

104면 가족계획상담소: Rockefeller Archive Center, PC FC, Box 107, Folder 1026.

108면 피임시술요청 및 확인서(쿠폰): 한국보건사회연구원 편 『인구정책30년』, 한국보건사회연구원 1991, 187면.

109면 가족계획사업 실적보고서(월보): 한국보건사회연구원 편 『인구정책30년』, 한국보건사회연구원 1991, 185~86면.

150면 록펠러재단 보고서에 실린 한국의 풍경사진: Marshall C. Balfour, Roger F. Evans, Frank W. Notestein, Irene B. Taeuber, *Public Health and Demography in the Far East*, The Rockefeller Foundation 1950.

153면 보건사회부의 가족계획 홍보물: Rockefeller Archive Center, PC FC, Box 107, Folder 1031.

181면 『가정의 벗』(1974년 8월호) 표지 및 목차: 인구보건복지협회.

183면 『가정의 벗』(1975년 2월호) 연재만화 「꼭둘여사」: 인구보건복지협회.

188면 『사랑의 성교육』 소개 기사: 『동아일보』 1971년 9월 4일자.

215면 1970년대 가족계획 포스터: 인구보건복지협회.

273면 가족계획 포스터: 인구보건복지협회.